中文社会科学引文索引（CSSCI）收录
国家哲学社会科学文献中心收录
中国知网（CNKI）收录
“北大法宝”数据库收录

西北政法大学高等教育研究所｜主办

法学教育研究

2024年（第45卷）

范九利 主编

法律出版社
LAW PRESS·CHINA
北京

法学教育研究 （第四十五卷）

“立格联盟”高峰论坛

理论探讨

教学研究

比较研究

教育法治

管理经纬

Contents

· Management Framing ·

“立格联盟”高峰论坛

发挥引领示范作用　提升教育治理水平

王大泉*

摘　要：“立格联盟”高校是新时代法学教育和法学理论研究的中坚力量，也是参与和推动法治中国建设实践的重要力量，为推动法学教育高质量发展、服务国家和地方经济社会发展作出了积极贡献。为推进新时代法学教育和法学理论研究，“立格联盟”高校应发挥引领和示范作用，在贯彻落实习近平法治思想上展现积极作为，在提高法治人才培养质量上取得显著进展，在服务法治实践、满足国家重大需求上产生创新成果。联盟学校要充分运用法治力量服务中国式现代化，为提升教育治理法治化、现代化水平作出努力。

关键词：“立格联盟”院校　引领示范　教育治理

党的二十大报告强调，在法治轨道上全面建设社会主义现代化国家，凸显了法治建设事关根本的战略地位。2023 年 2 月，中共中央办公厅、国务院办公厅专门印发《关于加强新时代法学教育和法学理

---

* 王大泉，教育部政策法规司副司长。

论研究的意见》(以下简称《意见》),强调法学教育和法学理论研究承担着为法治中国建设提供高素质人才支撑和科学理论支撑的光荣使命。进一步明确了法学教育和法学理论研究在推进全面依法治国、服务社会主义现代化强国建设中的重要地位和突出作用。

参加“立格联盟”的各政法院校,是新时代法学教育和法学理论研究的中坚力量,也是参与和推动法治中国建设实践的重要力量。联盟自成立以来,始终坚持为中国法学教育“立格”,为法学研究“立言”,为法治建设“立功”,充分发挥联盟学校法学教育的优质资源,交流探讨法治人才培养和法学理论研究,促进各校之间的交流与合作,为推动法学教育高质量发展,为服务国家和地方经济社会发展作出了积极贡献。

立足新时代新征程,推进新时代法学教育和法学理论研究,联盟高校无疑要进一步发挥引领和示范作用。要在贯彻落实习近平法治思想上展现积极作为,推进习近平法治思想学理化阐释、学术化表达、体系化构建,推动理论研究成果向课程体系、教材体系、教学体系转化;要在提高法治人才培养质量上取得显著进展,推动完善法学学科专业体系,健全法学教学体系,落实立德树人根本任务,培养一大批德法兼修、全面发展的法治后备人才;要在服务法治实践,满足国家重大需求上产生创新成果,紧紧围绕新时代全面依法治国实践,切实加强扎根中国文化、立足中国国情、解决中国问题的法学理论研究,开展前瞻性、针对性、储备性法律政策研究,充分运用法治力量服务中国式现代化。

同时,联盟学校也要牢牢把握教育强国建设的战略定位、方向目标、核心课题和时代使命,提高以法治促进教育发展的责任感、使命感。作为教育部推进依法治教的工作部门,我们期待与联盟学校进一步拓展合作领域、丰富合作形式、深化合作内容,共同为提升教育治理法治化、现代化水平作出努力。

一是重视教育法学学科建设,为加强教育立法、深化依法治教提供理论和智力支持。《意见》提出,适应法治建设新要求,加强教育法学等学科建设。教育法学既是伴随教育法治实践而不断成长的新兴法学研究领域,也是服务教育强国建设,对提升教育依法治理能力有重要支撑作用的学科专业。当前，教育立法进入快车道，学前教育法、学位法（修订）草案已经提请全国人大审议，教师法和国家通用语言文字法修订已经列入日程，教育法典编纂的研究工作也已经全面启动，未来还需要研究终身学习、数字教育等方面的法律规范。大量的教育立法实践工作，需要以深厚的教育法学理论研究为支撑；教育改革发展的重大问题，需要从法学视角提供破解的方法和路径。将立足中国国情、解决实践问题的法学研究成果转化为法律条文和法治实践，无疑也是把论文写在祖国的大地上的最好方式。因此，我们期望与联盟学校深化在教育立法方面的合作，提供实践需求和合作平台，共同推动教育立法项目尽快实现，共同促进教育法学的繁荣与发展。

二是落实依法治校要求，完善学校管理体系，率先实现治理现代化。一流大学无疑要有一流的治理，一流的治理无疑离不开法治。联盟学校作为高水平法科院校，更要强化法治思维，自觉将法治思维、法治方法贯穿办学治校全过程，不断创造和积累依法完善内部管理的经验做法，进一步完善以大学章程为统领系统完备、权责清晰、内容规范、体现学校办学特色的治理制度体系，实现“规则之治”；健全内部决策程序，探索完善师生权利救济制度，实现“程序之治”；根据教育新的发展趋势和新技术带来的挑战，不断优化高校治理的组织形态，持续释放办学活力；结合实际，创新治理工具方法，不断提升治理效能。期待联盟学校能够在依法治校实践中产生更多的可复制、可推广的经验、做法，共同推动高校治理体系和治理能力现代化。

三是发挥法治教育优势，助力青少年法治教育，为推动全民守法作出新贡献。增强全民法治观念是建设法治社会、法治国家的基础。青少年是法治教育的重要主体。教育部会同司法部制定了《青少年法治教育大纲》，系统设计大中小学相衔接的法治教育内容。自国家宪法日设立以来，连续9年开展“宪法晨读”活动，组织7届全国学生“学宪法　讲宪法”活动。教育系统普法工作取得了长足进展，也产生了深远影响，据统计“学讲宪法”活动中学组的获奖学生中有40%以上考取了法学院。联盟学校的很多领导、专家都亲自参与并给予了大力支持。希望联盟学校进一步加强对青少年法治教育规律和方法的研究,动员师生研制适合青少年的普法课程、教育资源,组织研究中华优秀法律文化和社会主义法治文化对外传播的内容和方法。教育部将提供平台和资源,助力联盟高校发挥优势,为中小学提供优质法治教育资源,共同提高青少年法治教育的实效性、针对性,教育引导广大学生做社会主义法治的忠实崇尚者、自觉遵守者、坚定捍卫者。

当下,全面依法治国的蓝图已经绘就,建设教育强国的规划正在谋划,参与“立格联盟”的各个学校应全面贯彻落实党的二十大精神,坚定信心、奋发有为,推动新时代法学教育和法学理论研究取得新成效,为建设教育强国作出应有的贡献!

Playing a Leading Role and Improving the Level of Educational Governance

Wang Daquan

Abstract: Universities of the “Legal League” are the backbone of legal education and legal theory research in the new era, and are also an important force to participate in and promote the practice of building a rule-of-law China, and have made positive contributions to promoting the high-quality development of legal education and serving the economic and social development of the country and local communities. In order to promote legal education and legal theory research in the new era, the universities of the “Legal League” should play a leading and exemplary role in implementing Xi Jinping Thought on Rule of Law, and make remarkable progress in improving the quality of training rule-of-law talent, and produce innovative achievements in serving the practice of the rule-of-law and meeting the country’s major needs. The league universities should make full use of the power of the rule-of-law to serve Chinese modernization and make efforts to enhance the level of rule-of-law and modernization of education governance.

Key Words: "Legal League" universities; leading and exemplary role; educational governance

德法兼修　以德为先　为中国式现代化培养造就更多高素质法治人才

丁天球*

摘　要：中国式现代化，要求在法治轨道上全面建设社会主义现代化国家，全面推进国家各方面工作法治化，对法治人才培养选拔工作提出新的更高要求。法院院校和法治实务部门要切实担负起时代使命，把好法治人才培养选拔的政治关、道德关、法律关，培养选拔德法兼修、德才兼备的高素质法治人才，为中国式现代化提供人才保障。

关键词：法治人才　法治立场　以德为先　实践教学　中国式现代化

法治人才建设，是全面依法治国的一项基础性源头性工作。党的十八大以来，以习近平同志为核心的党中央统筹中华民族伟大复兴战略全局和世界百年未有之大变局，擘画了新时代法治中国建设的宏伟蓝图，对建设一支德才兼备的高素质法治工作队伍进行了部署。2023 年 2 月，中共中央办公厅、国务院办公厅印发《关于加强新时代法学教育和法学

---

* 丁天球，司法部法律职业资格管理局副局长，副研究员，法学博士。主要从事法律职业资格考试和法学教育管理工作。

理论研究的意见》(以下简称《意见》),《意见》的出台是深入贯彻落实党的二十大精神和习近平法治思想的重要举措,为新时代法学教育和法学理论研究指明了发展方向,对提升法治后备人才培养质量,推进全面依法治国都具有十分重要的意义。

培养选拔使用德才兼备、德法兼修的高素质法治人才,把好法治人才的政治关、道德关、法律关,为推进国家各方面工作法治化提供法治人才保障,是法学院校和法治实务部门的共同职责。“立格联盟”自成立以来,在深化法学领域研究、引领法学教育发展、培养卓越法治人才等方面发挥了不可替代的重要作用。联盟各院校休戚与共、相互支持、团结合作展现了极强的凝聚力和战斗力,为法学教育规范化和中国法治人才培养质量提升贡献了重要力量。为更好适应法治建设新要求,更好融入全面依法治国实践,联盟各院校应该努力形成更加团结的合作模式、更加有效的交流机制、更加积极的校际合作,会同法治实务部门,加快构建中国特色法学学科体系、学术体系、话语体系,为建设中国特色社会主义法治体系、建设社会主义法治国家、推动在法治轨道上全面建设社会主义现代化国家提供有力人才保障和理论支撑。

一、法学教育要坚持正确政治立场

道路决定方向,道路问题事关法治建设的前途命运。高素质法治人才是建设中国特色社会主义法治体系、建设社会主义法治国家的基础保障。要始终牢牢把握党的领导是社会主义法治的根本保证,坚持和加强党的全面领导,教育引导广大师生自觉强化党的领导意识,坚定不移走中国特色社会主义法治道路,确保法学教育和法学理论研究始终沿着正确政治方向前进。要坚持用习近平新时代中国特色社会主义思想凝心铸魂,深入学习贯彻习近平法治思想,坚持用习近平法治思想全方位占领法学教育和法学理论研究阵地,教育引导广大法学院校师生做习近平法治思想的坚定信仰者、积极传播者、模范实践者。深入推进习近平法治思想和党的二十大精神进教材、进课堂、进头脑,扎实开好“习近平法治思想概论”必修课,将其贯穿于法治人才培养的全过程各方面。要坚持把讲政治作为根本要求,教育引导广大法学教师提高政治敏锐性和政治鉴别力,严守政治纪律和政治规矩,把政治标准和政治要求贯穿法学教育和法学理论研究始终。要建构中国自主的法学知识体系,努力成为中国法治理论的践行者、推动者、维护者,坚决反对和抵制西方的错误观点,坚决避免成为西方法治理论的“搬运工”。联盟院校作为重点政法院校,要发挥好在法学教育和法学理论研究中的骨干作用,在信仰、传播、实践习近平法治思想上发挥更大作用,努力为全面依法治国培养造就更多具有坚定理想信念、强烈家国情怀、扎实法学功底的社会主义法治人才。

二、法学教育要注重德法兼修

党的二十大报告首次以专章形式,专门部署“实施科教兴国战略,强化现代化建设人才支撑”,提出培养什么人、怎样培养人、为谁培养人是教育的根本问题,为新时代法治人才培养工作指明了方向。2015 年,中共中央办公厅、国务院办公厅《关于完善国家统一法律职业资格的意见》明确,加大法律职业伦理的考查力度,使法律职业道德成为法律职业人员入职的重要条件。法律是维护社会公平正义的有力武器,法治人才是社会公平正义的践行者、守护者和人民群众利益的维护者,法学教育必须“立德树人、德法兼修”。德才兼备、德法兼修,是高素质法治人才的重要标准,是法治人才的重要品格、规格。要落实立德树人根本任务,加强理想信念教育和社会主义核心价值观教育,加强法律职业伦理教育、社会公益教育和中华优秀传统法律文化教育,教育引导广大师生知敬畏、有戒惧、守底线,努力铸就法治人才之魂。要高度重视法律职业伦理法学专业核心必修课,健全法律职业伦理和职业操守教育机制,配齐配强师资队伍,教育引导学生严守职业道德和职业伦理,培育学生崇尚法治、捍卫公正、恪守良知的职业品格。深入推进法学专业课程思政建设,将思想政治教育有机融入课程设置、课堂教学、教材建设、师资队伍建设、理论研究等人才培养各环节,教育引导学生模范尊法学法守法用法,依规依纪从事法律职业,不越雷池、不触红线。

三、法学教育要强化实践教学

习近平总书记强调，法学学科是实践性很强的学科。要加强法治工作队伍建设和法治人才培养，组织实施好国家统一法律职业资格考试，发挥考试指挥棒作用，把好法律职业入口关。为发挥考试指挥棒作用，2018国家统一法律职业资格考试制度建立实施以来，加大了法律职业立场、伦理和技能的考查力度，改变了过去司法考试实行单一学科考查、知识性记忆性考查为主的方式，考试以案例题为主，加大案例题的分值比重，强调各学科知识点的交叉融合，公法私法的融合，实体法与程序法的融合，将法治实践中活生生的鲜活案例转化为考题，目的就是以案例分析、法律方法检验考生在法律适用和事实认定等方面的法治实践水平，为中国式现代化选拔储备高素质法治人才。法学院校要适应这一指挥棒变化，积极探索实践教学的方式方法，既教会学生法律逻辑，更注重学生法律经验、法律实践的训练，切实提高实践教学的质量和效果。要坚持扎根中华大地，从我国国情出发，突出法治的实践性特性，坚持用中国法治理论指导中国法治实践，用中国法治实践推动中国法治理论创新发展，及时将中国法治实践的最新经验和生动案例、中国特色社会主义法治理论的最新成果引入课堂、写进教材，及时转化为教学资源。要处理好法学知识教学和实践教学的关系，进一步提高教学体系中实践教学课程的占比和实效性，特别是在模拟法庭、案例教学、法律诊所教育中，要发挥法治工作部门专家的特长，引导学生打通理论与实践、课堂与社会之间的经脉。要强化和法律实务部门的沟通协作，打破高校和社会之间的壁垒，将实际工作部门的优质实践教学资源引进高校，加大法治实践部门在课程建设、教材建设和学生实习实训等环节的参与力度。要探索教学方式方法改革，利用新技术、新手段丰富教学内容，强化案例教学、实践教学比重，不断提升学生分析问题、解决问题的法治思维和法治能力，为中国式现代化培养储备更多高素质法治人才。

On the Cultivation of High-Quality Rule-of-Law Talent for the Modernization with Chinese Characteristics by Practicing Both Morality and Law with Morality as the First Priority

Ding Tianqiu

Abstract: The modernization with Chinese characteristics requires the comprehensive construction of a modern socialist country on the track of the rule-of-law, and the comprehensive promotion of the rule-of-law in all aspects of China, which makes new and higher requirements for the training and selection of rule-of-law talent. Law schools and rule-of-law practice departments should effectively take up the mission of the times, put in place a good political, ethical and legal gate for the training and selection of rule-of-law talent, cultivate and select high-quality rule-of-law talent who have both moral and legal training and are well qualified in virtue and talent, so as to provide a guarantee of talent for the modernization with Chinese characteristics.

Key Words: rule-of-law talent; rule-of-law stance; morality as the first priority; practical teaching; modernization with Chinese characteristics

如何建构中国自主法学知识体系

马怀德*

摘　要:法学学科作为哲学社会科学的重要组成部分,在推进全面依法治国,在法治轨道上建设社会主义现代化国家方面发挥着重要作用,建构中国自主的法学知识体系是我国法学界当前最重要的任务之一。建构中国自主法学知识体系,应当体现继承性、民族性、原创性、时代性、系统性和专业性。

关键词:法学　知识体系　自主

2016年5月,习近平总书记在哲学社会科学座谈会上明确指出,要按照立足中国、借鉴国外、挖掘历史、把握当代、关怀人类、面向未来的思路,着力构建中国特色哲学社会科学。在2022年4月考察人民大学期间,习近平总书记强调要建构中国自主的知识体系。中共中央办公厅、国务院办公厅印发《关于加强新时代法学教育和法学理论研究的意见》(以下简称《意见》)明确提出"构建中国自主的法学知识体系"。法学学科作为哲学社会科学的重要组成部分,在推进全面依法治国,在法治轨道上建设社会

---

* 马怀德,中国政法大学校长、教授。研究方向:行政法和行政诉讼法。

主义现代化国家方面发挥着重要作用,建构中国自主的法学知识体系是我国法学界当前最重要的任务之一。

建构中国自主法学知识体系,应当体现继承性、民族性。中国自主法学知识体系源头可以追溯到形成于秦朝的中华法系。自古以来,我国形成了世界法制史上独树一帜的中华法系,积淀了深厚的法律文化。鸦片战争之后,受"西学东渐"思潮影响,中华法系遭遇前所未有的危机。以沈家本为代表的近代法学家试图以法制改革拯救危局,接纳了诸多西方法治思想。但是,沈家本反对礼教派因循守旧的做法,更反对新派全盘西化的主张。他认为只有"实事求是"才能"不悖不愚",也就是"我法之不善者当去之,彼法之善者当取之"。可以说,法律近代化始终没有脱离中华法系的深刻影响。

中华人民共和国成立后,中国共产党领导人民进行社会主义法治建设,实现了马克思主义法治理论与中国具体实际相结合、同中华优秀传统法律文化相结合,开启了中国社会主义法学自主生成的新阶段。改革开放以来,我国逐步构建起了中国特色社会主义法律体系,中国自主的法学知识体系也初步建立。

党的十八大以来,以习近平同志为核心的党中央将全面依法治国纳入"四个全面"战略布局,厉行法治、布局法治,我国法治建设取得历史性成就,发生历史性变革。最重要的理论成果就是形成了习近平法治思想,其核心要义"十一个坚持"成为中国自主法学知识体系的鲜明标志。

建构中国自主法学知识体系必须把握"自主"这一基本特征。所谓"自主"就是自己主动,主导知识生产和理论发展方向,不受他人支配。2017 年 5 月 3 日,习近平总书记在考察中国政法大学时指出,我们有我们的历史文化,有我们的体制机制,有我们的国情,我们的国家治理有其他国家不可比拟的特殊性和复杂性,也有我们自己长期积累的经验和优势,在法学学科体系建设上要有底气、有自信。中国自主的法学知识体系是马克思主义法治理论与中国实际相结合的产物,必然受到本国历史文化和具体国情的影响。那种脱离中国实际,盲目照搬移植西方理论,只做西方理论搬运工的做法,违背了知识体系建构的自主性要求。建构中国自主的法学知识体系，要切实加强扎根中国文化、立足中国国情、解决中国问题的法学理论研究，总结提炼中国特色社会主义法治具有主体性、原创性、标识性的概念、观点、理论，把论文写在祖国的大地上，不做西方理论的“搬运工”。

建构中国自主法学知识体系，应当体现原创性、时代性。我国法学理论中有许多原创性的法学概念、范畴和表述。加强对这些原创性概念的学理化阐释和学术化表达是建构中国自主的法学知识体系的重要任务。《意见》要求“坚持把习近平法治思想的研究阐释作为首要任务，加强对习近平法治思想的原创性概念、判断、范畴、理论的研究，加强对习近平法治思想重大意义、核心要义、丰富内涵和实践要求的研究”。因此，建构中国自主法学知识体系，必须体现原创性、时代性，直面时代问题、回应时代要求，积极建构具有实践面向、理论面向的知识体系。

当然，建构中国自主法学知识体系不能故步自封、孤芳自赏。不能把自主理解为“自创”甚至“独创”，认为只要不是自己创造的，就都不属于中国自主知识体系范围。事实上，我国法学理论吸收借鉴了其他一些国家的法治文明成果，如宪法法律至上、法律面前人人平等、程序正当、人权保障等概念、范畴、原则已经成为中国自主法学知识体系中不可分割的部分。建构中国自主法学知识体系，要敞开胸襟，积极借鉴吸收人类法治文明的共同成果，不能排斥拒绝他国的有益法治经验。

建构中国自主的法学知识体系，还要注重话语体系建设，不能封闭僵化、自说自话。要融通中外资源，“善于提炼标识性概念，打造易于为国际社会所理解和接受的新概念、新范畴、新表述”，重点解决“有理说不出，说了传不开”的问题。党的十八大以来，我国法治领域提出了许多具有原创意义的新概念。如何将这些新概念进行学理化阐释、学术化表达、体系性建构、大众化传播，将是话语体系建设的主要任务。

建构中国自主法学知识体系，应当体现系统性、专业性。当前，法治中国建设深入推进，如何更好回应经济社会发展中出现的新情况，如何有效解决人民群众反映强烈的突出问题，法学理论必须做出回答。建构我国自主法学知识体系，必须体现系统性、专业性，从我国实际出发，总结我国法治实践,解释我国法治建设经验,自觉以回答中国之问、世界之问、人民之问、时代之问为学术己任,研究和回答法治中国建设的重大理论和实践问题,为在法治轨道上全面建设社会主义现代化国家,为中国式现代化全面推进中华民族伟大复兴提供学理支撑。

On the Construction of China's Independent Knowledge System of the Science of Law

Ma Huaide

Abstract: As an important part of philosophy and social sciences, the discipline of science of law plays an important role in promoting the comprehensive rule of law and building a modern socialist country on the track of the rule of law. The construction of China's independent knowledge system of the science of law is one of the most important tasks of China's law circle at present, which should embody inheritance, nationality, originality, epoch, systematicity and specialization.

Key Words: the science of law; knowledge system; independence

涉外法治人才培养策略的辩证思考

郭为禄*

摘　要：加快涉外法治人才培养是新时代法学教育的使命和责任。华东政法大学牵头成立上海高校涉外法治人才培养教育联盟，坚持“破”与“立”相统一，探索打破学科专业壁垒，创新人才培养方案；探索打破高校与社会的壁垒，推进法学教育与法治实践融合；探索打破高校之间的壁垒，搭建开放型涉外法治人才培养平台，构建新时代涉外法治人才培养体系。

关键词：涉外法治人才　教育教学改革　理论实践融合　开放协同平台

中共中央办公厅、国务院办公厅《关于加强新时代法学教育和法学理论研究的意见》明确提出：“要加快培养具有国际视野，精通国际法、国别法的涉外法治紧缺人才。”①这是站在中华民族伟大复兴战略全局和世界百年未有之大变局的高度，对新时代法

* 郭为禄，华东政法大学党委书记，教授，博士生导师。研究方向：法学教育和研究、高等教育法制。

① 参见中共中央办公厅国务院办公厅印发《关于加强新时代法学教育和法学理论研究的意见》，载中华人民共和国中央人民政府网：https://www.gov.cn/zhengce/2023-02/26/content_5743383.htm?dzb=true。

治人才培养提出迫切要求,是新时代法学教育的使命和责任。近年来,法学院校在涉外法治人才培养方面做了许多新探索,取得一些新成效,同时也应进一步认识到,涉外法治人才培养是一个复杂的系统工程,要坚持顶层设计与实践探索相结合。"立格联盟"高校作为我国法学教育的重要力量,应该发挥骨干和先导作用,积极探索涉外法治人才培养新路径、不断总结新经验,立足国情世情深入研究涉外法治人才培养规律。

在上海市教委的关心指导下,华东政法大学与上海多所法学院校合作,探索成立上海高校涉外法治人才培养教育联盟,积极推进涉外法治人才培养改革创新,在涉外法治人才培养策略上有了新的思考和认识。

一、推进涉外法治人才培养依托的学科专业建设、人才培养方案改革,必须坚持"破"与"立"的统一

加快构建中国特色法学学科体系、学术体系和话语体系,为涉外法治人才培养相关学科专业建设提供了重要的契机,如何构建学科体系以实现涉外法治人才培养目标,法学教育界需要有"破旧立新"的勇气和智慧,才能起到"重剂起沉疴"的成效。一个时期以来,法学教育界和法治实务部门呼声强烈的是提升国际法学科在整个学科体系中的地位,《关于加强新时代法学教育和法学理论研究的意见》也明确提出:"支持能够开展学位授权自主审核工作的高等学校按程序设置国际法学相关一级学科或硕士专业学位类别,支持具有法学一级学科博士学位授权点的高等学校按程序自主设置国际法学相关二级学科。"②近期已有高校明确将国际法学作为一级学科博士学位授权试点。

但也要看到,涉外法治人才培养面临的问题不等于国际法学人才培养的问题。国际法是国与国之间,以公约、条约、协议等规范形式为纽带的法律关系,国际公法、国际私法、国际经济法的基本体系和调整范围是比较明确和稳定的。涉外法治的视角是以维护我国国家、企业和人民权

② 参见中共中央办公厅 国务院办公厅印发《关于加强新时代法学教育和法学理论研究的意见》,载中华人民共和国中央人民政府网:https://www.gov.cn/zhengce/2023-02/26/content_5743383.htm?dzb=true。

益为出发点和落脚点的法治体系,涉及中国法的域外效力、外国法对中国的影响以及与之相关的部分国际法问题等。更重要的是,涉外法治是复合型法治领域,包括涉外立法、执法、司法、法律服务等环节,也关涉经贸、金融、科技、网络、生态、知识产权、海洋、极地、太空等领域,这就决定了涉外法治人才培养既需要国内法与国际法的融通,也需要不同学科与法学的融通。因此,单纯靠国际法学科,是不足以支撑涉外法治工作体系、学科体系和人才培养体系。基于这方面考虑,2022 年 11 月,华东政法大学率先成立国内首家独立建制的涉外法治学院,聚焦“着重培养学生维护国家主权、国家发展利益与国家安全利益”专门设计培养方案,建设涉外法治交叉学科群,构建多学科交叉融合的课程体系,努力打造成为学校涉外法律人才培养的大平台以及上海涉外人才培养的大平台。

二、涉外法治人才培养必须打破高校与社会之间的体制樊篱,推进法学教育与法治实践的有机融合

面对“两个大局”交织激荡的时代背景,我国涉外法治人才面临数量短缺和能力不足的双重困境,我们应该清醒认识到涉外法治人才培养的必要性和紧迫性。围绕国际组织和全球治理话语权、规则制定权的博弈日趋激烈,我国对国际组织和全球治理人才需求迫切,要“重点做好涉外执法司法和法律服务人才培养、国际组织法律人才培养推送工作”;要“加强涉外领域立法,进一步完善反制裁、反干涉、反制‘长臂管辖’法律规范,推动我国法域外适用的法律体系建设”;“要把拓展执法司法合作纳入双边多边关系建设的重要议题,延伸保护我国海外利益的安全链”;等等。

与之相对应,涉外法治的理论研究与涉外法治实践需求不相适应,涉外法治人才培养与涉外法治实践需求不相适应。涉外法治的理论研究是人才培养的基础,理想的状态是,涉外法治理论体系完备,为人才的培养提供了充足的给养;现实的状态是,虽然有国际法学科作为法学方面学科的基础,但涉外法治的实证(多停留在理论解读的层面,缺乏相关实证研究成果)与交叉研究(现有研究局限于国际法或外国法的一般理

论及实践的介绍,缺乏与国内法、国际政治、国际经贸等其他部门法和学科的交叉研究,与新文科建设背景下学科融合的要求与取向不符)仍处于探索起步阶段,[③]涉外法治理论研究与实务部门缺乏有效的、常态化的联系合作机制。这就导致高校涉外法治人才培养既缺乏充足的理论资源,也缺乏丰富的实践资源。

2017 年 5 月 3 日,习近平总书记考察中国政法大学时的讲话为我们探索涉外法治人才培养新路指明了方向。习近平总书记强调,法学学科是实践性很强的学科,法学教育要处理好知识教学和实践教学的关系。要打破高校和社会之间的体制壁垒,将实际工作部门的优质实践教学资源引进高校,加强法学教育、法学研究工作者和法治实际工作者之间的交流。[④] 就涉外法治人才培养而言,尤其要打破高校和涉外法治实务部门的体制壁垒,将实务部门的优质实践教学资源引进高校。可以说,优质实践教学资源是促进涉外法治理论研究和实践能力提升的催化剂,哪个高校掌握了丰富、优质的涉外法治实践资源,就能在涉外法治人才培养方面占得先机、走得更远。

优质的涉外法治实践教学资源是涉外法治人才培养的发力点。日本高校培养选拔国际组织人才的做法值得借鉴:联合国开发计划署(UNDP)于 1965 年设立青年专业人员项目(JPO 项目)提供后备人才,自 1974 年参与 JPO 项目以来,日本已通过 JPO 项目派遣了 1700 余人,其中 73% 最终被录用为国际组织正式职员。日本高校设立各类国际组织人才培养课程、项目甚至专业,为 JPO 项目培养后备人才,比如,日本神户大学以博士生为对象开设“国际公务员培养项目”;日本广岛大学与美国德克萨斯大学合作设立多学位“国际公务员培养特别项目”,立命馆大学开设“国际合作的即战力人才培养项目”,早稻田大学开设“以

---

③ 参见刘仁山:《我国涉外法治研究的主要进展、突出问题与对策建议》,载《国际法学刊》2022 年第 1 期。

④ 参见《习近平在中国政法大学考察》,载人民网,http://cpc.people.com.cn/n1/2017/0503/c64094-29252264.html。

社会贡献与体验学习为主的国际人才培养项目”等。[⑤] 这种“订单式”人才培养机制，可以有效保证人才培养的数量和质量。因此，特别要注重与各类国际组织和国内涉外法治工作部门合作建立实习实训基地，为师生直接参与涉外法治工作提供平台，在此基础上探索“订单式”人才培养机制，切实解决涉外法治人才供给上的痛点和堵点，从根本上扭转我国涉外法治人才供给不足、培养质量不高的被动局面。

三、高校之间打破体制壁垒，推进多元探索、共享资源，实现规模培养基础上的精英培养

“具有国际视野，精通国际法、国别法的涉外法治紧缺人才”是高素质复合型的精英人才。但精英人才培养不等于通过招收一些考试高分的学生就能够实现，不等于单纯依靠学校教育就能够实现。精英人才培养不同于规模培养，但也不能与规模培养简单对立。涉外法治人才培养，不是简单的“选择规模培养还是精英培养”，而应该是“规模培养基础上的精英培养”，两者相互依托、协调统一。一方面，规模培养是基础、基本面，涉外法治不是单一学科专业的概念，涉外法治人才存在数量严重不足的问题。规模培养可以普及涉外法治所需的法学素养和交叉学科的基本专业知识，有助于提供足够多、可选择的优质生源，激发多学科专业师资力量参与，在此基础上促进多学科专业领域、多种培养模式的探索，适应不同领域的涉外法治人才需要。另一方面，涉外法治方面的专业师资力量相对薄弱、实践资源严重不足，决定了单纯依靠某一个高校也难以实施大规模的高质量培养。华东政法大学成立独立建制的涉外法治学院，既整合校内资源，依托已有的多个法学院，遴选有志于从事涉外法治工作的优秀学生和相关学科专业高水平师资；同时，牵头成立上海高校涉外法治人才培养教育联盟（该联盟包括复旦大学法学院、上海政法学院等十所院校），打破高校之间的体制壁垒，推动培养方案互学

---

⑤ 参见宋庆清：《日本培养选拔国际组织人才的做法》，载《中国人才》2020 年第 12 期。

互鉴,推动课程资源共建共享,积极探索建立涉外法治人才培养教育联盟战略发展委员会,延聘海内外相关领域的高层次专业人才,参与指导制定培养方案、共同拓展教育教学资源,推动产教融合和国际交流合作等。

On the Dialectical Thinking on the Strategy of Cultivating Foreign Related Rule-of-Law Talent

Guo Weilu

Abstract: Accelerating the cultivation of foreign-related rule of law talent is the mission and responsibility of legal education in the new era. East China University of Political Science and Law took the lead in setting up a training and education alliance of foreign-related rule of law talent in Shanghai universities, adhering to the unity of "breaking" and "establishing", exploring to break the professional barriers between disciplines, and innovating talent cultivation program. The alliance explores to break the barriers between universities and the society, promotes the integration of legal education and rule of law practice, explores to break the barriers between universities, builds an open platform for cultivating foreign-related rule of law talent, and constructs a new era of cultivation system for foreign-related rule of law talent.

Key Words: foreign-related rule of law talent; education and teaching reform; the integration of theory and practice; open collaborative platform

服务国家发展大局和区域法治需求培养高素质卓越法治人才

范九利*

摘　要：服务国家发展大局是法学教育必须坚持的工作原则。新时代法学教育要处理好服务国家发展大局与区域协调发展的关系。西北地区法治建设需求与高素质法治人才供给之间不充分和不平衡的矛盾比较突出。应高度重视解决西北地区法学一流学科、法学一级学科博士点、法学高层次人才、法学教育经费投入等方面存在的不平衡和不协调问题。西北政法大学始终坚持把人才培养工作与服务国家发展大局和满足区域法治人才需求紧密结合起来，积极承担为国家培养高素质卓越法治人才的光荣使命。

关键词：国家发展大局　区域法治需求　西北地区　卓越法治人才

2023 年 2 月，中共中央办公厅、国务院办公厅印发的《关于加强新时代法学教育和法学理论研究的意见》（以下简称《意见》）指出，坚持围绕中心、服务大局，把法学教育和法学理论研究放在党和国家工

* 范九利，西北政法大学校长，博士。

作大局中谋划和推进。围绕中心和服务大局是法学教育必须坚持的工作原则。法学教育肩负着为法治中国建设培养造就高素质法治人才和后备力量的光荣使命,在推进全面依法治国中具有重要地位和作用。《意见》多处提到法学教育区域均衡发展问题,从国家法学教育全局发展的角度为解决西部地区法学教育发展的不充分和不平衡提出了良策。新时代法学教育要处理好对服务国家发展大局与区域协调发展的关系。

一、高度关注西北地区法治建设需求与高素质法治人才和高水平法学理论研究供给之间不充分和不平衡的矛盾问题

西北地区在中国式现代化建设中具有重要战略地位和特殊意义。西北五省(区)国土面积298万平方公里,约占全国面积的1/3;人口逾1亿,民族地区人口占22%,是国家反对民族分裂、维护国家统一的重要屏障;自然资源丰富,石油、煤炭、天然气分别约占全国储量的30%、40%、60%,是国家重要战略资源的主要储备区;边境线超过全国总长的1/4,与8个国家接壤,历史上是丝绸之路的主要通道,曾对促进东西方文化交流、经济社会发展和人类文明进步起到巨大推动作用。2023年是习近平主席提出共建丝绸之路经济带十周年,特别是2023年中国—中亚峰会在西安召开,西北地区面向丝绸之路经济带的重要性进一步凸显。习近平总书记在听取陕西省委、省政府工作汇报时,对陕西提出新期望,要求陕西着力在实现科技自立自强、构建现代化产业体系、促进城乡区域协调发展、扩大高水平对外开放、加强生态环境保护等方面实现新突破,奋力谱写中国式现代化建设的陕西篇章。强调陕西要更加深度融入共建“一带一路”,稳步扩大规则、规制、管理、标准等制度型开放,加快形成面向中亚南亚西亚国家的重要对外开放通道。

目前,西北地区法治建设需求与高素质法治人才和高水平法学理论研究供给之间不充分和不平衡的矛盾比较突出。一方面,要严格落实习近平总书记要求,构建西北地区发展新格局,打击境内外敌对分裂势力,处理民族与宗教法律问题,合理开发和利用西北地区的丰富资源,加强对西北地区生态环境保护,扩大内陆和边疆地区的对外开放,最基本的

还是要深入实施全面依法治国,用法治来维护西北地区长久的稳定安全和持续的繁荣发展。这对法治人才和法学理论研究提出了高的要求。另一方面,西北地区法学教育和法学理论研究水平相对薄弱,在供给方面存在不充分和质效不突出的问题。

这个矛盾解决不好将会影响西北地区的法治建设和经济社会发展,进而影响到全面依法治国大局。西北政法大学要深刻认识承担的历史使命,将自身融入西北地区新发展格局的构建中,积极为奋力谱写中国式现代化建设的陕西新篇章作出应有贡献。

二、高度重视解决法学教育和法学理论研究区域不协调问题

法学教育和法学理论研究具有空间性。不同区域的法学教育和法学理论研究水平,受经济、环境等因素的影响,发展程度差异较大。直面西北地区法学教育和法学理论研究发展亟待解决的问题,笔者认为有以下几个方面。

第一,法学一流学科专业分布不平衡。整个西北地区无高校的法学学科入选国家"双一流"建设学科名单。第五轮学科评估结果西北地区获得 A 档以上等次的高校只有 1 所。从首批国家级一流法学本科专业建设点的分布来看,西北只有 4 个(华东地区有 20 个,中南地区有 19 个,华北地区有 16 个,东北地区有 6 个)。

第二,法学学位授权点的分布需优化。全国法学一级学科博士点 60 个,西北地区有 4 个(华东地区有 18 个,华北地区有 15 个,中南地区有 13 个,西南地区有 6 个,东北地区有 4 个),这 4 个法学一级学科博士点学位授予单位每年实际招收法学博士总量不足 40 人,不能满足区域对高层次法治人才的需求。

第三,对西北地区法学教育的投入需加大。根据《中国教育经费统计年鉴》的信息,2021 年北京、广东、上海、浙江地方本科院校平均的一般公共预算教育经费分别是 6.25 亿元、7.65 亿元、6.16 亿元和 3.7 亿元,生均预算事业费分别是 6.58 万元、3.72 万元、3.56 万元和 2.74 万元,陕西地方本科院校的这两项校均经费分别是 2.1 亿元、1.68 万元,

陕西文科高校这两项经费处于平均线以下。

第四,西北地区法学高层次人才队伍亟须稳定。西北地区培养一个高层次人才不容易,目前获得国家级人才称号的教授不到10人,教育部长江学者特聘教授仅有2名。现有优秀人才还面临被“双一流”建设高校和东部沿海地区资金雄厚高校“挖走”的压力。这些年,虽然有“孔雀东南飞”,但西北仍然有“高楼”,西北政法就是扎根西北的法学教育和人才培养的高楼。这座高楼需要大家的支持和帮助。

《意见》指出,要优化法学院校发展布局,优化法学学位授权点布局,在招生规模、师资、经费、就业等方面加大政策倾斜力度,实现法学教育资源合理配置。这为解决西北地区法学教育和法学理论研究发展的不充分和不平衡问题提出了明确思路和针对性的举措。全国特别是西北地区的法学院校要把学习贯彻《意见》作为重大发展契机,坚持围绕中心、服务大局,把自己的事情做好,积极为培养高素质法治人才、构建中国法学自主知识体系贡献应有力量。

三、西北政法大学法学教育和法学理论研究的探索实践

西北政法大学是一所具有光荣革命传统的大学,是国家法学教育和法学研究的重要基地,在法学教育和法学理论研究上主要做法有以下几点。

一是坚持正确政治方向,传承红色基因。坚持以习近平新时代中国特色社会主义思想为指导,用习近平法治思想统领法学教育和法学理论研究工作。建立以“习近平法治思想概论”课为核心的“1+10+X”专业课程新体系,做到习近平法治思想覆盖全部法学课程。参与教育部“习近平法治思想概论”法学核心课程教学要点编写工作,推进贯彻落实习近平法治思想的2部自编教材建设。承担中央依法治国办“习近平法治思想方法论研究”课题、教育部哲学社会科学研究重大专项课题“习近平法治思想进教材进课堂进头脑工作研究”和司法部重大委托科研项目。举办西北五省法学院校“深入学习贯彻习近平法治思想　加强新时代法学教育和法学理论研究”研讨会,组织召开习近平法治思想与

国家安全法治理论、法治人才培养、新时代“枫桥经验”基本理论问题等专题研讨会数十场。突出红色基因教育，大力弘扬老延大优良传统，将红色基因作为法学教育和法学理论研究的鲜明底色。将红色优良司法传统融入人才培养，开设《陕甘宁边区法制史》《中华法治文明》等课程，为法治人才培根铸魂。开展“红色法治研习之旅”实践教学活动，《光明日报》对学校红色文化育人的做法进行了报道。

二是主动服务需求，积极融入国家和区域发展大局。西北政法大学长期以来，把培养扎根西北、能下得去、用得上、干得好的高素质人才，作为自己的使命和担当，每年 60% 以上的毕业生选择扎根西北、奉献基层，仅在新疆就有 4 万名校友，成为新疆法治实务部门的业务骨干。学校牢牢站稳“西北”定位，不断凝练学术方向，主动研究国家安全、边疆稳定、民族宗教、人权保障、传统法治文化现代性转化、涉外法治等领域，不断提升在国家战略中的不可替代性。深入贯彻总体国家安全观，获批全国法学学科唯一一个服务国家特殊需求博士人才培养项目，实施 13 年来累计招生 217 名博士，成立全国第一个本硕博贯通培养的反恐怖主义法学院，为西北边疆地区培养了大批政治立场坚定、法学功底扎实、思维视野开阔、实践能力突出的高级法律专门人才。瞄准西北地区人权事业发展的需求，成立人权研究中心，获批国家人权教育与培训基地，积极承办联合国人权系列边会，服务国家人权领域斗争。服务保障“一带一路”，深化拓展与“一带一路”合作伙伴，特别是中亚国家高校和科研机构的合作关系。积极培养涉外法治人才，是首批国家级卓越涉外法律人才培养单位，承担国家首批法律硕士专业学位（涉外律师、涉外仲裁）研究生培养项目。涉外法治研究中心为国家级涉外法治研究培育基地。西北政法大学申报的中国—中亚法律查明与研究中心获司法部批准，今后将积极承办涉及中亚五国有关国际性论坛、会议、培训等活动，深化同中亚国家法律服务领域交流合作。近年来，学校加大开放办学力度，深化与陕西和西北其他地区、东部沿海地区法治实务部门、企业和律师事务所间的合作，成立了“枫桥经验”与社会治理研究院、中华法系与法治文明研究院、刑事辩护高级研究院、企业合规研究院、马锡五审判方式研究院、法律、科技与人文高等研究院等实体研究机构,深度融入地方经济社会发展。

三是注重实践育人、协同创新,培养高素质卓越法治人才。在课堂教育提升质量的基础上,重视学生实践能力培养,构建起了高水平有特色的第二课堂活动育人体系。将"枫桥经验"研究融入高素质法治人才培养。持续研究"枫桥经验"18 年,不仅推动了基层社会依法治理,而且将"枫桥经验"价值理念融入高素质法治人才培养。师生共同完成了 24 项纵向课题和 120 项横向课题,在浙江、广东、新疆、陕西等地建立了 48 个研学基地,推动了教学与科研、教学科研与社会服务融合,实现了做人、做事、做学问的有机结合。

在协同创新方面,西北政法大学做得早、做得实、效果好。一直按照"人员互聘互派、资源共建共享、信息设施互通共用、教学科研互帮共进"的原则,加强与法治工作部门的交流与合作。近年来,学校累计派出法学专业教师 100 余人次赴最高人民法院、新疆维吾尔自治区党委政法委、浙江省人民检察院、陕西省高级人民法院以及西安市各级人民法院、人民检察院等法治工作部门挂职。同时,在从其他高校聘请高水平学者担任客座教授的同时,从中央政法委、最高人民法院、最高人民检察院、陕西省高级人民法院等法治工作部门聘请了 30 余名法律实务专家担任兼职教授或客座教授。通过挂职锻炼,一批青年教师茁壮成长。

新时代新征程上,我们将以习近平新时代中国特色社会主义思想为指导,进一步加强与中国法学会、兄弟院校的合作,深入学习贯彻习近平法治思想,落实好《意见》,推动法学教育体系和法学理论研究体系创新发展,为中国式法治现代化建设贡献应有的力量。

Serving China's Overall Development, Meeting the Regional Needs on the Rule of Law Talent and Cultivating Excellent Rule of Law Talent

Fan Jiuli

Abstract: Serving the China's overall development is a working principle that legal education must adhere to. In the new era, Legal education should deal with the relationship between serving the China's overall development and regional coordinated development. The contradiction between the insufficiency and imbalance between the demand for rule of law construction and the supply of high-quality rule of law talent in the northwest region is relatively prominent. Great attention should be paid to solving the imbalance and incoordination that exist in the first-class disciplines of the science of law, first-level disciplinary doctoral points of the science of law, high-level talent in the science of law, and financial investment in legal education in the northwest region. Northwest University of Political Science and Law has always insisted on closely combining talent cultivation with serving the China's overall development and meeting the needs of regional rule of law talent, and actively undertaking the glorious mission of cultivating high-quality and excellent rule of law talent for the country.

Key Words: China's overall development; regional rule of law needs; northwest region; excellent rule of law talent

完善法学教育体系　推动法学教育高质量发展

姚　莉*

摘　要：新时代法学教育的体系完善和高质量发展面临新的机遇和新的挑战，在中国自主法学知识体系构建、法学学科体系优化以及涉外工作能力提升等诸多方面，都需要我们积极探索和积极实践。我们应当始终坚持以习近平法治思想为引领，不断强化法学研究的主体性意识，构建中国自主的法学知识体系，为法学教育打下坚实的思想基础和理论支撑；以优化学科体系为抓手促进法学教育高质量发展；坚持统筹推进国内法治和涉外法治，形成多层次贯通的涉外法治人才培养机制，从而不断完善法学教育体系，推动法学教育高质量发展。

关键词：法学教育体系　高质量发展　自主法学知识体系

在全国上下学习贯彻习近平新时代中国特色社会主义思想主题教育之际，立格联盟以"深入贯彻落实习近平法治思想，加强新时代法学教育和法学理

* 姚莉，中南财经政法大学原副校长，教授、博士生导师。研究方向：习近平法治思想、刑事诉讼法学等。

论研究”为主题举办研讨会，是主动落实习近平法治思想和中共中央办公厅、国务院办公厅印发的《关于加强新时代法学教育和法学理论研究的意见》（以下简称《意见》）的重要举措，意义十分重大。中南财经政法大学法学学科在长期的办学实践中，就“完善法学教育体系，推动法学教育高质量发展”进行了一系列积极探索和有益尝试。当然，也面临许多问题和挑战，这就需要我们强化学习、深入思考、迎接挑战、破解难题，为加强新时代法学教育和法学理论研究贡献智慧和实践参考。

法学教育作为为法治中国建设培养高素质法治人才任务的基本载体，使命光荣、责任重大。但我们的法学教育也面临许多新的挑战，归结起来主要有以下方面。

一是构建中国自主法学知识体系任重道远。构建中国自主法学知识体系，是法学教育和新时代法治人才培养的基础性工程，更是推进中国式法治现代化的必然要求。《意见》首次以中央文件的形式部署一个具体学科的教育与理论研究问题，由此可见，法学学科是中国自主知识体系建设的“排头兵”。在新时代，我们在构建中国自主法学知识体系取得了显著成绩，但仍有很长、很远的路要走。

二是优化法学学科体系迫在眉睫。《意见》将“优化法学学科体系”置于“加快完善法学教育体系”专章的首位，足以彰显法学学科体系在法学教育的基石性地位。而我国现有法学学科体系是历史的产物，学科格局主要是以法理学、法史学为基础学科，以宪法与行政法学、民商法学、刑法学、诉讼法学等为主干学科。但法学作为极具实践性的学科，来源、扎根于丰富多样的法治实践，也需要根据实践发展不断优化。形成传统学科、新兴学科、交叉学科、涉外学科协同发展的建设思路。

三是法学教育对我国涉外斗争能力支撑作用仍需提高。我国正在从一个大国向强国迈进，进入了战略机遇和风险挑战并存、不确定难预料因素增多的时期，面对外部打压遏制随时可能升级的新形势，我们要培养一批能够参与全球治理的法治人才，但目前我们的法学教育在这方面还是比较薄弱的，远不能满足中国走向世界，参与全球治理的需要。

笔者认为，推动法学教育高质量发展的关键在于要坚持以习近平法治思想为指导,从习近平法治思想中汲取法学教育高质量发展内涵。

第一,要不断强化习近平法治思想的学理化阐释、学术化表达、体系化构建,并以此为指导,强化法学研究的主体性意识,坚持立足本土、守正创新,构建中国自主的法学知识体系,为法学教育打下坚实的思想基础和理论支撑。2020年以来,中南财经政法大学法学学科围绕习近平法治思想研究和阐释,获批省部级以上纵向课题近20项,其中国家社科重大项目3项、教育部重大攻关项目1项。不断提炼和归纳习近平法治思想研究成果向课程体系、教材体系和教学体系转化的规律、路径,中南财经政法大学设立了习近平法治思想研究中心,组建了习近平法治思想宣讲团,成立了"习近平法治思想概论"课程团队,"习近平法治思想概论"全面进入本科、研究生课堂,并在全国率先将习近平法治思想纳入研究生入学考试自命题科目,开设了《当代中国法治》等"读懂中国"系列课程,有序开展"习近平法治思想概论"课程的资料整理与总结、撰写教学大纲、编写辅助读本等系列教研工作。

第二,以优化学科体系为抓手促进法学教育高质量发展。一要推进传统学科转型,基础学科及其他传统学科面对法治实践的不断发展,呈现知识老化、方法陈旧、应对中国法治实践问题的解决能力偏弱等问题,要从思想变革、知识更新、方法创新、体系升级等方面更新学科内涵,更好地融入全面依法治国实践。二要加快新兴学科和交叉学科发展,及时回应社会发展和法治实践中的新需求、新问题,优化法学学科体系,全面回应法治建设新要求,分类推动新兴学科发展,中南财经政法大学较早在国家安全学、生态文明学、党内法规学、纪检监察学、数字法学和社会治理法学等交叉学科和新兴学科布局,已经形成了稳定的教学科研团队,积累了一定的人才培养和学术研究成果积淀。

第三,坚持统筹推进国内法治和涉外法治。《意见》提出:不同层次的高等学校可以分类国际法学相关一级学科和二级学科,加快培养精通国际法、国别法的涉外法治紧缺人才。由于国际法、国别法涉及领域较为复杂,从切实提升涉外法治人才培养能力角度出发,可以考虑各法学院校根据自身办学特点和优势,打造特色办学。中南财经政法大学在这方面形成了一些特色做法：依托教育部批准设立的中外合作办学机构（中南财经政法大学罗马一大法与经济学院）开辟国际组织法律人才培养试验田；统筹学校既有的涉外法治人才项目，整合涉外法治人才培养，在法学院本科生“卓越法律人才培养模式”中嵌入国际组织法律人才预培项目，在法律硕士教育中心“国际仲裁专业”中设置国际组织法律人才方向，重点在法学硕博士生的联合培养或出国访学项目中增设国际组织法律人才推荐计划；借助国家留基委“国际组织后备人才培养项目”“创新型国际人才培养项目”“优秀本科生交换项目”“雏鹰扶持计划”等项目，资助学生赴国（境）外交流、实习、升学等，形成了多层次贯通的涉外法治人才培养机制。

Perfecting the Legal Education System and Promoting Its High-Quality Development

Yao Li

Abstract: The system perfection and high-quality development of legal education in the new era are facing new opportunities and challenges. This paper actively explores and practices in many aspects, such as the construction of China's independent legal knowledge system, the optimization of legal discipline system and the enhancement of work ability for foreign affairs. It is advocated by the author that the adherence to the guidance of Xi Jinping Thought on Rule of Law, constantly strengthens the subjective consciousness of legal research, builds Chinese independent legal knowledge system, and lays a solid ideological foundation and theoretical support for legal education. It promotes the high-quality development of legal education by optimizing the discipline system, adheres to the integrated promotion of domestic rule of law and foreign-related rule of law affairs, and forms a multi-level and coherent mechanism for cultivating foreign-related rule-of-law talent, so as to continuously improve the legal education system and promote the high-quality development of legal education.

Key Words: legal education system; high-quality development; independent legal knowledge system

勇担政法院校法治人才培养的使命责任

焦盛荣*

摘　要:高校的立身之本在于立德树人。在全面依法治国大背景下,在加强新时代法学教育和法学理论研究的新形势新要求下,承担着法治人才培养的使命与责任的政法类院校,必须深入贯彻落实习近平法治思想,深化改革、强化举措,完善法学教育体系,持续创新法学理论研究,培养服务国家发展需求和法治社会建设需要的法治人才,才能为推进法治国家、法治政府、法治社会建设提供人才支撑和智力支持。

关键词:法治人才培养　法治理论研究　法治社会　法治文化

习近平总书记在党的二十大报告中指出,全面依法治国是国家治理的一场深刻革命,关系党执政兴国,关系人民幸福安康,关系党和国家长治久安。必须更好发挥法治固根本、稳预期、利长远的保障作用,在法治轨道上全面建设社会主义现代化国家。

---

* 焦盛荣,甘肃政法大学党委书记,教授。研究方向:刑事诉讼法学、法学教育。

这对全面依法治国提出了新要求,也为全面建设社会主义法治国家提供了新纲领。在这一大背景下,法治人才培养的重要性不言而喻。加强新时代法学教育和法学理论研究,是推进全面依法治国的重要内容,更是法治人才培养的基础性条件,具有先导性作用。作为法治人才培养的第一阵地,如何把握机遇、因势而谋、取得突破,成为政法院校实现高质量发展的一项重要课题。

甘肃政法大学作为甘肃省唯一一所政法类院校和全国最早建立的省属本科政法院校,始终把培养秉持法治信仰、坚定法治追求的高素质人才作为政法院校的第一要务和核心使命,深入贯彻落实习近平法治思想,坚定落实立德树人根本任务,积极回应国家重大战略需要和地方经济社会发展需求,充分发挥学校学科专业优势和人才聚集优势,为推进法治国家、法治政府、法治社会建设提供人才支撑和智力支持,为国家治疆治藏治边方略和共建"丝绸之路经济带"重大倡议的实施发挥智库作用,为甘肃乃至西部地区经济社会发展和法治人才培养作出应有贡献。

一、把牢法治人才培养方向,构建高素质法治人才培养共同体

习近平总书记指出,法治人才培养上不去,法治领域不能人才辈出,全面依法治国就不可能做好。作为政法院校,当以"培养造就更多具有坚定理想信念、强烈家国情怀、扎实法学根底的法治人才"为己任,坚持把立德树人、德法兼修作为育人的中心环节,牢记为党育人、为国育才的使命任务,以务实举措贯彻落实习近平法治思想,以实际行动践行明法笃行、知行合一,打造高素质法治人才培养的协作机制,构建全面依法治国视域下的人才培养共同体。甘肃政法大学着力于坚定师生法治信仰、弘扬法治文化精神,全面贯彻落实习近平新时代中国特色社会主义思想,以"五个认同"为基础推动习近平法治思想进教材、进课堂、进头脑,将法治人才培养与法学专业教育紧密结合,在培养方案、课程设置中增设了"习近平法治思想概论",进一步扩大习近平法治思想的影响力;持续深化汉藏双语法治人才培养,探索创新人才培养机制和模式,与民族地区司法实务部门建立学生实习实训机制,培养扎根西部民族地区、服

务西部民族地区法治建设和经济社会发展的高层次高素质双语法治人才;深化与省内外公检法司等实务部门和单位的协同合作,加强法学实习实训基地和法治教育实践基地建设,邀请全国知名法学专家教授聚焦法治前沿理论和司法实务开设讲座,提升学生的法学知识水平和法治思维能力,推动法学教育和法治实践融合发展,切实响应国家发展战略需求和地方经济社会发展需要,培养真正扎根陇原、服务国家、具有扎实法学根底的新时代高素质法治人才。

二、发挥法学学科特色优势,探索高质量法治理论研究路径

习近平总书记强调,我们要发展的中国特色社会主义法治理论,本质上是中国特色社会主义理论体系在法治问题上的理论成果。高校是推进中国社会主义法治理论创新的重要阵地,是习近平法治思想研究阐释的重要力量,也是践行社会主义法治理论的重要渠道。政法院校要把调整优化学科专业布局、以“法学+”推动各学科交叉融合,作为实现法治理论创新突破的现实需要和提升法治人才培养质量的重要需求,积极探索高质量法治理论研究路径,培养“法学+”的复合型人才。甘肃政法大学积极发挥学科专业优势,对接国家法治建设需求,深化习近平法治思想的研究与阐释,结合地域特点开展法治甘肃实践研究,推动社会主义法治理论与我国传统法律文化、地方法治建设实践紧密结合,切实弘扬法治精神,助力习近平法治思想的学理化阐释、学术化表达和体系化建构。学校紧密追踪当代法治实践前沿,着力增强法学传统学科对法治社会实践的解释力、指导力、辐射力和创新力,围绕“习近平法治思想与马克思主义法学理论发展”设立专项课题、开展专题研究,形成了系列化研究成果,为国家治理的法治化提供了智力支持和法治支撑,被甘肃省委依法治省办确立为首批学习贯彻习近平法治思想研究基地。

三、推动法治精神落地生根,服务高水平法治社会治理体系

习近平总书记强调,法律是治国之重器,法治是国家治理体系和治理能力的重要依托。政法院校必须紧跟新时代法治建设要求,把高素质

法治人才作为国家治理体系建设中的生力军和主力军,将服务中国特色社会主义制度和国家治理体系建设作为法治人才培养的重要落脚点,在遵循法治价值共性、普遍要求和精神实质的基础上,总结社会主义法治体系建设和实践的经验,弘扬社会主义法治精神,创新多元化普法载体,为国家治理法治化提供智力支持和法治支撑。甘肃政法大学自觉把服务法治社会建设作为提升核心竞争力的基础工程,聚焦黄河流域生态保护和高质量发展、推进西部大开发形成新格局等重大国家战略,举办“黄河流域城市破产法前沿论坛”“首届规范性文件制发与备案审查黄河法治论坛”等高端学术会议;依托学校现有的“青少年法治教育中心”“甘肃省铸牢中华民族共同体意识研究基地”“甘肃省循环经济与可持续发展法制研究中心”等各类平台和基地,积极参与围绕法治理论与实践的重点智库课题研究、立法论证与研究、法规起草及评估等具体事项,推动法治理论在实践中落地生根,提升和扩大法治精神的影响力,助力高水平法治社会治理体系的构建与完善。

四、夯实教育对外开放根基,打造高品质法治文化交流基地

习近平总书记强调,要提高我国参与全球治理的能力,着力增强规则制定能力、议程设置能力、舆论宣传能力、统筹协调能力。面对新时代新要求,在教育对外开放的背景下,主动对接国家涉外法治建设需求,加强涉外法治人才培养,构建高品质法治文化交流基地,是新时代赋予法学教育的重大使命。政法院校要善于结合国家法治体系建设和法治实践的现实需要,继承和发扬我国优秀传统法治文化,汲取世界法治文明的有益成果,加强涉外法治人才培养,展现中国法治国家形象,提升我国法治体系和法治理论的国际影响力和话语权。甘肃政法大学结合办学特色和区位优势,总结长期以来的办学经验和办学实践,坚持统筹服务国内法治和涉外法治建设,积极服务国家“一带一路”倡议,加大对外交流合作,提升法治人才培养质量,进一步夯实对外合作的法治根基,着力建设具有国际视野的高素质专业化创新型教师队伍,培养和造就熟悉我国国情、具有全球视野的复合型涉外法治人才。学校积极完善涉外法治

人才培养体系，探索符合学校实际的涉外法治人才培养模式，举办届次化的“丝绸之路合作伙伴法治合作高端论坛”，深化与哈萨克斯坦、俄罗斯相关高校的交流合作，组织出版“漫话法治”系列图书之《民法典》，推广中国法治文化和地域文化，提高涉外法治人才学术能力和综合素质，不断适应日益多元化的法治文化建设需求，积极构筑丝绸之路法学研究创新高地、涉外法治人才培养基地、中外法治文化交流传播阵地。

本届论坛的主题是“深入贯彻落实习近平法治思想，加强新时代法学教育和法学理论研究”，是对中共中央办公厅、国务院办公厅《关于加强新时代法学教育和法学理论研究的意见》的再贯彻、再落实、再推进。甘肃政法大学将紧抓新时代振兴中西部高等教育、改革完善法学院校体系等重大政策机遇，与“立格联盟”兄弟院校紧密合作，坚持与国家法治建设同向而行，与法治社会发展同频共振，进一步完善法学教育体系、创新法学理论研究，着力培养高素质法治人才，承担起政法院校义不容辞的首要责任和重要使命。

Mission and Responsibility of Cultivating Rule-of-Law Talent in Political and Legal Colleges and Universities

Jiao Shengrong

Abstract: The foundation of colleges and universities lies in establishing virtue and cultivating people. In the context of the law-based governance in a comprehensive manner, in the new era of strengthening legal education and legal theory research under the new situation and new requirements, the political and legal colleges and universities with the mission and responsibility of cultivating rule-of-law talent must thoroughly implement Xi Jinping Thought on the Rule of Law, deepen the reforms, strengthen the initiatives, improve the legal education system, continue to innovate in legal theory research, and cultivate rule of law talent to serve the needs of national development and the construction of a society under the rule of law, so as to provide talent and intellectual support for the advancement of the construction of the rule of law country, the rule of law government and the rule of law society.

Key Words: cultivation of rule of law talent; theory research on the rule of law; rule of law society; rule of law culture

服务国家需要 推进模式创新 提高我国法治国际传播力

葛卫华*

摘 要:涉外法治人才培养是涉外法治建设的重要基础和保障,是政法院校适应国家需要、服务国家战略的时代责任。上海政法学院坚持以习近平法治思想为指引,主动服务国家战略,紧密对接国家急需,依托中国上合基地优势,探索涉外法治人才培养模式创新,努力培养德法兼修的高素质涉外法治人才,推进法治领域国际交流合作,为提高我国法治国际传播力贡献力量。

关键词:国家需要 涉外法治 人才培养 模式创新 法治国际传播力

上海政法学院坚持以习近平法治思想为指引,主动服务国家战略,紧密对接国家急需,依托中国上合基地优势,探索涉外法治人才培养模式创新,努力培养德法兼修的高素质涉外法治人才,推进法治领域国际交流合作,为提高我国法治国际传播力贡献力量。

---

* 葛卫华,上海政法学院党委书记,管理学博士,教授。研究方向:高教管理、思想政治教育。

一、涉外法治人才培养的时代责任

法学教育对法治建设具有基础性、战略性、先导性作用。法治人才既是法治建设的重要组成部分,也是法治建设的重要力量。涉外法治人才培养是涉外法治建设的重要基础和保障,是政法院校适应国家需要、服务国家战略的时代责任。

第一,适应我国全面依法治国战略新要求。《中共中央关于全面推进依法治国若干重大问题的决定》明确提出,“建设通晓国际法律规则、善于处理涉外法律事务的涉外法治人才队伍”。2017 年 5 月 3 日,习近平总书记在中国政法大学考察时指出,法治人才培养上不去,法治领域不能人才辈出,全面依法治国就不可能做好。中共中央办公厅、国务院办公厅《关于加强新时代法学教育和法学理论研究的意见》提出:“加快培养具有国际视野,精通国际法、国别法的涉外法治紧缺人才。”我国目前涉外法治人才比较匮乏,处理涉外法律事务的能力和经验不足,涉外法治人才储备与涉外法治工作需求不相适应。只有加大涉外法治人才培养力度,才能夯实涉外法治人才基础,为推进涉外法治建设提供有力的人才保障。加快涉外法治人才培养是我国法治工作队伍建设的重要内容,是统筹国内法治和涉外法治、推进全面依法治国的必然要求。

第二,适应我国“一带一路”倡议的新要求。2013 年,习近平总书记提出共建“一带一路”倡议以来,越来越多的国家和国际组织加入共商共建共享朋友圈。截至 2022 年 3 月底,中国已与 149 个国家、32 个国际组织签署 200 多份共建“一带一路”合作文件,涵盖互联互通、投资、贸易、金融、科技、社会、人文、民生、海洋等领域。中国倡议成为范围最广、规模最大的国际合作平台与最受欢迎的国际公共产品。随着“一带一路”倡议的深入推进,法律服务保障的重要作用愈加凸显。共建“一带一路”需要推进与共建国家标准化机构以及国际和区域组织签署合作文件,扩大标准互认领域,推进与共建国家经贸深度融合,实现国际经济交流合作的良性互动,提升规则标准“软联通”水平,增强国内国际产业合作效率和法治保障水平。加强合作伙伴相互间政策、规则、标准和机制的“软联通”,对我国涉外法治人才提出了巨大需求。

第三,适应构建人类命运共同体和国际治理新秩序的新要求。当今世界正处于百年未有之大变局,全球治理体系和国际秩序变革加速演进。习近平总书记指出,中国走向世界,以负责任大国参与国际事务,必须善于运用法治。在对外斗争中,我们要拿起法律武器,占领法治制高点,敢于向破坏者、搅局者说不。全球治理体系正处于调整变革的关键时期,我们要积极参与国际规则制定,做全球治理变革进程的参与者、推动者、引领者。我国正在以前所未有的广度和深度参与国际竞争和全球治理,在国际事务中迫切需要通过高素质涉外法治人才提升我国法治话语权和影响力,为构建人类命运共同体和国际治理新秩序提供中国方案,贡献中国智慧。

二、涉外法治人才培养的模式创新

为了适应国家需要和社会需求,解决当前涉外法治人才培养存在的突出问题,上海政法学院从培养目标、培养方案、培养路径等方面进行系统性改革,构建了“二维一体”的涉外法治人才培养模式。

“一体”,即一个总体目标:由过去重视全球视野和国际规则能力的培养目标,改革为培养具有“全球视野、中国立场”和跨文化沟通能力、熟悉国际国内法律规则的“二维”涉外法治人才。

“二维”,即在培养方案、培养过程等方面均体现两个维度,突出涉外法治人才培养的复合型。

1. 注重学科融合。实现“法学 + 英语”、“法学 + 俄语”的融合,突出外语特色。目前开设全英语课程 19 门,开设法律俄语交叉课程 6 门,16 门法学类全英语课程入选上海市全英语示范课程。涉外法治人才核心课程中,全英语课程覆盖率达到了 100% 。

2. 突出涉外元素。国内法与比较法、国际法并重。除了法学专业核心课程外,在“职业导向选修课”模块中,国际法及涉外法课程比例达到 73% ,“基本专业选修课”模块中,涉外法律课程比例达到 100% 。在课程体系中扩大开设普通法、大陆法、比较法和外国法、俄国法、上合组织法等前沿课程,开设国际法、国际司法等基础课程,使学生深入理解国际与外国法律制度背后的理论体系和思维逻辑;加强法学与国际经贸、国际政治等多学科交叉融合,开设国际商事仲裁、涉外投资法律实务等复合交叉课程,提升学生运用多学科知识解决问题的能力。

3. 侧重应用能力。在夯实理论基础的同时,更侧重应用能力培养。“职业导向选修课”实务课程占比达到100%,其中涉外实务人员参与率达到100%;设立校内校外双导师制度,聘请涉外实践导师128人。通过实训课程的训练,组织和支持学生积极参加模拟国际商事仲裁竞赛、国际法模拟法庭竞赛、WTO模拟法庭竞赛、“FDI MOOT”模拟仲裁法庭等国际模拟竞赛,提高学生的涉外法律实务能力。

4. 改革培养体制。校内建立涉外法治人才培养教育基地领导小组和工作小组,不断优化涉外法治人才培养管理体制。校外建立联合培养体制机制,与63家海外院校以及上海合作组织秘书处、国际商会、国际统一私法协会等国际组织合作,为学生提供出国学习和国际组织实习机会;建立了100余家涉外法治类实践实习基地,学生参加学校组织的涉外实习项目达400余人。连续五年获批上海市高校学生赴国际组织实习项目,入选人数位居上海高校前列。

三、涉外法治人才培养的优势发挥

设在上海政法学院的中国—上海合作组织国际司法交流合作培训基地作为直接服务国家战略的国家级平台,其国际司法交流合作培训功能,天然契合涉外法治人才培养的目标要求,为学校推进涉外法治人才培养模式改革提供了有力的支撑和保障。

1. 精准化培养特色。中国上合基地直接面向上合组织国家,俄语是主要的交流语言,这为学校培养懂俄语的涉外法治人才提供了得天独厚的条件。在面向上合组织国家涉外培训、接待来访、论坛讲座等方面,学生足不出校就拥有锻炼俄语特别是法律俄语的机会。例如,近年来共有913名学生参与涉外司法官员培训实践。同时依托基地,学校每年选派学生到俄罗斯、吉尔吉斯斯坦、塔吉克斯坦等国家交流学习,提升俄语和俄语法律应用能力。培养具有俄语、英语双语交流能力的涉外法治人才，正是学校适应“一带一路”倡议需求的目标定位和培养特色。

2. 国际化队伍保障。依托上合基地，学校除了选派一批优秀教师到上合组织国家访学进修外，还通过实施“柔性人才引进制度”“旋转门计划”“驻访学者计划”等，先后引进国际知名学者和司法实务人才100余名，参与涉外法治课程的国际师资占比达到43.1%。国际师资经常性在校讲授课程、开设讲座、交流访问，丰富了学生的国际法知识，扩大了学生的国际视野，增强了学生的涉外法治应用能力。

3. 多元化平台支撑。中国上合基地内设全球安全治理研究院、上海合作组织研究院、“一带一路”安全研究院、反恐大数据实验室等机构，具有涉外培训、智库论坛、学术讲座、涉外法律服务等多种功能，直接为学生提供学习实习机会。另外，学校先后获批最高人民法院民四庭“一带一路”司法研究基地、最高人民检察院上海合作组织检察官培训基地、司法部中国—上海合作组织法律服务委员会合作交流基地、教育部全媒体时代教育法律法规执行力研究与实践中心、上海市“一带一路”安全合作与中国海外利益保护协同创新中心等，形成了多元化、立体化涉外法治人才培养支撑平台。

四、提高法治国际传播力的上政探索

2013年9月13日，习近平主席在上海合作组织比什凯克元首峰会上宣布，中方将在上海政法学院设立“中国—上海合作组织国际司法交流合作培训基地”，愿意利用这一平台为其他成员国培养司法人才。10年来，上海政法学院牢记习近平主席嘱托，紧紧围绕服务国家战略，发挥中国—上合基地培训、智库和论坛等核心功能，为推进中国法治走出去、不断提升我国法治传播力作出了“上政贡献”。

一是推进涉外培训，培养精英人才。中国上合基地先后承担了以涉外律师、警务合作、反恐安全、司法执法等为主题的各类涉外培训班63期，培训学员2290人，为上海合作组织成员国、观察员国、对话伙伴国以及其他“一带一路”合作伙伴培养了一批司法执法领域精英人才，圆满完成了习近平主席在2018年上合组织青岛峰会上提出的利用基地培训2000名执法人员的任务。人民日报、新华社分别就此进行了专题报道。目前,学校正在积极打造"中国涉外高层次人才培训研修中心",加强与联合国相关机构、相关国际组织合作,进一步推进中国法治"走出去"战略,扩大中国法治影响力。

二是打造智库论坛,发出中国声音。依托中国上合基地,学校着力打造上海全球安全治理研究院、上海市"一带一路"安全合作与中国海外利益保护协同创新中心,建立柔性人才引进制度、外籍专家驻访制度,吸纳会聚了一批国内外专家学者,聚焦反恐安全、"一带一路"法律保障和上合组织法治等领域形成了一批高质量的研究成果。中国上合基地主办的"上合高端论坛""中亚与上合组织国际研讨会""'一带一路'法律服务高端论坛""中国海外投资法律论坛"等高层次国际国内学术论坛,已发展成为服务"一带一路"倡议和推动构建国际治理新秩序、具有国际影响力的学术论坛品牌。通过打造智库论坛,用中国法治理论阐释中国法治实践,鲜明地展现了法治中国的理论逻辑和实践逻辑,为推动构建中国法治对外话语体系发挥了积极作用。

三是深化交流合作,扩大国际影响。学校以法律服务为纽带,依托设在我校的司法部上合组织成员国法律服务委员会中方筹备办公室、中国—上海合作组织法律服务委员会合作交流基地,大力推进上合组织框架内的国际交流合作,为促进地区安全法治与和平稳定贡献力量。目前学校正在积极推动成立"上海合作组织多边投资争端解决中心"。2021年,根据原国务院总理李克强在上海合作组织成员国政府首脑会议第二十次会议上的倡议,在教育部、司法部的指导下,学校会同西北政法大学、甘肃政法大学等兄弟高校发起成立了"上海合作组织法律大学联盟",着力打造法学教育国际交流合作平台,现已有国内外15家成员单位,"朋友圈"越来越大。学校下设的上海纪录片学院与中国上合基地联合拍摄的《穿越上合》作为上合组织成立20周年献礼片,于2021年10月在中国教育电视台首播,受到了上级有关部门与业界的高度评价,还将陆续在上合组织成员国国家电视台播出。

上海政法学院将继续坚持以习近平法治思想为指导，按照统筹国内法治与涉外法治的总体要求，进一步发挥中国上合基地的平台优势，进一步完善涉外法治人才培养体系，强化法学教育和理论研究在涉外法治领域的鲜明特色，充分发挥学校在服务国家战略方面的独特作用，努力为国家的法治建设、为中国法治走向世界作出新的更大的贡献。

Serving National Needs and Promoting Mode Innovation to Improve the International Communication Power of China's Rule of Law

Ge Weihua

Abstract: Cultivation of foreign-related rule of law talents is an important foundation and guarantee for foreign-related rule of law construction, and it is the responsibility of the times for political and law colleges and universities to adapt to the needs of the country and serve the national strategies. Shanghai University of Political Science and Law adheres to Xi Jinping Thought on the Rule of Law as a guide, taking the initiative to serve the national strategy, closely matching the urgent needs of the country, exploring the innovation of the cultivation mode of foreign-related rule of law talent relying on the advantages of China's SCO base, striving to cultivate high-quality foreign-related rule of law talent who are good at both morality and law, advancing the international exchanges and cooperation in the field of the rule of law, and contributing to the enhancement of China's international dissemination power of rule of law.

Key Words: national needs; foreign-related rule of law; talent cultivation; model innovation; international communication power of rule of law

推进“融合式发展” 不断提升应用型法学教育的质量和水平

吕 涛* 张玉成**

摘 要:党的二十大报告、新文科建设的内在要求、地方高校的转型升级,都要求推进“融合式发展”,以破解地方高校资源短缺的瓶颈,不断满足人民群众对更加优质教育、更高质量就业的新需求,推动应用型法学教育的高质量发展。“融合式发展”的要义在于实践导向、资源整合、要素重组、主体协同、系统推进,重点在于创新体制机制与产业行业共生共长,借助信息技术,推动校内融合、校际融合、校地融合、校企融合等多类型多层次融合。地方高校应积极探索“融合式发展”的新途径,要推进五育融合、德法兼修,提高学生综合素质;推进产教融合、协同育人,提高学生职业技能;推进师资融合、双向交流,提高应用型教学水平;推进学科融合、专业重组,推动法学教育供给侧改革;推进平台融合、校地贯通,推动法学教育高质量发展。

关键词:融合式发展 应用型 地方高校 法学教育

---

* 吕涛,山东政法学院校长。研究方向:司法制度、法学教育。

** 张玉成,山东政法学院教务处处长。研究方向:高等教育学。

党的二十大报告提出,"推进职普融通、科教融汇、产教融合"。中共中央办公厅、国务院办公厅《关于加强新时代法学教育和法学理论研究的意见》要求"深化协同育人","推动法学教育与法治实务相互融合"。国务院《关于深化产教融合的若干意见》提出,"深化产教融合,促进教育链、人才链与产业链、创新链有机衔接"。新文科建设的应有之义也在强调"融合"。当前,地方高校的应用型转型升级已经成为大势所趋。只有推进"融合式发展",才能有助于破解地方高校资源短缺的"瓶颈",不断满足人民群众对更加优质教育、更高质量就业的新需求,推动应用型法学教育的高质量发展。

我们理解,"融合式发展"的要义在于实践导向、资源整合、要素重组、主体协同、系统推进,重点在于创新体制机制与产业行业共生共长,借助信息技术,推动校内融合、校际融合、校地融合、校企融合等多类型多层次融合,共建高素质"双师双能型"师资队伍、多元化推动高质量科研产出与人才培育。山东政法学院作为山东省首批应用型大学建设重点支持高校,立足"地方性、应用型、政法类大学"的办学定位,紧扣法学教育的实践性特征,深入推进开放办学和内涵建设,探索构建了具有山政特色的"融合式发展"办学机制。

一、五育融合、德法兼修,提高学生综合素质

深化"三全"育人,增强思政活力。学校实施"元德利法"大思政课建设,系统开展马克思主义理论教育,全面加强大学生的习近平法治思想教育;实施课程思政五大行动计划,立项建设一批课程思政教学研究与改革项目、培育一批课程思政示范课程、树立一批课程思政教学名师和团队、建设一批课程思政实践育人基地,总结凝练一批课程思政建设新成果、新经验、新模式,实现课程思政全覆盖。充分发挥第一课堂、第二课堂协同育人功能,探索"1x + 2y"支撑毕业要求新路径,即第一课堂 x 门课程和第二课堂 y 门活动课程共同支撑毕业要求指标点。依托"靛青工程"实施必选项目加自选项目的"6 + 1"素质拓展计划,将思想引领、志愿服务、社会实践等列为学生必选活动;开展"1 + 10"榜样山政行动,即 1 个骨干带动

10个学生,通过身边榜样在学生中树立典型,宣传正能量。学校入选山东省首批红色文化传承示范校。

深化五育融合,促进全面发展。学校构建“德育为先、专业为基、全面发展”的A型人才培养模式,不断加强体美劳教育。为培养学生良好的意志品质,将军体拳列入体育必修课程,所有体育课均要求有15%的军体拳训练,实现德育与体育的有机融合。为陶冶学生的法治文化,将书法作为学校美育教育的必修课,通过“书法”领悟法治精神,实现德育与美育的有机融合。为更好提升学生的职业责任感,实施“劳动者的一天”品牌活动,让学生在真实的劳动体验中体悟劳动价值,实现德育与劳动教育的有机融合。

二、产教融合、协同育人,提高学生职业技能

深化产教融合,推进协同育人。学校与山东省律师协会共建法学专业,与山东省监狱管理局共建监狱学专业,与山东省司法厅共建社区矫正专业,与山东方宇知识产权集团共建知识产权专业,与山东省委政法委共建网格学院,与山东省纪检监察干部培训学院共建纪检监察学院,与香港特别行政区麦家荣律师行共建涉外法治实验班,所有专业完成了应用型人才培养转型。其中,山东政法学院律师学院探索建立“1+N+N”协同育人模式,“1”指山东政法学院和山东省律师协会签署的合作办学协议,第一个“N”指多个律师事务所,第二个“N”指山东政法学院与多个律师事务所分别合作开设的多个实验班,律师学院因特色鲜明、效果显著,获批山东省省级产业学院。

优化人才培养方案,提高学生职业能力。学校面向社会需求,着力解决人才培养与职业标准脱节问题,优化重构课程体系,设立“3+1”职业教育模块,即开设“职业道德与伦理、职业技能与训练、职业能力与实践”3个模块课程,实行“职业资格证书考取认证学分”1项措施,形成职业教育关口前移、专业教育与职业教育一体推进的应用型人才培养新模式。学校法学本科学生的国家法律职业资格考试通过率多年保持在45%左右,2023届法律硕士研究生的法考通过率从入学时的19%跃升到毕业时的96%,学生的职业能力也得到了用人单位的充分肯定。

三、师资融合、双向交流，提高应用型教学水平

加强师资培训，提高教师教学能力。学校成立教师发展中心，出台教师发展工作规划，形成了“一年入门、三年胜任、五年骨干、十年名师”的阶梯式教师教学能力发展框架，组织实施十大专项培训，提升教师的教学能力。坚持“双向互动、三维协同、四阶推动、五级保障”，通过与合作单位的双向交流，在人才培养、科学研究、社会服务三个维度开展深度合作，按照共商、共建、共管、共享四个阶段有序推进，实施标准建设、监督评价、定期反馈、完善整改、动态调整五个层级的质量保障措施，创新产教融合办学机制，着力提高教师的应用型教学水平。

开展双向交流，强化应用型师资保障。通过组织教师到行业企业挂职、轮训、学习等方式，提升教师的实践教学能力。目前，在行业企业、国家机关建立了10个双师型教师培训基地，有365位专业教师到行业企业、国家机关轮训、挂职、兼职，年均不少于1个月，新入职教师3年内到行业企业、国家机关学习锻炼1年以上的新教师数占比56%。同时，充分吸纳实务部门经验丰富的专业人才进入师资队伍，与国内外高校、科研机构加强交流，着力引进研究能力强、实务经验丰富的高素质人才，为培养高素质应用型人才提供有力的师资保障。

四、学科融合、专业重组，推动法学教育供给侧改革

服务国家战略和强省建设，探索学科融合新格局。学校按照“基本面、主干线、突破点”的理念思路，谋划和建设学科融合新格局。在法学二级学科进行内涵更新、全面建设的“基本面”基础上，围绕国家黄河战略、绿色低碳发展战略、山东海洋发展战略，探索打造“黄绿蓝”法治保障的学科融合“主干线”，同时结合学校既有优势和地方发展需求，聚焦立法学、竞争法学、司法鉴定、涉外法治等学科交叉的“突破点”，组建团队聚力攻坚，积极推进基础学科领域的供给侧结构性改革。

对接经济社会发展需求，形成专业建设新布局。学校坚持“法为核心、融法特色”的“1+3+2”学科专业建设整体布局，打造法学“1”个重点

建设学科,应用经济学、新闻传播学、公共管理"3"个培育建设学科,网络空间安全、外国语言文学(法律英语)"2"个扶持储备学科。以法学学科为龙头,在做优做大做强法学的同时,辐射带动其他学科发展,经管类专业侧重商法结合,政管类专业突出依法治理,新闻传播类专业突出法治传播,信息技术类专业突出网络空间安全,外国语言类专业突出法律英语,非法学专业均具有鲜明的融法特色。通过学科专业的设置、调整和优化,打破以往学科、专业的单向度发展,推动学科专业联动发展,进一步深化融合的理念,进而构建起山政特色的可持续发展的学科专业生态体系。

加强基层教学组织建设,为学科专业融合提供保障。学校建设习近平法治思想研究、纪检监察等10余个虚拟教研室,建设法律英语、网络安全与取证等20余个多学科交叉融合的实体教研室,开展相关的科研与教学研究,并通过科教融汇、产教融合课程将学科建设成果转化为人才培养资源,为法学教育供给侧改革提供支持。

五、平台融合、校地贯通,推动法学教育高质量发展

搭建校际联合平台,推进开放育人。学校积极参与"立格联盟""一带一路高校联盟""山东省课程联盟"等平台,牵头搭建沿黄高校法治人才培养联盟省级平台,组织开展校际访学、协同创新,为开展联合培养、联合科研等融合发展活动提供服务与支持。

整合校地育人资源,赋能内涵建设。学校对接法律服务行业发展新需求,优化高素质应用型法治人才培养路径,构建深度融合、多方协同的"4D"应用型人才培养模式,包括"校内双师型教师+校外实务型教师"双导师师资团队(Double tutor),"基本知识模块+职业化发展模块"双模块课程体系(Double module),"校内课堂+校外课堂"双场所授课过程(Double site),"模拟实训+实战演练"双实务训练过程(Double practice)。学校在山东省教育厅、山东省司法厅、山东省商务厅的指导下,探索搭建习近平法治思想研究院省级平台和自由贸易试验区法治保障省级平台,平台一方面对接各高校法学院,另一方面对接法治实务部门,还对接政府、行业、社会、自由贸易试验区等法治需求,平台融合,校地贯通,

不仅为开展理论研究、教育教学、学术会议、学生竞赛、实践活动、横向课题等融合发展活动提供了机会,还为学校服务地方发展提供了便利。学校与省市人大共建立法研究服务基地9个,师生完成40余部地方立法的起草、论证,1000余件地方立法的审查清理工作。学校司法鉴定中心、法律援助中心、民商事调解中心等平台成为师生共学、共研、共同服务社会的有力支撑,获批“全国公共法律服务先进集体”“全国法律援助工作先进集体”。依托产政学研用平台,学校打通教学、科研、社会服务间壁垒,构建起教学育人、科研育人、服务育人“三位一体”的和谐共生关系,不断开创应用型大学建设新局面。

Promoting "Integrated Development" Continuously Improving the Quality and Level of Applied Legal Education

Lv Tao Zhang Yucheng

Abstract: The report of the 20th National Congress of the Communist Party of China, the inherent requirements of the construction of new liberal arts, and the transformation and upgrading of local colleges and universities all call for the promotion of "integrated development" to break the bottleneck of resource scarcity in local colleges and universities, to continuously meet the people's new demand for better quality education and higher quality employment, and to promote the high-quality development of applied legal education. The essence of "integrated development" lies in practice-oriented, resource integration, element reorganization, subject coordination and systematic promotion, focusing on the symbiotic growth of innovative system and industry, leveraging information technology to promote the integration of multiple types and levels, such as intra-school integration, intercollegiate integration, school-area integration, and school-enterprise integration. Local colleges and universities should actively explore new approaches to "integrated development", promote the integration of the five aspects of education, and cultivate both morality and law to improve the comprehensive quality of students; promote the integration of industry and education, collaborative education, improve students' vocational skills; promote the integration and dual-way exchanges of faculty, improving the level of applied teaching; promote the integration of disciplines, the reorganization of majors, driving the supply-side reform of legal education; and promote the integration of platforms and the communication between universities and local communities to promote the high-quality development of legal education.

Key Words: integrated development; applied; local universities and colleges; legal education

深化学科治理体系改革 提高法治人才培养质量

司林胜*

摘　要:该文从学科布局、实践体系和研究成果等方面总结了河南财经政法大学法学学科的发展状况和法学学科建设的主要举措,强调了服务黄河流域生态保护和高质量发展、数字法学礼法治理等学科特色。提出了法学学科治理体系改革的主要方向,即建立书院制社区化学生教育管理模式,实施法学学部制管理、人才梯队建设、学科团队建设等管理体制改革和法学协同育人机制。

关键词:学科治理　书院式社区化管理　学部制　协同育人

河南财经政法大学作为全国政法大学“立格联盟”成员单位,作为河南省首批“复合型、实用型卓越法律人才教育培养基地”,近年来着力构建“以学习者为中心”的教育生态,积极深化学科治理体系改革,持续提升法学学科建设水平,提高法治人才培养质量。

---

* 司林胜:河南财经政法大学教授,党委书记、校长。研究方向:电子商务、教育管理。

一、法学学科发展的现状

(一)法学学科发展现状

河南财经政法大学是以经济学、管理学、法学为主干学科的河南省特色骨干大学,法学学科是河南省一级重点学科,法学专业是国家一流本科专业。具体而言,发展现状如下:

1. 形成了完整的学科布局。法学学科已形成教学机构(法学院、民商经济法学院、刑事司法学院、法学实验教学中心)、科研平台(最高检司法案例研究基地、河南省委法律咨询机构等)、专业学术期刊(《河南财经政法大学学报》)立体化并行发展的基本格局。共有法学专业教师263人,其中教授55人,博士134人。拥有法学一级学科硕士点,有法理学、刑法学、民商法学等9个二级学科硕士点和法律硕士专业学位授权点。我校法学专业教授博士数量、高水平研究成果数量、本科生和研究生招生数量等指标在全省高校中居于前列。

2. 形成了系统的法律服务及实践体系。法学学科有50余名教师担任河南省委、省政府、省人大、省纪委、检察院、法院等省、市党委与政府机构的法律顾问及咨询专家。建有最高检司法案例研究基地、河南省人大常委会立法基地、河南省法学实验教学中心。与最高人民法院第四巡回法庭、生态环境部黄河流域生态环境监督管理局共建有教学科研实践基地,与中国人民大学共建律师学院,与河南省知识产权局共建知识产权学院。

3. 产出了一批原创性的高水平研究成果。法学学科承担国家社科基金项目30余项,其中"黄河流域生态保护和高质量发展法律制度体系研究"获批2020年国家社科基金重大项目,法学专业教师在《中国法学》《现代法学》《当代法学》等法学核心期刊发表论文100余篇。法学学科还注重与学校其他骨干学科交叉融合,探索校企协同法学人才培养机制,2019年获批河南省研究生教育创新培养基地、河南省虚拟教研室等。

(二)法学学科的特色优势

近年来,我校法学学科服务国家和地方法治建设,围绕习近平总书记考察河南和视察黄河的重要讲话精神，着眼于学校实现高质量发展的实际，在推动黄河流域生态保护和高质量发展、环境公益诉讼、财税法学、数字法学、传统法律文化、检察与监察理论、习近平法治思想等领域呈现出特色。

1. 积极服务黄河流域生态保护和高质量发展战略。陈晓景教授团队承担了国家社科重大项目“黄河流域生态保护和高质量发展法律制度体系研究”，并参与起草《黄河保护法》。姜保忠教授团队正在进行中国法学会重点课题“习近平法治思想对中华优秀传统法律文化的传承与发展研究”，对提升黄河流域生态保护和高质量发展的司法服务与保障水平，弘扬社会主义法治精神，传承中华优秀传统法律文化具有重要学术价值。

2. 积极开拓数字法学研究的新路径。在数字知识产权、人工智能法治、数字治理等领域的研究方兴未艾，该方向主持有 2 项国家社科基金项目，3 项教育部人文社科项目，为国家新兴领域立法提供了参考意见。参与起草国务院《政务数据共享条例》，受托起草《中国(河南)自由贸易试验区条例》等多部地方性法规。

3. 积极培育在礼法治理领域的学术增长点。朱金瑞教授团队承担的国家社科重大项目“中国共产党人百年精神伦理研究”，从学术角度阐发中国共产党人所具有的包括法治精神在内的优秀道德素养，对贯彻落实习近平法治思想、弘扬社会主义法治精神，传承中华优秀传统法律文化具有深远意义。该团队成员在十三届全国人大二次会议、全国政协十三届二次会议的提案获得了中央有关领导的批示。

(三)河南社会经济发展对法治人才的需求

河南是全国经济和人口大省，省第十一次党代会提出“创新驱动、科教兴省、人才强省”战略，对高素质法治人才的需求日益迫切。河南目前共有 34 所高校开展法学教育，年均培养法学本科生 4000 余人，有 9 所高校拥有法学硕士学位授予权，1 所高校拥有法学博士学位授予权，全省高校年均培养硕士、博士研究生 800 余人(含法律硕士)。总体而言，河南省法学人才培养的结构和布局不够合理，特别是法学博士研究生教育相对落后,新兴学科和交叉学科不多,涉外法治人才奇缺,高水平代表性研究成果不足等问题日益凸显,与河南作为经济、人口大省对高层次法治人才的需求不相适应。特别是河南在中国式现代化的实践过程中,如何支持人口规模巨大的中国式现代化实现,如何加强人口大省的社会治理体系和法治现代化等,都是法学学科建设必须要考虑的问题,作为河南省法学教育资源最丰富的河南财经政法大学更要承担应有的责任。

二、法学学科建设的主要举措

习近平总书记指出,高校立身之本在于立德树人。河南财经政法大学法学教育坚持立德树人根本任务,以培养德才兼备的高素质法治人才为己任,在学科建设和人才培养方面主要采取了以下举措:

1. 以习近平新时代中国特色社会主义思想为指导,深入研究、阐释习近平法治思想。法学学科积极推进习近平法治思想的研究、阐释工作,近三年共立项相关省部级课题40余项,学校专门设立了研究阐释党的二十大精神校级专项课题。2022年还设立了马克思主义法学教研室,把"习近平法治思想概论"作为全校法学专业本科生和研究生的必修课,全面推进习近平法治思想进教材、进课堂、进头脑。

2. 完善法学学科专业体系,构建学科专业建设新机制。为适应社会发展对法治人才的需要,学校分别依托法学院、民商经济法学院、刑事司法学院设立律师学院、知识产权学院、纪检监察学院,目前我校已经获得纪检监察专业本科生和纪检监察学目录外二级学科硕士研究生招生资格。同时,还在法律硕士培养方案中设置涉外法治课程模块,建设涉外法治人才协同培养创新基地,培养涉外法律服务人才。

3. 整合全校教育资源,拓展法学教育和法学理论研究的路径。加强法学与经济学、管理学等学科的交叉融合,促进财税法学、数字法学、"互联网+法学"、"涉外法律英语"等交叉学科和新兴学科的发展。发挥《河南财经政法大学学报》的学术导向作用,策划《习近平法治思想专栏》《民法典专题》《税收法治专题》等特色专栏。2020年第5期《宪法全面实施的意义探析与模式构建》一文成功入选由中宣部主办的第五届

“期刊宣传好文章”，是全省唯一入选文章。

4. 强化有组织科研，提升科研和社会服务能力。出台《科研课题管理办法》《科研团队建设管理办法》等一系列规范性文件，切实保障有组织科研，近年我校立项建设30多个校级科研团队。同时，学校重视法治智库建设，主动服务社会，横向课题到账经费大幅增长。为增加国家社科基金中标率，学校每年培育40余项国家社科基金预研究项目。2022年，我校国家社科基金立项数首次入围人文社科领域“百强大学”榜。

三、法学学科治理体系改革的未来规划

党的二十大报告提出要“深化教育领域综合改革”。当前，我校法学学科分布在3个法学院系和1个法学教学中心，制约法学学科发展水平的主要障碍是学科布局分散、学科资源配置效率低。为解决这一问题，学校出台了《关于深化学科治理体系综合改革的指导意见》，以学科建设为龙头，发挥学科建设“牛鼻子”作用，深入推进学科治理体系和治理能力现代化。

1. 强化政治引领，全面加强党对法学教育和法学理论研究的领导。法学教育和法学理论研究必须旗帜鲜明讲政治，为此，必须狠抓课程思政建设，坚持以习近平法治思想为根本遵循，把思想政治工作贯穿法学教育教学全过程，将思想政治教育有机融入专业课程设置、课堂教学、师资队伍建设、理论研究等人才培养各环节。学校将实施“书院制社区化”学生教育管理模式改革，将学生置于书院按社区管理。书院制社区化管理坚持以党建引领为核心，把立德树人贯穿人才培养全过程，通过各方资源下沉一线，不断增强学生社区党建和思想政治工作的针对性和实效性。构建书院制社区化育人新机制，探索创新人才培养新模式，全面提升大学生综合素质，切实提升人才培养质量和水平。推进“五育并举”，健全德智体美劳全面发展的人才培养体系，努力让书院制学生社区成为协同育人的平台、“三全育人”的场域、“五育并举”的课堂、文化浸润的阵地和教学相长的空间，逐步形成具有时代特征、学校特色的书院制社区化育人新模式。

2. 加强法学学科治理体系改革,完善法治人才培养体系。充分发挥学科建设在学校资源配置中的基础性作用,深入推进学科治理体系和治理能力现代化,大力提升学科水平和学术影响力,推进学校高质量发展。坚持"有所为有所不为",创新学科治理机制,统筹配置法学学科的人才、岗位、团队、科研平台、课题等资源,进一步凝练法学学科方向,挖掘学科潜力,加快推进法学学科内涵式发展,形成法学学科与经济学、管理学、马克思主义等学科相互促进的学科发展体系,实现法学博士授权点的突破。

3. 深化法学学科体制机制改革,培养高素质法治人才。推进"学部制"改革,以法学学科为基础组建法学部。学部制是在学校和学院之间设立学部,兼具党政管理和学术治理职能的一级组织机构。学部设置是以学科门类集聚为主要原则,以促进学校内部学术发展、发挥学科综合优势和服务学院高质量发展为主要目的。学校实行"两级管理,三级建设"的管理体制,学校对学部实行直接领导和管理,并推动管理机构大部制改革,增强职能部门服务效能,学校委托学部对内设学院实行领导、管理和服务,并根据学科发展需要和工作实际,从学校、学部和学院三级层面进行建设,夯实学部主体地位,强化学院学科建设责任,增强创新发展动能。也就是坚持学术权力、行政权力重心逐步由学校向学部下移,非学术事务逐步由学院向学部集中,实施"学部办校"改革,扩大学部办学权限,发挥学部组织、领导和服务职能,激发学院和基层学术组织的活力,提升学院自主发展能力,不断提升学科整体发展水平。同时,推进法学学科人才梯队建设,设置包括资深教授、特聘教授、博洽杰出学者、博洽优秀学者、通达精英人才、弘毅拔尖人才、致远青年英才等七个层次的人才梯队,根据不同人才层次给予其年薪待遇、岗位绩效、课题经费等。打造高水平法学学术团队,强化有组织科研,遴选建设教学创新团队和科研创新团队,推进研究平台实体化建设。

4. 强化法学实践教学,深化法学院校与法治工作部门协同育人。习近平总书记曾指出,法学学科是实践性很强的学科,法学教育要处理好知识教学和实践教学的关系。要打破高校和社会之间的体制壁垒,将实际工作部门的优质实践教学资源引进高校,加强法学教育、法学研究工作者和法治实践工作者之间的交流。据此,法学院校与法治工作部门要共同承担起法治人才培养的责任。我校法学教育强化法学实践教学,深化协同育人,加大法学学科教师、研究人员到法治工作部门挂职力度,吸引法治工作部门优秀实务专家来学校交流,推动法学院校与法治工作部门在人才培养方案制定、课程建设、教材建设等环节深度衔接。

Deepening the Reform of Discipline Governance System and Improving the Training Quality of Rule-of-Law Talent

Si Linsheng

Abstract: This paper summarizes the development status of the law discipline of Henan University of Economics and Law and the main measures of the construction of the law discipline from the aspects of disciplinary layout, practice system and research results, emphasizing the disciplinary characteristics of serving the ecological protection and high-quality development of the Yellow River Basin, digital jurisprudence, the rule of rites and law, and so on. This paper puts forward the main direction of the reform of the governance system of law discipline, that is, to establish the community-based student education management mode of collegiate system, to implement the management system reform of law faculty system management, talent echelon construction, discipline team construction and the collaborative education mechanism of law.

Key Words: discipline governance; the community-based management mode of collegiate system; faculty system; collaborative education

发挥骨干示范作用　加快高质量发展努力办好党和人民满意的法学教育

付子堂*

摘　要：中共中央办公厅、国务院办公厅印发的《关于加强新时代法学教育和法学理论研究的意见》，是深入贯彻落实习近平法治思想的具体举措。全国政法院校“立格联盟”要紧紧把握历史机遇，充分发挥好骨干示范作用，在深入学习贯彻习近平法治思想取得新成效上、在坚持为党育人为国育才作出新贡献上、在服务国家重大发展战略争创新突破上、在推动我国法学院校体系高质量发展担当新作为上当好“领头雁”，为法治中国建设培养高素质法治人才。

关键词：习近平法治思想　法治中国　法学教育　“立格联盟”

盛夏之际，嘉朋满座。我们在山水之城、美丽之地——重庆相聚，隆重召开全国政法院校“立格联盟”第十二届高峰论坛，研讨深入贯彻落实习近平法治思想，进一步加强新时代法学教育和法学理论研

---

* 付子堂，原西南政法大学校长、教授。研究方向：法理学、法学教育。

究,为法治中国建设培养高素质法治人才、提供科学理论支撑。在此,笔者首先代表西南政法大学对莅临盛会的各位领导和嘉宾表示衷心的感谢和欢迎！对此次高峰论坛成功召开表示热烈的祝贺！

本届全国政法院校“立格联盟”高峰论坛的召开,具有三大历史背景:一是2023年5月29日中央政治局就建设教育强国进行了第五次集体学习,习近平总书记以前所未有的战略高度强调了教育强国建设对于中华民族伟大复兴的战略作用和奠基意义,为高等教育事业实现新的跨越发展指明了前进方向。二是2023年2月21日中共中央办公厅、国务院办公厅印发了《关于加强新时代法学教育和法学理论研究的意见》(厅字〔2023〕5号文件,以下简称《意见》),首次以中央文件的形式将我国法学教育和法学研究纳入全面建设社会主义现代化国家进程中进行系统设计和整体规划,成为指导我国法学教育和法学研究的纲领性文件和行动指南。三是重大突发公共卫生事件三年风雨同舟,在党中央的坚强领导下,我们战胜了前所未有的困难和挑战,高等教育事业在高质量发展的轨道上正释放出前进的强大动力。会议在这样的背景下召开,承载着重大责任和光荣使命,具有显著的历史意义。笔者对这次峰会将要取得的丰硕成果充满了信心和期待!

中共中央办公厅、国务院办公厅联合印发的《意见》意义十分重大,既是党内法规又是行政法规,体现了党的意志和国家意志的高度统一。同时,也是第一份专题研究部署法学教育和法学理论研究工作的中央文件,并且为党的最高领导同志审定,这在新中国成立以来尚属首次。此外,《意见》还创造了多个“第一”:第一次明确提出了中国法学教育和法学理论研究的中长期发展目标;第一次正式确立了中国特色法学教育管理指导体制;第一次系统论述了法学院校体系、法学教育体系、法学理论研究体系“三大体系”构架等,充分体现了以习近平同志为核心的党中央对法学教育和法学理论研究工作的高度重视,体现了以中国式现代化全面推进中华民族伟大复兴新形势下法学教育研究的新的历史使命。

《意见》明确了法学教育和法学研究的光荣使命,为我国法学教育事业指明了前进方向。我们各盟校作为中国法学教育事业的第一方阵,要紧紧把握历史机遇,充分发挥好骨干示范作用,在深入贯彻落实《意见》上当标杆、做表率,以当好四个“领头雁”为引领,在中国式现代化的新征程中积极贡献我们联盟的智慧、方案、力量。

一是在深入学习贯彻习近平法治思想取得新成效上当好“领头雁”。坚持用习近平法治思想全方位占领法学教育和法学理论研究阵地,教育引导师生做习近平法治思想的坚定信仰者、积极传播者、模范实践者。充分运用好习近平法治思想研究中心等研究平台,深入研究阐释习近平法治思想的重大原创性贡献,推动理论研究成果向课程体系、教材体系、教学体系转化。

二是在坚持为党育人为国育才作出新贡献上当好“领头雁”。牢牢把握“培养什么人、怎样培养人、为谁培养人”核心课题,立足我国法治实践,持续更新传统学科内涵,加强国家安全法学等战略性学科建设,加快发展新兴学科和交叉学科,加强纪检监察学、党内法规学学科建设。不断健全完善法学教学体系和法学教材体系,努力培养具有坚定理想信念、强烈家国情怀、扎实法学根底的法治人才。同时,坚持教育者先受教育,把师德师风作为评价教师队伍素质的第一标准,教育引导广大法学教师努力成为“四有”好老师。

三是在服务国家重大发展战略争创新突破上当好“领头雁”。要把习近平法治思想的研究阐释作为首要任务,强化法学基础理论研究,把论文写在祖国的大地上,不做西方理论的“搬运工”,加快构建自主法学知识体系。立足国家治理急需、人民美好生活需要,在储备性法律政策、法治领域问题对策建议、国家重大发展战略法治保障、新技术新业态新应用领域法律制度等方面加强实践研究。要完善科研考核评价制度,坚持对学术不端“零容忍”态度,引导教学研究人员潜心钻研、铸造精品。同时,要推进对外学术交流与合作,尤其是要加强习近平法治思想国际传播。当前,世界上许多国家深入了解习近平新时代中国特色社会主义思想的意愿非常强烈。例如,2023 年 6 月,俄罗斯著名智库、俄罗斯科学院中国与现代亚洲研究所成立了专门研究习近平新时代中国特色社会主义思想的研究室,旨在了解当代中国国家建设的思想原理,寻求新时代中国取得巨大发展成就的思想密码。这就要求我们要加强理论供给并做好外宣工作，向世界各国充分彰显习近平法治思想的理论伟力、真理伟力、实践伟力。

四是在推动我国法学院校体系高质量发展担当新作为上当好“领头雁”。要充分发挥骨干示范作用，共同在“完善法学教育准入制度、建立法学教育质量评估制度，健全办学质量预警机制、畅通有序退出机制”等“两制度两机制”方面加快探索、达成共识，为建立我国法学教育质量标准化体系提供决策建议。同时，要带头落实好中央依法治国办、国务院教育主管部门和司法行政部门的各项改革举措，积极接受相关全国专家委员会业务指导，练好自身内功，做好对口支援，助推法学教育区域均衡发展。

习近平总书记强调，要坚持把高质量发展作为各级各类教育的生命线，加快建设高质量教育体系。《意见》印发后，全国各省市区高度重视、高位部署，各法学院校积极履行办学治校主体责任，加紧落实，加快推动新时代法学教育和法学理论研究工作开好局、起好步。我校确立了“落实好三个文件，夯实好三大体系”的目标任务，深入探索新时代法学教育事业高质量发展的规律性问题，总结可复制经验，发掘工作亮点，力争形成新的发展增量。

先是抓好三个层面的文件落实。一是从宏观层面把握好战略方向和发展规律，对标对表把《意见》中各项部署落实到法治人才培养和法学理论研究的全流程、各环节，全面提升人才自主培养质量和学术科研成果水平。二是从中观层面注重远近结合、解决突出问题，积极参与重庆市《关于加强新时代法学教育和法学理论研究的实施意见》文件制定，紧扣学校发展中的矛盾和问题，突出各项支持学校发展的有力政策。三是从微观层面建起“四梁八柱”、落实“三大体系”，抓紧制定好《西南政法大学关于加强新时代法学教育和法学理论研究的实施方案》，将中央和市级文件精神和要求转化为制度设计、完善机制、重大任务和落实措施，扎扎实实推动新时代法学教育和法学理论研究工作深入开展。

同时，严格抓好三大体系建构落实。一是对标对表健全法学学科专业质量标准化体系。以刚结束的本科教育教学审核评估工作为契机,加快完善学科专业设置管理体系,积极开展学科专业动态监测和评估。不断健全教学督导、报告发布、第三方机构评估的常态化质量监控制度。同时,进一步完善学科专业动态调整与退出机制,已停招经济犯罪侦查专业、撤销治安学专业。二是对标对表加快完善法学教育体系。立足学校实际,统筹资源配置,将对国家重大发展战略保障性学科、新兴学科和交叉学科列为优先支持建设项目,更加突出高质量复合型法治人才和涉外法治紧缺人才的培养。三是对标对表创新法学理论研究体系。强化法学基础理论研究。坚持扎根中国文化、立足中国国情、解决中国问题,加强党内法规、中国新民主主义革命法制史、优秀传统法律文化、外国法与比较法等领域研究。同时,着眼国家需要、人民期盼,加快对"贯彻新发展理念,构建新发展格局,推动高质量发展"的经济社会实践进行法治研究,在服务中国式现代化进程中充分发挥西政智慧力量。

教育部怀进鹏部长在不同场合多次强调,我们要坚持从政治上看教育、从民生上抓教育、从规律上办教育。当前,我国法学教育事业存在大而不强(全国700余所高校开办法学专业且质量参差不齐)、发展不平衡(高水平法学院校数量少且集中在中东部地区)、供需错位(急需法治人才培养不足,如涉外法治人才紧缺)等重点难点堵点问题,尤其是近年来法学专业毕业生就业形势严峻,法学专业已连续几年被评为"红牌专业",这与国家战略和经济社会发展需求还存在较大差距。客观形势要求我们法学教育事业必须走高质量发展道路,才能破解前进中的难题。正是在此背景下,《意见》从"完善法学教育准入制度、建立法学教育质量评估制度,健全办学质量预警机制、畅通有序退出机制"等方面进行设计,确保法学学科专业质量高起点、不滑坡,明确了以"两制度两机制"为主要抓手,推动我国法学学科专业布局优化和法学教育区域均衡发展的重大举措。

国有所呼、我有所应。2010年5月30日立格联盟正式成立,初心宗旨是"立格",取其建立规矩、树立标准、建设制度之意。一是为国家的"立格"作出贡献,为建设法治中国而担当重任、努力奋斗。二是为中国法学教育的“立格”,为法学教育的规范化、为法治人才培养质量提高贡献力量。成立14年来,联盟为推动我国全面依法治国实践和法学教育事业作出了积极贡献。面向新时代、新使命,联盟要有新气象、新作为、新贡献。为加快推动《意见》中关于建立健全法学教育质量标准等重大举措落地落实,笔者建议,在联盟下设置“中国法学教育质量标准研究中心”,各盟校共同就“准入制度、质量制度、预警机制、退出机制”等《意见》中重大改革举措加强调研、进行规范化研究,确立高质量标准体系,形成相关配套制度机制和工作方案,上报中央依法治国办、教育部和司法部以供决策参考,积极助推法学学科专业布局优化和法学教育区域均衡发展。

2023年6月30日下午,习近平总书记在中央政治局第六次集体学习会上指出,在“两个大局”加速演进并深度互动的时代背景下,我国各个领域都面临着一系列新的重大课题,迫切需要我们从理论与实践的结合上提交答案。笔者认为,如何提升新时代法学人才培养质量和理论研究水平就是我们法学教育领域的人民之问、时代之问,我们联盟要回归“立格”初心,准确识变、科学应变、主动求变,积极扛起为法治中国建设培养高素质法治人才、提供科学理论支撑的光荣使命,在以中国式现代化全面推进中华民族伟大复兴中作出应有的贡献!

Playing a Model Role and Accelerating High-Quality Development in an Effort to Provide a Qualified Satisfied by the Party and the People

Fu Zitang

Abstract: The “*Opinions on Strengthening Legal Education and Legal*

Theory Research in the New Era" by the State Council of the People's Republic of China is a concrete measure for the thorough implementation of Xi Jinping Thought on the Rule of Law. The national political and legal colleges and universities "Legal Alliance" should closely grasp the historical opportunity and give full play of the model role to be the "bellwether" in achieving new results in the thorough study and implementation of Xi Jinping Thought on the Rule of Law, in the new contribution of adhering to educate talent for the Party and country, in striving for new breakthroughs of the service of the country's major development strategies, and in taking on new roles of promoting high-quality development of China's colleges and universities system of the science of law. In this way, domestic colleges and universities of political science and law can cultivate high-quality talent of the rule of law for the construction of law-based China.

Key Words: Xi Jinping Thought on the Rule of Law; rule of law in China; legal education; "Legal League"

理论探讨

“双一流”背景下高校创新型法学教育的目标、模式与路径

姜　涛*

摘　要：中共中央办公厅、国务院办公厅印发的《关于加强新时代法学教育和法学理论研究的意见》为法学教育提供了政策方向。在全面依法治国的新时代，如果没有优质的创新型法学教育，就很难培养出优秀的创新型法治人才。为此，我国法学教育应当从目标、模式、路径等方面进行改革，针对不同阶段、不同类型的法科学生采取不同的教育目标定位，实现通识教育与职业教育一体化发展，以培养全面发展、具备多方面能力的法律人才为出发点丰富法学教育的方法与内容，从而推动法学教育供给侧改革，满足国家对于提升自主创新能力的需要，回应新时代法学教育对于创新型法治人才的呼唤。

关键词：新时代　法学教育　通识教育　职业教育　“双一流”

中共中央办公厅、国务院办公厅印发的《关于加强新时代法学教育和法学理论研究的意见》指出，

---

* 姜涛，华东政法大学刑事法学院教授、博士生导师。研究方向：刑法学、法理学。

“法学教育和法学理论研究承担着为法治中国建设培养高素质法治人才、提供科学理论支撑的光荣使命,在推进全面依法治国中具有重要地位和作用”。法学教育为我国培养了大量高层次法律人才,已经成为我国法治事业发展的重要引擎。在高校“双一流”建设时代背景下,我国法学教育在取得较快发展的同时,也存在基本矛盾:社会日益增长的对高质量法学教育的需要和法学教育质量不平衡不充分的发展之间的矛盾。这种基本矛盾大致可以细化为三个选择难题:在法学教育的目标上,是培养应用型人才还是学术型人才;在法学教育的模式上,是进行通识教育还是职业教育;在法学教育的路径上,是侧重法律学科知识体系的建构还是法律职业技能的提升,抑或法律精神、高尚人格的培养。这些问题都是我国法学教育无法绕过的时代主题,也是影响法学教育发展质量的关键因素。在新时代,法学教育和创新型法治人才在我国法治事业发展中的重要性逐渐显现。我国法学教育经过多年的发展,虽然取得很大成就,但是也面临不少挑战,尤其在科技、经济、社会一体化发展的今天,法学教育也必然涉及其他学科领域;在各行业都需要创新型人才的情况下,我国司法领域同样也需要很多创新型法治人才,这就要求实现法学教育高质量发展。笔者提倡创新型法学教育,这是一个集法学教育目标、模式、路径的综合体系,它不仅需要对法学教育目标、模式、路径作出与新时代法学教育需求相符合的界定,而且需要讨论在新时代我国法学教育如何才能适应新时代的需要,以在未来培养出能够推动我国法治事业向前发展的创新型法治人才。

一、培养创新型法治人才:法学教育的目标

法学教育的目标是通过法学教育期望达到的效果,它确定了法学教育发展的方向,是法学教育的“定盘星”。甚至可以说,法学教育的目标问题是决定法学教育模式、方法与内容的根本性问题。在新时代,法学教育目标不能走因循守旧的老路,而需要与时俱进,与时代的发展紧密结合。

(一)不同阶段、不同类型的法学教育目标应当具有差异性

法学教育的目标应当多元化,研究型人才和应用型人才的培养都不

能缺失。但是,不同阶段、不同类型的法学教育目标应当具有差异性。横向来看,不同类型的法学教育,如培养法学硕士、法学博士与法律硕士的目标应当不同;纵向来看,不同阶段的法学教育,如本科生、硕士研究生、博士研究生阶段的目标也应当有所不同。

不同类型的法学教育目标应当有所区别。法律硕士专业属于一种职业性学位,设立的初衷是培养特色高水平的应用型人才,以满足法律实务界人才的需要。大部分的法律硕士在本科并未系统地学习过法律,有的学习社会学,有的学习管理学,还有的学习诸如数学、计算机等理工科专业,可以说他们中的大多数并没有经过基础性的、通识性的法学教育。因此,利用现有的法律制度解决实际问题的能力以及知识的传授是培养法律硕士应当侧重之处。而法学硕士和法学博士属于一种学术型学位,其中很大一部分人才会流向高校、科研机构或者一些法规、政策研究单位,属于法学研究领域的中坚力量,所以培养法学硕士和法学博士应当注重法学理论研究水平和研究能力的提升。

不同阶段的法学教育的目标定位不同。本科阶段的法学教育应当注重法学知识的传授以及解决实际问题。就本科生而言,他们刚刚从高中毕业,未经过系统的法学理论学习,在法学知识上还是一片空白。而且,法学的学习需要丰富的社会经验以及成熟的价值观。20 岁左右的本科生还是一个没有太多阅历的少年。他们高中毕业后就立即学习法律,很难理解并运用法律。因此,法学理论基础的不足以及毕业后大多数从事实务工作的现实情况决定了本科法学教育应当以知识的传授和实务能力的培养。研究生阶段的法学教育应当以研究能力的提升为主。就法学硕士研究生和法学博士研究生而言,由于已经有了本科阶段甚至研究生阶段系统的法学知识学习,对法学理论体系已经有了一定的了解和研究,并具备相应的法学理论基础,所以在这一阶段的法学教育中,就不能仅仅局限于知识的传授和以现有法律制度为基础的实务能力提升,还应当培养他们对法学学科门类下的各专业的研究能力。

(二)法学教育的目标应当在多元化基础上追求创新

对于法学教育的目标问题,主要存在三种不同的观点。第一种观点认为,法学教育的目标应该是培养未来的法官、检察官和律师等法律职业工作者。持此观点的学者有葛云松教授,他认为由于法科学生毕业后主要从事法律实务工作,所以法学教育的目标应当注重培养学生具备相应的职业能力。① 第二种观点认为,法学教育的目标应该是作为一门通识性教育以培养国民素质或者作为一门研究性教育以培养学者和法学专家。② 第三种观点认为,法学教育的最终目标就是培养高品质、高素质的法学人才,法学教育不仅仅是职业教育,同时也是一种通识教育或素质教育。③ 此观点亦有很多学者支持,且逐渐形成一种有影响力的观点。

笔者认为,法学教育的根本目标是培养各类创新型法治人才。创新型法治人才是具备创新意识、创新精神、创新能力并能够取得创新成果的法律人才,它既包括律师、法官、检察官等应用型人才,也包括学者和法学专家等研究型人才,它是两类人才向更高层次发展形成的结果。

法学教育的目标不能以培养应用型法律人才或者研究型法律人才其中任何一种人才为主,这两类人才都是创新型法治人才的重要组成部分,理由如下:首先,法学教育面临的挑战决定了如果以培养其中一种人才为主,那么必然导致另一种人才的缺失。如果以培养应用型人才为主,那么在人工智能日益兴起给法律职业带来巨大冲击的情况下,过多的应用型人才会使法律实务界处于人才“过饱和状态”,产生“僧多粥少”的局面。其次,律师、法官、检察官等应用型人才主要工作是根据既有法律体系中的制度规定解决实际问题。相较而言,在高校、研究机构工作的法学教授、法学家等研究型人才更能够对已有的法律体系进行完善,从而防止法律存在滞后性以及不适应现实生活等问题。最后,法学教授、法学家组成的研究型人才还是培养下一代法律人才的重要力量。可以说,如果把法律人才比作水稻,那么应用型人才是“稻谷”,而研究

① 参见葛云松:《法学教育的理想》,载《中外法学》2014 年第 2 期。

② 参见焦富民:《“法治中国”时域下法学教育的定位与人才培养机制的优化》,载《法学杂志》2015 年第 3 期。

③ 参见焦富民:《地方综合性大学法学素质教育的目标与法学教育改革》,载《法学家》2003 年第 6 期。

型人才则是“稻种”，稻谷可以直接食用，稻种则用来培育下一代的水稻，两者缺一不可。此外，目前我国法律职业者当中，低层次人才过多，而高层次人才则极为紧缺。相对而言，法学教授、法学家等研究型人才往往属于法律行业中的精英、高层次人才。因此，要想弥补现阶段中高层次法律人才的不足，就不能忽视对研究型人才的培养。

单一以培养研究型人才为主的法学教育模式，同样不能适应时代需求，这会使许多法科学生毕业后进入法律实务界难以适应和胜任具体的法律工作。毕竟，法律职业要求精细化、跨专业的知识与能力，与课堂上传授的基础性的、通识性的知识不同。例如，目前我国民事案件中数量位列前三位的道路交通事故案件，涉及交通事故认定、侵权责任认定甚至刑事责任认定，包含了行政法、民法、刑法当中许多精而专的知识要点，需要从业者具备同时运用多个法律部门中的法律规定以综合把握案件的能力，而这是在通识教育大而广的知识传授下无法学到的。而且，从法律本科毕业生的就业情况来看，许多学生毕业后走入法律实务部门，有的成为律师，有的通过公务员考试进入法院、检察院等政法单位，还有的弃法从商。除了本科毕业生，不少的法学硕士毕业生没有选择或没有机会进入高校、科研机构从事法律研究，而是也选择了从事法律实务工作。所以，从现实角度来看，职业教育同样是法学教育当中不可或缺的一部分。

就此而言，目前我国法学教育目标应当多元化而不能单一化，既要将培养应用型法律人才作为法学教育的重点，也要把培养研究型法律人才作为法学教育的重点，并且在多元化的基础上追求创新型人才的培养。如此，才能满足不同法科学生的不同发展需求，实现法科学生在法学理论水平和法律实务能力上的全面提升；才能创新法律人才培养机制，使法律人才培养模式向多元化方向发展；才能培养出既能够解决实际问题又具备创新思维、创新能力的高层次法律人才。

（三）法学教育的最终目标在于培养创新型法治人才

不同类型、不同阶段的法学教育目标应当不同。但是，无论何种类型、何种阶段的法学教育，都离不开学生创新意识、创新精神以及创新能力的培养。虽然有些类型、有些阶段的法学教育目标应当以知识传授以及实务能力提升为主,但是同样不能忽视创新的作用。因此,对于法学教育的目标而言,需要注重激发学生的创新活力,鼓励学生针对现有制度、理论以及社会现实提出一些属于社会急需的、符合时代潮流的创新型法律观点、意见、看法,从而培养具备优秀创新思维与能力的应用型人才和研究型人才。

随着我国司法体制改革的全面深化、“一带一路”倡议等国家政策的实际开展、“统一法律职业资格考试”改革的方案出台等,社会对具有较强法律应用能力和专门法律素养的法学人才的需求也在逐渐增加。这就需要处理好法学教育中理论与实践、传统与新兴、本土与世界、专业与思政的关系,④并通过优化法学人才培养方案、构建课程改革和教学方法改进方案,研究实践案例,打造法学实践教学平台,引入法学实务工作人员作充实师资队伍,从而培养具有现代法治精神和社会主义法治理念,专业基础扎实,知识面广,富有创新精神,创新意识、创新能力,理论认知能力和实践操作能力强,适应多样化法律职业要求,能够从事法律专业实际工作、社会管理工作的高素质创新型法治人才。具体而言,创新型法治人才的培养包括三个方面的目标:(1)培养具有现代法治精神和社会主义法治理念,较高法律职业道德修养,扎实的法学理论基础和较强的实践操作能力的法律实务人才。(2)培养具有现代法治精神和社会主义法治理念,较高法律职业道德修养,扎实的法学理论基础和一定管理能力的社会管理人才。(3)培养具有现代法治精神和社会主义法治理念,较高法律职业道德修养,扎实的法学理论基础和一定发展潜能的法学研究后备人才。

习近平总书记强调,法学学科是一个实践性很强的学科,法学教育要处理好知识教学和实践教学的关系。⑤ 这对我们正确界定法学教育的目标具有指引作用,提供了认识法学教育的目标的基本遵循,法学教育目标是总体目标与具体目标的统一,总体目标在于政治觉悟高、理论

---

④ 参见申卫星:《积极推进法学教育改革创新》,载《人民日报》2017年6月9日,第7版。

⑤ 参见申卫星:《积极推进法学教育改革创新》,载《人民日报》2017年6月9日,第7版。

水平高、实践能力强、国际视野宽的培养创新型法治人才，具体目标在于对不同阶段的学生进行不同定位，顺应司法改革与社会变化，培养各类、各层次的创新型法治人才，以有效满足全面依法治国中各领域、各层次的法律人才需求。

二、通识教育与职业教育并重：法学教育的模式

在法学教育目标的基础上，采取何种发展模式才能更好地培养创新型法治人才，值得深入研究。关于法学教育应当采取通识教育模式还是采取职业教育模式，抑或两者的结合，学者们见仁见智，说法不一，有给予再次讨论的必要。

（一）通识教育和职业教育应一体化发展

无论是通识教育，还是职业教育，都是法学教育中不可或缺的部分，两者不应该被割裂成对立的两极加以看待。事实上，它们可以相互结合、相互补充，实现一体化发展。有学者认为，法学教育要实现法律实践训练与法律理论学习的要求。⑥ 从国外做法来看，在英美法系和大陆法系国家，通识教育和职业教育也都同时存在于法律人才培养体制中。⑦可见，把两者割裂开而单独强调注重其中任何一种的观点并不妥当。

1. 法学教育应当具有通识教育的性质。法律首先应当是一门通识教育或者说是素质教育。特别是在法学本科阶段，应当注重系统的学习和法律学科知识体系的构建。另外，对于不具备法学理论知识基础的法律硕士（非法学）专业学生而言，也应当注重通识教育的培养。如果只强调职业教育，把职业伦理教育和岗位技能培训作为法学教育的主要内容，那么势必会影响法律人才的培养质量。同时，就目前来看，我国高校法学院系所能够提供的职业教育资源还较为有限，大多数法学院系的法学教育还是以课堂讲学为主，所以从现实角度来看，以职业教育为主的法律人才培养机制，在目前还没有充分的资源条件予以具体落实。此

---

⑥ 参见周汉华：《法学教育的双重性与中国法学教育改革》，载《比较法研究》2000 年第 4 期。

⑦ 参见霍宪丹：《法律职业与法律人才培养》，载《法学研究》2003 年第 4 期。

外,国家也提出在新时代法学教育应当“以全面实施素质教育为主题,深化高等法学教育改革”。⑧ 因此,通识教育应当成为法学教育的主题,是不能也无法被取代的。

但是,通识教育同样需要与时俱进,不能仅仅局限于法学理论知识的传授以及法律学科知识体系的构建,更应当带有创新型教育的色彩。“学而不思则罔”,引导学生善于思考、乐于思考是达到良好教育效果的途径,也是教育的本意。没有思考的学习是填鸭式的灌输,不仅没有意义和价值,反而限制了学生全面、自由的发展。法学中的通识教育应该不仅仅让学生了解、掌握法律法规,还应该让学生知道其背后的法理,即法律为什么这样规定,更应该让学生关注社会现实、国际形势,对生活中、社会中以及国家间发生的法律现象、法律问题产生自己的思考。尤其是面对引起社会大讨论的案件,需要分析法院判决中“合法但不合理”的原因,培养学生谦抑审慎、善意的司法理念,也需要培养学生对当前刑事政策的理解。所以,学校要在平时的法学课堂教育中培养学生的批判性思维能力,学会质疑现有的法律制度、法学理论,发现其中存在的问题并提出对策加以改进。

如要实现上述目标,则需要在通识教育中注重学生的创新意识、创新精神以及创新能力的培养。创新意识是指有目的地提出新的观点、运用新的方式解决问题的意识。由于唯分数论的教育观念长期存在,我国学生学习以功利性地应付考试为主,创新意识不强。这使我国学生虽然与其他国家学生相比可以算是“学霸”“考霸”,但是遇到需要新想法、新点子的问题时却束手无策。这并不是一件好事,尤其是在当前国家呼吁、提倡和鼓励大学生创业的背景之下,缺乏创新意识的大学毕业生很难引领时代发展,成为时代的领军人物。创新精神是指创新的意志、信心、勇气和智慧。拥有创新精神需要大量锻炼,这些锻炼从学生在校期间就应该开展。例如,学校应当开展大学生科学创新项目,让学生们在项目中磨炼意志、增强信心、提升勇气、丰富智慧。创新能力是指针对问

⑧ 参见教育部、中央政法委员会《关于实施卓越法律人才教育培训计划的若干意见》(教高〔2011〕10号),2011年12月23日。

题提出新观点、提出新方式的能力。目前,法学教育对于学生创新能力的重视力度还不够,需要从课堂教学、作业布置以及考试内容等多方面,引导学生关注社会上、学术领域中出现的前沿问题,并锻炼学生提出相应解决方案的能力。

2. 法学教育也应当具有职业教育的性质。法学教育是一门教育,必须要满足受教育者以及社会的需求。显然,学生希望法学教育能够为其毕业后求职带来更多机会与优势,而社会也期待法学教育能够输送更多的优秀法律职业人才。而且,法学的属性决定职业教育不可或缺。法学是一门社会科学。如果法学教育与社会现实脱节,那么会在发展、改革上受到严重制约。此外,国家也提出要“促进法学教育与法律职业的深度衔接”。[9] 但是,现状是职业教育在我国法学教育中地位不高,能够培养学生法律实务技能、提高学生解决实际法律问题能力的教育环节,仅仅局限于和政法部门合作,让学生参加为期数月的专业实习,但是这并不能替代系统的职业教育。这样产生的后果是,很多学生只记得法律法规或者有关的法学知识,却不知道如何起草法律文书,不能参与案件讨论或者即使参与讨论,也无法提出合理的意见,不会处理案件。可见,法学教育还应当包含优质的职业教育。

职业教育应当与社会现实紧密联系,需要融入新的社会基因。法律职业教育的关键在于提高学生运用法学与其他学科知识方法解决实际法律问题的能力。而实际问题是在变化着的社会中产生的,解决实际问题的能力也只有结合社会实践才能得到培养。目前,人工智能的出现、大数据的广泛应用,正在全球范围内引发一轮新的信息技术革命,这次革命也被称为第三次工业革命。在此大环境之下,网络安全、个人信息泄露等法律问题及其造成的严重损失不断触碰着人们敏感的神经。由此可见,扎根于社会现实进行职业教育的紧迫性。根据马克思主义理论的观点,社会存在的变化决定了社会意识也需要随之变化。杭州的互联网法院成功地将人工智能技术引入司法领域,实现“一个人的法庭”。

---

⑨ 教育部、中央政法委员会《关于实施卓越法律人才教育培训计划的若干意见》(教高〔2011〕10号),2011年12月23日。

2017年3月最高人民法院工作报告指出要“加快建设智慧法院”，更加说明了在新时代法律职业教育不能脱离现实，应当与时俱进，从而充分回应社会实践的需要。

（二）构建通识教育与职业教育并重的法学教育模式

现阶段，法学教育应当遵循通识教育与职业教育一体化发展的模式，不能因侧重其中一种教育而忽视另一种教育的发展。对此，需要采取两方面措施加以改革和完善。

1. 通识教育应采取多种措施加大创新型人才培养力度。在通识教育模式下，创新意识、创新精神和创新能力的培养不能急于求成，需要持续用力，采取多种措施加大创新型人才培养力度。对此，学校需要制订创新人才培养的长期规划，简化创新项目审批流程，建立具有连贯性的创新人才、创新项目激励机制。具体而言，在创新项目申请过程中，要组织专业教师进行指导、培训；在项目审批中，要制定严格的标准，保证项目的新颖性。不仅如此，还应当建立创新激励机制，对学生主导的、确实具备可行性和实用性的创新型科研项目，给予必要的资金支持和补贴。同时，鼓励并组织优秀创新项目“走出校门”，在社会实践中检验其实际效果，这也给予了创新型人才更多展现自我、成就自我的机会。当然，培养创新型人才并不能够“一路顺风”，过程中出现问题在所难免。针对学生科研创新过程中存在的经验不足、资源缺乏等问题，学校应当组织拥有丰富专业经验的教师开展培训课程，开放学校所能够掌握的法律教学资源，例如，请具有多年科研创新经验的教授、社会人士开展讲座，与其他学校或者律师事务所、法院、检察院展开合作，从而为学生科研项目提供资金、技能以及人脉上的支持。

2. 多措并举弥补现阶段我国法学教育中职业教育的不足。有的法学院系中法律职业教育处于缺位状态，这与法学教育的传统以及落后的教育观念有关。对此，应该加快健全法学职业教育体系，制定法律职业教育的规范与标准、建设一支有着多年法律职业教育经验的教师队伍、完善法律职业素养与能力的考试制度、针对社会需要丰富法律职业教育的内容。

首先,可以改革考试制度倒逼教育观念转变。目前,我国实行的规模最大、涉及面最广,也最有含金量的考试是法律职业资格统一考试制度。对此,应当针对律师、法官、检察官等法律职业与社会经济、政治、文化领域密切联系的现状,适当在法律职业资格考试中引入与当前热点问题紧密相关的案例分析题或者其他题型。此外,法律是一门与人“打交道”的学问,出色的语言能力不可或缺,应当在法律职业资格考试中加入面试的环节,主要考察考生是否能够符合法律职业对逻辑分析能力、语言组织和表达能力以及运用法律知识解决实际问题能力的要求。

其次,在法律职业教育实施过程中,还应当建立健全多层次的法律职业技能竞赛工作机制。每年按照“统一标准,统一命题”的原则,举办多次校级、省市级等地区性以及全国性的法律职业技能竞赛,包括举办学校范围、省市范围乃至全国范围内的文书写作、模拟法庭、法律辩论等竞赛,让学生进行全方面法律职业技能上的比拼,在竞赛中提高职业技能水平,同时将竞赛结果作为评价学生职业能力的重要依据,从而完善法律职业技能人才的多元评价体系。

最后,要形成法学教育与法律职业的良性互动。“健全政法部门和法学院校、法学研究机构人员双向交流机制,实施高校和法制工作部门人员互聘计划”。⑩ 具体而言,可以让政法部门的优秀法律人才适度介入法律职业教育,对法律职业教育履行一定的评估、监督、指导的功能;还应该为法学院系中的教师进入法律实务部门进行学术交流、法律实务部门人员进入高校法学院系进行职业技能培训大开方便之门,让法学教师了解当前法律实务工作中的热点问题并加以研究,让法律实务从业者在开展培训的同时也能够参考理论界意见来解决实际问题。如此,通过法律科研部门与法律实务部门的良性互动,必将有助于法学职业教育的完善与发展。

只有实现通识教育与职业教育一体化的发展,才能满足全面依法治国实践背景下社会对法律人才的需要,当代需要的创新型法治人才必定

---

⑩ 《〈中共中央关于全面推进依法治国若干重大问题的决定〉辅导读本》,人民出版社2014年版,第33~34页。

是既有理论功底又有实践能力,既熟谙法条又明确其法理,既有法律知识又有职业能力,既有职业技艺又有职业道德的"四有型"法律人才。如何实现这一目标,这就需要构建一种通识教育与职业教育并重的教育模式,并实现法学教育方法与内容的创新。

三、方法与内容并重:法学教育的路径

法学教育改革中最关键的部分,是每一门课程的授课方法与授课内容。关于法学教育的授课方法与授课内容,应当与新时代法学教育面临的矛盾紧密结合,利用新技术使授课方法多样化,引入对热点问题的探究使授课内容丰富化。除此之外,学生高尚人格、法治精神以及崇高理想的培养,同样是法学教育不可或缺的一部分。

(一)法学教育的方法

关于法学教育的方法,应该是注重知识的传授还是能力的训练还是二者兼顾,学者们进行过许多论述。有学者认为,知识传授与职业技能训练具有不可或缺性,法学教育的方法应当是二者的和谐统一。[11] 也有学者认为,法学教育应该注重"案例练习","通过案例来训练技能"。[12]过去,我国法学教育以概念解释、条文注释、理论阐述为主。这一情况导致我国法学教育经常采用填鸭式的知识灌输模式。这种模式下的法学教育既缺乏对学生应有的吸引力,也让学生与社会实践渐行渐远。正如弗兰克批评郎代尔教学模式一样,学生就像是"仅仅研究过剪下的花朵的园艺师"。[13]

笔者认为,法学教育的方法应当兼顾知识传授与能力训练。首先,在新时代,知识的传授与能力的培养不应该固守课堂讲授理论知识的传统模式,而应该从形式上有所改变。传统的教学模式主要是口授或者直

---

⑪ 参见焦富民:《"法治中国"时域下法学教育的定位与人才培养机制的优化》,载《法学杂志》2015年第3期。

⑫ 葛云松:《法学教育的理想》,载《中外法学》2014年第2期。

⑬ Judge Jerone Frank, *Why Not a Clinical Lawyer-School?*, *University of Pennsylvania Law Review* 81 ,1933, from Martin Lyon Levine, *Legal Education*, Dartmouth, 1993, p. 186 – 189.

接展示教学内容。这样的方式比较简单，而且内容仅围绕法律学科体系知识。在互联网日益普及，计算机硬件设备不断升级换代，信息存储量飞速增长，互联网逐渐成为人类外部的“记忆库”的今天，片面追求学生掌握知识要点的做法显然不可取。为了在保证法学教育质量的同时减轻学生的负担，法学教育应当培养学生检索、阅读、归纳、评价法律资料的能力，让学生在互联网时代，掌握从大量的文献中筛选出有价值的法律观点，并对其说服力进行积极评价的能力。此外，为了摒弃死记硬背法律条文的“书呆子”做法，法学教育还应当注重引导学生主动探究法律条文背后的背景、条件、原因，并建立不同法律学科知识要点之间的联系。

其次，为了培养学生职业能力，需要对法学教育采取内外部改革并举的一系列更为细化的方法。从内部来看，实行案例教学法、模拟法庭以及法律诊所等实践教学模式。其中，案例教学法是让学生针对不同案件进行思考，并对如何判决提出自己观点的方法。模拟法庭是指学生在指导下按照审判程序组成法庭，审理真实或虚拟的案件。法律诊所是指效仿医疗诊所，让法学专业学生为遇到法律问题的人提供有效的法律咨询。采取实践教学模式是为了培养学生的法律职业技能和职业道德意识，使学生具备一名法律职业工作者从事法律实务工作中所应具备的知识和技能。从外部来看，法律实务部门与法律理论界的交流互动应当更为细化。例如，可以聘请有多年法律执业经验的法律从业人员通过面授或者网络远程教学的方式开展职业技能培训，或者结合公开的最高人民法院指导性案例、各级人民法院裁判文书以及庭审直播帮助学生形成知识掌握与能力训练、实体法与诉讼法相统一的法律认知。这将有助于法律通识教育与职业教育一体化发展。

最后，为了解决师资缺乏的问题，应当创造“共享师资”教育新形态。在法学教育重要性日益显现的当下，优质的教师资源对于学生而言是一生的幸运，对于学校而言是一笔宝贵的财富。对此，可以借鉴时下十分流行的共享经济形态，对教师资源也进行共享，实现师资共享。这样做具有积极的作用。例如，主营的共享经济平台——滴滴打车，它很好地链接了拥有闲置车辆方与需要用车方,不仅解决了之前打车难的问题,还使闲置车辆、劳动力得到高效利用。法学领域的教师资源共享同样可以从打造有相关资质的网络平台入手,将法学教师与学生通过网络连接到一起。如此,在共享经济模式下重新分配法学师资力量,可以让公立高校法学院教师以及那些拥有教师资质,但无法进入公立高校法学院工作的法律人才,无须依附任何私立教育机构,仅需支付少量的佣金即可为学生提供服务。对于学生而言,"共享师资"教育新形态能够让他们享受个性化的法学教育服务,满足他们找一位优秀的法学教师补课的需求。

(二)法学教育的内容

法学教育的内容是法学教育的关键。换言之,法学教育的效果取决于其所教的内容。在新时代,法学教育不能局限于一门学科,而应强调与时俱进,注重提升创新能力而不是灌输知识要点,注重培养具有高尚品行的多方面发展人才,而不是培养仅仅把法律当作一门谋生"手艺"的"法律工匠"。

首先,法学教育要重视多学科的交叉融合。当今自然科学和社会科学之间的界限已被打破,每个学科都无法像以前一样"条块分割""各自为政",不同学科之间的交流日益频繁、联系愈发紧密,形成相互交叉、相互渗透的格局,这是高度分化、高度综合的科学、技术、经济、社会一体化的结果。法学教育也同样如此,法学教育必须要吸收其他学科如文科、商科、理工科的知识。法学教育的内容如果局限于法学一门学科,则必然落后于时代发展。只有以包容姿态融合多学科知识,才能使法学教育与其他学科教育相互补充、相得益彰,满足社会飞速发展后法律人才解决实际问题的需要。例如,经济法学作为一个独立的法学学科,肯定涉及许多商学领域的常识;知识产权法学更是如此,涉及数学、物理、化学、工程学等学科知识的知识产权案件,其中包含的理工科知识更是不胜枚举。更为重要的是,法律是一门社会科学,与社会的联系十分密切。当下,以机器学习与大数据为基础的人工智能技术主导着第三次信息技术革命,正在方方面面深刻地影响着社会的变革,改变着人们的生活方式。

例如,2017 年发生的杨某利用人工智能技术侵犯公民个人信息案,反映了新兴技术给法律带来的挑战。可见,法学教育如果不吸收处于时代前沿的学科知识,将难以应对新兴技术带来的挑战。“问渠那得清如许,为有源头活水来。”如果法学教育不及时随着时代的变化吸收其他学科的精髓,不自我更新而是因循守旧,不自我完善而是故步自封,那么培养出的人才将无法解决日渐复杂的实际问题,落后于时代的发展。因此,法学教育内容的多元化是社会发展对法学院系提出的新的和更高的要求。

其次,法学教育应重视学生的计算思维。为了进一步提升学生解决实际问题的能力,还应当培养其计算思维。计算思维是计算机领域中的一种思维方法,但它同样有助于其他领域包括法学领域内问题的解决。计算思维属于一种分而治之的思维。它的思维模式是把大问题分解为若干个相互独立的小问题,通过得到小问题的解决方案,组合出大问题的解决方案。例如,遇到一件棘手的案件,可以先将其按内容分为实体法、程序法或者按诉讼程序分为审前阶段、审理阶段以及执行阶段等小问题,也可以继续细分,通过得到小问题的解决方案,综合得出整个案件的解决方案。通过这种思维模式,可以帮助学生锻炼一种由浅及深地认识实际问题,循序渐进地解决实际问题的能力。

再次,重视法律人才的职业道德教育。法学教育不仅要让学生学到更多的法律知识,还要注重培养他们的法律职业道德,从而使他们成为既有扎实的法律知识又具有高尚品行的法律实务人才。“师者,所以传道受业解惑也”,教育不仅仅是一种为社会服务的工具还是帮助学生摆脱愚昧、充实自身、实现自我全面发展的“养料”。传授学生法学理论知识、培养其法律职业能力固然可以培养满足社会的需要,但是同样需要关注学生需要什么样的法学教育。新时代的法学教育,比以往任何时候都更加需要以人为本,回到人本身、关注人的成长。以人为本的要求决定了法学教育的主旨首先应当是“立志”。这里的志向在个人层面上可以是成为一名法律职业精英,在国家层面上可以是为我国法治事业奋斗终身,实现法治中国。由于每个学生的知识背景、价值观与世界观都不尽相同,志向也可能不一,但是每个学生都必须胸怀远大且需志存高远。

最后,培养法律人才对法律的热爱。法律人必须信仰法律、信仰法治,促使学生"信仰法律"的关键在于让学生发现"法律之美",从法学教育中体会到法律这门学科的魅力,对法律产生浓厚的兴趣。其中,教师的良性引导十分重要。所谓"经师易遇,人师难遭",在教授学生一部法律之前,教师首先应当理解其中所蕴含的法律观念、法律精神,然后以多样化的形式对学生进行正面教育,弘扬法治精神,培塑高尚人格,让学生真正热爱法律,发现"法律之美",从而将法律的精神融入日常生活之中,学会以一位"法律人"应有的姿态为人处世,学会以一位"法律人"应有的素养从事法律职业,从而实现所立的志向。

在新时代,不同领域的知识体系和职业技能都从过去的"多头分散"状态,经过频繁的交流、沟通,逐渐走向相互交融的状态。这意味着社会变得更加多元化,治理国家和社会所需的法律人才也必定要具备多学科领域的知识,具备出色的创新能力以及法律职业能力。法学教育的目标、模式、路径必然也要与时俱进,与社会现实紧密相连,既要能够培养出国家、社会需要的创新型法治人才,又要以人为本,实现人的全面发展。这都是创新型法学教育实践的应有之义。

On the Goal, Mode and Path of Innovation-Oriented Legal Education in Colleges and Universities Under the Background of "Double First-Class"

Jiang Tao

Abstract: *The Opinions on Strengthening Legal Education and Legal Theory Research in the New Era* issued by the General Office of the Central Committee of the Communist Party of China and the General Office of the

State Council provides policy direction for legal education. In the new era of law-based governance on all fronts, it is difficult to cultivate excellent innovation-oriented rule of law talents without high-quality innovation-oriented legal education. Therefore, China's legal education should be reformed in terms of objectives, modes, paths, adopting different educational objectives for different stages and types of law students, realizing the integrated development of general education and vocational education, and enriching the methods and contents of law education from the perspective of cultivating all-round legal talent with various abilities, so as to promote the reform of the supply-side of legal education to meet the country's need and respond to the call of law education for innovation-oriented rule of law talents in the new era.

Key Words: new era; legal education; general education; vocational education; "double first-class"

新文科背景下知识产权专业的体系化研究*

孙昊亮**　崔永进***　宋　景****

摘　要：随着被正式列入《研究生专业学科目录》，知识产权专业硕士不再作为法学等学科的二级学科进行研究生培养。新的知识产权专业的体系建设，需要在继承既有经验的基础上，结合新文科建设的要求，加紧完善与创新。在新文科背景下，知识产权专业建设呈现交叉性、融合性、创新性的特征。知识产权专业的建设，需要明确专业定位，构建专业知识与教学课程体系，创新教学组织与手段，完善知识产权专业教材体系，建立新型专业教育管理体系。

关键词：高校知识产权　人才培养　交叉学科

---

* 本文为2022年度"陕西省研究生教育综合改革研究与实践项目"《新文科背景下法科研究生教育质量保障体系研究》（项目编号：YJSZG2023114）、西北政法大学2018年教学改革项目《人工智能发展下的法学教育模式改革研究》（项目编号：XJY201834）的研究成果。

** 孙昊亮，西北政法大学教授，法学博士，博士生导师。研究方向：知识产权法，科技法。

*** 崔永进，西北政法大学博士研究生。研究方向：知识产权法、科技法。

**** 宋景，西北政法大学教师。研究方向：知识产权法、科技法。

一、新文科背景下知识产权专业建设概述

回顾改革开放后我国知识产权的发展历程来看，知识产权相关的学术研究与人才培养一直处于不断探索和调整改革的状态，尤其是随着我国法学学科体系的建设完善，一度普遍认为知识产权的研究和培养主要是作为法学的下属分支学科而展开。但是知识产权横跨法学、管理学和理工学科的特殊属性，导致现实情形下，知识产权的研究与人才培养的数量和质量都难以满足国家与行业的需求，成为我国知识产权事业发展中显著的“短板”。2020 年 11 月，新文科建设工作组在山东大学召开新文科建设工作会议并发布《新文科建设宣言》。根据《新文科建设宣言》提出的分类推进理念，要实现“经管法助力治国理政”的目的，必须在充分尊重文科教育特点和文科专业人才成长规律的基础上，立足于中国特色社会主义建设的伟大实践，以“强化价值引领”“社会需求导向”“学科专业融合”“实践培养人才”为基本遵循，通过创新发展实现传统文科教育的变革。① 其中，学科融合、立足实践是世界范围文科、社会科学学界新近倡导的一种新的文科培养与研究思维，而“自上而下”、政府主导以及强调价值引领则是我国这一轮新文科建设的特色。② 新文科的建设与发展，具有丰富的内涵，要求新时期的社会科学人才培养与学科发展应当实现科学性与价值性、客观性与主观性、真理性与规范性、事实性与价值性的统一。③ 一般认为，我国这一轮新文科建设的提出，有两个重要渊源，一是强调我国文科教育相较于传统文科培养需要创新，面向科技革命和社会实践需要，打破传统学科分类，进行多学科交叉融合。二

---

① 参见杨雅妮：《新文科建设背景下法学教育的变革》，载《新文科教育研究》2021 年第 2 期。

② 参见黄凯南、苗滋坤：《揭示新文科建设的理论进展　探寻新文科的发展规律——2021 年新文科建设进展报告》，载《新文科理论与实践》2022 年第 1 期。

③ 参见樊丽明：《“新文科”：时代需求与建设重点》，载《中国大学教育》2020 年第 5 期。

是要求重视价值引导问题,坚守中国立场,维护国家发展利益。④

在新文科的号召下,我国社科界加快了新型社会科学学科建设与创新的探索,其中,知识产权专业的独立建设和发展成为原知识产权法学、管理学界以及实务界广泛探讨的话题,认为在传统的知识产权法学、知识产权管理学培养体系的基础上,创设知识产权独立学科或者专业培养,更加符合新文科建设中关于"学科交叉融合"和"对接实践需求"的改革精神,对于知识产权强国战略和创新型国家的人才保障队伍的构建十分重要。在国家知识产权局、教育主管部门的推动支持下,历史上曾几度被搁置的知识产权专业建设方案被重启。从 2021 年开始,由国家知识产权局牵头,联合高校学界,对知识产权专业学位设置的可行性和必要性进行了论证,并向国务院学位委员会办公室提交了知识产权专业学位设置申请。2022 年 9 月 13 日,国务院学位委员会、教育部印发《研究生教育学科专业目录(2022 年)》,新设知识产权硕士专业学位(0354),新版目录自 2023 年起实施。⑤ 至此,知识产权硕士专业的创设快速走完行政流程,在官方层面停止了长期以来围绕知识产权专业定位的政策徘徊⑥,明确了其作为专业学位同法学一级学科相并列的定位。⑦但是与此同时,知识产权专业的具体体系建设,尤其是构建知识产权专业的知识课程、培养体系、研究范式仍然是需要知识产权学界需要加紧探讨完善的内容。

对于知识产权教学与培养的发展而言,新文科的意义不仅在于加速

④ 参见黄启兵、田晓明:《"新文科"的来源、特性及建设路径》,载《苏州大学学报(教育科学版)》2020 年第 2 期。

⑤ 参见《我国新设知识产权专业学位类别》,载《中国知识产权报》2022 年 9 月 16 日,第 1 版。

⑥ 参见刘春田:《知识产权学科的性质与地位》,载《中国军转民》2022 年第 1 期。

⑦ 根据教育部发布的官方答记者问文稿,本次学科专业调整,重要特征即在于将一级学科和专业学位放在同等重要的地位上,"将主要知识基础相近的一级学科和专业学位类别统筹归入相应学科门类,凸显两种类型人才培养同等重要,进一步强化了两类人才的培养均须把创新能力摆在突出位置的要求",按照这一解释,知识产权专业(0354)属于同法学一级学科(0301)相平等的定位,同属法学类(03)下两个学科专业类别。参见《国务院学位委员会办公室负责人就新版研究生教育学科专业目录和目录管理办法答记者问》,载教育部网站,http://www.moe.gov.cn/jyb_xwfb/s271/202209/t20220914_660966.html。

知识产权专业学位的设立进程和官方定位的明确，还在于在具体的专业设立过程中，新文科的发展号召可以引导知识产权的教学、培养与科研走出传统文科专业的模式，明确未来知识产权专业教学改革创新方向和培养目标的定位，加快推进我国知识产权领域的人才队伍建设与理论创新工作，促进我国知识产权事业的整体发展，促进我国"创新型国家"的建设进程。

二、知识产权专业的建设历史经验与现有挑战

我国高等教育系统专门开展知识产权教学培养与学理研究，历史较为短暂。早在20世纪80年代，随着改革开放的进程，尤其是对外贸易开放的需要，由世界知识产权组织建议，我国教育部门决定在高等院校开展知识产权教学工作，最早主要是面向法学专业的学生教授知识产权法律制度规则，由各高校在法学本科课程中增设知识产权专业课。截至1986年，原国家教育委员会召开高等教育专业目录制定工作会议，讨论通过将知识产权法列为第二学士学位的法学本科专业。第二年以中国人民大学首先创办第二学位"知识产权法专业"，从理工农医专业学士学位中招生。

20世纪90年代，国内多所高校开办知识产权第二学位和知识产权法学、管理学的硕博研究生培养。上海大学1992年首先探索在法学本科专业和管理学本科专业中设立知识产权方向（本科）招生。1993年北京大学成立全国首家知识产权学院，招收知识产权双学士学位学生、硕士生和博士生。但是90年代后期，国家法学本科培养体系改革，不再赞成在法学本科下设立二级法学本科专业，知识产权法学如同当时的经济法学本科专业一样，被撤出本科专业目录，知识产权专业的发展遭遇了波折。

进入21世纪以来，随着我国加入WTO，知识产权法律制度进一步完善，教育部于2004年联合国家知识产权局联合发文《关于进一步加强高等学校知识产权工作的若干意见》，要求高校"从战略高度认识和开展知识产权工作"，"加强知识产权人才的培养"，鼓励有条件的高校设

立知识产权法学或知识产权管理学相关硕士点、博士点。我国高校界重新掀起知识产权办学热潮,成立了一批知识产权学院、研究中心等专业研究机构,并在硕博层面培养起一批知识产权法学研究生。2008年,国家制定并发布《知识产权战略纲要》,标志着我国知识产权事业迎来"生机盎然的春天"。这一纲领性文件,指导了后续十多年中国知识产权事业发展布局,其中强调要加大知识产权人才队伍建设力度,提出把知识产权设立为正式的二级学科。2012年,知识产权专业被正式作为法学类的特设本科专业(专业代码:030102T)列入《全国普通高等学校本科专业目录》,该目录将知识产权专业统一为"知识产权专业"而未使用"知识产权法专业"的名称,也结束了知识产权本科专业游离在目录外专业招生的尴尬境地。⑧

随后,在新版《知识产权强国建设纲要(2021—2035年)》及《"十四五"国家知识产权保护和运用规划》、《知识产权人才"十四五"规划》等文件中,均要求推进论证设置正式的知识产权专业学位,要求将知识产权专业学位设置支持项目列为重点项目,明确提出要加快推进设置知识产权专业学位,充分发挥高校在知识产权人才培养中的重要作用,满足知识产权强国建设对高层次人才的需要。⑨ 2021~2022年,知识产权专业设立的进程快速推进,到2022年9月,正式成为新设的知识产权专业学位类别。

经过多年知识产权领域的教学、培养探索实践,虽然已经构建起了一批以法学、管理学为学科定位的课程、培养和研究体系,但是对照新文科建设的要求,仍然存在一些突出问题:其一,知识产权专业人才培养同社会需求之间存在明显脱节,课程设置以理论教学为主,学生实务训练不足,职业实践能力难以满足就业需求。⑩ 其二,课程内容偏重传统学

---

⑧ 参见齐爱民、盘佳:《新中国成立后知识产权专业发展沿革与展望》,载《西南民族大学学报(人文社会科学版)》2015年第1期。

⑨ 参见陶鑫良、张冬梅:《我国知识产权人才培养与学科建设的沿革回顾与发展建言》,载《中国发明与专利》2018年第4期。

⑩ 参见孙山、王晓烁:《新文科建设与高校知识产权人才培养之反思》,载《石家庄学院学报》2022年第4期。

科知识体系,受限于法学、管理学等学科分界,多学科交叉培养实效不佳,尤其是社会迫切需求的文理复合型人才供给有限。[11] 其三,知识产权专业的学术理论、知识体系和研究范式仍然以引进、学习外国在先经验为主,自主话语体系明显不足。[12] 其四,基础课程知识体系较为陈旧,对于世界科技发展革命和我国经济产业发展前沿关注不足,知识产权理论和制度的创新供给相对不足。[13]

三、新文科背景下知识产权专业的特征

总体来看,本次知识产权专业学位的设立有明显的行政主导属性,不同于传统学科体系的形成与确立。一般传统中的学科专业,如法学、哲学、社会学等,是经过教育团体、学术团体在长期的实践中达成了共同的关于知识分类、人才培养的共识和逻辑体系所建构起来的。我国在建立现代化高等教育体系过程中,虽然也是由行政部门来确立各学科、各专业类目,但多数学科本质上是借鉴世界上已经形成的体系,而此次知识产权专业学位的设立,是在当前国家与社会战略需求的前提下所进行的行政主动决策,这就要求高校培养和科研单位在学科建设和创新探索中,将实践需求作为优先导向,结合新文科的背景认识当下所建设的知识产权专业的特征。当前所建设的知识产权专业的主要特征为:交叉性、融合性、创新性。

(一)交叉性

由于人类在认识和精力上的局限性,为了提高认知的效率,采取了知识体系分类的方法进行学科研究、专业人才培养和应用实践,这就是产生学科、专业划分的根本原因。传统学科、专业的分类,经过了漫长的历史考验,在大多数领域的实践中具有合理性、周延性,可以使学习者在

---

[11] 参见孙山、王晓烁:《新文科建设与高校知识产权人才培养之反思》,载《石家庄学院学报》2022 年第 4 期。

[12] 参见马一德:《完善中国特色社会主义知识产权学科体系、学术体系、话语体系》,载《知识产权》2022 年第 12 期。

[13] 参见朱雪忠、杨静:《制度掣肘与供给不足:中国知识产权学科向何处去》,载《知识产权》2018 年第 10 期。

有限时间和有限的精力范畴内,便捷地掌握特定领域的知识体系、理论框架、实践技能和研究创新范式,并最终形成稳定的学术共同体,来进行知识传授、技能培养、理论总结和创新等实践活动。但是随着科技革命、产业革命的发生,对应在各学科体系知识的边界地带或者重叠地带的问题屡屡出现,仅按照传统学科分科的方式,在传统学科内部使用传统知识、理论体系进行问题的研究和解决,远远不够。所以,学科交叉成为现代科学体系发展中一种重要的创新模式,人类社会面临的重大科学问题与社会问题也往往只有综合运用交叉科学才能得以解决。⑭ 在以美国西拉姆学院为代表的新一轮国际新文科建设改革中,学科交叉、专业重组被放在改革的核心环节,“不同专业的学生打破专业课程界限进行综合性的跨学科学习”⑮。学科交叉,就是面向特定类别问题进行研究的现实需要,同精细化的学科、专业体系相协调后的结果。学科交叉最鲜明的特征是以解决问题、满足实践需求为导向,包括知识体系创新的需求、人才培养的需求、话语及理论创新的需求等。知识产权领域的理论与知识体系构建,实际上就是知识产权的全生命周期的社会实践为对象,包括知识产权创造、运营、管理、保护的各个阶段,最终是为了促进社会在文化、科技、商业中的创新活动。而这些阶段分别对应着经济学、管理学、信息情报科学、理工学科、法学等不同的学科大类,但各类问题的解决和知识创新也并不能孤立地存在,最终需要进行整合、协调。这些学科跨度较大,显然不能在特定的某一学科内部进行类别创新予以对应,就知识逻辑而言:理工学科以认知与利用客观自然规律和技术原理为本,需要服务于人类的需求;管理学则是利用人的心理学以及博弈论等原理,促进人类合作机制的效率、效果;法学则偏重公共性,注重秩序、公平、公正等价值,而知识产权法学一般认为最终还要兼顾促进创新的公共政策目标。这就决定了不同学科的交叉需要超越传统的特定学科门类,对知识产权这一实践对象进行研究,应该对于各个学科的原理、知识有基本的掌握,不能出现研究遵循一个学科的知识原理,而违背了另

---

⑭ 参见路甬祥:《学科交叉与交叉科学的意义》,载《中国科学院院刊》2005 年第 1 期。

⑮ 樊丽明:《对“新文科”之“新”的几点理解》,载《中国高教研究》2019 年第 10 期。

一领域学科基本原理的谬误情形。

学科交叉是当前新文科发展中研究与创新的重要范式，许多社会科学问题都正在通过学科交叉，突破原有体系的桎梏，围绕特定领域问题进行学术研究和创新突破。[⑯] 但部分领域问题需要学科交叉的情况较为集中，或者说该领域主要都依赖于学科交叉的方法进行研究、教学，这就导致了对应交叉学科的概念的产生。交叉学科是20世纪在美国高等教育体系较早提倡的学科和专业划分概念，至此交叉学科同经典学科体系形成相对应的关系。所谓经典学科，就是以学科知识演化逻辑为核心，具有特殊的研究对象、完整的理论体系、公认的专门术语、独特的研究方法论等严格条件所构成的学科分类。所谓交叉学科，就是以社会、政府的重大需求为学科核心，进行理论的交叉融合和方法、技术、知识的创新，满足特定领域的社会需要和问题解决。[⑰] 随着我国高等教育的改革，交叉学科的设立也成为国家支持进行的改革方向，例如，近年来较为知名的一级交叉学科是2020年设立的“集成电路科学与工程”和“国家安全学”，都是针对国家重大需求，存在明确研究领域和学术共识的新兴科学领域。这些领域从学科交叉研究转型成为交叉学科，意义在于国家有意识地提升相应领域学科建设的重要性，倾斜相应资源的分配，鼓励各培养、科研单位采用更为灵活、自主的学科交叉融合思维进行学科建设、创新研究和人才培养活动。

针对知识产权培养与教学研究的学科交叉属性，一般具有共识，但是针对知识产权是否属于交叉学科或者说是否应当按照交叉学科进行培养，曾经有一定的争议。[⑱] 而本次设立的知识产权专业学科，原本被分类为法学、管理学下的二级学科乃至于特设专业，长期冠以“知识产权法学”“知识产权管理学”等称呼，而本次的通知明确为“知识产权”专业学位，意味着其并非单一地培养法学或者管理学人才，而是需要围绕知

---

⑯ 参见刘剑文：《论领域法学：一种立足新兴交叉领域的法学研究范式》，载《政法论丛》2016年第5期。

⑰ 参见崔育宝等：《交叉学科门类下一级学科的设置标准探析——兼论设置“知识产权”交叉学科的可行性》，载《研究生教育研究》2022年第1期。

⑱ 参见刘春田：《知识产权学科的性质与地位》，载《中国军转民》2022年第1期。

识产权为对象的各类社会实践搭建知识与理论体系,采取学科交叉思维进行专业人才的培养。

(二)融合性

知识产权对应的多类传统学科,横跨理工医管法等多个大类,彼此跨度较大,在现代学科体系专精化、单向化树状知识与专业体系下,探索这样的交叉研究与培养并非易事,如何整合多学科的知识体系是关键问题,最终要将分散于各个学科的知识产权知识之树转型为知识产权实践、研究、学习所专门对接的知识网络体系。

高校作为学科建设的主体,所能为学生提供的培养时间和培养资源都相对有限的,而且任何人才的培养,客观上也不可能做到既全面又精细,不可能直接在学校就培养出实践领域所期待的能直接从事专业工作的高精尖、高素质、高技能的“复合型”知识产权人才,只能是先行确立学科发展的目标体系,分清主次需求,遵从教育的客观规律,有效整合知识产权专业的知识、资源,开展教学、培养与科研工作。

从过往知识产权办学探索的经验来看,许多学校为了彰显“复合性”特色,探索安排管理学基础课程、理工科基础课程引入知识产权本科或者知识产权特色法学专业的培养课程之中,但在实践中遇到了跨学科课程开设效果不佳的困境,主要体现在相应的课程建设还不够精准、系统和科学,如一些理工科基础课程大都是让知识产权方向的学生按照理工科专业既有课程设置,学习高等数学、大学基础物理、基础化学、建筑学基础、信息学导论等。却造成了学生学习负担大,课程知识较为杂乱,培养目标较为泛化,同就业需求却仍不相匹配。⑲ 这是因为理工科课程的所谓“基础”,实际上是面向理工科学习与研究向度,而不是面向知识产权应用,相应课程的设置与知识产权的实践需求不能精准对接,最终知识产权本科专业人才仍难以具备职业能力,不被就业市场所认可。而知识产权行业的实践中,例如,在专利检索、专利申请、专利导航中所对应的科学技术内容,往往是科学技术的前沿、精深领域,需要在掌握理工

⑲ 参见周文、赵炯明:《高校知识产权专业本科培养模式研究》,载《教育现代化》2019年第78期。

科基础知识的前提下，能够阅读并准确理解复杂技术文献内容，有的岗位还要求具备撰写专利相关法律文书中技术实质性内容的能力，所以专利实践的职业资格体系和招聘条件也体现了这一点，专利代理师的考试和资格认定要求申请人具有理工科学历学位背景，相关专利代理师、专利工程师、专利审查员、技术调查员等对技术背景往往有更高的要求，理工科硕士学位或者多年的技术岗位工作经历可能仅仅是基本门槛[20]，这些都是知识产权本科培养难以满足的。所以说，知识产权专业培养所要求的知识专业体系，并非各个学科知识、课程的叠加，对于教育者而言，而应当从体系角度设计知识产权教学培养的目标和专业课程体系，合理安排知识产权技能和专业培养计划，最终是要能够统筹不同层次学历对知识、理论、技能的需求，统筹课堂教学同课外培养，统筹校内理论培养和校外实践培养，采取跨界融合的方法开展新文科下知识产权专业人才的培养。[21]

（三）创新性

创新性是本次知识产权专业学位建设的另一重要特征。其一，创新性体现在知识产权研究对象的创新属性。创新无定法，创新之法注定是流动的。知识产权专业领域的创新不仅仅在于保护的是技术、文化与商业领域创新成果，而且其理论、规范和应用时刻在变化、更新。此外，在传统知识产权（商标、专利、版权）范畴之外，数据权利、人工智能成果权利问题、算法问题、数字化竞争与垄断等问题以及各类无形财产规则、虚拟经济规则，在近几年的实践和学理研究中，都有被引入知识产权范畴的趋势，知识产权专业的培养和学科的建设不断面临这些新技术、新业态、新领域问题的挑战[22]，这就要求相关专业的培养开展中，引导学生深刻理解科技、文化创新的前沿进展与发展规律，探索应对创新事物中产

---

[20] 参见陶中怡：《知识产权类型化人才培养模式探究——法学学科背景下的思考》，载《中国高校科技》2021年第4期。

[21] 参见唐衍军、蒋翠珍：《跨界融合：新时代新文科人才培养的新进路》，载《当代教育科学》2020年第2期。

[22] 参见侯明明：《新兴目录外法学二级学科设置的依据、原因与未来建设》，载《法学教育研究》2022年第1期。

生的社会挑战。

其二，创新性体现在知识产权话语体系的创新。作为新设文科专业，知识产权理论的体系化与中国化，最终需要通过学术话语的创新才能实现。过去我们对于知识产权的知识体系、理论框架主要以引入既有的国际公约和发达国家为主的在先话语与经验。而随着我国逐渐转型“创新型国家”，许多产业技术、商业模式已经出现了本土化创新，对于知识产权的制度要求逐渐走在世界前列，人工智能、商业数据挖掘与保护问题等在国际上已然没有先例可以借鉴，而在传统文化保护、公共健康知识产权平衡、知识产权与技术霸权斗争等问题上，也亟须立足于中国立场的话语创新。从知识产权的发展历史来看，知识产权密集产业、知识产权相关社群，都是知识产权制度构建与发展的重要参与者，许多制度是由他们的对话、协调而最终产生，而不是由法学家所构建起来的，所以说知识产权制度的构建、创新及其与实践的互动才是发展的主流脉络，这就决定了知识产权不能关起门来搞理论、搞研究、搞创新、搞培养，更不能依赖法学等单一学科的固有范式。例如，在欧洲构建文化财产权、著作权制度的早期，作家和出版商等才是参与制度发展讨论的主角㉓，制度是从实践中的利益博弈逐渐发展而成的。20 世纪以来的新兴知识产权，如电影版权保护体系、医药专利权体系、计算机软件著作权体系也是这些产业发展、博弈后的结果。在 20 世纪后期，美国学术界在政府的引导下，引入文化媒介理论、技术哲学理论、经济学功利主义理论等，推动知识产权领域议程向着有利于美国利益的方向发展。所以，在知识产权的创新领域，仅仅有法学学科思维、法学知识体系，并不能够满足知识产权制度体系创新的需要，仅仅从法学的角度研究知识产权既有法律规则和理论，不仅落后于产业发展实践的制度要求，也落后于国际先进国家的竞争步伐，导致我国知识产权话语体系势单力薄，完善我国知识产权的学科体系、学术体系、话语体系，也是我国开展知识产权专业

㉓　参见［美］马克·罗斯：《版权的起源》，杨明译，商务印书馆 2018 年版，第 12 页。

建设的重要创新任务。㉔

其三,创新性体现在知识产权研究范式的创新。近年来,仅在知识产权法学领域,除了传统的法解释学、法社会学研究方法,定量研究方法、经济产业研究视角等也迅速兴起,说明知识产权作为对接技术进步和产业创新的特殊制度和竞争工具,其本身的知识结构、研究方法、理论框架,同样也需要不断的创新。

四、新文科背景下知识产权专业的体系化路径

正如前文所述,知识产权专业学位的设立的是一次在行政机构进行的主动决策,已是既成事实,但知识产权专业的体系的构建还尚需完善,而新文科要求下,新的知识产权专业的构建,既要对过去数十年探索经验进行总结、传承,又需要直面新需求、新要求,进行创新性的路径探索。

从我国学科专业设置和管理的规则来看,对于学科专业的建设和管理已经有一定的体系化要求,如与2022年新版专业学科目录同步发布的《研究生教育学科专业目录管理办法》中新增规定指出,硕士专业学位类别设置应符合以下基本条件:"(1)具有明确的职业指向,主要服务国家战略、区域经济社会发展和行业发展重大需求,培养高素质、应用型、技术技能人才;(2)所对应职业领域人才的培养规格已形成相对完整、系统的知识结构和实践创新能力的要求;(3)具有比较广泛的社会需求。"对照我们前期的知识产权研究、教学探索实践工作,(1)(3)中的前置条件基本满足,根据相关数据统计,截至2020年5月,我国已经开设了45家知识产权学院,有93家院校开展了在"知识产权(法学)"特设本科专业下的人才培养工作㉕,此外,相关行业对于高水平、复合型的知识产权人才仍然有旺盛的社会需求㉖,但是条件(2)下要求形成相对

㉔ 参见马一德:《完善中国特色知识产权学科体系、学术体系、话语体系》,载《知识产权》2020年第12期。

㉕ 参见周志聪、于梓丰:《新文科背景下知识产权人才培养路径研究》,载《南京理工大学学报(社会科学版)》2021年第2期。

㉖ 参见苏平、赵怡琳:《产教融合协同培养企业知识产权复合性应用型人才研究》,载《知识产权》2020年第7期。

完整、系统的知识结构和实践能力要求(体系)实际上尚未达成学界共识。在本轮由行政部门主导进行的知识产权专业的设立完成后,作为教学、培养的主力,高校知识产权界更应当按照新文科的改革号召和国家的实际需求,承担起探索知识产权专业的体系构建的任务。

(一)明确新专业培养体系下的知识产权专业定位

知识产权升格为同法学一级学科并列的专业学位,最大的历史转折特征体现在其从法学中独立出来。未来的知识产权,将不再是法学的部门法学科,而是集合了传统管理学、经济学、法学等领域的新型学科。其一,知识产权专业不再是单纯的法学二级专业。知识产权虽然被认为是财产权的一种,但是其与物权、债权、人身权有本质不同,知识产权不仅是静态的权利制度,而是一个覆盖了创造、运营、保护、管理全流程的制度工具,是动态的创新、竞争实践的产物和工具。以知识产权行业为例,律师服务、司法保护等只是其中一个环节,更多的专业人士还需要围绕知识产权的管理运营和价值开发进行工作,而司法保护只是"最后一步"。其二,知识产权学科核心价值同传统法学产生明显差异。现代创新经济学学派认为创新是经济发展的核心要素,而这一要素主要就体现在知识产权这一对象之上。从发达经济体的实践经验来看,从传统经济发展转向创新驱动经济发展阶段,知识产权并非简单地追求自然正义的法律规则,而是以效率、功利为主导的政策性制度工具发挥作用。当前,知识产权发展战略、知识产权生产与创造、知识产权创新经济的投融资、知识产权贸易等已成为各国产业竞争、技术竞争、文化竞争的核心战场,在这样的背景下,对于知识产权的制度、知识和理论研究教学、培养和研究不仅是关注于法律制度的适用,应将知识产权作为国家战略、政策工具[27]的运用等作为价值出发点,进行相应的教学培养活动。

(二)构建知识产权专业知识与教学课程体系

面向知识产权专业本科生的专业知识与教学课程体系建设,应当结合本科教育的特性,设定适宜的知识产权专业教学目标,统一基础课程

---

[27] 参见冯晓青:《新时代中国特色知识产权法理思考》,载《知识产权》2020 年第 4 期。

设置，开放特色课程创新。纵览近现代各国大学围绕文科专业改革的经验，教育功能与目标的定位是重要基础，例如，牛津大学的“博雅”人才的培养、德国柏林大学的“教学研究相统一”以及美国威斯康星大学强调的大学教学“服务与引领社会”功能的模式，都引领了不同历史阶段、不同领域文科教学的变革与发展。[28] 结合近年来，新文科下法学等学科变革的经验[29]和知识产权的专业培养的实践，建议将知识产权专业教学的目标，设定为专业基础知识的掌握、职业基础技能的培养、专业品性与价值观念的引领、创新精神的锻造四个维度。

其一，在专业基础知识方面，应当通过国家统一的知识产权标准必修课程的推行，让学生在有限的学习时期内基本掌握知识产权法律、管理、运用等领域的基础理论与知识，掌握知识产权领域的专业话语与思维，为自主研究、职业实践、终身学习打下基础。其二，在职业基本技能培养方面，应当直面职业实践对于专业人才的能力需求，开设专业文书写作、知识产权法律实务、知识产权管理实务等课程，使学生能够掌握知识产权职业实践的基本技能。其三，在专业品性与价值观念的引领方面，应当结合知识产权专业的特色，设置知识产权专业伦理、知识产权行业生涯规划等课程。其四，创新精神的锻造方面，可以允许各专业开展学校结合学校、行业、地域的特色，开设一批知识产权前沿探索、国际知识产权、行业知识产权的创新选修课程，打造在特定领域具备特色优势的创新人才。

（三）创新教学组织与手段

新文科改革中，强调对于人才培养模式的转变，其中在大学层面，最为关键的就是创新教学组织与手段，应当从以下三个方向开展探索。其一，转向以创新为主导的教学与培养模式，在传统文科教育中，注重学术范畴、学科边界问题，强调在特定的边界范围内，继承传统的学科思维、学科范式解决社会科学问题，反映在教学活动中，内容上要求教学以继

---

[28] 参见黄启兵、田晓明：《“新文科”的来源、特性及建设路径》，载《苏州大学学报（教育科学版）》2020 年第 2 期。

[29] 参见冯果：《新理念与法学教育创新》，载《中国大学教学》2019 年第 10 期。

承传统理论、学习经验知识为本位,形式上以"灌输式""理论说教式"为主。而在新文科改革中,要求转向创新为主的知识与思维体系构建,"想要在转基因、环境变迁、人工智能、生物本体的改造等领域进行新的批判,甚至在人类没有探索到的领域进行人文关怀,就必须让自己的知识管理从'守城式'变成'攻城式'。"[30]对于长期浸润在科技创新、文化创新、产业变革中的知识产权专业的教学培养,传统理论、经验知识体系的适用局限性更加明显,专业人才学习、实践的主要场景都需要引入以创新、研究等为导向的模式方法,研讨式教学、"课堂翻转""专题研究式"课程、"案例化"教学应当成为教学开展的主要形式。其二,注重数字与网络技术的应用,大数据、人工智能、云技术等科技变革,为社会科学研究、知识产权实践、教学培养带来新的场域与方法,对于教学课程的开展,同样应当注重数字技术、网络技术的运用,开展数字化课堂、远程教学等新的教学形式探索。其三,实现校内外融合的产学研协同育人。新文科要求面向社会发展实践的时代开展育人工作,就需要打破学科与学科、校内与校外、教学研究与产业实践之间的壁垒,打造协同育人机制。高校应当与法院、律师事务所、专利服务机构、文化与科技企业等知识产权实务机构加强对接合作,通过产学互动交流、校外导师、学生实训教学等形式,提升学生实践技能的同时,引导学生结合实践问题进行深化研究与创新训练。

(四)完善知识产权专业教材体系

知识产权专业虽然已经摆脱作为法学二级学科的传统定位,但是知识产权专业同法学仍有较多类同。例如,同样牵涉基本价值立场问题,同样涉及规范理解与运用,同样对接高度专业化的行业共同体,有必要在知识产权专业教学上实现学术理论、基础课程、专业话语的全国统一。[31] 所以完善知识产权专业教材体系,需要以保障知识产权专业教育

㉚ 吴岩:《"守城"到"攻城":新文科建设的时代转向》,载《探索与争鸣》2020年第1期。

㉛ 参见王健:《构建以法律职业为目标导向的法律人才培养模式——中国法律教育改革与发展研究报告》,载《法学家》2010年第5期。

的统一性与标准性为前提，建议参考全国法学统编教材的做法，推行知识产权专业统编教材体系的建设。就目前的教材建设工作基础来看，在全国层面仅有《知识产权法学》法学统编教材，其深度和广度不能满足知识产权作为独立专业办学的需要。另外，部分学校编写有商标法、著作权法、网络法、专利法、知识产权管理、知识产权国际保护等细分课程的自主教材，但是内容上大都仍然局限于法学、管理学等传统学科定位，内容更新不及时，部分版本编审质量不高，不同版本间存在学理观点冲突等问题，需要结合新文科的教学需要，在核心课程、专业必修课程层面，实现全国性教材的统一编写、统一审定，并统筹推动各高校在选修课程、特色课程上编写一批优质特色教材。

（五）建立新型知识产权专业教育管理体系

在国家专业教育管理层面，建议加强对于知识产权专业教育的全国统一管理，由教育部、国家知识产权局牵头，国务院学位办、司法部、最高法以及部分文旅、宣传、贸促、海关知识产权业务部门协作，设立知识产权专业教育管理机构，统筹全国层面的知识产权专业教育布局、课程体系设置、基础教材统编、教学质量评估等工作的推进，并建立全国知识产权教育专家指导机制。而在各高校层面，知识产权专业作为新文科、新型交叉学科的代表，同样需要改革管理体系，应当突出知识产权的创新本位，在管理机制上允许模糊学科界限，鼓励采取跨学科、多学科的形式进行机构设置、师资引进、研究立项等工作，并结合各校优势资源，开展一批特色性知识产权专业人才培养的实践探索，如部分高校已经开展的国际知识产权人才、行业性知识产权人才培养等。

此外，知识产权专业的顺利发展，还需要加快同国际职业资格管理体系的对接协调。高校在专业课程、学制安排上应提前布局，同国家法律职业资格考试、专利代理职业资格考试等相协调。而国家相关部门在相应的专业招考、职业资格管理中，也应当充分考虑知识产权专业学位改革的因素，对接知识产权专业人才培养的改革进程，为知识产权专业学生就业创造良好条件，扩大我国知识产权专业人才的供给。尤其是公务员招考应扩大知识产权专业的需求岗位；法律职业资格考试准入管理中,应当将知识产权专业的学生纳入准许范围;专利代理师考试也建议允许知识产权专业学生参与考试和取得职业资格,可以考虑通过加试理工知识考核内容等方式,让知识产权专业学生同理工科在专利代理等领域取得准入机会。

结　语

"人类社会每一次重大跃进,人类文明每一次重大发展,都离不开哲学社会科学的知识变革和思想先导。"知识产权专业学位的设立,是国家在"新文科"背景下的重大实践决策,事关国家战略,事关经济转型发展。在历史转折关头,知识产权学术界应当对于开展专业建设的重要性意义统一共识,创新学科专业体系,直面需求导向,采取交叉融合的创新思维,加紧开展知识产权专业体系的建设进程,使我国的知识产权专业与学科建设发展更好地服务于国家知识产权强国战略的实施和"创新中国"的建设。

On the Systematic Study of the Intellectual Property Specialty in the Background of New Liberal Arts

Sun Haoliang　Cui Yongjin　Song Jing

Abstract: With its official inclusion in the *Catalogue of Graduate Professional Disciplines*, the Master of Laws on Intellectual Property was no longer trained as a secondary discipline of law and other disciplines. The system construction of new intellectual property specialty should be urgent perfected and innovated on the basis of inheriting the existing experience and in line with the requirements of the construction of new liberal arts. In the background of new liberal arts, the construction of the intellectual property specialty presents the characteristics of intersection, integration and innovation. In order to construct the specialty of intellectual property, it is necessary to define the specialty orientation, to construct the specialty knowledge and teaching course system, to innovate the teaching organization and means, to perfect the teaching material system of the intellectual property specialty, so as to establish a new professional education management system.

Key Words: intellectual property rights of colleges and universities; talent training; cross-discipline

面向新文科建设的法学教育数字化发展需求与路径*

喻 玲**

摘 要:新文科建设对法学教育发展提出了数字化转型的新要求,从技术应用向教育思想和教学理念的转变,将重塑“教”与“学”之间“双向成长”的新型师生关系。卓越法治人才的培养目标应在知识、能力、素养三个层面全面升级。培养方案的调整优化体现在课程设置、专业课与课程群建设等多个层面。法学教育的数字化实现离不开学习环境建设,包括但不限于基础建设、课程数字资源、在线课程平台、智慧教学空间、智慧教学工具和虚拟仿真实验等。面向新教学模式的教学设计,关键是要衔接好线上线下教学环节、增加线上教学的有效度以及重构交互体验最大化的线下教学。教学评价的数字化将极大助益法学专业课程教学中形成性评价的可

---

* 基金项目:湖南省2020年教育教学改革项目《面向新文科建设的卓越法治人才培养探索与实践》(HNJG-2020-0130)和2022年湖南省学位与研究生教育教改项目《面向知识产权强国建设的法律硕士专业课程思政研究与实践》(2022JGSZ021)的阶段性研究成果。感谢华中科技大学法学院焦洪涛教授和外审专家的宝贵建议。文责自负。

** 喻玲:湖南大学法学院教授,博士生导师。研究方向:知识产权法、法学教育。

操作性与科学性。

关键词：新文科　法学教育数字化　学科融合　数字化教学设计

“新文科”是文科教育的创新发展，是时代发展和高等教育自身发展的大势所趋。① 2019年4月，教育部、科技部、财政部等部门“六卓越一拔尖”计划2.0的启动，标志着“新文科”建设背景下的卓越法治人才培养开启新篇章。学科交叉融合是新文科的最大特点，体现在法学教育中的关键是文理交叉，运用现代信息技术，培养学生从容应对信息文明转型挑战的能力。② 2023年2月，中共中央办公厅、国务院办公厅印发的《关于加强新时代法学教育和法学理论研究的意见》，明确提出优化法学学科体系，推进学科交叉融合发展；健全法学教学体系，适应“互联网+教育”新形态新要求。

从全球范围来看，数字化转型已经成为高等教育的发展趋势③。2020年9月，联合国教科文组织、国际电信联盟和联合国儿童基金会联合发布《教育数字化转型：学校联通，学生赋能》④；欧盟委员会出台《数字教育行动计划（2021—2027）》⑤；美国、德国、俄罗斯等国家也早已开始数字教育战略布局。⑥ 我国积极推进教育与信息技术的融合变革，经历了教育信息化、“互联网+教育”、智慧教育等不同政策阶段，教育部

① 参见吴岩：《积势蓄势谋势　识变应变求变——全面推进新文科建设》，载《新文科教育研究》2021年第1期。

② 参见徐显明：《新文科建设与卓越法治人才培养》，载《中国高等教育》2021年第1期。

③ 参见李敏辉等：《后疫情时代发展中国家高等教育数字化转型：内涵、困境与路径》，载《北京工业大学学报（社会科学版）》2022年第1期。

④ 参见卢琳等：《教育数字化全球治理目标、行动领域和举措——〈联合国教科文组织教育信息技术研究所中期战略（2022—2025年）〉解读》，载《中国教育信息化》2022年第7期。

⑤ 2020年9月30日，欧盟委员会发布Digital Education Action Plan 2021－2027旨在确保成员国教育数字化转型成功。

⑥ 参见王姝莉等：《美国、欧盟、德国、法国和俄罗斯教育数字化转型分析》，载《中国教育信息化》2022年第6期。

落实国家数字化战略的要求⑦,在《教育部2022年工作要点》中正式提出实施教育数字化战略行动,深化融合,创新赋能,应用驱动,加快推进教育数字转型和智能升级。本文拟从新文科建设对法学教育提出的需求出发,探讨法学教育数字化发展的实现路径,探索新时代法学教育教学改革实践。

一、新文科建设背景下法学教育数字化新理念

(一)多学科融合:技术到教育思想的变革

2017年5月3日,习近平总书记在中国政法大学进行考察时指出,我国法学研究的不足主要表现在,“法学学科同其他学科交叉融合还不够,知识容量需要扩充”。学科发展是人才培养的坚实基础,新文科强调多学科融会贯通。⑧ 随着科学技术发展,学科融合、学科交叉、学科重构已然成为推动学术创新和学科发展的新趋势。⑨ 法学学科建设要适应法治建设新要求,推进法学理论知识的更新,促进法学与经济学、社会学、政治学、心理学、统计学、管理学、人类学、网络工程以及自然科学等学科交叉融合发展。⑩

“数字中国”战略对数字法治人才提出了新要求,需要及时跟进互联网、大数据、人工智能、区块链等科技变革的数字法学理论前沿,并进入法科学生的学习和研究课堂。⑪ 与此相呼应,很多高校已经开始探索“网络法学”“计算法学”“数字法学”“人工智能法学”“数据法学”等人才培养模式,以建设新的专业或本硕贯通的培养模式来实现跨学科的人

---

⑦ 参见吴岩:《扎实推进高等教育数字化战略行动》,载《中国教育报》2022年6月6日。

⑧ 参见樊丽明等:《新文科建设的内涵与发展路径(笔谈)》,载《中国高教研究》2019年第10期。

⑨ 参见杨宗科:《论“新法学”的建设理路》,载《法学》2020年第7期。

⑩ 《关于加强新时代法学教育和法学理论研究的意见》。

⑪ 参见危红波:《数字社会的法学教育因应——基于新文科建设视角的理论考察》,载《华东政法大学学报》2022年第3期。

才培养[12],从不同角度反映出法学教育对信息智能革命的积极回应。

学科融合教育并不是额外教育,而是从多学科融合的角度对传统法学教育的培养理念、培养方案、培养目标与教学体系的重构[13],是教育形态的创新。新时代法治人才培养是适应数字社会发展和变革要求,反映学科融合知识谱系、理论体系与人才培养规律的新型教育形态。[14] 人才培养目标的变化体现为法治人才所具有的“古今融通、文理融合、中西结合、知行合一”的知识、能力和素质。[15] 同时,学科融合对法学专业教师的知识结构与教学能力提出了更高的要求,教师从法学专业知识的传授者转变为多学科知识的学习者以及带领学生从多学科视角关注法学基础理论、探索法治实践的引导者。

(二)数字化转型:技术到教学理念的转变

数字化的教学手段可以满足学生的个性化与互动式学习需求,可以给予学生更多自由,按照自己的节奏学习,实现学习文化的转变。根据学生的多元需求、学习风格和学习投入偏好的不同采用不同教学方法,技术能实现(赋能)多样学习活动和策略。

但“法学教育数字化”的内涵远广于“教学信息化”。数字化转型不单指信息化的教学手段,而是教学理念、教学内容、教学模式与教学评价的整体转型。根据高等教育数字化转型的不同发展阶段[16],法学教育的数字化转型可以分为三个阶段:第一阶段是数字化转换,是将法学专业课程教学的物理信息转换成数字信息,并进行相应的组织。第二阶段是数字化升级,利用技术使法学专业课程教学过程更加简化、自动化和智能化。第三阶段是数字化转型,协调数字技术、人力与文化来实现技术

---

⑫ 参见胡铭:《数字法学:定位、范畴与方法——兼论面向数智未来的法学教育》,载《政法论坛》2022 年第 3 期。

⑬ 参见冯果:《新理念与法学教育创新》,载《中国大学教学》2019 年第 10 期。

⑭ 参见马长山:《数字时代的法学教育转型》,载《中国人民大学学报》2022 年第 6 期。

⑮ 参见徐显明:《新文科建设与卓越法治人才培养》,载《中国高等教育》2021 年第 1 期;刘坤轮:《〈新文科建设宣言〉语境中的新法科建设》,载《新文科教育研究》2021 年第 2 期。

⑯ 参见李敏辉等:《后疫情时代发展中国家高等教育数字化转型:内涵、困境与路径》,载《北京工业大学学报(社会科学版)》2022 年第 1 期。

在法学教育中的创新应用,文化的变革与制度的完善。⑰ 前两个阶段数字化都是作为法学教育的技术辅助手段,第三阶段则实现了理念的转变。

数字化转型的核心在于学生数字素养的培育⑱,数字能力的培养已经成为法学教育本身的目标。这一转变要求教师在课堂上具有数字技术的运用能力、有跨学科融合的分析研究能力和授课能力。教师从传统教学中的知识传授者和教学资料的提供者、教学活动的主导者转变为学生学习的组织者、引导者、激励者、陪伴者和促进者,同时也是教学资源的开发者、整合者,学习环境的建设者和维护者。

(三)师生关系重塑:从教到学的转化

在传统教学环境中,教学活动是以教师的课堂讲授为核心展开,呈现的是以教师输出知识为主的教学模式,新发展格局背景下,传统师生"单向输出"的闭环关系已不能适应当下教学需求。⑲ 数字化为教学的实现提供了跨时空的可能性,也为教师针对不同学生的学习风格与学习水平设计不同教学内容、教学方法提供了可行性,实现了原来教师与学生"一对多"的"单项输出"教学模式向"一对一"的"双向互动"教学模式的转变,教师的角色从教学的主导者成了设计者、组织者、支持者与共同学习者。教师在指导、支持、鼓励和促进学生自主学习的过程中,与学生共同成就学习与成长。在教师角色的转变过程中学生角色的转变也同步发生,学生对自己的学习有更多的主动性、参与度。师生关系从"单向输出"的闭环关系向"双向互动"的开放关系转变。

---

⑰ 参见兰国帅等:《推动高等教育数字化转型:优化、持续和创新——〈2020 年十大 IT 议题〉报告解读与启示》,载《开放教育研究》2020 年第 5 期。

⑱ 参见姚莉:《数字时代法学教育的传承与超越》,载《法治日报》2022 年 6 月 29 日,"法学院"版。

⑲ 参见黄锡生、王中政:《新文科与法学教育的现代化转型》,载《法学教育研究》2022 年第 1 期。

二、面向新文科建设的法学教育数字化发展路径

（一）卓越法治人才培养目标的升级

新时代法学教育在知识、能力、素质三个层面实现培养目标的升级，旨在培养德法兼修、基础扎实、视野开阔、具有良好人文素养、科学精神、创新能力和学习能力的卓越法治人才。

1. 知识目标。价值塑造和能力培养以知识体系的构建为基础，体系化的知识框架需要重点考虑学科融合，使学生对专业的认识更全面，更系统，建立起法学专业知识与其他学科知识广度融合的知识体系。

2. 能力目标。未来法治人才关键能力主要体现在三个方面：（1）具有法治思维和解决复杂法律问题的能力，包括法律运用与创新能力、法律文书写作与论辩能力。（2）数字化能力，培养具有数字化能力的学习者已经成为多国国际战略的关键目标。[20] 数字世界对法科学生未来执业提出了更高的要求，需要具有数字化思维、数智化技术运用能力，数字化学习能力与创造力。（3）自主学习能力，法学教育的目标在于培养保持持续学习状态和具有自主学习能力的未来法治人才，以应对科技和社会的发展与进步。

3. 素质目标。寓价值引导于知识传授和能力培养之中，塑造学生正确的世界观、人生观、价值观，立足学科与专业领域，培养学生成为具有家国情怀、国际视野、使命担当、“德法兼修”的卓越法治人才。

（二）培养方案的与时俱进

为满足新文科建设对卓越法治人才培养目标的新要求，除了前文提到的部分高校开始探索以特定学科交叉培养为重点的人才培养方案（如计算法学、人工智能法学等），更多高校则是在原有培养方案上优化调整。

其一，在专业课程建设中增加跨学科视角，更新知识体系。结合具体课程的特点，实现三个层次的融合：拓展课程跨学科知识广度；加深专

---

⑳ 参见兰国帅等：《欧盟教育者数字素养框架：要点解读与启示》，载《现代远程教育研究》2020 年第 6 期。

业知识与技术前沿的结合的深度;推进跨学科研究方法的融通。

其二,增加通识课程中科学素养课程的设置。以通识必修课提升法科学生的基本科学素养,以通识选修课为特定跨学科方向感兴趣的学生提供丰富的选择。例如,湖南大学法学专业培养方案将《计算与人工智能概论》设定为通识必修课,在通识选修课中开设有计算机技术、生物技术等多个学科的50余门选修课。

其三,增加与学科融合密切相关的专业选修课。围绕技术领域的新发展,在师资团队的研究领域增设领域法选修课。如湖南大学在新版培养方案中增加了《人工智能法学》《网络法学》《能源法学》《气候变化法》等课程。

其四,优化专业能力培养模块课程群建设。以法科学生的关键能力培养为目标设置有针对性的能力提升课程群。如湖南大学法学专业培养方案中设置有《法学学术写作》《法学文献研读》等提升写作能力课程群以及《民法案例研习》《刑法案例研习》《行政法案例研习》等提升法律运用能力的课程群。

(三)教学环境数字化

数字化教育的实现离不开数字教学环境。随时随地能开展学习的环境可以满足学生即时的学习需求,调动师生学习共同体的积极性,激发学生的学习兴趣和热情,便利教师与学生之间的多维深层互动,实现高效、个性化学习。数字化的学习环境主要由设施、平台、资源和工具组成。

1. 共建基础设施。信息化的基础设施早已成为高校基础建设的重要内容。安全可靠的IT基础设施是数字化学习的基础,也是学校层面为教学活动的数字化实现提供的基础条件。在此基础上,教师作为教学活动的实施和推进者可以根据需要选择平台、资源和工具,自主决定数字化教学环境的搭建。

2. 创建课程数字资源。数字资源是教学策略实现的基本要素,包括文本、图片、视频等多种形式。数字资源库的建设,可以为教师设计和实施课程教学提供最大的自由度,服务于不同的教学单元,有助于个性化教学的实现,同时还可以互通共享。法学专业课程数字资源的重点在于案例资源库。中国裁判文书网上公开的裁判文书是教学的典型案例,也是学生发现问题探索学科研究的重要资源,对裁判文书的梳理与提炼是实践师生共研的重要教学步骤与环节。

3. 共享在线课程。线上课程的优点显而易见,可以极大地便利学生随时随地学习知识点。从现有教学实践来看,在线课程主要包括大规模在线开放课程(Massive Online Open Course, MOOC)即"慕课"以及小规模在线开放课程(Small Private Online Course, SPOC)[21]。比较常用的在线课程平台包括中国大学慕课、学银在线、智慧树等,在具体的教学实践中,一般采用的教学模式有同步 SPOC、异步 SPOC 以及独立 SPOC 形式:(1)同步 SPOC 课程完全跟随一门正在开课的 MOOC 学期,授课教师仅可补充内容,不能修改 MOOC 课程原有内容;(2)异步 SPOC 课程是将一门已经结课的 MOOC 课程整个学期内容复制,授课教师可以共享已有 MOOC 课程的大部分内容,同时还可根据开课需要进行删减或增补;(3)独立 SPOC 课程则是由教师单独创建一门在线课程的数字资源并根据自己的教学安排发布课程内容,与 MOOC 课程无关,授课教师有更自由、自主的设计空间。

4. 应用智慧教学空间。智慧教学空间是多媒体和网络教室的高端形态,是线下授课升级的基础条件,通过各类智能装备辅助教学内容的呈现,便利学习资源的获取,助益课堂互动的开展,为师生提供智慧学习的环境,促进个性化学习、开放式学习与泛在学习的展开。[22]

5. 引入智慧教学工具。智慧教学工具能实现线上与线下课程的无缝链接,以学习通和雨课堂为代表的手机端、电脑端教学工具的使用,使教学方法更多样化,让学生积极参与课堂、互动问答和完成创造性项目,极大程度地实现师生高效互动,实时交流。

---

[21] 参见贺斌、曹阳:《SPOC:基于 MOOC 的教学流程创新》,载《中国电化教育》2015 年第 3 期。

[22] 参见杨红云、雷体南编著:《智慧教育:物联网之教育应用》,华中科技大学出版社 2016 年版,第 8 页。

6. 开展虚拟仿真实验。从教育部公布的首批虚拟仿真实验教学项目来看,现有法学教育中采用的虚拟仿真实验侧重于模拟庭审、谈判、鉴定、质证、纠纷处理等现场感较强的程序事项㉓,未来面对技术领域的不断更新,可能会有更多旨在帮助学生理解跨学科视角的虚拟课程实验建设。

(四)面向新教学模式的数字化教学设计

在新的教学模式下,教师的教学设计层次、内容和难度都在升级。如何“以学生为中心”实现学生在学习中的三维联动:学生自我学习驱动、学生与教师的互动、学生与学生之间的互动,将线上线下教学实现有机融合是教师教学设计的关键。

首先,如何衔接好线上线下学习环节。线上线下混合式教学为法学专业课程教学提供了多种可能性,从已有实践来看,授课教师可以根据课程特点、授课班级人数以及学生学习偏好,根据学生学习的不同阶段,选择不同的模式。

(1)线下基础+线上提升模式。对于大班或中班授课的专业初级基础课程,将核心概念和法律思维引导安排在线下面授课程有助于初学者入门,搭建基础理论框架,将课程内容的前沿拓展与巩固练习安排在线上完成,以小视频和小练习、小讨论为主,作为每次线下课程的复习与延伸,同时也作为下次线下课程的前测与预热,既能培养学生良好的学习习惯,也有助于教师掌握学情,调整教学设计。

(2)线上基础+线下提升模式。对于小班授课的专业高阶选修课程,线上教学完成基础概念学习和基础应用,线下教学采用翻转课堂加深理解,巩固拓展,更能促进学生学习思维和习惯转变。

(3)线上线下基础与提升并重模式。对于融合式教学已经非常熟

㉓ 教育部2020年公布的首批虚拟仿真实验教学法学类共7门课程:《国际法虚拟仿真法庭实验教学项目》《诉讼中文件真伪的司法鉴定虚拟仿真实验》《民事诉讼中鉴定意见质证虚拟仿真实验教学项目》《法律谈判虚拟仿真实验》《道路交通事故纠纷“网上数据一体化处理”虚拟仿真课程》《正当防卫虚拟仿真实践教学项目》《国际技术贸易法律风险识别与防范虚拟仿真实验项目》。参见2020年11月24日《教育部关于公布首批国家级一流本科课程认定结果的通知》(教高函〔2020〕8号)。

悉并适应的学生,可以根据需要自由设计线上线下教学环节。特别是对于一些高阶选修课,可以按照主题设计教学内容,根据每届学生的兴趣,实现线上内容自由选择,按需拼盘组合,线下内容适时调整,学生通过分工研讨实现不同主题间的对话、讨论与融合,实现一人一课。

其次,如何增加线上学习的有效度。线上学习最大的障碍在于学生与教师、学生与学生的互动难以时时完成,学习容易流于形式,难以进入高效学习状态。增加线上学习的有效度,需要分析学情,从目标、内容、资源、流程模式等多方面设计并时时调整。

(1)尊重学生差异,分层设计教学目标,实现同维度目标的梯度,利用线上学习的可选择和便利性,在学习单元上有所区分,以调动全体学生的学习积极性,促进不同学情学生共同发展。

(2)学习内容设计以"时代性"知识点为重点,将知识模块化,选择生动、贴近生活的案例,做到"一案一单元""一案一要点"。同时注意合理留白,为线下教学的深化与学生自学留下空间。

(3)采用的资源应更多样化,特别是采用"线上基础 + 线下提升"模式的课程。教学视频需要短小、内容新颖、体验感强;除了经典文献提供文字化,其他教学资源,特别是案例资源尽量以视频和图文形式呈现,实现可视化。

(4)线上教学流程可增加学生参与度高的闯关、"一对一挑战""大家来找茬"等调动学生积极性的设计环节。

最后,如何重构交互体验最大化的线下教学。线上课程可以给学生更多学习的自由,但线下课堂仍是育人最重要的阵地,在物理空间内,教师与学生之间、学生与学生之间的教学互动与情感交流,是教育最鲜活的呈现。数字课程和线上教学的出现不是为了取代线下教学,而是要克服线下教学的障碍(时空限制),与线下教学合力构建最佳教学场域,实现教学共进。

(1)设计好教学内容。处理好教材逻辑与课堂教学逻辑的关系,教材逻辑旨在完整、严谨地呈现学科领域的知识,是以知识体系的框架搭建为目标,反映的是学科知识之间的有机联系,所以,教材逻辑也可以称作学科逻辑。[24] 而课堂教学重在知识学习的逻辑,更应注重知识发现、转化应用的过程。课堂教学不是将固定知识以静态的形式按照逻辑顺序进行学习,而是通过问题的提出,在现实问题的解决中,作为解决问题的有用手段而习得,从而确立起学习主体开展探究性思维活动的教学逻辑。[25]

因此,线下课堂教学内容的选择不能是教材内容的简单重复,而应是以问题为导向的以知识发现与应用的逻辑为主线的教学内容设计。对于大班和中班授课的专业初级基础课程,用贴近生活的系列问题导出核心知识,引导学生思考如何解决问题,并在解决问题中完成教学任务。对于小班授课的高阶课程,教学内容以专题模块呈现,问题链的设计注重融入学科前沿、跨学科视野,以学生实践、生生合作、师生合作的方式,以拓展学生视野和宽广的跨学科知识,提升学生解决复杂问题的能力。

(2)设计好教学方案。线下课堂应最大限度实现面对面的交流,实现教与学的最大化交互体验,如何实现深层互动,需要革新教学模式,设计好教学方案。大班授课要调动每位学生的参与度与参与的有效性,可以采用 BOPPPS 教学模式[26],以导入(Bridge-in)、学习目标(Objective/Outcome)、前测(Pre-assessment)、参与式学习(Participatory Learning)、后测(Post-assessment)、总结(Summary)六个环节,能较好地均衡教师讲授与学生活动之间的关系。

小班授课则可以根据课程内容需要,采用翻转课堂(Flipped Classroom)或部分翻转课堂模式,提升启发式引导性教学的针对性,改变传统的“教—学”关系,实践“以学生为中心”的教育理念,实现教师与学生更具深度的交流互动与自我反思,集体研讨协作,实现教学的深层次互动,让课堂不仅仅是知识传递的空间,更成为知识创造的场所,法律思维能力养成的平台,成为教师与学生“探究的共同体”。

(3)使用好智慧工具。智慧教学工具,特别是手机端的教学工具,

---

[24] 参见别敦荣:《大学教学改革新思维和新方向》,载《中国高教研究》2020 年第 5 期。

[25] 参见钟启泉:《单元设计:撬动课堂转型的一个支点》,载《教育发展研究》2015 年第 24 期。

[26] 参见罗宇等:《从 BOPPPS 教学模型看课堂教学改革》,载《计算机教育》2015 年第 6 期。

即使在普通教室也可以实现丰富的教学辅助功能,极大地便利了课程教学中的师生互动与教学评价,这一作用在大班授课的情况下尤为凸显。要做好充分互动需要将课堂的抢答、分组、问卷、测验等各个环节提前设置,特别是后测环节和提升环节,需要预设多种方案,关注数据变化,时时调整备选方案。

(五)教学评价数字化

教学数字化区别于传统课程教学的显著优势之一是能够更好地对个体学习进行评价,识别不同知识水平与具备不同能力的学生,由此实现因材施教。法学教育的成果具有非显性特点,"德法兼修"的评价标准如何体现,很难通过期末考试"一考定分"。网络教学平台和智慧工具的使用,能在教学过程中展示学生所学,极大地方便了教师实时了解学生的学习进度,跟踪每位学生的线上学习表现、线下课程随堂检测、课程作业等,通过数据分析能及时了解每位学生知识点的掌握情况,解决问题的能力水平以及价值目标的达成情况,通过形成评价,时时评估学生学习情况,及时调整教学计划与教学策略,科学评价学生学习成效,合理评估教学效果。

数字化的教学评价也极大便利了学生对教师教学满意度、获得感的评价,方便教师及时了解学生的学习反馈,调整教学策略与教学内容,实现教学互动的时时跟进,真正实现以评促教,以评促学。

结　语

新文科建设对法学教育发展提出了数字化转型的新要求,教育教学理念的转变体现在培养目标、培养方案、教学环境、教学设计与教学评价的整体升级与变革。数字化将更好地支撑法治共同体对法学教育的积极参与。随着技术创新的不断发展,新的教育技术手段不断更新,数字化建设也在持续升级,元宇宙正在突破与变革现行的线上线下混合式教学模式。教育数字化对教师的教学设计能力提出了挑战,这种综合设计能力既包括教学学术能力,也包括数字化教学能力,需要法学教育一线教师保持对教学创新的开放态度,积极了解数字教学、实践数字学习,在实践中总结反思,不断探索进步。

On the Needs and Paths of Digital Development of Law Education for the Construction of New Liberal Arts

Yu Ling

Abstract: The construction of new liberal arts makes a new request of digital transformation for the development of law education. The shift from technology application to educational thinking and teaching philosophy will reshape a new relationship between students and teachers of "two-way growth" within "teaching" and "studying". The cultivation objective of excellent rule-of-law talents should be full upgrade from the aspects of knowledge, ability and literacy. The adjustment and optimal of cultivation program are showed from many aspects, such as Curriculum, specialized courses and course clusters. The digitalization of law education can't be achieved without the construction of learning environment, which including, but not limited to, infrastructure, course digital resources, online course platforms, smart teaching spaces, smart teaching tools and virtual simulation experiments and etc. The key of the educational design of new teaching model is to well connect the education session between online and offline, increase the validity of online education and reconstruct offline education that maximizes the interactive experience. The digitalization of teaching evaluation will greatly help the operability and "scientificity" of formative evaluation in the teaching of law courses.

Key Words: new liberal arts; the digitalization of law education; integration of discipline; digital instructional design

新时代高校专门博物馆促进学科发展的路径论析

赵 东[*] 袁培入[**]

摘 要:高校专门博物馆作为高校学科文物收藏、文化宣传和科研教育的重要基地,承担着传承学科文化、促进学科发展等重要功能和职责。迄今为止,我国高校专门博物馆已经取得了一定的收藏与学术研究成就,但是这种成就对于促进学科发展的目标来说尚显贡献不足。以中国法庭科学博物馆的具体教学研究情况为例,高校专门博物馆应利用自身收藏和展览、学科教育和学术研究功能,传承学科文化,强化身份认同与文化自信。特别是围绕习近平总书记提出的"建构中国自主知识体系"这一时代命题,高校专门博物馆应积极探索设立馆际"收藏—研究"交流平台,将学科文化自信充分融入自主性知识体系教育之中,立足时代需求创新学科研究范式。

关键词:高校博物馆 专门博物馆 法庭科学 交叉学科

---

[*] 赵东,中国政法大学证据科学研究院教授,博士生导师,法学博士。研究方向:法庭科学、证据法学。

[**] 袁培入,中国政法大学司法文明协同创新中心博士研究生。研究方向:诉讼法学。

引言:新时代高校专门博物馆发展的理论指引

习近平总书记指出,博物馆是保护和传承人类文明的重要场所。高校博物馆是博物馆体系中的一个重要分支,承担着学科教育、文化传承和创新的重要功能与职责。区别于普通的公共博物馆,高校博物馆最显著的特点是学术性和专业性强,很多场馆的收藏、展览和教育活动与本校重点学科的建设和发展密切相关。① 根据《国家文物局、教育部关于加强高校博物馆建设与发展的通知》的规定,高校博物馆是为了教育、研究、欣赏的目的,由高等学校利用所收藏的文物、标本、资料等文化财产设立并向公众开放,致力于服务高等教育发展和社会文化发展的社会公益性组织。有学者认为,所谓专门博物馆是专门介绍和研究一种学科中的单一物质或事物产生、发展、变化及新的研究成果的博物馆。② 本文语境下的高校专门博物馆即是兼有高校博物馆和专门博物馆特点,其一般不承担本校通史和泛学科展览的功能,而是依托于专门的二级学院或者特色专业,以具体的学科背景为主导而开展一系列展览、教育、研究活动的机构。

2015 年 2 月 13 日至 16 日,习近平总书记赴陕西看望慰问干部群众在西安博物院的讲话中指出,一个博物院,就是一所大学校,要把凝结着中华民族传统文化的文物保护好、管理好,同时加强研究和利用,让历史说话,让文物说话。2017 年 4 月 19 日至 21 日,习近平总书记到广西考察调研时在合浦县汉代文化博物馆的讲话指出,博物馆建设不要"千馆一面",不要追求形式上的大而全,展出的内容要突出特色。2022 年 4 月 25 日,习近平总书记在考察中国人民大学时指出,加快建构中国特色哲学社会科学,归根结底是建构中国自主的知识体系。习近平总书记特别强调,没有自主知识体系,学科体系、学术体系、话语体系就如同无本之木。习近平总书记的多项重要讲话对新时代下高校专门博物馆立馆

---

① 参见张安胜:《高校博物馆育人的内涵、定位与路径论析》,载《上海交通大学学报(哲学社会科学版)》2022 年第 5 期。

② 参见王嗣州、赵静雪:《论专门博物馆的特性》,载《中国博物馆》1991 年第 3 期。

特色与功能创新提供了坚实指引。申言之,高校专门博物馆建设进入了前所未有的蓬勃发展时期,这种发展的动力来自高校专门博物馆积极促进学科发展,为建构学科自主知识体系作出重要贡献的要求。

博物馆发展到今天,其定义虽然几经修改,但是其收藏、研究、教育的核心职能始终未变,而且教育的职能越来越受到博物馆界的重视。[③]学科教育功能是高校专门博物馆与一般公共博物馆的重要区别,高校专门博物馆与学科教育之所以存在联系,主要基于下述认识:第一,博物馆的发展要求来自社会经济文化的飞速发展,也是新时代社会主义文化繁荣昌盛的重要组成部分。学科建设不能遗忘自主性,高校专门博物馆不仅是高校的文化符号,更是其背景学科的文化符号,在新时代背景下,高校专门博物馆应当通过多种方式深入挖掘学科文化内涵,担任连接学科文化的过去、现在和未来的"桥梁"。第二,高校博物馆与一流大学是密不可分的共生关系。[④] 高校专门博物馆是学科建设的重要基地,其在享受学科资源的同时,也应承担"反哺学科"的责任。

高校专门博物馆能较为直观地体现专门学科发展演变趋势,除了对内作为高校教学、科研辅助场地,对外承担教学研究成果宣传职能之外,还肩负着专门学科培育这一重要使命。迄今鲜有对高校专门博物馆如何促进学科发展的讨论。从一般逻辑出发,高校已经存在比较成熟的学科基础、学科文化等才会诞生高校专门性博物馆,其本身作为凸显优势学科、保管收藏类型化藏品之场所即可,但此种将博物馆仅作为静态收藏馆的观点影响了建构自主知识体系新理念的确立和发展,高校专门博物馆"反哺学科建设"仍然是必要的。

当代知识体系已呈现高度分化和高度综合的特征,自然科学与社会科学之间不再泾渭分明,两者相互渗透与结合的过程中诞生了许多交叉学科,这是法学学科自主知识体系中不可忽视的一部分。本文以中国政

---

③ 参见冯乃恩:《博物馆数字化建设理念与实践综述——以数字故宫社区为例》,载《故宫博物院院刊》2017 年第 1 期。

④ 参见张弛:《高校博物馆:"双一流"建设的助力者》,载《中国高等教育》2021 年第 20 期。

法大学法庭科学博物馆(以下简称法庭科学博物馆)为例,其作为集法庭科学文物文献收藏、宣传教育和科学研究等于一体的综合性学术研究机构,具有宣传司法文明演进、普及法庭科学技术知识的重要教育功能。同时,以厚植学科文化基础为出发点,在继承发展我国优秀学科文化的基础上,探索高校专门博物馆如何促进学科发展的路径。

一、文化厚植:高校专门博物馆传承学科文化的两个向度

博物馆学将博物馆的基本功能定义为"研究和调查"、"收藏和保护"、"展览"以及"传播和提高认识"。[⑤] 大学博物馆具有专业教育实践、学术研究和学科传承、科学人文精神普及传播、社会公共文化服务等重要功能。[⑥] 由此可见,高校博物馆除了收藏、展览等一般性功能外,还具有学术研究和学科文化传承等独特功能,而学科文化可被认为是前述独特功能运行的核心所在,厚植学科文化表明了要在多方面、多角度对受众进行教育,厚植学科文化的主体是该学科的研究者,这些研究者需具备问题意识以解决学科相关问题,并积极回应社会实践中急需解决的重大理论问题。以法庭科学为例,法庭科学文化是司法鉴定职业共同体的精神支柱和生命之魂,唯以此可形成敬畏职业信仰的司法鉴定职业共同体,营造科学公正,恪守法律,具有公信力的司法鉴定服务环境。[⑦] 藏品和展览构成了学科文化静态的一面,而学科教育构成了动态的一面,两面结合才会有学科文化更好的继承发展。下面以"收藏和展览""学科教育与学术研究"两类功能为例,以法庭科学博物馆之实际运行为参照,阐释高校专门博物馆如何更好地将学科文化嵌入上述功能中。

(一)收藏和展览

有学者指出,高校博物馆在本质上为学术博物馆,博物馆本身及其

---

⑤ 参见洪恒夫:《ミュージアム、その活動の方向性と可能性》,2007 年度日本地理学会春季学术大会,载 J-STAGE 网, https://doi.org/10.14866/ajg.2007s.0.215.0。

⑥ 参见蔡劲松:《大学博物馆转型发展的定位及策略》,载《中国高等教育》2015 年第 1 期。

⑦ 参见赵东:《法庭科学文化是司法鉴定的生命之魂》,载张保生主编:《法庭科学文化论丛》第 3 辑,中国政法大学出版社 2018 年版,第 342 页。

藏品都是“学术遗产”(academic heritage),是公众了解高校及接近其资源的特殊学习场所。⑧ 高校专门博物馆的收藏普遍具有类型化的特征,其中既有反映特定内容的实物藏品,如工具、标本,也有体现特定精神文明的衍生藏品,如影视文学作品等,它们共同构成了研究各自背景学科的珍贵资料。这些藏品在了解特定学科方面起着根本性的作用,如果没有广泛和完善的收藏,研究就难以进行。

历史文化传承是了解和发展一个学科不可忽略的基础与条件。法庭科学与法学之间固有亲缘,甚至可以说,二者的文化教育是存在相当程度上的相似和重合。因此,利用藏品多方位彰显中国传统法律文化中的检验制度、证据制度和“洗冤”思想等是法庭科学博物馆辅助教学的重要组成部分。如博物馆的“中国古代法庭科学展区”通过实物和影视资料等向受众展示了我国古代就已经有了强调由特定主体采用符合当时认识水平的“科学手段”对案件事实进行还原、审查的思想。如五代时期和凝父子所撰《疑狱集》和宋代郑克编著《折狱龟鉴》就展现出了类似于“重证据,轻口供”等现代刑事司法理念的雏形思想,从书中所记录的“孙登比弹”和“张举烧猪”等事例中,我国古人即意识到了人们蒙受冤枉,往往是因为官吏们“好像是”“莫须有”之类的主观臆断导致的,如果参与办案的官吏不能谨慎地去审理,因为一时气愤等(此种认知偏差有时因为错误的鉴定方法引起甚至加深)而滥施威刑,就会产生冤假错案。⑨ 此外,法庭科学博物馆还收藏了《洗冤集录》、《法律医学》、《近世法医学》、《法医月刊》和《国立北京大学法医学教室鉴定书》等代表不同时期法庭科学发展高峰的珍贵古籍和珍稀民国时期文献实物,以及朝鲜、日本等法医学著作及其译本。而在当代学术研究藏品中,由我国著名法医学专家贾静涛所著的《世界法医学与法科学史》《中国古代法医学史》就是在多国高校博物馆中访问相关研究者、收集第一手资料的基

---

⑧ 参见杨谦、杜辉:《当代美国高校博物馆的教育理念与实践》,载《现代大学教育》2017 年第 4 期。

⑨ 参见(五代)和凝、郑克:《疑狱集 · 折狱龟鉴校释》,杨奉琨校释,复旦大学出版社 1988 年版,第 51 ~52 页。

础上完成的,其著作体现了交叉研究领域较高的理论水平与其他学科对话能力,也启迪了后来的研究者,学术研究应当基于丰富的资料和宽广的视角。这些体现我国古代法庭科学发展的藏品有利于加强法庭科学史、法庭科学思想史等方向的研究,绵延传承和发展中国法庭科学思想。

除收藏之外,展览也是博物馆的一项基本功能,是高校专门博物馆展示学术研究成果、向更广泛的受众传播学科文化的一种重要方法。在"数字博物馆""虚拟藏品"发展的背景下,展览仍然是一种独特的交流媒介,其通过创造性地利用博物馆及其资源,为学科文化的宣传作出贡献。展览将藏品和资料等实物、信息、空间和参观者的体验结合在一起,具有难以替代的作用。虽然学科背景知识是重要的,但通过展览方式让受众来深入学习知识不是高校专门博物馆的主要目的,其应该是综合学习过程的一部分,以加深对学科的兴趣和理解,通过人与博物馆展品之间的互动实现其教育功能。以法庭科学博物馆为例,通过线下、线上结合的展览,可以直观体现出法庭科学经历了一个漫长的发展过程,如在"外国法庭科学展览专区",其以时间顺序和图文结合的方式,在"线下展览"和"数字浏览"两个渠道展现了域外法庭科学学科技术发展历史的脉络和精要:1900 年,科学家 Landsteiner 发现 ABO 血型,人类红细胞血型应用于法医检案,法医物证检验步入了科学时代,到 20 世纪 70 年代,应用等电聚焦电泳发现了多种血清型及酶型的亚型,进一步提高了法医个人识别能力。1985 年,英国科学家 Jeffreys 创建了 DNA 指纹分析方法并应用于法医鉴定中。DNA 指纹的高度个体特异性克服了传统遗传标记鉴别能力低的缺陷,使法医个人识别和亲子鉴定实现了从仅能排除到高概率认定的飞跃。而以短串联重复序列(STR)多态性 DNA 遗传标记为核心的第 2 代法医 DNA 分型技术已成为法医 DNA 分析技术的主流。同时,在博物馆延展区还提供了法医学部和物证技术学部进行现代鉴定方法与鉴定流程展览,为参观者提供了现代法庭科学实践前沿的直观体验。通过这一系列实物展览,能够有效解决课堂教学中"纸上得来终觉浅"的困境,既能够让受众对于学科发展有了一定的了解,又不会因为专业性门槛导致受众兴趣匮乏和学习困难。

(二)学科教育和学术研究

学科文化的传承不单单是教材、教师、藏品等“硬件”简单拼凑起来的,还需要包括价值、情感、态度等“软件”部分。文化具有历史的连续性,新的文化是在批判地继承人类历史优秀文化遗产中而创造发展起来的。学科文化发展的重要环节就是形成价值系统,这个价值系统总是需要符合一定的政治、经济、文化发展格局,同时还要能够从更高的角度催发出推进学科发展的精神文化氛围,高校专门博物馆的学科教育功能即是从静态的藏品展示与动态的学术研究两方面,将受众的感知沉浸在一定的学科文化氛围中,以此达到厚植学科文化之目的。

在教学方面,高校专门博物馆将文化转换为一种教育资源。相较于传统的课堂学习,博物馆辅助教学能够让学生尽可能多地接触到实物,激发学习兴趣、感受学科文化。同时,博物馆的辅助教学功能不同于实验室,后者的场景一般是限定在操作某项仪器,而前者展现了该学科在“过去时态”的社会发展中扮演了何种角色、发挥了何种作用,这是“现在时态”的实验室场景所难以取代的。以法庭科学这一学科历史发展为例,“法庭科学”在中文语境中属于外来词汇,该词译自“Forensic Science”。早期我国将此译为“鉴识科学”,其应为日文“鑑識科学”的舶来语,部分日本学者和我国前辈学者从学科理论体系的角度称为“法科学”,我国香港特别行政区通常译为“法证科学”。法庭科学这一概念最早出现在20世纪40年代的欧美国家,随着英美法系的传播与影响,法庭科学作为英美法系中重要组成部分,其概念也逐渐在世界各地落地生根,并且呈现带有不同国家特色的蓬勃发展之势。随着中国的国际化进程的加快,跨国家、跨地区的法律与诉讼问题层出不穷,法庭科学作为诉讼中证据及相关技术问题的支撑与保障也受到我国的重视,并且法庭科学本身具有巨大的司法辅助性价值,使我国学者、法律实务人员不断了解并加入了法庭科学的学科建设与发展之路。“科学为体、法学为用”是法庭科学博物馆重要的立馆理念,在交叉学科教育中,这样的理念。所谓交叉学科,根据2021年国务院学位委员会印发《交叉学科设置与管理办法(试行)》第2条之规定:“交叉学科是多个学科相互渗透、融合形成的新学科,具有不同于现有一级学科范畴的概念、理论和方法体系,已成为学科、知识发展的新领域。"法庭科学包含了法学、法医学(具体包括法医临床学、法医病理学、法医精神病学与法医 DNA 学等)、物证技术(具体包括刑事科学技术、交通管理工程、公安视听技术、网络安全执法技术等)等多领域的交叉内容,能够为司法鉴定提供理论上和实践中的支撑,具体而言,法庭科学博物馆除了核心区藏品展览外,还配有专门的实验室供法科学生在内的多专业学生进行实际操作,这有益于拓展受教育者对于法庭科学现实情况的认知。

法庭科学博物馆的学术研究内容包括了以下几类:法庭科学通史、断代史、专门史研究类;法庭科学标志性人物"口述历史"研究类;相关研究专题整理类;历史文献校注翻译类;历史文献资料汇编类。以上研究内容都经过了研究人员的整理汇编,形成了丰富的教学资源。各国的错案研究表明,相当比例的错案是缺乏基础可靠性或者应用可靠性的科学证据导致的。[10] 党的十八大以来,我国发现并纠正了一批冤假错案,在对这些案例进行回顾反思的教学过程中,受众们可以学习到在一些案件中存在"缺乏科学证据""科学证据不确实充分""迷信科学证据"等问题。此外,博物馆还收纳了诸多域外案例,如美国马萨诸塞州州立实验室的检验人员 Annie Dookhan 多次在检验中造假,如无视实验结论随意填写结果、故意污染检材等,揭示了法庭科学从业者自身的因素同样会严重影响司法公正。[11] 这些冤假错案也以文摘、访谈、日记等方式为法庭科学博物馆所收集,并由研究人员在课堂上对法科学生等进行讲授。如果缺乏上述从藏品、案例展开的多维度案例教学,受教育者们可能无法直观体会到鉴定人员的主观偏见和玩忽职守、司法裁判者迷信科学证据等对司法公正造成的危害。由此可见,高校专门博物馆辅助教学能够带来实质性的影响,这种影响对受教育者职业素养的完善是潜移默化和

---

⑩ 参见王进喜:《法证科学中的认知偏差——司法鉴定出错的心理之源》,载《清华法学》2021 年第 5 期。

⑪ See Sam Kean, Why Did Annie Dookhan Lie?, Accessed July 13, 2021, https://www.sciencehistory.org/distillations/why-did-annie-dookhan-lie.

厚重深远的。

二、协同创新:高校专门博物馆促进学科建设的具体路径

建构中国自主知识体系的基本原则,就是要坚持马克思主义的指导思想和指导地位,坚持把马克思主义基本原理同中国具体实际相结合、同中华优秀传统文化相结合,自觉回答中国之问、世界之问、人民之问、时代之问,不断推进知识创新、理论创新、方法创新。[12] 习近平总书记指出的“让文物活起来”是对高校专门博物馆协同创新学科教育功能的重要指导,应当意识到高校专门博物馆并不只是一个静态的收纳场所,新时代背景下,其必须发掘自身平台优势、集合多方力量参与,有效把握贡献自主知识体系的着力点。

(一)协同馆际交流,建立“收藏—研究”新平台

北京地区博物馆群建设发展较早,已具有一定规模优势。1876 年设立的京师同文馆博物馆是中国最早的高校博物馆,其被用于辅助京师同文馆之教学。[13] 历史发展到了今天,截至 2021 年 12 月,北京市已经拥有 204 座经过文物部门备案的各类博物馆。[14] 以法庭科学博物馆为例的高校专门博物馆要践行“不要千馆一面”“展出内容要突出特色”的重要指示,就应当利用好本校背景学科积累,发挥高校研究机构优势,同时强化多学科专门博物馆之间的交流,建立“收藏—研究”新平台,成为博物馆之林中具有专门性特色的部分。2018 年,法庭科学博物馆先后加入了“全国高校博物馆育人联盟”和“中国博物馆协会”,在新的平台上加强了与其他博物馆之间的馆际交流协作。

---

⑫ 参见杨东、徐信予:《建构中国自主知识体系论纲》,载《中国人民大学学报》2022 年第 3 期。

⑬ 参见黄洋、赵苹:《张謇的博物馆建设思想对高校博物馆的启示》,载《东南文化》2018 年第 4 期。

⑭ 参见李晨、耿坤:《“博物馆之城”建设的主要内容与基本路径研究》,载《东南文化》2022 年第 4 期。

在学科建设方面,仅靠某一高校专门博物馆藏品和研究基础是不足的,尤其是交叉学科,孤立的"收藏—研究"模式可能造成交叉学科理念上的割裂。法庭科学属于学科群,虽然我国以法医学为代表的诸学科已经拥有悠久的发展历史,但法庭科学概念化、理论化程度还欠成熟,诸多法律工作者对于法庭科学的了解仅停留在司法鉴定意见等技术检验活动中,对现实中法庭科学的研究进展与学科前沿发展的关注较少。虽然部分院校开设了交叉学科教学活动,但放眼整个法庭科学教育体系,发展依然较缓,究其原因,并不完全归咎于技术落后、收藏不足,而是缺乏交流和共识。从整体观之,目前内地高校的相关学科设置以"司法鉴定""刑事技术"为主,以结合本校优势学科资源、经验发展为主要落脚点,虽然这种发展模式让其专门博物馆保留了专业性,但客观上割裂了法庭科学内部学科的联系,且由于一般政法类院校缺乏医学、理学、工学的学科基础,局限了对法庭科学这一学科的全面理解、阻碍了学科建设的实践推进。

法庭科学学科发展的校际交流协作已经有了一定的探索经验,这亦可为专门博物馆的馆际协作提供镜鉴。2021 年 12 月,来自中国人民大学、中国政法大学等院校的学者共同参与了由中南财经政法大学主持的"关于申报法庭科学一级学科论证报告视频会议",2022 年年初,西南政法大学增设了法庭科学作为法学目录外二级学科,体现了这一概念开始逐渐为法学教育体系所接纳,上述院校都设置了各具特色的法庭科学类博物馆,如法文化博物馆、李昌钰法庭科学国际交流中心等,如何协同前述博物馆资源是未来需要研究的一项重要课题。首先,高校专门博物馆在收藏方面依然要保持特色与优势,不刻意追求"大而全"的发展模式,除了重视实物形式的藏品展览外,还要注重非实物形式的内容表达。而在研究方面,博物馆间还可以探索成立联席会议和研究中心,高校专门博物馆的优势之一即在于其所属高校有着较为充分的教学人员,他们本身就是所在学科的研究者,可以利用联席会议等形式保持以"收藏—研究—教学"为核心的交流,发挥主要高校专门博物馆机构的牵头作用,加强沟通协调,以课题项目研究等形式吸纳多方研究成果,形成有影响力的研究平台。

(二)坚定文化自信,深化自主知识体系中的“博物馆贡献”

法庭科学是社会科学和自然科学的混合体,法庭科学不等于纯粹的“科学”,它的生命力根基于本国的司法制度,一项技术的先进与否除了获得学界的普遍接受,还会受到本国特定文化氛围的影响,如日本DNA技术在其本国刑事案件侦查中的应用严重受限,落后于DNA技术的ABO血型技术甚至造成过数起冤假错案,究其原因,是因为警方更注重法医学教研室教授的自主性和经验性,这就是文化对技术深远影响的例证之一。

参观者走进博物馆,体会过去发生了什么?自己来自何处?其他文化如何发展?这有助于增强他们的自信,进而形成对身份的认同。[15] 对于一个学科的研究者而言,这种身份认同也是极为重要的,如果对本民族文化在具体学科中的贡献不够了解,自然也难以产生文化自信。一般而言,学科的理论体系分为两个部分:一部分是对学科的价值的确定,对学科存在必要性和合理性的说明等;另一部分是学科的操作理论,即对学科体系设置的研究。自主知识体系的建构离不开学科的价值观与方法论两部分。高校专门博物馆对于这两部分的贡献主要体现在其教育功能上,这就意味着博物馆育人理念要以“文化自信”为导向,坚持学科教育与新时代文化发展方向相结合,汲取高校专门博物馆研究成果和经验,满足受众文化资源需求,提供正确导向。

坚定文化自信,首先要拥有深厚的优秀文化底蕴。中华法系是自成一体,独具一格的,法庭科学博物馆“中国古代法庭科学”专门展区收藏了从夏商时期到近现代的法庭科学文物等,体现出我国法庭科学作为中华法系的组成部分,具有先进性和独立性,为研究者们促进我国法庭科学发展提供了坚实保障。同时,“法庭科学人物志”展区详细介绍了诸多中外法庭科学学者,体现了在拥有优秀传统文化底蕴的前提下,我国还在改革实践中践行社会主义先进文化。展区对于林几、汤尔和等爱国

---

⑮ 参见汉斯·马丁·欣茨:《博物馆在未来的定位与功能》,载《中国国家博物馆馆刊》2012年第8期。

法医学者的贡献通过图文、实物等方式进行了详细列举,弘扬其爱国奉献精神,从多维度、立体化展现他们的成就与思想,深刻诠释了法庭科学学科的精神内核,有效引导学生通过博物馆教育的方式接受社会主义核心价值观的引领。对于学生以外的群体而言,法庭科学博物馆的教育活动同样具有意义,如著名的"辛普森杀妻案",因为美方办案人员违法取证,导致一些关键证据在庭审中被排除,这是程序正义优先于实体正义的体现,也说明了科学证据的重要价值取向。习近平总书记指出,要努力让人民群众在每一个司法案件中感受到公平正义。法庭科学技术广泛应用于举证、质证、认证等阶段,诉讼参与者是否具有一定的法庭科学技术知识和拥有正确的法庭科学价值观都将影响司法的公正性和可接受性。通过法庭科学文化的广泛宣传,能够吸引更多的法学、法医和物证技术人才加入法庭科学学科研究教育行列,培养包括司法人员在内的全民正确证据观念,这无疑是"博物馆贡献"在学科自主知识体系中的重要表现。

(三)凸显时代特点,创新学科研究范式

有学者指出,博物馆文物展览应当发挥"见证历史、以史鉴今、启迪后人"之作用。⑯ 这意味新时代高校专门博物馆既要重视藏品的保护和展示,在学术研究上也要主动契合时代需求,发现问题,贡献有价值的研究成果。知识既是人类以往认识的优秀成果,又是人类认识继续发展的起点。⑰ 高校专门博物馆的"收藏—研究"体系为我国学科学术研究和自主知识体系建构沉淀了丰富而鲜活的资源,社会主义的基本价值取向是公平正义,如果只从法庭科学技术的一面出发来进行研究,必然只会强调科学技术层面的需要。因此,高校专门博物馆要站在更高的角度,以更加长远的眼光思考自身在本学科乃至自主知识体系中的定位与贡献。

---

⑯ 参见隋笑飞等:《留住历史根脉,传承中华文明》,载《人民日报》2015年1月10日,第1版。

⑰ 参见黄楠森等主编:《哲学概念辨析辞典》,中共中央党校出版社1993年版,第184页。

目前，包含现代法庭科学在内的诸多新兴学科的发展时间较短，对暴露的问题论证不够充分，不能说已经形成了完善的自主知识体系。新时代背景下，“以西方思想论述中国问题”的研究范式已然无力为学科自主发展与自主知识体系建构提供有效的分析框架，高校专门博物馆的研究者们应当致力于从抽象的观念论证走向具体的观念建设、从单一学科研究视角走向交叉学科研究等。同时，要为创新学科研究范式贡献“博物馆经验”，仅依靠藏品研究是不足的，必须将博物馆对学科的贡献与时代需求相结合，建构自主知识体系是解释中国实践和中国经验的需要，但这不意味着要排斥域外学科知识与文化，要回答“中国之问、世界之问、人民之问、时代之问”，首先就要以历史事实和前人成果作为研究的基础之一。只有在对过去的研究内容充分了解的基础上，才有可能预知未来的发展。这表明不仅要对中国问题的充分研究，也要有对域外知识理论的比较分析以及对本学科传统文化的认识和扬弃。笔者认为，创新学科研究范式，基本思路是要通过保证学科优秀文化传承，积极推动藏品研究成果转化，从而实现将智慧成果融入学科建设。高校专门博物馆的研究人员一般是其所在领域内的专家，其借助博物馆资源所产生的研究成果、教学成果会自下而上地提供经验来建构自主知识体系、创新学科研究范式，以此形成良性循环。

结　语

学科文化厚植和多主体协同创新是创造性利用博物馆资源，促进学科发展的重要路径。通过高校专门博物馆来促进学科发展不仅具有重要的理论意义，也具有较为广阔的应用空间。随着科技的发展，互联网、人工智能等新兴技术都将成为法庭科学研究的内容，法庭科学目前在我国法学教育体系中的地位已经逐渐确立并受到了肯定，诸多政法院校也开设了以法庭科学、证据科学、司法鉴定为内容核心的专门课程，成为法学自主知识体系建设的重要组成部分。而高校专门博物馆因其研究人员、藏品和场地等优势，将继续发挥对学生的专业、德育教育等学科支持功能。包含法庭科学博物馆在内的相关专门博物馆的发展远景根基于新时代法学教育与法学理论研究的进一步夯实,也有赖于更多的研究者能参与到促进学科发展、建构自主知识体系的事业中,为我国法治领域培养出德才兼备的高素质人才,为自主的法学知识体系作出贡献。

Analysis of the Path of Specialized Museums in Colleges Universities for the Development of Disciplines in the New Era

Zhao Dong　Yuan Peiru

Abstract: As an important base for the collection of cultural relics in colleges and universities, cultural propaganda and scientific research and education in university disciplines, specialized museums in colleges and universities undertake the important functions and responsibilities such as inheriting the culture of disciplines and promoting the development of disciplines. So far, specialized museums in China's colleges and universities have made certain achievements in collection and academic research, but these achievements are still insufficient in the contribution of the goal of promoting the development of disciplines. Taking the specific teaching and research situation of the Chinese Museum of Court Science as an example, specialized museums in colleges and universities should make use of their own collection and exhibition, discipline education and academic research functions to inherit the culture of their disciplines and strengthen their identity and cultural confidence. In particular, focusing on the proposition of the times of "constructing China's independent knowledge system" proposed by General Secretary Xi Jinping, specialized museums in colleges and universities should actively explore the establishment of inter-library " collection-research " communication platforms to fully integrate the disciplinary cultural confidence into the education of independent knowledge system and innovate the research paradigm of disciplines based on the needs of the times.

Key Words: museums in colleges and universities; specialized museum; forensic science; cross-discipline

新时代西北地区涉外法治人才培养的功能性困境及其突破*

那斯尔江·依布拉音**

摘　要:新时代加快推进涉外法治人才培养是以法治推进国家治理体系和治理能力现代化的关键一环。新时代背景下,国际以及区域间经济文化往来日益密切,由此产生的贸易摩擦与争端不断显现,对于涉外法治人才的需求更甚。但是,涉外法治专业人才的培养和教育作为涉外法治建设领域的先导因素,在当下仍然面临功能性困境,难以发挥其实际效用,以西北地区最为显著。涉外法治人才稀缺、西北地区教学资源配置不合理、因缺乏资金支持导致难以建设特色的优势学科和专业培养体系等问题严重制约了西北地区涉外法治人才的培养工作。为破除上述功能性困境,需要国家、企业以及社会形成多元合力,在完善西北地区涉外法治人才培养顶层设计的前提下,发挥各主体的优势,在注重理论教化的

---

* 本文为2022年度新疆维吾尔自治区党委宣传部“天山英才”培养计划——新疆文化名家暨“四个一批”人才项目阶段性成果;新疆维吾尔自治区2022年本科教育教学研究和改革项目:《深入实施“卓越法治人才培养计划”2.0背景下地方院校课程体系设计研究》(项目编号:XJGXPTJG-202247)的阶段性研究成果。

** 那斯尔江·依布拉音,喀什大学法政学院副教授,法学博士。研究方向:刑法学、法学教育。

同时也不能忽视其实践能力的培养,尤其要注意拓宽涉外法治人才的国际视野,形成西北地区的特色培养模式。以强化涉外法治人才复合型能力培养为助力,以期服务于国家涉外法治建设。

关键词:涉外法治　法治人才培养　西北地区　全球治理

引　言

中国特色社会主义进入新时代后,党和国家高度重视培养涉外法治人才,推进全面依法治国基本方略进一步贯彻落实。党的十八届四中全会强调,新时代要创新法治人才培养机制,“建设通晓国际法律规则、善于处理涉外法律事务的涉外法治人才队伍”。近年来,随着经济全球化趋势的加强以及“一带一路”倡议的深入推进,国际以及区域间各国联系日益紧密,对于涉外法治人才的专业能力、外语能力以及国际交流等综合能力的要求较高。为切实满足涉外法治实践的需要,提高涉外法治人才的自主培养能力,党和国家对涉外法治人才的培养给予了极大的政策支持。中共中央印发的《法治中国建设规划(2020—2025 年)》指出,新时代要“加大涉外法治人才培养力度,创新涉外法治人才培养模式”。2023 年,中共中央办公厅、国务院办公厅印发了《关于加强新时代法学教育和法学理论研究的意见》,从学科体系建设维度指出了新时代涉外法治人才培养的发展方向,要“培养具有国际视野,精通国际法、国别法的涉外法治紧缺人才”。同时,教育部等五部门印发的《普通高等教育学科专业设置调整优化改革方案》指出,新时代应当“强化重点领域涉外人才培养相关专业建设,打造涉外法治人才教育培养基地和关键语种人才教育培养基地”,服务于国家经济文化建设。因此,培养涉外法治人才是我国基于新的历史方位和新的发展方向作出的正确选择。

西北地区基于其天然的地理优势和独特的政策支持,是我国与欧洲、中亚等国密切往来的重要通道,是我国深入推进“一带一路”倡议,加强国际和区域间交流合作的“天然走廊”。新时代加强对西北地区涉外法治人才的培养具有重要的理论意义和现实意义。从理论维度讲,强化对西北地区涉外法治人才的培养一方面能够优化全国法学教育格局、实现教育资源合理配置、提高区域教育水平,另一方面能够提高我国的人才自主培养能力,为推进全面依法治国提供人才保障。从实践维度讲,利用西北地区的独特人文优势,不仅能够强化涉外法治人才的特色专长优势,还能为加强我国与欧洲、中亚等国家的经济贸易往来提供法律人才保障。但是,由于西北地区的涉外法治人才培养机制和培养目标尚不完善,目前西北地区的涉外法治人才培养面临不同于内陆地区以及东南沿海地区的功能性困境,需要结合国家政策以及客观需要,探索适合西北地区涉外法治人才培养的新模式。

一、新时代涉外法治人才培养的顶层设计和需求导向

新时代完善西北地区涉外法治人才培养的顶层设计方案需明确其战略定位,结合西北地区的特色优势以及国家的发展战略,制定专门化的涉外法治人才培养方案。借鉴已有的涉外法治人才培养模式,借助于多元主体力量,协同构建新时代西北地区的特色涉外法治人才培养体系。

(一)新时代涉外法治人才培养的顶层设计

新时代背景下,党和国家以理论和实践为导向,注重培养多面向的涉外法治人才。党和国家构建涉外法治人才队伍需要从多角度、多面向进行综合考量。首先,涉外法治人才培养应当强调德法兼修,培养道德水平、专业能力、外语能力等综合素质过硬的人才。其次,加强国内以及国际高校之间的横向合作,整合现有的学校优势资源,集中优势力量探索跨校贯通培养新模式。再次,优化课程体系和教材体系,拓宽涉外法治人才的知识面向,培养复合型、应用型、创新型、国际型的法治人才。[①] 最后,整合实践实训资源,提高涉外法治人才的实践能力,培养符合实际需求、能够解决实际问题的应用型涉外法治人才。此外,教育部、司法部发布的《关于实施法律硕士专业学位(涉外律师)研究生培养项目的通知》以及《关于实施法律硕士专业学位(国际仲裁)研究生培养项目的通

---

① 参见马怀德:《加快涉外法治人才培养 服务国家涉外法治建设》,载《法学教育研究》2022年第2期。

知》等文件在贯彻落实党和国家政策精神的基础上,为各高校培养应用型涉外法律人才落实了方向。

为贯彻落实党和国家的政策精神,切实服务好国家的发展战略需要,国内高等院校探索出的典型涉外法治人才培养模式大致可以归纳为以下三种②:第一,专业综合培养模式。在该模式下,学校及院系注重学生法学素养、语言能力、职业能力的整体提升,对所有法学专业的学术一视同仁,弱化对学生专业方向兴趣的干预,注重引导学生向涉外法治人才方向发展。第二,特色实验班(试验班)模式。在上述模式中,学校和院系不仅注重学生的法学专业素养,还加入了外语教育考核机制。相较于专业综合培养模式而言,特色实验班(试验班)模式针对涉外法治人才的培养方向制订专门化的培养方案,配备专门化的教学团队。例如,中国政法大学比较法学研究院的"国际化法治人才实验班(国别法方向)"、华东政法大学的法学(涉外卓越商事法律人才实验班)、对外经贸大学的法学(涉外型卓越经贸法律人才实验班)、中南财经政法大学的法学卓越法律人才实验班以及西南政法大学的"一带一路"法律人才实验班等。第三,专业复合培养模式。在该模式下,高校多采取"法学+外语"或"外语+法学"的专业复合培养模式,多进行"双学位"培养或中外联合培养,将学校内部或学校之间的优势教育资源加以整合,从而集中优势资源培养涉外法治人才队伍。例如,中国政法大学与北京外国语大学"法学+英语联合学士学位项目"以及北京外国语大学依托其学校特色资源建立的"法学+英语""法学+小语种"等培养机制。上述培养模式无疑为新时代背景下西北地区高等院校完善校内的涉外法治人才培养提供了良好的范式。

针对我国涉外法治人才培养和教育现状,需要加强顶层设计,可以尝试设立"涉外法治专业人才培养和教育专门小组",负责领导全国涉外法治专业人才培养工作。充分发挥党中央的领导核心作用,统筹协调各有关机构,合理调配相关资源。中央有关部门起草出台的《中央全面

② 参见韩永红、覃伟英:《面向"一带一路"需求的涉外法治人才培养——现状与展望》,载《中国法学教育研究》2019年第1期。

依法治国委员会关于加强涉外法治专业人才培养和教育的工作意见》指出,对涉外法治专业人才培养工作的总体方针政策由党中央直接负责,其培养教育标准由政法部门和教育行政部门负责制定,对涉外法治专业人才的招生、培养及就业,由各涉外法治专业人才培养和教育机构自主办学,自主管理。与此同时,在“专门小组”之下设相应的专家咨询委员会,负责为涉外法治专业人才培养及教育出谋划策。通过加强涉外法治人才培养的体系化、整体化设计,为我国涉外法治人才培养提供成熟的方案策略。

(二)新时代涉外法治人才培养的需求导向

中国特色社会主义进入新时代,我国发展迎来了新的历史方位,新的发展方向,我国涉外法治人才培养也面临新的需求导向。从国家发展战略层面来看,培养涉外法治人才能够为实施国家重大发展战略提供人才保障,为我国参与全球治理提供人才储备。新时代背景下,经济全球化程度进一步加深,“一带一路”倡议深入推进,国家间的经济、政治、文化联系日益密切,培养涉外法治人才是解决国家间贸易争端,维护我国国家、社会、公民合法利益的重要途径。2016 年,习近平总书记在中央政治局第三十五次集体学习时指出,参与全球治理对法治人才的要求是,“熟悉党和国家方针政策、了解我国国情、具有全球视野、熟练运用外语、通晓国际规则、精通国际谈判”,如此才能为我国参与全球治理提供有力的人才支撑。由此可见,新时代培养涉外法治人才不仅是高校的责任和使命,更是增强我国综合国力,提高我国国际话语权的重要抓手。

从涉外法治人才自身来看,完善涉外法治人才培养机制能够提升其自身竞争力,为其发展方向提供专业助力。面对经济下行压力,当前社会就业压力巨大,但就业市场仍然面临供不应求的畸形发展现状。随着国家发展战略的实施,国家间的经济贸易摩擦加剧,当前国内国外对于涉外法治人才的需求旺盛。但是,由于国内的涉外法治人才培养模式尚不成熟,涉外法治人才供给面临很大的缺口,难以满足当前市场对于涉外法治人才的需求。因此,涉外法治人才的培养不仅要关注理论型人才的培养,还要加强对于应用型人才的培养,以更好地适应当前国家和社会对于涉外法治人才的需求,缓解就业压力,为法学学生提供发展方向上的助力。

二、新时代西北地区涉外法治人才培养的功能性困境

新时代西北地区涉外法治人才的培养虽然取得了一定的发展成就,但涉外法治人才培养工作的推进仍然面临功能性困境。经济全球化加深了国际的国家交往与联系,"一带一路"等区域合作密切了合作伙伴的经济文化交流。在上述背景下,部分西北民族地区依托其地缘优势、学缘优势和语言优势,与其他国家尤其是欧洲、中亚等国家的大学及研究机构建立了法治人才联合培养机制。但由于西北地区高校的培养体系、教育资源、资金支持等方面相较于中部地区以及东南沿海地区等仍有差距,故当前西北地区的涉外法治人才培养机制未能发挥实效,缺少全方位、整体性、国际化的布局。

(一)涉外法治人才缺乏法律语言与知识的"涉外性"

法律语言与法律知识的高度"涉外性"是涉外法治人才培养的重点方向。2005 年,教育部在《关于进一步加强高等学校本科教学工作的若干意见》中强调,要"提高双语教学课程的质量,继续扩大双语教学课程的数量"③。在过去的法学教育中,许多高等院校也贯彻落实了上述文件的精神,积极推广双语教学,鼓励学生参与国际高校间的交流学习活动,积极举办国际专家学者的讲座,为学生拓宽国际视野提供了广阔的发展平台。我国西北地区的高校也不例外。特别是在 2011 年年初,教育部和国家有关部门先后提出并实施了"卓越法律人才教育培养计划"、"长吉图开发开放"和"一带一路"等一系列关于法学专业合作发展的计划和倡议。为配合上述发展规划和发展战略的贯彻落实,西北地区对于复合型涉外法治人才的培养逐渐拉开序幕。以西北民族地区某高校法学院为例,该校在制定相关的法学人才培养方案时,要求学生除掌

---

③ 参见教育部《关于进一步加强高等学校本科教学工作的若干意见》(教高〔2005〕1号),载教育部网站:http://www.moe.gov.cn/srcsite/A08/s7056/200501/t20050107_80315.html。

握基础的法学知识和民族法外,还要根据自己的职业方向系统掌握职业相关的知识体系。如果未来面向朝鲜、韩国作出职业规划,就需要掌握朝鲜、韩国法律,学习朝韩语言和相关法律理论与实务,具备广阔的国际视野,进而提高对涉朝涉韩法律事务的独立处理能力。除此之外,西北高校法学院还针对毗邻的周边国家,开设了一些专门的法律课程,打造法学专业特色教学课程组群。

但是,“涉外性”不足是当前涉外法治人才队伍建设迫切需要突破的难关。根据目前这些高校培养出的法律人才来看,其人才的“涉外性”表现依旧不明显。纵观现有的教育实践,其涉外语言以英语(包括法律英语)和小语种(如朝鲜语、日语或俄语)为主,但由于并非其母语,再加上个人学习差异,呈现英语差或小语种较弱的趋向,“涉外性”能力不足。如英语,很多学生仅能通过英语四级考试,个别能够通过英语六级考试,但是对于使用英语进行日常交流却显得有些力不从心,对于使用专业法律英语名词进行交流和工作更是无从谈起。一些不是汉族的学生,因为其母语本身就属于韩语和蒙语范围,所以理应对于这些小语种的学习得心应手,然而不少学生的小语种语言能力却相对汉语较弱。另外,由于一些现实条件和学生自身存在的主客观原因,多数学生不能系统且专业地学习和接受外国法律知识,导致对外国法律的掌握相对来说有些片面,再加上没有能进行专门锻炼的实习平台,所以凸显出这些法律人才“复合型”与“涉外性”不足。因此,我国西北民族地区高校法学专业培养的法律人才,在涉外或者跨国相关法律业务能力方面,存在明显的“短板”,在面对涉外法律业务和跨国法律实务时缺乏独立处理的专业能力,难以妥善处理对外纠纷和诉讼案件。

(二)双语教学师资力量等资源配置不尽合理

西北地区现有的教学资源配置相对不合理。为解决西北地区涉外法治人才的严重匮乏问题,需要扎根于西北地区,要更多地依赖当地高校内部的人才培养和输出。然而,多年来,西北民族地区高校的法学专业对学生的培养,没有根据该地区的区域特点、民族特征和实务需要。特别是在涉外法治人才的培养上,远远达不到我国西北地区对于专业性人才的实际需求标准。对此深入分析发现,其中一项重要因素就是当地的师资力量相对薄弱。比如,根据2012年国家有关部门批准设立首批卓越法律人才教育培养基地申报条件,需要高校法学专业现有在编在岗人员中有40名以上的专业任教老师。④ 然而,我国西北地区高校的实际专业任教老师数量,远远达不到国家规定的"法定人数"。所以,这些高校对于法学专业人才的培养,在教学资源配置上自然会被客观存在的问题所限制。

西北地区涉外法治人才的语言能力提升应当注意多面向、多元化建设。依据西北民族地区涉外法治人才的成长方向和未来规划,"双语教学"不能仅限于英语,还应当扩展至小语种范畴,以满足涉外法治人才的实践需求,比如,要对学生进行朝鲜语(韩国语)、俄语或日本语等的双语教学培训。但是,根据高校法学院目前的教学条件,很少有老师能够进行以英语为主的双语教学。西北地区高校由于自身存在一定的区域优势,很多教师能够用朝鲜语(韩国语)或蒙古语进行双语教学,师资力量相对充足。这是因为西北地区高校本身就在我国西北民族地区开办,学校教师中有很多是少数民族教师,这些教师的母语就是朝鲜语(韩国语)或蒙古语等小语种,而且这些教师中很多都具有在相邻国家如韩国、日本、朝鲜等国攻读硕士、博士学位或者进行讲学等经历。尽管如此,西北地区的涉外法治人才培养教学资源配置方面,资源稀缺、配置不合理的问题依旧突出。能够使用不同外语进行双语教学的教师人数比例不尽相同,比如,某西北地区高校的法学专业中,能够进行以英语为主的双语教学教师人数只占到学校双语教学教师总数的两成,而能够进行以小语种为主的双语教学教师人数却能够占到八成,在这些以小语种进行法学双语教学的教师中,以朝鲜语(韩国语)进行法学双语教学的老师与以日语进行双语教学的老师人数配比差距非常大,以俄语进行法学双语教育的教师人数更是微乎其微。由此可见,我国西北民族地区高校法学专业存在师资力量不足和教学资源搭配不合理的情况。

---

④ 参见张朝霞:《从"法学教育排行榜"看民族院校法学教育地位及其竞争力》,载《法学教育研究》2014年第2期。

(三)特色优势法学学科的发展缺乏资金支持

鉴于东西部发展不平衡的客观因素,西北地区高校现有的法学优势学科建设成果不明显,缺乏资金资源的支撑。我国西北民族地区高校的法学院及其相关专业建设才刚刚起步,与中东部地区相比,专业规模远远不能相提并论,并且学校的资金倾斜力度小。对于复合型涉外法律人才的培养是一个复杂的系统工程,如果没有专门的人才培养平台和足够的专项人才培养资金作为其发展的坚强后盾,仅依靠法学院自身的教学资源投入,这个任务几乎不可能完成。针对这一现状,国家有关部委从我国实际出发,决定建立22个涉外法律人才培养基地,这一决策十分正确。然而,这22个人才培养基地基本上位于内陆地区和东南沿海地区,其所培养的复合型涉外法律人才,对我国西北民族地区的特殊涉外法律实务不甚了解,可能无法满足西北民族地区涉外法律人才的实际需求。大多数位于我国西部区域的西北民族地区高校,由于本地区经济发展水平有限,高校的教学经费和资金运营状况并没有那么乐观。

(四)涉外法治人才培养模式缺乏专业特色

西北地区高校现有的涉外法治人才培养模式欠缺符合实际的功能定位。基于国家对于“建设通晓国际法律规则、善于处理涉外法律事务的涉外法治人才队伍”的要求,考量西北地区特色的地理优势和政策优势等,应当在明确西北地区涉外法治人才培养功能定位的基础上,结合各高校的资源优势,打造特色的涉外法治人才培养模式。⑤ 当前,在涉外法律专业的学科设置上,在硕士和博士研究生层面也只存在国际法二级学科这一项,根据培养方向的不同才分为国际公法、国际私法以及国际经济法三个方向。从我国目前的涉外法治专业人才实际培养需求来看,这种学科设置仍不能满足,在这种设置下,学生虽然经过专业培养,却与我国涉外交往实践的需求相差甚远。⑥ 此外,西北地区高校法学专

---

⑤ 参见张炯、杨陶:《地方高校培养涉外法治人才的战略定位、功能定位及模式选择——以南疆某大学为例》,载《黑龙江教育(高教研究与评估)》2023年第2期。

⑥ 参见张朝霞:《从“法学教育排行榜”看民族院校法学教育地位及其竞争力》,载《法学教育研究》2014年第2期。

业的现有培养体制并不能满足本地区涉外法律业务的实际需要。由于受到多重因素制约，如区域位置地处西北、经济发展水平有限、教学资源不充沛等，西北民族地区高校的法学专业建设尚处于初期阶段，并未形成完整的培养模式，当下多以模仿中东部地区重点高校为主，未形成独立的、鲜明的、具有民族地区自身特色的专业建设体系。⑦ 上述问题主要体现在以下几个方面。

首先，在培养理念方面，西北地区高校没有足够重视对涉外法律人才的培养。很多高校或者没有将涉外法律人才设定为法学专业学生未来的培养目标，或者只是将涉外法律人才的重视停留在口头上，因主观或客观原因，未能有效落实相关教学课程。其次，在相关教学课程安排方面，涉外法律人才培养相关课程在整个法学专业课程体系与结构中比例不高。其中，突出表现为法学双语教学和外国法的课程设置不合理。许多西北民族地区高校将双语教学课程，单纯理解为以英语为主的涉外语言教学，这种观点十分狭隘，再加上高校能够用英语作双语教学的教师十分稀缺。因此，这些高校对于双语教学课程的开设最多不超过3门。再次，在具体教学内容设置方面，各高校对于英语教学的内容偏好也存在差异。随着不同双语教师所学的具体英语专业不同，各高校开设的双语教学课程也不尽相同。有些课程以民法学或者刑法学为主，有的以知识产权法或民事诉讼法为主，还有的偏向于国际法和国际私法等。个别高校的法学专业即便能够根据自身特点在广义上解释双语教学课程，即包括小语种（朝鲜—韩国语、日语等）教学在内的课程，也只是处于探索起步阶段，由于建设资金的短缺等因素制约着双语教学课程向更高层次发展。不仅如此，这些高校法学专业的特色双语教学课程主要以邻近特定国家的法律制度或法学理论为内容。以某个西北民族地区高校为例，该校的法学专业则开设了以韩国的宪法、民法、行政法及刑法，日本的宪法、民法及行政法，中朝韩民法比较研究、中朝韩刑法比较研究等为特色的双语教学课程。南疆某高校为服务于中巴经济走廊建设，其

---

⑦ 参见张朝霞：《从“法学教育排行榜”看民族院校法学教育地位及其竞争力》，载《法学教育研究》2014年第2期。

外国语学院已设立乌尔都语教研室,预计将设立乌尔都语公选课以及乌尔都语专业。这些特色课程的教学与研究以在邻近国家留学深造过的专任教师为主。但是,这些课程只属于选修课程(32 学时),与双语教学课程存在差异。学生对于这些特色课程的学习和选修,主要取决于自己的喜好或其他情况,缺乏专业的课程选择指导。并且,上述提及的韩国民法等特色课程多以理论为主,缺失相对应的实践实训课程。

三、新时代西北地区涉外法治人才培养功能性困境的突破

涉外法治人才培养是推进国家涉外法治建设,推动国家参与全球治理的关键环节。它是实现国家相关对外策略的先导性条件,也是国家战略需求所在,我们要把涉外法治人才培养战略与目前的教育现状相结合,提出对强化西北地区涉外法治专业人才教育培养具有针对性的方法建议。

(一)优化涉外法律专业学科设置,积极探索"国内—海外合作培养"机制

党的十九届四中全会通过并决定"加强国际法研究和运用",将对国际法的认识提升到国家层次,这既是为了能更好地实现中国特色社会主义制度建设,推动国家治理体系和治理能力的提升,也是国家针对对外交往方针政策一次重要总结、强调和扩展。随着法治内涵的扩展,涉外法治已经成为法治建设的重中之重,涉外法务成为未来工作开展新的制度性指向,国际法也因此被更加重视。⑧ 国际法学研究位于国际法教学和国际法运用的中间位置,处于承上启下的关键位置。我国对于涉外法治人才的需求极为迫切,所以提升国际法教学水平具有现实紧迫性。要加强国际法对于学生的吸引力,多为国家培养出一流的涉外法治专业人才。与此同时,也要立足自身发展实际,对实践运用加以重视。⑨

优化相关学科设置以及明确西北地区涉外法治人才的功能定位对

---

⑧ 参见柳华文:《论进一步加强国际法研究和运用》,载《国际法研究》2020 年第 1 期。

⑨ 参见柳华文:《繁荣发展国际法学正当其时》,载《人民日报》2020 年 3 月 9 日,第 9 版。

于培养复合型、高素质的涉外法律人才具有重要意义。基于国际法学科对于涉外法治人才培养的重要性,为迎合国家的战略发展需求,国家教育主管部门应当考虑提升国际法学科在法学门类中的地位。[⑩] 与此同时,要针对不同学位不同层次的涉外法治人才,制定不同的具体培养目标,构建科学合理的教学教材和教育体系,对于人才培养模式和教学内容方法以及课程体系进行精准设计。西北民族地区的法治人才培养需要结合人才发展方向进行专项针对性培养。例如,以针对东北亚地区的法治人才为例,需要对具备外语能力和外国法知识储备的人才进行定制化培养,定制化方向以外国语言和外国法为主,这些国家主要以使用英语、朝鲜语、日语和俄语的国家为主。法学专业可以根据语种的不同,对"实验班"学生进行分班授课,同时以对应的外语语种进行专门的外国法讲授。特殊的法学专业还可以定期聘请外国教授对课程进行部分或者全面的讲解。再者,法学专业要建立起完备的外国法资料库,例如,自治区高院与新疆大学共同推动建立的"丝绸之路经济带"合作伙伴法律查明研究中心,能够从实务经验和理论探究层面为涉外法治人才的培养提供智力支持,可以将其进行适度推广。

注重中外联合办学模式,实现双方教师的互派学习、学生的互换交流、课程的相互通用以及学位的互相联合授予等实质性合作。拓宽学生进行国际交流的平台和渠道,创新完善高校内部国内外合作办学模式。众所周知,真正的涉外法治专业人才培养不能单单依靠4年的本科在校学习,尤其对于培养高素质的国际型法律人才来说更是远远不够的,所以还要创新完善人才培养体制,将高质量的合作办学项目引入进来,通过设立本硕或本硕博连读的人才培养项目来开辟实验班优秀学生在国内外学习深造的培养通道。对于西北地区的法治人才培养,可以考虑采取交换生的方式,将学生派往欧洲、中亚或者韩国、日本以及周边国家进行学习,或者到国外法律服务机构进行深造实习,或者将优秀学生推荐到国外相关学院攻读硕士或博士学位,从而提高学生的专业素质水平。

---

⑩ 参见黄进:《完善法学学科体系,创新涉外法治人才培养机制》,载《国际法研究》2020年第3期。

除此之外,还应定期或者不定期地组织对外交流对话,以提高学生的外语应用和实践能力。

(二)调整涉外法治专业人才培养课程体系,更好对接或服务于国家高水平对外开放

现有的国际法相关课程设置难以满足涉外法治人才的现实需要。2018年教育部遵循《国家中长期教育改革和发展规划纲要(2010—2020年)》与《全面提高高等教育质量的若干意见》的要求,参照《法学学科门类专业教学质量国家标准参考框架》相关标准,设置并发布《普通高校本科专业教学质量国家标准(法学类)》。该标准将除了“国际法”外的国际经济法和国际私法两门课程更改成限定选修课,从某种程度上而言削弱了国际法知识点的重要性。由此导致国际经济法与国际私法知识被边缘化,严重制约涉外法治人才的培养,这是该项标准的待完善之处。基于实践的角度而言,这两门课程在一些学校或许会转变成选修或二选一的课程,更有甚者可能被剔除法学本科的教学课程,这样无论从广度还是从深度上都将对学生法学知识的掌握和国际视野的开拓形成一定的局限性,进一步制约涉外法学人才的长远发展。通过对于上述国际法相关课程设置负向价值的深度考量,进一步夯实涉外法治人才的专业理论基础,可以考虑在国际法相关课程的顶层设计中,将上述两门课程重新纳入必修课课程体系,发挥其在培养涉外法学专业人才中的重要价值。部分高等院校可以根据自身特色教育资源在本科阶段开办涉外法律专业或国际法专业,开设国际法必修课程。再者,针对西北地区特殊问题,还应当紧密结合国家利益相关,持续创新课程机制,兼顾理论基础和前沿实际,针对不同的涉外领域设置科学的国际法课程体系。

对于现有的法学必修课程,可以从理念设计与关联学科维度加以创新完善。在当前的法学常规课程中,新增一些对于未来发展有利的前瞻性国际法律规则及动向等,丰富国际化教学内容,在提升学生外交能力、开拓学生全球视野的同时,为我国涉外法治建设提供理论助力。另外,本国法课程和外国法课程之间以及国际法课程与涉外性国内法课程之间存在的关联也需要协调好。⑪ 重要的是应当站在世界层面的高度来增强法学学科设置的全球问题意识，重视国际问题，能尝试从法律的层面出发对这些问题进行分析并提出有效的处理措施。⑫ 只有在教学过程中打破只学习国内法律问题的局限，将视野提升到国际层面上来加强本科生的全球问题意识和思维，在遇到法律问题时，才能够在遵循国际法律规则的同时汲取外国法带来的有益经验，灵活可行地应对各类法律问题。⑬

（三）加强外语、法律、经贸复合型涉外法治专业人才培养，提升涉外法治专业人才的语言能力和专业交叉辐射能力

外语能力和专业交叉辐射能力是培养复合型涉外法治人才的关键要素。涉外法治人才空有法律专业知识，缺乏外语能力和跨文化交际能力，极易在国际争端解决中处于劣势地位。法律英语（商务英语已列入其中）应当是政法院校招生专业目录中的重要组成部分。⑭ 但是基于现阶段的实际教学而言，政法院校并未专门纳入法律英语专业。为破除上述困境，高校外语学院可以尝试强化跨学科体系建设，依托学校的外语资源优势尝试开设法学专业相关课程，如石油大学可以侧重国际能源法、环境法；理工科院校侧重知识产权法、科技法；海洋海事大学侧重国际海洋法、海商法；体育音乐院校侧重国际赛事规则、体育法、娱乐法等。⑮

为提升涉外法治人才的语言能力，西北地区高校法学院可以与经贸类、外语类高等院校加强协作，最大限度地发挥校内外资源的正向价值，

⑪ 参见贺赞：《涉外法治人才培养机制创新——以课程体系建设为中心》，载《中国法学教育研究》2017 年第 2 期。

⑫ 参见郑翔：《培养国际化的卓越法律人才》，载《光明日报》2013 年 8 月 21 日，第 15 版。

⑬ 参见万猛、李晓辉：《全球化背景下中国法律人才培养模式转型》，载《中国大学教学》2010 年第 11 期。

⑭ 参见张法连：《"一带一路"背景下法律翻译教学与人才培养问题探究》，载《中国翻译》2018 年第 2 期。

⑮ 参见张法连：《我国涉外法治专业人才培养体系构建研究》，载《语言与法律研究》2019 年第 1 期。

促使法科生提高其他专业抓摄能力。以西安交大为例,其法学院通过与外国语学院联手,积极号召涉外班学生在学习本专业课程的同时辅修其他语种课程,如俄语、日语、法语和德语等,目的是提高涉外法治人才的涉外语言能力,以满足“一带一路”的发展需求。同时,该校为帮助学生深入了解“一带一路”合作伙伴的法律制度,借助如“新丝路法学院联盟”等教学科研平台的校际学生互派奖学金,鼓励优秀法学人才外出交流学习。此外,上海海事大学法学院在确保“英语+海商法”的学科专业核心架构,实现“双核一心”的基础上,进一步将“双核”融合成“一心”,以构建学校专业特色。在开设海商法、海事法、海洋法等专业的基础上扩大双语教学的内容比重,在维护行业特色的前提下基本实现了特色课程的英语化。

(四)高校和政府、实务部门多元联动,共同致力于西北地区涉外法治专业人才培养

为破除西北地区高校涉外法治人才培养的功能性困境,要构建政府、高校与实务部门的多元联动机制,从根本上抓好“牛鼻子”,培养复合型的涉外法治人才。在发挥高等院校法学资源优势地位的基础上,整合政府以及实务部门的资源优势,提高涉外法治人才培养体系的整体效能,培养应用型、复合型涉外法治人才。当务之急是法学院校应当着重考虑学生的实习实践问题,确保学生拥有足够的实习机会,并保证通过实习可以获得良好的成效。涉外法学生仅仅依靠课堂上的学习,无法在灵活掌握国际规则的同时,有效分析和应对实务中的涉外法律问题。因此,各法学院校应当最大限度地利用学校、学院和教师团体等社会资源优势为学生创造更多的涉外法律实践机会,如开拓国际组织、跨国企业及涉外法律部门的实习实践基地,提高学生的独立思考能力和应用能力。

一方面,西北地区高等院校应当加强与社会组织和实务部门的联动,发挥各自最大的资源优势。高校应积极与国家留学基金委和政府精诚合作,为学生提供足够的实践机会,在留学基金委专项资金扶持帮助下,进一步提高派选力和资助强度。在政府部门的帮助下为涉外法治人才提供国际机构实践应用的机会,拓宽学生的参与渠道,为国际法学人才队伍输送国内人才，诸如法官、仲裁员等多个职能领域。相关部门要将高校教育与社会职能部门资源紧密联合，拓展高校法律人才举荐领域，为高校法律人才提供良好的国际实践条件，通过提供政策扶持和资金支持，拓宽高校法律人才的国际参与渠道，为涉外法治人才提供涉足国际实务的实践机会，不但可以熟练掌握国际规则，还能提高涉外法律实践问题解决能力，进一步巩固和提升我国的国际地位和国际影响力。

另一方面，西北地区高等院校在加强与社会组织和实务部门的联动中，要建立涉外法治人才联合培养机制。在上述主体的多元联动过程中，应当清除制约人才培养的壁垒机制，消除各相关组织如涉外律师事务所、企业等和法学院校建立合作关系的条件限制，以实现精诚协作和密切沟通。例如，可以考虑在境外设办实践培训基地，从长远的发展角度同海外中国企业达成同盟，便于涉外法治人才走出去学习经验。总而言之，只有高校和社会各方加强合作，建立协调机制，共同投入涉外法治人才的培养中，才能提高涉外法治人才的全球意识，促使其开拓国际视野、敢于创新和完善国际规则、积极参与国际法律事务、敢于引领全球治理规则变革，强化国家国际影响力，从而培养出可以胜任国际组织工作的高复合型、高应用型法治人才。

结　语

涉外法治人才的培养机制和培养目标相较于普通法治人才而言具有更高要求。不仅要求其自身具备扎实的法学专业理论基础，而且要求其语言能力、交叉专业辐射能力以及综合能力适用度较高。伴随“一带一路”倡议的深入推进以及区域经济合作的加强，国际和区域间经济贸易摩擦与争端加剧，对于涉外法治人才的数量和质量有着更高标准的要求。这也为西北地区的发展提供了契机。西北地区基于其独特的地理位置优势和政策资源优势，其涉外法治人才的培养更符合国家发展战略的要求和地方涉外法治人才的成长要求。但是，西北地区高校现有的涉外法治人才培养机制并未发挥出其实际效用，培养的应用型、复合型涉外法治人才难以满足实践需要，面临功能性困境。因此，西北民族地区高校要想加强涉外法律人才的培养,需要优化涉外法律专业学科设置、探索“国内—海外合作培养”机制、调整涉外法治专业人才培养课程体系、加强外语、法律、经贸复合型涉外法治专业人才培养、发挥高校和政府、实务部门联动效力等一系列改革措施来解决。

On the Functional Dilemma and Breakthrough of Foreign-Related Rule-of-Law Talent Development in Northwestern China in the New Era

Nasierjiang Yibulayin

Abstract: In the new era, accelerating the development of foreign-related rule-of-law talent is crucial to promoting the modernization of the national governance system and improving our capacity for rule of law governance. As economic and cultural exchanges among international and interregional areas continue to grow, trade frictions and disputes are increasingly common, creating a greater demand for foreign-related rule-of-law talent. However, the development and education of such professionals, which are key components in the field of foreign-related rule-of-law construction, still faces functional difficulties and is often unable to fully achieve practical outcomes, particularly in the northwestern region of People's Republic of China. The scarcity of foreign-related rule-of-law talent, the uneven allocation of teaching resources in the northwestern region, and the lack of financial support to establish a distinctive discipline and professional training system have significantly hindered the development of foreign-related rule-of-law talent in the northwestern region. To overcome these challenges, it is necessary for the nation, enterprises, and society to cooperate together. This shall involve improving the top-level design for the development of foreign-related rule-of-law talent in northwestern region of People's Republic of China, leveraging the strengths of each subject, emphasizing theoretical education while also paying attention to practical skills, particularly broadening the international perspective of foreign-related rule-of-law talent, and finally establishing a distinctive development model in northwestern region of People's Republic of China. By strengthening the development of foreign-related rule-of-law talent and their ability to handle complex issues, we can better serve the construction of the country's foreign-related rule of law.

Key Words: foreign-related rule-of-law; cultivation of the rule-of-law talent; northwestern China; global governance

博士生培养对学术职业发展的影响因素研究*

陈小满**　樊小冬***　孔凡壬****

摘　要:为探究博士生培养对其学术职业发展的影响,本文选取468名从事学术职业的博士毕业生进行调查分析,发现:(1)博士生培养过程中的个人因素、导师因素、学校因素相互作用,且共同对博士生学术职业的发展产生显著的影响。其中,个人因素的影响程度最高,其直接效用为0.413;其次为导师因素,其直接效用为0.263;最后为学校因素,其直接效用为0.137。导师因素与个人因素成为影响博士生学术职业发展的两个重要因素。(2)在个人因素层面,独立申请课题对博士生学术职业发展的发展产生显著的影响;在导师因素层面,导师科研指

---

* 本文系中国学位与研究生教育学会2020年度项目"博士生学术社会化过程及影响因素研究"(项目编号:2020MSA380)、四川省哲学社会科学项目"'十四五'期间成渝高校毕业生规模对区域人口受教育程度提升的贡献率研究"(项目编号:SC22C018)的阶段性成果。

** 陈小满,西南财经大学公共管理学院教师。研究方向:研究生教育。

*** 樊小冬,中国地质大学(武汉)公共管理学院2020级博士生。研究方向:高等教育管理。

**** 孔凡壬,广西高等学校师资培训中心教师。研究方向:教师教育、教育信息管理研究。

导、学术成果对其学术职业发展产生显著的影响。(3)教学实践参与、博士生教育背景对其学术职业发展不会产生显著的影响。基于研究结果,本文从高校完善培养机制,导师因材施教、博士生树立以学术为业层面提出改进措施,以期为博士生培养模式调适,促进博士生学术职业高质量发展提供借鉴与参考。

关键词:博士生培养　学术职业发展　学校因素　导师因素　个人因素

在知识经济时代,大学作为知识传播与人才培养中心,在人才培养过程中,扮演着重要角色。而高校教师作为大学重要组成部分,其队伍建设与发展,不仅取决于不断从毕业博士群体中吸纳更多的优秀人才,也取决于这些优秀人才能否肩负起高校教师职业赋予的使命,承担起高校教师的职责,又取决于博士阶段接受的教育。从某种程度而言,博士生教育通过为高校教师队伍提供后备人才,影响着高校教师队伍的建设与发展,影响着大学知识创新与人才培养功能的实现。[①] 因此,关注高校学术队伍后备人才(博士生)——博士阶段的培养与发展状况显得十分重要。

随着"双一流"高校如火如荼地建设,其对优秀师资队伍的需求日趋迫切,而建设一支数量充足、结构优良、质量一流的高校教师队伍,除了要对在职教师进行培训提升外,后备人才队伍建设也是需要重视的问题。博士生作为高校教师队伍后备人才的主力军,博士阶段的培养状况对高校师资队伍的建设与发展会产生重要影响。[②] 鉴于此,本文从未来高校教师学术职业发展的视角,审视博士阶段的培养状况,围绕着博士生培养对其学术职业发展的影响程度、博士生培养过程中哪些因素影响学术职业发展等问题进行研究,为调整博士生培养模式,促进博士生学术职业发展提供借鉴与参考。

---

① 参见张英丽:《论学术职业与博士生教育的关系》,载华中科技大学教育经济与管理专业2008年博士学位论文。

② 参见陈小满、樊小冬:《"非升即走"制度下高校青年教师学术社会化困境研究》,载《现代大学教育》2022年第2期。

一、文献综述与研究框架构建

(一)文献综述

关于博士生培养对其学术职业发展的研究集中于以下几个方面:在博士生教育背景层面。博士生教育背景与其学术职业发展是否产生关系,产生何种关系?相关研究认为,博士生学术职业发展受到教育背景的影响。Pascarella 研究表明,入学前的教育经历、学习的兴趣、学习动机、学习投入度将直接影响学生在校期间知识与技能的学习,进而影响学生毕业以后的职业发展;③Daniel 对跨学科博士生进行研究,发现博士生专业背景影响博士生学术职业发展的进程;④程俊的研究也证实了博士生教育背景对学术职业发展产生影响。⑤

在博士生学习投入度层面。学者关注学习投入度与博士生学术职业发展的关系。Kiley 研究指出,博士生在校期间参与所在学科和学术共同体的活动对其学术成长至关重要;⑥Holly 以神经科学博士生为案例,分析了学术实践参与与学术职业发展的关系,得到博士生在学期间积极参与学术活动,对今后职业发展产生影响;⑦朱亮认为学生参与教学实践有助于学术职业的发展。⑧

在导师因素层面。导师因素对博士生学术职业发展是否产生影响,产生怎样的影响?相关学者进行了研究,Ann Austin 对博士生学术职业

---

③ See Ernest Pascarella, *College Environmental Influences on Learning and Cognitive Development*, The Journal of Higher Education 6,1984, p. 751.

④ See Daniel Boden et al., *Student Socialization in Interdisciplinary Doctoral Education*, High Education 62,2011, p. 741 – 755.

⑤ 参见程俊、李明磊:《博士生教育输入—过程—结果质量影响路径研究——基于"院校影响因素理论"模型》,载《研究生教育研究》2016 年第 5 期。

⑥ See Kiley Margaret, *Engaging Doctoral Candidates in doctoral Communities* (Paper Represented at the Australian Universities Quality Forum 2005, Melbourne, 2005), p. 77.

⑦ See Karri Holley, *Animal Research Practices and Doctoral Student Identity Development in a Scientific Community*, Studies in Higher Education 34, 2009, p. 577 – 591.

⑧ 参见朱亮等:《基于学习型投入视角的高校学业评价及策略》,载《中国成人教育》2017 年第 13 期。

发展进行了四年追踪研究后发现,博士生的成长离不开导师的帮助,若导师不能给予有效的指导,其后期的学术职业发展进程将受到影响。⑨ Elizabeth Stein 研究认为,导师对博士生学术职业发展产生重要的影响,在博士生学术职业发展过程中,师生之间积极地交流、沟通、互动有助于博士生学术职业发展。⑩ 此外,Sarah Li 认为导师有效的学术指导对博士生未来学术职业的发展产生积极的作用。⑪

在学校因素层面。关于学校因素对博士生学术职业发展的影响,相关学者进行了大量研究。Sara Delamont 在《博士生培养经验:研究生院的成功与失败》一书中对不同学科的 200 多名博士生的学术职业发展过程进行了质化研究,发现博士生学术职业发展受学科差异的影响。⑫ Laursen Sandra 认为,课题组或研究团队之间的交流与合作,培养博士生教学、沟通和管理技能,对博士生学术职业发展产生积极影响。⑬ Matthew Mars 对自然科学与工程学的博士进行调查,发现高校组织环境(校园文化、学术氛围、学科文化)对博士生学术职业发展产生重要作用。⑭

通过对文献的整理与分析得到,第一,博士生培养阶段个人因素对其学术职业发展的影响。如博士生教育背景、求学动机等因素影响着博士生学术职业发展。第二,导师因素,导师在博士生学术职业发展过程

---

⑨ See Ann Austin, *Preparing the Next Generation of Faculty: Graduate School as Socialization to the Academic Career*, The Journal of Higher Education 1,2002, p. 97 – 106.

⑩ See John Weidman and Elizabeth Stein, *Socialization of Doctoral Students to Academic Norms*, Research in Higher Education 44, 2003, p. 641 – 656.

⑪ See Sarah Li and Clive Seale, *Managing Criticism in Ph. D. Supervision: A Qualitative Case Study*, Studies in Higher Education 4, 2007, p. 511 – 526.

⑫ See Sara Delamont et al., *The Doctoral Experience: Success and Failure in Graduate School*, London, 2000, p. 32 – 67.

⑬ See Laursen Sandra et al., *The Impact of a University-Based School Science Outreach Program on Graduate Student Participants' Career Paths and Professional Socialization*, Journal of Higher Education Outreach and Engagement 16,2012, p. 47 – 48.

⑭ See Matthew Mars et al., *Science and Engineering Doctoral Student Socialization, Logics, and the National Economic Agenda: Alignment or Disconnect*, Minerva 52, 2014, p. 351 – 349.

中扮演着重要角色,导师指导方式、学术支持等对博士生学术职业发展产生影响。第三,学校组织层面,学校的课程设置、培养与管理、组织文化影响博士生学术职业的发展。基于此,本文提出以下研究假设:

假设 H_1:博士生培养期间的个人因素对其学术职业发展产生显著的正向影响。

假设 H_2:博士生培养期间的导师因素对其学术职业发展产生显著的正向影响。

假设 H_3:博士生培养期间的学校因素对其学术职业发展产生显著的正向影响。

(二)研究框架构建

1. 自变量的相关性分析。已有研究表明,博士生培养期间的个人因素、导师因素、学校因素均对博士生学术职业发展产生影响,那么自变量中个人因素、导师因素、学校因素三者之间是否也存在联系,存在何种联系?对此,本文采用 Pearson 相关系数对三者之间的关系进行分析,发现个人因素与导师因素之间、个人因素与学校因素之间、导师因素与学校因素之间的相关系数分别为 0.417、0.539、0.488,且均在 0.01 的水平上显著相关,三个自变量之间存在较为密切的相互影响关系(见图 1)。

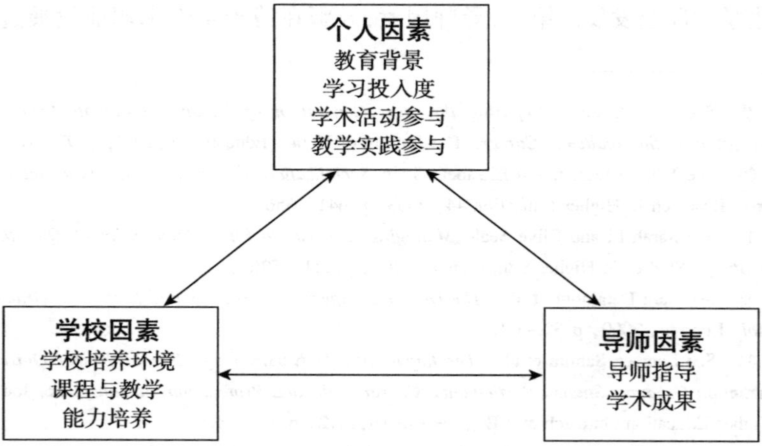

图 1　个人因素、导师因素与学校因素三者之间的关系探讨

2. 研究框架构建。尽管国内外学者从不同视角探讨博士生培养对其学术职业发展的影响,但仍存在一些不足:相关研究大多是从本科期间就读高校类型、硕士期间就读高校类型、导师科研指导、导师学术支持、课程因素等单独角度来探讨影响博士生学术职业发展的因素,研究的是单一变量与科研绩效之间一对一关系,未关注多变量与博士生学术职业发展之间多对一关系。⑮ 此外,现有研究聚焦于博士生培养是否对其学术职业发展产生影响,而鲜有关注博士生培养对其学术职业发展的影响程度及影响路径。鉴于此,本文从博士生培养期间的个人因素、导师因素、学校因素出发,分析自变量与学术职业发展之间的关系,挖掘博士生培养对其学术职业发展的影响程度与影响路径,在此基础上结合已有研究假设及自变量相关性分析的结果,构建博士生培养与其学术职业发展的分析框架(见图 2)。

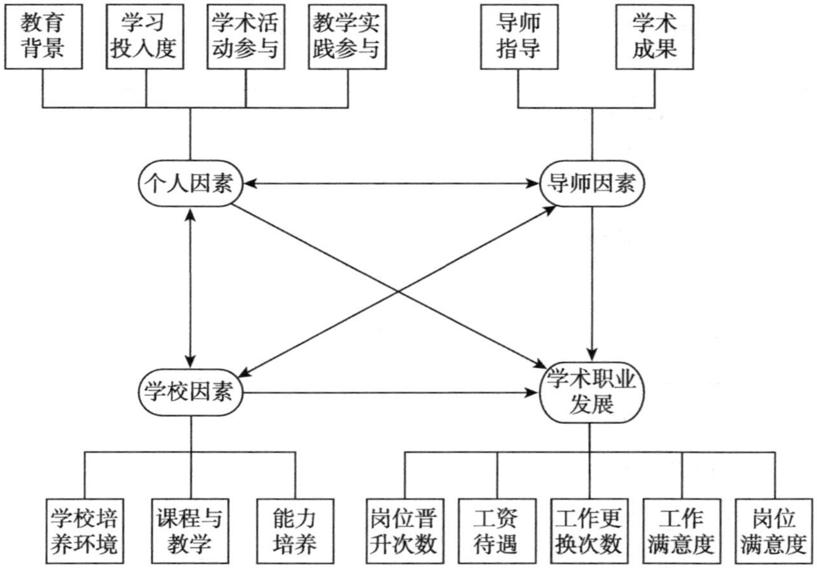

图 2　博士生培养与其学术职业发展的分析框架

---

⑮ 参见陈小满、罗英姿:《生源背景、博士生培养与科研绩效的关系研究——基于教育公平的视角》,载《复旦教育论坛》2019 年第 3 期。

二、研究设计

(一)数据收集与样本说明

调查过程中采用方便抽样和滚雪球抽样两种方法,其中方便抽样指根据研究需要选择易获得的样本进行调查;滚雪球抽样借助已经确定的调查对象,来扩大调查样本的数量。借助部分高校研究生院获得部分毕业博士的联系方式,通过问卷星、邮件、微信等平台发放问卷。调查共回收有效问卷468份,基本信息如表1所示。

表1　选择学术职业的博士毕业生基本情况

<table>
<tr><td rowspan="2">个人信息</td><td colspan="2">性别</td><td colspan="6">年龄特征</td></tr>
<tr><td>男</td><td>女</td><td>≤25</td><td>26～30</td><td>31～35</td><td>36～40</td><td colspan="2">>40</td></tr>
<tr><td>毕业博士</td><td>256</td><td>212</td><td>5</td><td>129</td><td>179</td><td>112</td><td colspan="2">43</td></tr>
<tr><td>比例</td><td>54.70%</td><td>45.30%</td><td>1.07%</td><td>27.56%</td><td>38.25%</td><td>23.93%</td><td colspan="2">9.19%</td></tr>
<tr><td rowspan="2">高校情况</td><td colspan="8">高校层次类型</td></tr>
<tr><td colspan="3">一流高校</td><td colspan="3">一流学科高校</td><td colspan="2">非双一流高校</td></tr>
<tr><td>毕业博士</td><td colspan="3">138</td><td colspan="3">257</td><td colspan="2">73</td></tr>
<tr><td>比例</td><td colspan="3">29.49%</td><td colspan="3">54.91%</td><td colspan="2">15.60%</td></tr>
<tr><td colspan="4">读博的录取方式</td><td colspan="2">户籍性质</td><td colspan="3">婚恋状况</td></tr>
<tr><td>公开招考</td><td>申请—考核</td><td>硕博连读</td><td>直博</td><td>农村户口</td><td>非农户口</td><td>已婚</td><td>恋爱中未婚</td><td>单身</td></tr>
<tr><td>64</td><td>214</td><td>134</td><td>56</td><td>287</td><td>181</td><td>256</td><td>129</td><td>83</td></tr>
<tr><td>13.68%</td><td>45.73%</td><td>28.63%</td><td>11.97%</td><td>59.40%</td><td>40.60%</td><td>54.70%</td><td>27.56%</td><td>17.74%</td></tr>
</table>

续表

生源教育背景	本科就读高校类型			硕士就读高校类型		
	一流高校	一流学科高校	非双一流高校	一流高校	一流学科高校	非双一流高校
毕业博士	87	131	250	157	176	135
比例	18.59%	27.99%	53.42%	33.55%	37.61%	28.84%

（二）变量测量与分析

1. 博士生培养。本文选取博士生培养中的个人因素（教育背景、学习投入度、学术活动参与、教学实践参与），导师因素（导师指导、学术成果），学校因素（学校培养环境、课程与教学、能力培养）作为博士生培养的观测变量，采用李克特5点量表，对这些变量进行处理。此外，部分变量作为分类变量与研究所要测量的连续变量不相符。因此，在计算过程中对其进行了赋值处理。如教育背景中的本科、硕士、博士阶段就读高校类型（一流高校、一流学科高校、非"双一流"高校）作为分类变量，在分析过程中参照南京大学的赋值标准进行赋值处理，使其变为连续变量；学术成果指在一定时期内，科研团队或个人所创造的科研成果，载体为发表的论文、申请的专利与课题、出版的著作，具体到博士生层面最直接的表现形式为学术论文产出的质量与数量。其具体计算方法为人文社科：国外学术期刊论文 + 国内核心期刊论文 ×0.8 + 国内一般期刊论文 ×0.3；理科和工科：国外学术期刊论文 + 国内学术期刊论文 ×0.4。[16]

2. 学术职业发展。关于博士生学术职业发展的测量，尚未形成统一的共识，不同学者在博士职业发展质量的指标选取上仍存在较多争议，但从全球范围内已经开展的毕业博士相关调查及相关学术研究可以看

[16] 参见鲍威等：《我国"985工程"的运行机制与投入成效分析：基于国际比较与实证研究的视角》，载《复旦教育论坛》2016年第3期。

出,现阶段通用的指标有就业去向、工资收入、岗位晋升、职位流动等。⑰⑱ 根据研究需要,笔者将博士生学术职业发展分为学术职业发展情况与学术职业发展自我评价两个维度。其中,学术职业发展情况包括博士生工作单位、劳动报酬、工作地点等;学术职业发展自我评价包括工作满意度与岗位满意度。此外,为减少其他变量对于研究结果的干扰,提升研究的效度,笔者将性别、年龄、婚姻状况等作为学术职业发展的控制变量进行处理。

三、研究结果

(一)信效度检验

在信度处理上,本文运用 SPSS25.0 统计软件对问卷进行信度分析,结果表明观测变量的信度值都在 0.805 以上,表明问卷具有较高信度。此外,在效度检验上,利用 AMOS 25.0 对收集的 468 份数据进行验证性因子分析(见表 2),结果显示所有运算结果均高于拟合标准,表明量表具有良好的结构效度。

表 2 博士生培养与其学术职业发展的验证性因素分析

拟合指标	*RMSEA*	*GFI*	*AGFI*	*CN*	*NFI*	*IFI*	*CFI*
拟合标准	<0.080(若<0.050 优秀;<0.080 良好)	>0.900	>0.900	>200	>0.900	>0.900	>0.900
运算结果	0.073	0.907	0.914	216	0.909	0.925	0.912
评估结果	符合	符合	符合	符合	符合	符合	符合

(二)模型检验

模型检验是对已假定(见图 2)博士生培养对其学术职业发展框架

⑰ 参见张美云:《博士职业发展与社会贡献》,上海交通大学出版社 2013 年版,第 23 ~ 28 页。

⑱ 参见周喜华:《高校青年教师职业成长:问卷编制及特点研究》,载《黑龙江高教研究》2016 年第 7 期。

进行的适配度分析，以此检验模型的内在质量。在模型检验中，卡方值$\chi^2=212.301$，显著性概率值$P=0.113>0.050$，接受虚无假设，假设理论模型与实际数据可以契合。此外，其他适配度指标如$RMSEA=0.078<0.080$，$GFI=0.906>0.900$、$AGFI=0.903>0.900$、$IFI=0.906>0.900$、$CFI=0.926>0.900$、AIC值为214.338小于独立模型值且同时小于饱和模型值、$CAIC$值为359.509小于独立模型值且同时小于饱和模型值，均达到模型可以接受的水平。此外，当$\alpha=0.050$时，$CN=246>200$，$\alpha=0.010$时，$CN=341>200$，说明模型达到适配标准，模型的内在质量较好。

（三）博士生培养与其学术职业发展的关系探讨

路径分析是一种探讨多重变量之间关系的方法，通过测量变量之间的关系，来检验假设模型的准确性。在本文中，对假设模型的潜在变量之间关系进行计算，以此检验假设模型的准确性。

通过对博士生学术职业发展影响因素模型进行路径分析得到（见表3）：（1）个人因素、导师因素与学校因素之间是相互影响的，其中个人因素与导师因素之间的作用效度为0.479；个人因素与学校因素之间的作用效度为0.296；学校因素与导师因素之间的作用效度为0.374。（2）个人因素直接影响学术职业发展，其影响程度为0.413（假设H_1成立）。此外个人因素还通过个人因素—导师因素—学术职业发展（0.126）、个人因素—学校因素—学术职业发展（0.041）、个人因素—学校因素—导师因素—学术职业发展（0.032）、个人因素—导师因素—学校因素—学术职业发展（0.027），四条路径间接影响学术职业发展。（3）导师因素直接影响学术职业发展，其影响程度为0.263（假设H_2成立）。此外，导师因素还通过导师因素—个人因素—学术职业发展（0.198）、导师因素—学校因素—学术职业发展（0.057）、导师因素—个人因素—学校因素—学术职业发展（0.019）、导师因素—学校因素—个人因素—学术职业发展（0.050），四条路径间接影响学术职业发展。（4）学校因素直接影响学术职业发展，其影响程度为0.137（假设H_3成立）。此外，学校因素还通过学校因素—个人因素—学术职业发展（0.122）、学校因素—导师因素—学术职业发展(0.109)、学校因素—导师因素—个人因素—学术职业发展(0.082)、学校因素—个人因素—导师因素—学术职业发展(0.037),四条路径间接影响学术职业发展。

表3 各个变量间影响效应分析

变量				直接影响	间接效应	总影响
个人因素	学术职业发展	—	—	0.413	—	0.413
个人因素	导师因素	学术职业发展	—	—	0.126	0.539
个人因素	学校因素	学术职业发展	—	—	0.041	0.454
个人因素	学校因素	导师因素	学术职业发展	—	0.032	0.445
个人因素	导师因素	学校因素	学术职业发展	—	0.027	0.440
学校因素	学术职业发展	—	—	0.137	—	0.137
学校因素	个人因素	学术职业发展	—	—	0.122	0.259
学校因素	导师因素	学术职业发展	—	—	0.109	0.246
学校因素	导师因素	个人因素	学术职业发展	—	0.082	0.219
学校因素	个人因素	导师因素	学术职业发展	—	0.037	0.174

续表

变量				直接影响	间接效应	总影响
导师因素	学术职业发展	—	—	0.263	—	0.263
导师因素	个人因素	学术职业发展	—	—	0.198	0.461
导师因素	学校因素	学术职业发展	—	—	0.057	0.320
导师因素	个人因素	学校因素	学术职业发展	—	0.019	0.282
导师因素	学校因素	个人因素	学术职业发展	—	0.050	0.313

(四)进一步分析

结构方程模型从宏观层面探讨了各个潜变量与博士生学术职业发展的关系。为进一步了解各潜变量中的观测变量如教育背景、学习投入度、学术活动参与、教学实践参与、导师指导、学术成果等与博士生学术职业发展的关系,本文在结构方程模型分析的基础上,对各观测变量进行回归分析的探索。

1.指标权重的测算。由于博士生学术职业发展测量变量较多且各个变量之间不属于同一维度,需利用相关统计方法对博士生学术职业发展的测量变量进行降维处理,使其满足研究需求。利用主成分分析法计算博士生学术职业发展各个变量的指标权重。通过计算得到博士生学术职业发展各个变量的指标权重(见表4)。

表4　博士生学术职业发展中各个变量的指标权重

变量	指标体系	权重
博士生学术职业发展	岗位晋升次数	0.162
	工资待遇	0.145
	工作更换次数	0.113
	工作满意度	0.257
	岗位满意度	0.323

2.模型选取。作为因变量的博士生学术职业发展由岗位晋升次数、工资待遇、工作更换次数、工作满意度、岗位满意度五个变量组成,且均为连续变量。因此,组成的因变量也为连续变量。此外,博士生本科、硕士、博士阶段就读高校类型、导师科研指导、导师学术支持、导师职业指导等自变量变化,因变量博士生学术职业发展的变量也会随之变化,自变量与因变量之间存在线性关系。因此,在处理此部分时,选用多元线性回归模型,其模型基本形式如下:

$$Y = \beta_0 + \beta_1 x_1 + \beta_2 x_2 + \cdots + \beta_n x_n + \varepsilon$$

其中,$\beta_1, \beta_2 \cdots \beta_n$ 为回归系数,β_0 为常数项,ε 为干扰项。由于本文假设的影响因素较多,采用逐步回归分析的方法,剔除不显著的自变量,确保得到最优的拟合结果。

3.博士生学术职业发展分层回归分析。基于调查数据,采用逐步分层回归的方式对各假设自变量进行统计分析。为避免共线性问题对回归结果准确性的影响,对模型1、模型2、模型3、模型4的回归方程进行共线性诊断(计算方差膨胀因子VIF,若VIF>10,则存在共线性问题)。通过计算发现各个回归方程中VIF都小于5,可判定各自变量之间不存在严重的多重共线性问题。

首先,将控制变量——性别、户籍、婚恋状况代入回归模型1中,发现博士生性别、生源地、婚恋状况等变量与博士生学术职业发展之间无显著相关性。其次，将个人因素中教育背景（本科阶段就读高校类型、硕士阶段就读高校类型、博士阶段就读高校类型）、学习投入度（学习动机、学习投入时间）、学术活动参与（参加国内外学术会议、参加高水平学术竞赛、独立申报校内外课题）、教学实践参与（担任助教或助管、参与社会实践活动）变量代入回归模型2中，发现除学习动机、独立申报课题、参加高水平学术竞赛、担任助教或助管对博士生学术职业发展产生显著影响外，其他因素对博士生学术职业发展均不产生显著的影响。再次，将导师因素中导师指导（导师学术支持、导师科研指导、导师职业指导、导师生活指导）、学术成果（公开发表的论文、获奖次数、获得项目资助、申请的专利）变量代入回归模型3中，发现个人因素中的学习动机、独立申报校内外课题及导师因素中的导师科研指导、导师职业指导及公开发表的论文对博士生学术职业发展产生显著的影响，而其他因素对博士生学术职业发展均不会产生显著的影响。最后，将学校因素中学校培养环境（学习资源、学术氛围、管理与服务）、课程与教学（专业课程设置、跨专业课程设置、教师课程教学活动）、能力培养（学术能力、职业能力、综合素养）变量代入回归模型4中，发现个人因素中学习动机、独立申报校内外课题，导师因素中导师科研指导、导师职业指导、公开发表的论文，学校因素中学术能力对博士生学术职业发展产生显著的影响，而其他因素对博士生学术职业发展均不产生显著地影响（见表5）。

表 5　博士生培养对其学术职业发展影响的回归分析

变量	常数	控制变量	性别	婚恋状况	户籍	自变量	个人因素	本科阶段就读高校类型	硕士阶段就读高校类型	博士阶段就读高校类型	学习动机	学习投入时间	参加国内外学术会议
模型 1	0.0126***		0.024	0.029	0.043								
模型 2	0.089***		0.025	0.018	0.031			0.022	0.031	0.048	0.101**	0.066	0.072
模型 3	0.084***		0.027	0.013	0.025			0.021	0.033	0.053	0.114*	0.063	0.081
模型 4	0.078***		0.031	0.016	0.024			0.019	0.037	0.058	0.121*	0.061	0.078
变量	参加高水平学术竞赛	独立申报校内外课题	担任助教或助管	参与社会实践活动	导师因素	导师学术支持	导师科研指导	导师职业指导	导师生活指导	公开发表的论文	获奖次数	获得项目资助	申请的专利
模型 1													
模型 2	0.053	0.148***	0.081	0.077*									
模型 3	0.055	0.137**	0.076	0.071		0.097	0.146**	0.092*	0.079	0.111**	0.087	0.081	0.062
模型 4	0.051	0.152**	0.073	0.067		0.082	0.137*	0.097*	0.068	0.0152**	0.082	0.073	0.067
变量	学校因素	学习资源	学术氛围	管理与服务	专业课程设置	跨专业课程设置	教师课程教学活动	学术能力	职业能力	综合素养	N		
模型 1											468		
模型 2													
模型 3													
模型 4		0.056	0.061	0.077	0.085	0.069	0.072	0.162**	0.091	0.083			

注：* Sig. <0.05，** Sig. <0.01，*** Sig. <0.00

通过对表5分析发现:第一,在个人因素中,独立申请课题对博士生学术职业发展的发展产生显著影响。究其原因,一方面由于学术职业的基本特性是学术性,它是一种追求高深知识的职业,同时也是一种起点及入门要求较高的职业,对从业者提出较高的标准。博士生若要进入该职业,必须接受专门化的学术训练,而独立申请课题是博士生进行专门化学术训练的重要途径。[19][20] 另一方面,传统的博士生教育以培养学术从业人员为目标,博士生培养过程中的学术训练能有针对性地提高博士的学术能力,进而影响其学术职业发展。

第二,在导师因素中,导师科研指导对其学术职业发展产生影响,究其原因为博士生学术职业发展需要学术能力的支撑,而学术能力培养离不开导师指导。在博士生培养中,导师为博士生培养的第一责任人,主要负责博士生的培养与教育。此过程中,导师会给予学生更高的科研平台,教授学生研究范式及研究方法,并指导学生进行科学研究,进而潜移默化地增强博士生学术能力。同时,积极接受导师指导与帮助,有助于实现科研过程中知识的有效整合、新知识的快速学习并有效地开展科学研究,有助于博士生学术能力的发展,进而为其今后学术职业发展奠定基础。

与此同时,研究得到学术成果显著影响着博士生学术职业发展的进程。学术成果是博士生通过学术训练达到一定学术能力后的产物,是学术能力表现的一种重要形式。为产出高水平学术成果,博士生需要不断进行学术训练,提升自我的学术能力与研究素养。而学术能力的提升则有助于博士生在今后学术职业中获得更好的发展。

第三,教学实践参与则不能显著影响博士生学术职业发展,此现象产生的原因为现阶段高校教师评价制度以论文或著作发表数量与质量、课题主持与参与、获得国家级、省部级奖励作为教师考核的主要标准,如

---

⑲ See Felly Chiteng Kot and Darwin Hendel, *Emergence and Growth of Professional Doctorates in The United States*, *United Kingdom*, *Canada and Australia*: *A Comparative Analysis*, Studies in Higher Education 3,2012, p. 345 – 364.

⑳ 参见罗英姿、张佳乐:《我国毕业博士职业选择与发展因素的实证研究》,载《高等教育研究》2018年第11期。

江苏省高校高级职称评定条件为在核心刊物上独立或作为第一作者发表本专业高水平、有创见的学术论文:文科8篇以上,理工等学科6篇以上,其中至少有2篇在本学科权威性刊物上发表;这意味着高校教师若要在学术职业上获得更好的发展,应将工作重心放在论文写作与发表、课题申报与主持,只有这样才能获得更好的发展。教学实践参与虽能够为教师教学积累相关经验,提升课堂的教学效率,保障课堂的教学质量,但课堂教学质量好坏并不作为高校考核、奖励及晋升的主要标准,并不能有效地促进教师学术职业的发展。为改变此种状况,使教师在学术职业中获得更好的发展,就应该破除"唯论文与课题"评价体系,在教师评价与晋升过程中,建立多元化的教师评价体系与制度,将教师的专业知识、能力、业绩、态度及师德纳入教师评价的体系与范畴,综合地评价教师教学、科研、师德等各个方面,使教师在一个多元且开放的评价环境中获得更好的发展。

研究还发现,博士生教育背景并不能显著影响学术职业发展——一流高校博士毕业生、一流学科高校的博士毕业生、非"双一流"高校博士毕业生在学术职业发展过程中并不存在显著差异,究其原因,博士毕业生进入职场,其身份与地位发生改变,考核的标准也会因单位性质的不同而存在差异,如高等院校与科研院所考核指标多为科研论文、专著与发明专利等;未将员工教育背景纳入考核的范畴,造成博士生毕业的高校类型不同,但学术职业发展并未出现显著差异的现象。而现阶段部分单位在招聘过程中出现学历"查三代"情况,即用人单位(高等院校)在招聘过程中不仅要看求职者博士阶段就读高校层次,还会将求职者本科阶段就读高校是否为"双一流"高校作为招聘选拔的标准。这种以教育背景作为选拔标准的招聘方式——将"双一流"高校毕业生作为招聘的对象,而把非"双一流"高校毕业生排除在招聘选拔的范畴之外,无形中加剧了劳动力市场不公平性,不利于劳动力市场中正常的人才流动与发展;这将在一定程度上阻碍博士生学术职业发展进程。为保障招聘公平,在招聘过程中,用人单位应该摒弃"以出生定岗"的招聘方式,以博士毕业生的综合能力作为招聘考核的标准,吸引更多毕业生投入学术研究工作。

四、促进博士生学术职业发展的策略

（一）个人层面

教育背景对博士生学术职业发展并无显著影响，但部分高校与导师在招生时存在学历歧视，过分注重生源背景对博士生教育质量的影响，夸大了生源背景对博士生培养及科研绩效的影响程度，导致“申请—考核”制在执行过程中缺乏合理性与科学性。高校要建立学历中立的招生标准，以专业匹配性、学术背景与潜力、研究方向兴趣等为核心标准进行遴选，建立外部专家评价机制，以提供更加客观与中立的判断，减少学历歧视的影响。

博士生学术职业发展的核心在于具备独立科研能力，独立申请课题并完成项目结题的全过程对博士生的培养具有重要价值，依托课题能够加深博士生对专业领域的了解、激发研究兴趣、锻炼独立思考能力、提高学术水平、积累项目经验，也有助于为毕业论文撰写提供前期基础。但目前博士生能够独立申请的课题存在可申请项目少、名额有限等问题，部分博士生也存在依赖导师的思想，多数博士生仅在导师的指导下参与到课题的部分环节。为提升博士生项目参与率，高校在创新实践项目、学位论文资助项目外，增设博士生专项课题、扩大立项率；此外，高校探索创新博士生教育的组织模式与培养路径，试点项目制博士模式，推动高层次人才交叉培养；在此基础上，高校可将独立申报项目纳入博士生培养方案，作为博士生毕业考核的组成部分，以激励博士生主动申报课题。

教学实践不能显著影响博士生学术职业发展，但部分高校将博士生参与教学实践培养列入培养必修环节和毕业审核条件，博士生担任至少一门课程的教学助理并完成一定的工作量。[21][22] 过多的参与会占用博士生科研时间,也存在师生工作任务边界不清晰的隐患,对博士生学术职业发展影响也并不显著。因此,高校需要充分考虑学科差异,结合人才培养和职业发展设置多元实践类型供博士生选择;为培养博士生教学能力,可由高校教师发展中心提供开设课程与教学理论选修课,并提供教学模拟平台提升教学能力。

(二)导师层面

导师是博士生培养第一责任人,导师指导对博士生创新能力和科研绩效有显著的影响。但现行导师指导制度对导师指导行为缺乏有效的监督和管理,且针对导师指导行为的考察内容划分不够细致,考核不够具体,出现“老板型”导师和“放养型”导师,对学生学业发展缺乏有效指导,抑制了学生的学术热情。因此,高校应推动导师评聘制度改革。首先,在导师遴选方面,破除排资论辈,选拔高水平的导师,减少无课题、无科研经费、无论文的“三无”博士生导师。[23] 其次,建立完善的导师评价机制,将学生评价、学生延毕情况等纳入导师考核的指标体系,把博士生培养质量作为导师招生资格的主要依据,通过博士生导师队伍动态调整和负面清单制度,激发导师队伍活力,强化导师责任感。最后,为保障导师时间投入度,改善导师“一对多”培养模式,试行博士生导师指导小组模式,提高导师的指导质量和水平,提升博士生培养质量。

导师有效指导有助于博士生学术成果的产出,但当前高校对博士生学术成果的评价多以期刊论文发表数量和层次为主要依据,量化评价模式抑制了人才创新能力和综合能力的发展。高校应推动博士生学术评价多元化,破除“唯论文”“唯影响因子”的评价模式,重视学术成果质

㉑ 参见《关于做好2020级学术型博士研究生教学实践工作的通知》,载厦门大学研究生院官网,https://gs. xmu. edu. cn/info/1170/7623. htm。

㉒ 参见《华南理工大学学术学位博士研究生教学实践培养环节实施细则解读》,载华南理工大学研究生院官网,http://www2. scut. edu. cn/graduate/2020/1203/c28281a412490/page. htm。

㉓ 参见刘尧:《舆论热点视域中的高等教育十年变迁》,载《上海教育评估研究》2019年第5期。

量，强化学位论文的主体地位，实施涵盖学术论文、科研奖励、公开出版著作、授权发明专利、行业标准、艺术作品以及创新创业竞赛获奖等在内的多元学术评价体系。

此外，高校是博士生培养的主体，在博士生培养过程中扮演着战略导向者、资源投入者、制度组织者、质量监控者、服务提供者、学术环境构建者和导师管理者等多重角色。高校既要做好人才培养方案的顶层设计，也要强化培养环节管理，从宏观和微观层面共同推进博士生教育规范化建设。通过持续加强培养过程管理、压实培养单位责任，以全面提升博士生培养质量，为博士生学术职业发展奠定坚实的基础。

A Study on the Influencing Factors of the Doctoral Cultivation on Academic Career Development

Chen Xiaoman　Fan Xiaodong　Kong Fanren

Abstract: In order to explore the impact of doctoral cultivation on their academic career development, this paper selects and analysis 468 doctoral graduates engaged in academic careers for investigation, and finds that: (1) In the process of cultivating doctoral students, personal factors, supervisor factors, and school factors interact with each other and together have a significant impact on the development of doctoral students' academic careers. Personal factors have the highest influence with a direct utility of 0.413; the next is supervisor factors with a direct utility of 0.263; and finally, school factors with a direct utility of 0.137. Supervisor factors and personal factors have become two important factors affecting the academic career development of doctoral students. (2) In the aspect of personal factors, the independent application of the project has a significant impact on the doctoral students' academic career development; in the aspect of supervisor factors, supervisors' scientific research guidance and academic achievements have a great impact on their doctoral students' academic career development. (3) The participation in teaching practice and the educational background of doctoral students do not significantly affect their academic career development. Based on the research results, this paper proposes improvement measures in terms of promoting the cultivation mechanism of universities, teaching students in accordance with their aptitude, and establishing the concept of "academic career" for doctoral students, with a view to providing reference for the adjustment of doctoral students' cultivation mode and promoting the high-quality development of doctoral students' academic career.

Key Words: doctoral cultivation; the academic career development; school factors; supervisor factors; personal factors

告别"强制性"期刊发表?

——论我国法学博士生评价制度的困境与出路*

夏志毅**

摘　要:"强制性"期刊发表制度已成为影响我国法学博士生学术成长环境的核心因素。德国作为法学博士培养强国,其法学博士生评价制度值得我国借鉴。我国法学博士生学术评价制度应当具备学术人才培育和分流两项核心功能。具言之,我国法学培养院校应收回对博士生的学术评价权,评价内容应以博士论文为主,以小论文为辅,博士生的学术成果均应分级评定并予以公开。信息时代的公开发表不等同于期刊发表,电子学术平台是展示博士生学术成果的理想平台。此外,期刊发表宜转型为评价制度外的自愿选项,并建议引入市场化机制规范博士生的"广撒网式"投稿行为和学术期刊的不专业审稿行为。

关键词:"强制性"期刊发表　法学博士生　博士生评价

---

* 本文受2022年国家建设高水平大学公派研究生资助项目(留金欧[2022]792号)和北京大学法学院靖江青年法律领袖国际交流奖学金的资助。

** 夏志毅,北京大学国际法学院博士后。研究方向:民事诉讼法、比较法。

一、问题的提出

新中国法学教育历经坎坷,发展至今已取得十分瞩目的成就。① 法学博士是我国法学学科学历教育的最高层次。② 截至2023年2月,全国拥有法学一级学科博士点的院校已达60所,招生规模逐年递增,在境外知名高校就读的法学博士生人数同样持续增长。③ 相应地,法学博士成为我国绝大多数法学院校师资招聘的学历标配。作为高校教学科研预备军,法学博士生的培养质量在很大程度上决定了我国未来法学教育的质量,决定了我国未来法学学术研究的水平,也将间接影响着我国法治国家、法治政府、法治社会建构的历史进程。④

我国多数法学院校将一定数量的期刊论文发表与博士学位授予挂钩,即所谓的"强制性"期刊发表制度。相应地,期刊发表占据法学博士生评价制度的核心地位,被视为博士生的生命线。⑤ 各大院校的期刊发表要求差异巨大,⑥引发不少争议。就此现象而言,尽管既有研究成果数量不多,但已经形成鲜明的观点争鸣,主要体现在合法性与合理性两

---

① 参见李其瑞、冯飞飞:《中国法学教育70年:发展历程、问题反思和未来展望》,载《法学教育研究》2020年第2期;徐显明等:《改革开放四十年的中国法学教育》,载《中国法律评论》2018年第3期。

② "法学"一词在我国有多重含义,本文仅指学科意义上的法学,而非学科门类意义上的法学,后者还包括政治学、社会学和马克思主义理论等学科。当然,本文是否能够对其他人文社科类学科博士生评价机制的探讨有所裨益,则留待读者甄别。

③ 对我国法科学生留学德国基本情况的梳理与分析,参见卜元石:《中国法科学生留学德国四十年的回顾与展望——基于博士学位论文的考察》,载《法学研究》2019年第2期。

④ 2023年2月,中共中央办公厅、国务院办公厅印发《关于加强新时代法学教育和法学理论研究的意见》,强调法学教育和法学理论研究的重要地位,并提出"高质量发展"的明确要求。

⑤ 参见雷磊:《如何能更好地发表论文?——关于法学博士生论文发表的五点建议》,载微信公众号"蓟门研讯"2020年2月12日,https://mp.weixin.qq.com/s/D-RK_lQdLm-WC2X8sYA3rng? scence=25#wechat_redirect。

⑥ 有学者曾对我国40所法学一级学科博士点院校授予博士学位所规定博士生应达到的期刊发表要求进行了统计,发现多数院校的期刊发表要求为2篇以上,且半数以上院校以CSSCI来源期刊(包括扩展版与集刊)作为评价基准。通过赋分统计后,发表要求难度最高的东南大学与发表难度最低的中山大学、华东政法大学之间的分差竟然高于纳入统计的后30所院校。参见张颂昀、龚向和:《博士学位授予资格论文要求的法理分析——以40所法学一级学科博士点院校为例》,载《学位与研究生教育》2019年第8期。

个方面。在合法性方面，否定观点认为，高校在立法层面并未获得设定授予学位条件的授权，不得以办学自主权为由增加学位授予条件，[⑦]在学位论文之外另行设置期刊论文发表条件且各高校设置的论文数量与质量标准差异显著，侵犯了博士生依法获得学位的权利和获得学位的平等权；[⑧]肯定观点认为，期刊发表要求属于高校办学自主权的体现，《中华人民共和国高等教育法》（以下简称《高等教育法》）、《中华人民共和国学位条例》（以下简称《学位条例》）、《中华人民共和国学位条例暂行实施办法》（以下简称《学位条例实施办法》）等法律规范的概括性授权可作为法理依据；[⑨]折中观点则认为，期刊发表要求的设置应当接受比例原则的审查。[⑩] 在合理性方面，反对观点认为，期刊发表要求的难度高低与学校法学学科实力强弱、教育质量好坏均不存在必然联系，因此设置期刊论文发表要求不具备合理性；[⑪]支持观点则认为，期刊发表要求契合博士学位胜任度评价，有助于提升学位论文质量，帮助博士生适应学术职业发展需要等；[⑫]此外，也有改良“强制性”期刊发表制度以满足制度合理性的折中主张。[⑬]

在学术争鸣之外，随着官方所主导“破五唯”改革的深化推进，以清华大学、中国政法大学、上海交通大学等为代表的多所“双一流”高校掀起一轮取消“强制性”期刊论文发表的新动向。这一新动向似乎回应了

---

⑦ 参见丁伟、闫锐：《以论文发表数量作为学位论文答辩前提的法理追问》，载《政法论坛》2008 年第 2 期。

⑧ 参见王春业：《高校办学自主权与学生学位获得权的冲突与平衡——以博士学位授予需发表论文为视角》，载《东方法学》2022 年第 1 期。

⑨ 参见徐雷：《作为博士学位授予标准的学术论文发表：逻辑正当性与误区澄清》，载《学位与研究生教育》2020 年第 7 期。

⑩ 参见杨铜铜：《高校学位授予标准的合法设定——兼论〈学位条例〉的修订》，载《东方法学》2020 年第 3 期；倪洪涛：《论法律保留对“校规”的适用边界——从发表论文等与学位“挂钩”谈起》，载《现代法学》2008 年第 5 期。

⑪ 参见张颂昀、龚向和：《博士学位授予资格论文要求的法理分析——以 40 所法学一级学科博士点院校为例》，载《学位与研究生教育》2019 年第 8 期。

⑫ 参见徐雷：《作为博士学位授予标准的学术论文发表：逻辑正当性与误区澄清》，载《学位与研究生教育》2020 年第 7 期。

⑬ 参见杨庭颂：《取消“博士论文发表要求”的再审思——基于“三角协调模式”的视角》，载《研究生教育研究》2022 年第 1 期。

前述研究对“强制性”期刊发表制度的批评。但是,“一废了之”真的不会使博士生培养的质量遭遇大幅滑坡吗?或许是存在此种担忧,多数高校仍保持观望态度。

不难看出,“强制性”期刊发表制度在我国法学博士培养过程中占据着重要地位,引发了诸多问题、争议与反思,各高校对其“废”与“留”更是存在重大分歧。笔者作为在读法学博士生,不揣冒昧,“把自己作为方法”,将个人经验问题化,结合自身感受与思考,尝试对这一充满争议的制度展开研究。⑭

二、自我观察:“强制性”期刊发表的历史与现状

(一)“强制性”期刊发表制度的历史贡献

从制度发生史来看,“强制性”期刊发表并非我国博士生培养的固有制度。20 世纪 80 年代初,《学位条例》和《学位条例实施办法》正式实施,成为我国学位授予的基础性法律依据。此后近 20 年,我国绝大多数高校均不存在所谓的“强制性”期刊发表要求。那么,究竟何时以及何种原因使“强制性”期刊发表制度成为普遍性存在并牢牢占据核心地位的呢?

“强制性”期刊发表制度大致形成于 20 世纪 90 年代中后期。从制度外观来看,“强制性”期刊发表制度具有“期刊主导”、“等级化”、“唯结果论”和“唯数量论”等特征,即培养院校将评价博士生学术能力的决定权让渡给期刊,通过期刊的等级划分来代替对学术成果价值高低的判断,只有正式见刊的论文才“有资格”被视为学术成果,以及发表的论文数量越多(不同等级的期刊可通过数值关系进行换算)就意味着学术能力越强。究其原因,有观点概括为“中国学术界的‘学术自救’”。⑮ 具体而言,至少包括以下几点原因:一是随着研究生扩招,国家和社会对研究

⑭ 本文的方法论意识受到项飚教授的启发。参见项飚、吴琦:《把自己作为方法——与项飚谈话》,上海文艺出版社 2020 年版。

⑮ 任大刚:《博士生申请学位与发表论文脱钩?学位制度改革不是翻烧饼!》,载财新网博客 2023 年 3 月 20 日,https://fanpusci. blog. caixin. com/archives/243588。

生培养的关注显著增加，各类大学排行开始兴起，国家也开展学科评估工作，而论文发表均为考察的重要指标。⑯ 有学者以2012年《中国学术期刊评价报告（2013—2014）》中权威期刊所刊载论文为样本，估算出我国在校研究生对高水平学术论文发表的平均贡献率达32.31%。⑰ 二是“学位腐败”问题引发社会高度关注，⑱将期刊论文发表作为授予学位的前提条件有助于缓解高校的信誉危机。

概言之，“强制性”期刊发表制度在我国博士生培养的特殊历史阶段曾发挥积极作用，一定程度上抑制了“学位腐败”乱象，为高校授予学位的公信力提供了“第三方”背书。当然，笔者合理相信，“强制性”期刊发表制度能够引导博士生将更多精力投入学术研究中，因此在实施初期也能够在一定程度上提升博士生的培养质量。

（二）“强制性”期刊发表制度的运行状况

随着对研究生持续扩招，我国期刊发表市场在21世纪初就出现供需严重失衡的现象。有学者在2006年对我国期刊论文容量问题进行粗略评估，发现即使当时核心刊物（约600种）的全部版面均刊登在读博士生的论文，也满足不了博士生的发表需求。⑲ 在正规论文发表途径日渐逼仄的背景下，出现以“钱文交易”为主要特征的“地下市场”，⑳可谓现实对“强制性”期刊发表制度的强烈反噬。相应地，各大高校陆续降低

---

⑯ 参见倪洪涛：《论法律保留对“校规”的适用边界——从发表论文等与学位“挂钩”谈起》，载《现代法学》2008年第5期；王兵等：《刍议我国现今的学科评估制度——从全国一级学科整体水平试点评估谈起》，载《中国研究生》2004年第6期；董秀华：《对我国大学排行实践的回顾与思考》，载《清华大学教育研究》2002年第4期。

⑰ 参见袁本涛等：《我国在校研究生的学术贡献有多大？》，载《高等工程教育研究》2015年第1期。

⑱ 参见朱铁志：《扼制学位腐败》，载《学习月刊》2003年第3期。

⑲ 参见孙莹：《评高校对博士生发表论文的要求》，载《技术与创新管理》2006年第4期。

⑳ 遗憾的是，这一现象仍未得到有效扼制，有学者甚至主张采用刑法规则手段。参见印波等：《组织论文买卖、代写行为入刑必要性研究》，载《中国科学基金》2019年第6期。

乃至取消硕士生的期刊论文发表要求。[21]

近年来,此种供需失衡已经显现出“堰塞湖效应”:一方面,期刊供给的增长极为缓慢,其中法学核心期刊的总量几乎不变,非核心法学期刊的增量也是屈指可数;另一方面,青年教师因高校实施“预聘/长聘”制度而爆发出极大的发表需求,法学博士生在读人数亦持续快速增长。[22] 有学者戏称:“学术界现在最主要的矛盾就是人们日益增长的 C 刊需求与 C 刊供给严重不足的矛盾”。[23] 实证研究更直白地揭示出“强制性”期刊发表制度的诸多问题:第一,导致博士生更倾向于采取“数量优先”的策略,以容易发表为目标追逐热点、前沿问题或拆分此前的学位论文。[24] 第二,导致博士生对博士论文投入精力不足而使学位论文质量降低。[25] 第三,与学术不端现象存在明确因果关联性。[26] 第四,成为博士

---

[21] 较早一批取消“研究生毕业必须发表论文”硬指标的高校有中国人民大学、北京师范大学、外交学院、中国农业大学、中央财经大学、北京语言大学和华中科技大学。参见陈梅:《七所大学取消研究生“毕业必须发表论文”规定》,载《教师博览》2006 年第 9 期。据笔者了解,在法学领域,目前仅有极少数高校仍对硕士研究生保留期刊发表要求。例如,海南大学法学院分别对法学硕士和法律硕士授予学位规定一定的期刊发表要求。参见《海南大学法学院学术型硕士研究生在学期间发表学术论文的规定》,载海南大学法学院官网 2023 年 3 月 20 日,https://hd.hainanu.edu.cn/law/info/1066/7523.htm;《海南大学法学院法律硕士专业学位研究生在学期间发表学术论文的规定》,载海南大学法学院官网 2023 年 3 月 20 日,https://hd.hainanu.edu.cn/law/info/1066/7524.htm。

[22] 类似观察,参见侯猛:《法学圈到底有多“卷”》,载微信公众号“中国法律评论”2021 年 4 月 18 日,http://mp.weixin.qq.com/s/ROAJFhU_xcR5R851qIUHpQ?scene=25#wechat_redirect。

[23] 张颂昀、龚向和:《博士学位授予资格论文要求的法理分析——以 40 所法学一级学科博士点院校为例》,载《学位与研究生教育》2019 年第 8 期。

[24] 参见房梦雅:《为学术职业做准备——一项关于博士生论文发表的质性研究》,华中科技大学教育科学研究院 2019 年硕士论文,第 44~45 页。

[25] 参见赵世奎等:《博士学位论文质量与学术论文发表有关系吗?——基于 165 篇问题博士学位论文的分析》,载《学位与研究生教育》2018 年第 8 期。

[26] 参见叶继红:《高校研究生学术不端行为及与论文发表制度关联性思考》,载《研究生教育研究》2018 年第 5 期。

生延期毕业率高企的重要原因。[27] 反过来，取消该制度则并不必然导致研究生论文发表的减少，也不会必然导致研究生培养质量的降低，[28]甚至可能使研究生投入更多时间和精力从事原创性研究。[29] 此外，有研究基于“全国博士毕业生调查”数据得出以下结论：在人文社会科学领域，博士生论文发表数量与其科研能力增值之间不存在必然联系。[30] 另一组统计数据更是触目惊心，以“中国法学核心科研评价来源期刊”（CLSCI）的发表情况为例，学生独作发文比例持续走低，近两年占比均只有4.5%左右，多数二级学科的学生发文数不足5篇。[31]

由此看来，我国法学博士生发表需求的增长明显超过期刊版面供给的增长，发表难度持续增大，可谓“内卷化”现象严重。[32] 因此，“强制性”期刊发表制度不再具有合理性和正当性。

㉗ 有研究显示，我国人文社科类博士生2003届、2008届和2013届的累计延期率分别为53%、58.29%和64.46%，呈逐步上升趋势。参见刘文等：《我国博士生延期毕业实证研究》，载《现代教育科学》2016年第8期。根据学者的估算，我国法学博士每级延期毕业人数均为预计毕业人数的2/3。参见张颂昀、龚向和：《博士学位授予资格论文要求的法理分析——以40所法学一级学科博士点院校为例》，载《学位与研究生教育》2019年第8期。西南政法大学公布的数据也能够与该估算相印证，该校于2021学年共授予128人博士学位，其中仅51人在标准学制内如期获得学位，如期获得学位的比例不足40%。参见《西南政法大学2021年度研究生教育质量报告》，载西南政法大学研究生院官网2023年3月20日，https://yjsy.swupl.edu.cn/xkjs/xkpg_1/316479.html。

㉘ 参见叶继红：《高校研究生学术不端行为及与论文发表制度关联性思考》，载《研究生教育研究》2018年第5期。

㉙ 参见姚利民、史曼莉：《研究生发表论文的调查研究》，载《现代大学教育》2008年第1期。

㉚ 不过，该研究表明，在自然科学领域，博士生论文发表与科研能力增值之间存在显著的倒U型曲线关系。博士生以第一作者发表国际期刊论文达到2篇时，其科研能力增值达到较高水平。参见李澄锋：《论文发表与博士生科研能力增值的倒U型关系——基于“全国博士毕业生调查”数据的分析》，载《高等教育研究》2021年第10期。

㉛ 参见《2021年CLSCI期刊学生发表情况与统计分析》，载微信公众号“法学创新网”2022年1月27日，https://mp.weixin.qq.com/s/rqzQKfvgS8Bc5E0FyrPDDA，《2022年CLSCI期刊年度发文观察（定稿）》，载微信公众号“法学学术前沿”2022年12月31日，https://mp.weixin.qq.com/s/XyTcbycrEvpbtzCbmAmscw。

㉜ 对博士生发表“有数量增长而无实质创新”现象的有力分析，参见赵祥辉：《博士生发表制度的“内卷化”：表征、机理与矫治》，载《高等教育管理》2021年第3期。

三、域外镜鉴:德国法学博士生评价制度比较考察

由上可知,我国的“强制性”期刊发表制度已经难以为继,但简单地“一废了之”显然也并非良策。笔者认为,德国作为法学研究和法学博士培养强国,其法学博士生评价制度有较强的借鉴意义。在既有比较研究[33]的基础上,本文以法学博士生评价制度为中心进行比较考察。

(一)德国法学博士生的角色定位是学习者

据笔者观察,德国法学博士生的主要角色定位是学习者,而非学者。第一,德国法学院不要求博士生发表期刊论文,而旨在培养其从事深入学术工作的能力。德国各大法学院根据法律授权自行制定《博士学位条例》(promotionsordnung),具体规定博士生的录取、指导、学位授予等事宜。[34] 例如,《慕尼黑大学法学院博士学位条例》(2017 年修订,以下简称《慕尼黑学位条例》)[35]第 1 条就明确博士学位是具备深入学术工作的能力证明(nachweis der Befähigung zu vertiefter wissenschaftlicher Arbeit),而该证明的判断依据仅包括博士论文的鉴定(gutachten)和口试两部分,并没有发表期刊论文的要求。

第二,现实层面的原因或许更有说服力。德国有超过 1/5 的法学院毕业生选择攻读博士学位。德国学生攻读法学博士学位的职业目标较为多元,主要在于增强职业竞争力,以便于获得更高的薪水与更好的职业机会。[36] 如此高比例攻读博士学位的现象是十分惊人的,这也决定了大部分博士生只是通过攻读博士学位习得一定的学术研究能力,并以博士学位作为(法律)职业发展所需专业能力的背书。仅有极少数德国法

---

[33] 参见王洪亮:《德国法学博士教育及其对我国的启示》,载《法学教育研究》2018 年第 1 期;袁治杰:《德国博士学位法律制度研究及其对我国的启示》,载《比较法研究》2009 年第 6 期。

[34] 较为全面的介绍,参见袁治杰:《德国博士学位法律制度研究及其对我国的启示》,载《比较法研究》2009 年第 6 期。

[35] 参见慕尼黑大学法学院官网 2023 年 3 月 20 日,https://www.jura.uni-muenchen.de/forschung/promotion/index.html。

[36] See Vgl. Matthias Kilian, Von der Beliebtheit und den Effekten einer Promotion zum Doktor der Rechte, JuS,2017,S.191.

学博士能够获得成为教授的入门资格，即进入“教授资格认证”（habilitation）阶段或直接成为“青年教授”（juniorprofessur）。[37]

（二）德国法学博士生评价的主体、内容与方法

鉴于德国各大法学院对博士生的评价制度大同小异，笔者仍以慕尼黑大学法学院为例，窥探其博士生评价的主体、内容与方法。

1. 评价主体以有评价权的本院教师为主。慕尼黑大学法学院对博士生评价的主体包括博士学位委员会（promotionsausschuss）、博士论文鉴定人（berichterstatter）以及口试考核委员会（prüfungskommission）。其中，博士学位委员会不直接对博士生进行评价，主要发挥组织协调的角色，并负责对博士生录取、培养和毕业等诸多事项作出决定。博士生的实质评价主体为博士论文鉴定人和口试考核委员会，二者组成人员资格与指导博士生的导师资格相同，包括不同类别的教授和私人讲师（privatdozent）。[38] 两名博士论文鉴定人均由法学院院长（博士学位委员会主席）指定，其中第一鉴定人（erstberichterstatter）必须是博士生的导师本人，另一鉴定人原则上应为符合资格的本院教师，但博士论文涉及跨学科时也可以是其他学院的教师（《慕尼黑学位条例》第 12 条）。口试考核委员会由院长指定两名符合资格的教师组成，其中有一人可同时担任博士论文鉴定人（《慕尼黑学位条例》第 18 条）。

2. 评价内容以博士论文和口试为限。慕尼黑大学法学院对博士生评价的内容包括博士论文和口试两大部分。博士论文是博士生“深入、独立的学术成果”（《慕尼黑学位条例》第 10 条第 1 款）。口试则旨在考

---

[37] 德国大学教授职位具有极强的稀缺性，并贯彻严格的学术人才择优机制。“教授资格认证”是获得博士学位后的博士成为教授的传统路径，博士论文得到优秀等级（magna cum laude）的评定才有可能入选。此外，自 2002 年起，德国《高等教育框架法》（Hochschulrahmengesetz）引入“青年教授”制度，由于无须经历“教授资格认证”阶段，其博士论文必须被评定为最高的卓越等级（summa cum laude）。当然，德国也存在自身的问题，但主要集中在培养出足够优秀博士之后的环节，如防止人才流失至薪酬更高的国家、培育学术中层以及拓展学术职称晋升途径等。相关探讨，参见陈莹：《让学术道路更具吸引力：德国学术后备人才体系改革研究》，载《比较教育研究》2022 年第 3 期。

[38] 参见《慕尼黑博士学位条例》第 11 条和《拜仁州高校人事法》（BayHSchPG）第 2 条。

察博士生口头表达和解释法律问题的能力,内容上不得涉及博士论文的主题,而是由博士生在民法、公法、刑法或其他基础法学学科领域中自行提出三个主题,之后由院长和口试考核委员会达成一致后选择其中一个作为考察对象(《慕尼黑学位条例》第16条)。有必要说明的是,这种口试方式仅为德国法学院博士生口试类型的一种,另一种口试类型与我国相似,即由博士生针对博士论文的内容进行答辩。例如,《基尔大学法学院博士学位条例》第19条就规定:"答辩(Rigorosum)指用德语针对已接受的论文进行口头答辩,同时考虑到欧洲法律的维度、法律原则及其应用的方法。"尽管两种口试类型的考核内容不同,但考核目的和形式是差不多的。

3. 评价方法强调分级"鉴定"与公开。慕尼黑大学法学院对博士生进行评价的方法主要体现为分级"鉴定"和公开两大方面。顾名思义,分级"鉴定"包括两大核心要素,即鉴定和分级评价。在博士生提交博士论文后,两位博士论文鉴定人应当在6个月内出具鉴定报告(gutachten),给出完全接受、附修改条件接受或者拒绝的结论,并给出具体理由和评分(《慕尼黑学位条例》第13条)。若两位鉴定人均作出拒绝结论,则该博士生的攻读博士关系(promotionsverhältnis)和攻读博士程序(promotionsverfahren)均告终结;若两位鉴定人作出完全相反的结论且不能达成一致,则交由博士学位委员会决定,院长也可以决定再邀请一位博士论文鉴定人;若两位鉴定人给出的评分等级不同,院长可以决定再邀请一位鉴定人,但评分等级差异超过一个等级的情况下则必须重新邀请一位鉴定人(《慕尼黑学位条例》第14条)。口试的考核方式较为简单,首先由博士生就已选定的主题进行不超过20分钟的报告,后续则围绕相关法学问题展开讨论(rechtswissenschaftliche aussprache),讨论时间通常持续15~25分钟(《慕尼黑学位条例》第16条)。

就分级评价而言,《慕尼黑学位条例》第19条规定了五个评分等级,前四个等级意味着通过,第五等级则意味着未通过。每个评分等级都有明确具体的含义,对应着所评价博士生具备的能力说明(见表1)。该评分等级同时适用于博士论文和口试,博士论文和口试必须同时通过考核才能够获得最终的评分等级。在计算综合评分时,博士论文占比为70%,口试占比为30%。

表1 慕尼黑大学法学院博士生评分等级表

等级	含义
第一等(summa cum laude)	极为出色的成果
第二等(magna cum laude)	特别值得认可的成果
第三等(cum laude)	良好的成果
第四等(rite)	满足平均要求的成果
第五等(insuffizienter)	存在重大缺陷,整体而言无法采用的成果

就公开制度而言,具体体现为三个方面:博士论文陈列((《慕尼黑学位条例》第15条))、博士论文出版(《慕尼黑学位条例》第21条)以及口试公开(《慕尼黑学位条例》第16条第4款)。具体而言,博士论文陈列指博士论文获得鉴定人接受意见后,应将博士论文、鉴定报告以及博士学位授予相关文件(promotionsakte)在法学院陈列,供任何感兴趣的人查阅。学校授课时段(vorlesungszeit)的陈列时长为两周,在非授课时段则需延长至四周。若在陈列期间内没有享有评价权的人以附书面理由方式提出异议,博士论文即获得接受。博士论文出版制度具有举足轻重的地位。原则上,只有博士论文满足出版要求后,该博士才有资格使用"法学博士"(Dr. iur.)头衔(《慕尼黑学位条例》第22条)。《慕尼黑学位条例》第21条就博士论文的出版时间、前提条件和公开方式均有较为详细的规定(见表2)。

表2 慕尼黑大学法学院博士论文出版要求

事项	规定
出版时间	博士学位考核结束后1年内;博士学位委员会可依博士生申请最长延长至3年
前提条件	鉴定人曾给出附修改条件通过结论的,必须按要求进行修改并获得第一鉴定人(导师)的确认;任何其他修改同样也需征求导师的同意

续表

事项	规定	
公开方式	原则性要求: 1. 能够被慕尼黑大学的成员易于获取 2. 能够被专业领域内人士易于获取	具体规定: 1. 向慕尼黑大学图书馆免费提供三份印刷装订的博士论文 2. 通过以下四种方式之一出版: (1)专业杂志(zeitschrift) (2)系列丛书(schriftenreihe) (3)单独出版物(einzelveröffentlichung) (4)慕尼黑大学博士论文电子出版平台 3. 应当保持向图书馆提交的纸质版论文与出版的论文内容一致

四、反思借鉴:我国法学博士生评价制度的重塑

通过历史与现状的考察,不难看出我国"强制性"期刊发表制度已演化为影响博士生学术成长环境的重要因素。而通过对比考察德国法学博士生的评价制度,则可以观察到其与我国不同的制度理念与内容,相关不同之处值得我们认真对待,并作为重塑我国法学博士生评价制度的镜鉴。

(一)我国法学博士生评价制度的功能异化

概言之,德国的法学博士生评价制度是以培养院校(具体为导师和有评价权的教师)为评价主体,以博士论文和口试为评价内容,以分级"鉴定"和公开制度为评价方法的"三位一体"博士生评价体系。德国法学博士生的角色定位为学习者,而非学者,因此不要求也不期待博士生撰写期刊论文。除通过口试外,博士生获得博士学位的核心依据是构成深入、独立学术成果的博士论文。通过分级"鉴定"制度,培养院校既是对博士生学术能力进行区分评定,也是以自身声誉为相关评定提供背书。而借助公开制度,特别是博士论文出版制度,不仅可以发挥第三方监督作用,还可以真正发挥博士生培养的公益价值,一本本博士论文在时间长河中汇聚成令人难以想象的巨量智识宝库。更直白地讲,德国的博士生培养制度是以投入大量国家公共资源及授予博士学位为"对

价”,“换取”一部符合深入、独立学术成果标准并成为公共知识产品的博士论文。德国法学博士的就业途径较为多元,只有极少数学术能力出众且有意愿从事学术职业的法学博士会选择继续以学术作为自身的职业。从功能角度来看,德国法学博士生评价制度有效发挥了博士生学术能力培育和人才分流两项核心功能,也充分实现了博士论文所带来的公益价值。

相较而言,我国的法学博士生评价制度以期刊论文发表为中心,深度绑定期刊的等级分类及量化指标,即论文发表期刊级别越高、数量越多,就对该博士生的评价越高。而博士论文却成为兜底性辅助评价的对象,除了极少数博士论文会被评为优秀毕业论文外,绝大多数博士论文都相当于获得“通过”的评价。而且,多数博士论文均成为尘封的“历史性档案”,仅有少数博士论文会通过数据库收录、出版等方式成为易于被公众获得的公共产品。有研究指出,博士生过早地由学习者角色转变为研究者角色是“危险”的,难免会变得更加短视,也难以形成对学科的总体性判断与预见。[39] 必须认识到,“发表是成长的产物,是先有成长,而后有发表的”。[40] 我国多数法学博士生在期刊发表与博士论文写作的双重压力下进退失据,往往既未取得良好的期刊发表成果,也未写出高质量的博士论文,除了最终获得博士学位外,并未留下较多有价值的东西。因此,从功能角度来看,相较于前述德国法学博士生评价制度,我国以“强制性”期刊发表为核心的法学博士生评价制度发生了严重的功能异化,既未能有效发挥学术人才培育和分流的核心功能,也未能实现博士论文所能够发挥的公益价值。

(二)我国法学博士生评价制度重塑的具体展开

笔者认为,我国法学博士生评价制度的重塑应回归学术人才培育和分流的功能定位,围绕评价主体、内容与方法三方面展开:一是培养院校

---

[39] 参见张茜:《理想与现实之间:博士生学术职业社会化的张力及其消解》,载《大学教育科学》2022 年第 3 期。

[40] 徐雨衡:《年轻学者如何面对学术成长与发表》,载微信公众号“法学学术前沿”2022 年 8 月 5 日,https://mp. weixin. qq. com/s/eQwLPEigNUMBs0yGvkrYsA? scene = 25#wechat_redirect。

应收回对博士生的评价权。二是评价内容应以博士论文为主,并辅以一到两篇小论文作为培养学术能力的过程性学术成果。三是博士生在读期间的所有学术成果均应分级评定且予以公开。

1. 培养院校应收回对博士生的评价权。如前所述,由于"强制性"期刊发表制度占据我国法学博士生评价制度的核心地位,期刊编辑和学术期刊评级机构实际上掌握了对博士生的学术评价权,各大培养院校仅仅是进行形式审查后予以确认。这一评价方式与民事司法中广受诟病的"以鉴代审"乱象颇为相似。笔者认为,当下各大培养院校将对法学博士生的评价权"外包"的现象亟须得以纠正,主要理由如下。第一,培养院校是高等教育的法定实施机构(《高等教育法》第 18 条第 1 款),理应作为博士生评价的直接主体。法学博士生是培养院校招收的研究生,通过院校的培养"掌握本学科坚实宽广的基础理论、系统深入的专业知识、相应的技能和方法,具有独立从事本学科创造性科学研究工作和实际工作的能力"(《高等教育法》第 16 条第 3 款)。作为法定的高等教育实施机构,将对博士生的评价权"外包"是推卸法定义务,不具有正当性。第二,拥有博士点的培养院校是对博士生直接进行学术评价的适当主体。我国拥有博士学位点的法学院都拥有相当数量的博士生导师。相对而言,这些博士生导师的学术眼光、学术能力都高于普通期刊的编辑,很多博士生导师本身也担任核心期刊的编辑或审稿人,完全具备对博士生进行评价的能力。第三,仅仅是出于纯化博士生学术成长环境的考量,培养院校也应当收回对博士生的评价权。由于当下培养院校较为关注博士生期刊论文发表的结果,使博士生过早地卷入学术期刊发表"位置、权力、关系与惯习"交织的场域之中,[41]而学术期刊发表市场的供需又极度失衡,能否发表的决定因素也势必趋于复杂多元。这些客观因素使广大普通法学博士生长期处于精神内耗和"内卷"的状态之下,学术成长环境亟须得到改善。

2. 评价内容应以博士论文为主,以小论文为辅。在取消"强制性"

---

[41] 参见陈亮:《场域理论视阈下的研究生学术不端行为深度透视》,载《现代大学研究》2017 年第 5 期。

期刊发表后，清华大学明确“学位论文是进行学位评定的主要依据”，而“（以学术期刊论文、学术会议论文、专著、专利、作品、研究报告等多种形式的）相关学术成果可以作为评价学位论文水平的重要参考”。[42] 笔者认为，该规定回归了对博士生学术评价的本质。博士学位论文是我国授予博士学位唯一明确的法定审查对象，其核心地位不言自明，《学位条例》第 9 条、第 10 条以及《学位条例实施办法》第 13 条、第 14 条都对此进行了具体规定。至于针对法学博士生的参考性评价对象，旨在训练博士生学术研究能力的小论文是较为恰当的形式。具体而言，北京大学法学院制度化的博士生论文讲评制度值得借鉴推广，在此结合笔者自身经历对该制度的实施情况予以简要介绍。[43]

北京大学法学院诉讼法专业包括刑事诉讼法和民事诉讼法两个专业方向，全部导师（目前共八位博士生导师）共同组成导师组对博士生进行指导。博士生在第一学年应在诉讼程序法和证据法两个领域内各选择一个题目撰写小论文，并在第一学年春季学期结束前提交给导师组。导师组审阅博士生提交的论文后，会安排时间对博士生进行面对面的集体指导。具体而言，博士生先进行简短的口头报告，之后由导师组针对论文和报告进行提问、点评，提出修改意见。此外，也会有互动性的答疑解惑，论文写作技巧与经验的传授，等等。最后，导师组评议后会就博士生提交的两篇论文给出成绩评定，并以此作为两门博士生课程的成绩。总体而言，论文讲评制度使博士生有机会得到多位导师面对面的指导，得到学术研究经验传授，观摩导师组对其他博士生的指导，也在一定程度上起到促进导师之间、同辈之间交流的积极作用。若“吹毛求疵”的话，该论文讲评制度也有不足之处，比如，虽有成绩评定，但只是作为

---

[42] 《清华大学研究生申请学位创新成果标准规定》（清校发〔2020〕11 号）第 3 条和第 4 条。

[43] 官方性介绍，可参见《北大研究生教育探索与实践丨法学博士培养综合改革：以论文写作培养为中心的“组合拳”》，载北京大学研究生院官网 2020 年 9 月 30 日，http://grs.pku.edu.cn/ztbd/346296.htm。

课程成绩之需要,不具备下文所述的实质评价功能。[44]

3.所有学术成果均应分级评定并予以公开。若要有效筛选出适合以学术作为职业的人才,就必须对博士生的学术成果(包括博士学位论文和小论文)进行实质评定。就博士学位论文而言,我国高校通过匿名评审制度进行质量把控,虽然匿名评审制度得到严格贯彻,主要起到对博士论文进行质量底线把关的作用,可以决定性影响博士生能否取得博士学位,但仅做到这一点无法兼顾学术评价的科学性,[45]也难以体现对博士学位论文质量的评价。就小论文而言,期刊发表的等级成为绝对压倒性评价标准,基本是以形式化标准取代实质评价。从改革的角度来看,无论是博士学位论文还是小论文,有清晰明确定义的分级评定制度值得采用(具体可考虑参考前述表1所列《慕尼黑大学法学院博士生评分等级表》)。

与分级评定制度密不可分的是公开制度。我国已有博士论文答辩原则上应当公开的规定(《学位条例实施办法》第14条第3款),但仍欠缺博士论文陈列和出版制度。博士论文陈列是博士论文答辩前的有限范围公开(如在图书馆陈列两周),旨在让感兴趣的人在博士论文答辩前有机会了解相关博士论文的内容。更具意义的是博士论文出版制度,但结合我国的实际情况,可以给予博士生在通过论文答辩后合理充裕的时间进一步修订完善(原则上不超过3年为宜)。在博士论文的公开形式上,可以借鉴德国的多种形式,既可以在不同层级的出版社公开出版,也可以通过网络电子平台进行公开,只要能够满足易于获取的标准即可。

除了博士学位论文,其他博士生学术成果(主要指小论文)也应当在进行相应的等级评定后予以公开。有必要稍微展开讨论的是公开形式。在数字时代,信息传播理应变得更为便捷高效,不应该为追求期刊

---

[44] 其实,只需要进行微小的制度调整,论文讲评制度的成绩评定就能够发挥实质性评价功能,即在论文讲评后给予博士生相对充分的修改时间(如三个月),并针对修改后重新提交的论文进行分级评定。

[45] 参见赵志超:《中国博士学位论文匿名评阅制度的目标与效果研究》,载《教育现代化杂志》2018年第5期。

的承认而阻碍学术的传播，[46]在电子学术平台发表学术成果理应成为未来学术发表的趋势。[47] 事实上，电子学术平台有着诸多传统纸质学术期刊难以比拟的优势，电子学术平台能够更充分地发挥学术评价、学术批评以及社会公益等价值，至少包括以下几项优点：第一，效率高，发表学术成果无须申请刊号，也无须“以书代刊”，博士生的学术成果只需要得到导师（组）的认可，即可在互联网平台公开发表。第二，易于学术成果的传播，这一点在当下信息时代可以说是不言自明的。第三，更容易促成交互性的学术交流，通过读者留言、作者回应等功能设置，可以促进作者和读者的学术交流与对话。基于这种交互式的学术对话，作者甚至可以及时对论文正文进行修正（只需体现出修改历史即可），当然作者也可以决定将论文定稿，让作品拥有独立的“生命”。事实上，诸多高校已经建立了电子学术平台，[48]只需在制度层面上进行革新，即可扭转当下博士生论文公开发表的困境。

（三）期刊发表宜转型为评价制度外的自愿选项

当然，考虑到我国重视期刊发表的现状与传统，似乎也无必要完全禁止博士生发表期刊论文，但应当明确期刊发表只是满足公开学术成果的普通方式之一，无论在何种等级的期刊上发表论文，都应当按照相同的评价程序接受培养院校的实质性分级评定。也就是说，即使发表在顶级期刊的论文，如果质量并非上乘，也只能在培养院校的评价体系中得到相应的低等级评定，这也可以成为对传统学术期刊的某种制约机制。

此外，当下部分学术期刊之所以呈现“傲慢”的姿态，也是由于“稿多人少”“稿多刊少”等客观现状导致其不可能真正关注到广大博士生群体，最多策略性地体现其对博士生群体仍抱有一定的关切。因此，在

---

[46] 参见项飚：《为承认而挣扎：社会科学研究发表的现状与未来》，载《澳门理工学报》2021年第4期。

[47] 方流芳教授持类似观点，参见《研究生办刊与学术发表：困境与出路——〈研究生法学〉青年学苑第二期研讨会录音整理稿》，载《研究生法学》2017年第6期。

[48] 例如，北京大学建设了北京大学学者主页网（http://scholar.pku.edu.cn/），完全可以在该网站现有基础上为博士生设置专区，配备一定的专业编辑团队，即可用于发表经导师组评定后的学术成果。如果更放飞想象力的话，建成一个服务于全国法学博士生的线上学术成果展示、互动交流平台也并非不可期待。

制度上不鼓励博士生进入期刊市场,发表期刊论文不会使博士生获得明显收益后,还有必要通过设置适当审稿费的市场化调节机制来改善投稿行为与审稿行为。当下,绝大多数法学和人文社科综合学术期刊都公开声明不收取任何审稿费,看似“免费”,但也存在“收稿不审”“审稿不拒”“拒稿无理由”等不专业行为,导致不少博士生采取“广撒网式”投稿策略,进一步增加各大学术期刊的收稿量,在这一恶性循环中耗费的时间精力又何其昂贵。而通过设置适当的审稿费,一方面可以抑制随意投稿行为;另一方面,期刊也应当履行对投稿人的及时反馈义务,提高外审专家的审稿报酬,提升给予审稿实质反馈的比例,从而形成期刊投稿、审稿和反馈的正向循环。

五、结论与呼吁

平心而论,本文在自我观察和域外借鉴基础上所论证的博士生学术评价机制改革方案并不会减轻法学博士生群体的整体压力,但相信能够让大多数法学博士生在学术成长过程中找到自身的定位与出路,有学术潜力与野心的博士生能够更从容地潜心研究,敢于从事有挑战性的研究工作,而并不以学术为志业的博士生也能够将重心回归到基本学术能力的提升上,在完成法学博士学位授予标准的学术研究成果后即能够顺利毕业,开启新的职业道路。博士生的所有研究成果都以培养院校的分级评定作为“质量鉴定”证明,并借由公开制度成为易于获取的公共产品,既是接受公众监督,也旨在发挥社会公益价值。与此同时,本文主张的博士生评价制度还可能产生积极外部效益,由于数量庞大的法学博士生基本退出期刊发表市场,能够为当下受到更为残酷量化科研考核困扰的青年教师群体[49]释放相当体量的“市场供给”(主要为非 CLSCI 期刊),

---

[49] 对量化科研考核造成科研与教育资源双重浪费的深刻分析,参见茅少伟:《量化的科研考核与无法量化的教育浪费》,载微信公众号“STL 中国法”2021 年 3 月 17 日,https://mp. weixin. qq. com/s/FcPCe4eFrS1JdUg6QGTANw。

从而缓解法学青年教师群体面临的困境。[50]

理想的博士生评价制度应当简单、直接、实质取向并充满人文关怀。作为学习者的博士生并不亟须获得期刊的承认，更需要的是导师（组）的指导与承认，更加真实、准确、深刻地认识自己，获得足够的信息与信心，以确定获得博士学位后合适的职业选择。过早地让尚未做好准备的博士生“卷入”期刊发表市场，无助于法学学术后备人才的培养，自然也不可能有助于我国法学研究良性学术生态的形成。笔者期盼，国内精英法学院能够引领博士生评价制度的实质性改革，告别“强制性”期刊发表制度。

Farewell to“Compulsory” Journal Publication?

—The Dilemma and the Way Out of the Evaluation System of China's Ph. D. in Law

Xia Zhiyi

Abstract: The “compulsory” journal publication system has become a core factor that affecting the academic growth environment for China's Ph. D. in Law. As a strong country in the cultivation of Ph. D. in Law, Germany has its evaluation system which worth to learn. The academic evaluation system for China's Ph. D. in Law should have two core functions: cultivating

---

[50] 当下，我国法学学术生态链上的所有人（包括但不限于博士生、非长聘岗中青年学者、长聘岗学者和部分司法实务界人士）都卷入期刊论文这一高度同质化的狭窄赛道中，这无疑是学术生态严重异化的表现。在学术分工意义上，获得长聘教职的教授无须在时间压力下量化生产标准化的学术产品，或许可以更多地投入其他更有价值的事业之中，如推动法律变革，人才培养，撰写并持续更新专著、教材、法律评注等学术产品，促进国内外学术交流，等等。类似观点，参见侯猛：《法学圈到底有多“卷”》，载微信公众号“中国法律评论”2021年4月18日，https://mp.weixin.qq.com/s/ROAJFhU_xcR5r851qlUHpQ?scene=25#wechat_redirect。

and screening academic talent. Specifically, Chinese law schools should take back the academic evaluation power of doctoral students, and the evaluation contents should mainly focus on the doctoral dissertation, supplemented by short articles. The academic achievements of doctoral students should be graded and made public. Journal Publication in the information age is not the same as journal publication, and electronic academic platforms are an ideal way to showcase doctoral students' academic achievements. In addition, journal publication should be transformed into a voluntary option outside the evaluation system, and it is recommended to introduce market mechanisms to regulate doctoral students' submission behavior such as "casting the net a lot wider" and unprofessional review behavior of academic journals.

Key Words: "compulsory" journal publication; Ph. D. in Law; the evaluation of doctoral students

教学研究

习近平法治思想概论课程的案例教学法*

郭　晔**

摘　要：习近平法治思想概论课是统领法学专业课程体系的“法学第一课”，兼具法学专业教育和思政教育的双重功能，具有历史和现实相贯通、国际和国内相关联、理论和实践相结合的课程特征，肩负着以习近平法治思想“三进”推进中国法学教育现代化的课程使命。案例教学法体现了该门课程的本质规律和要求，我们探索以“中国特色社会主义法治体系”为框架，建构习近平法治思想概论课程的案例体系（库）。把案例教学贯穿于本课程教学全过程，使之成为课程典范，要做到坚持“问题导向”教学线索、坚持“双向互动”教学模式、坚持“三维一体”教学目标、坚持“多元共治”教学设计、坚持概论课与其他法学专业课深度融合。

关键词：习近平法治思想　案例教学　课程思

---

* 本文系2021年中央高校基本科研业务费专项资金资助（批准号：2021NTSS25）、2022年教育部哲学社会科学研究重大专项项目“习近平法治思想的基础理论和核心要义研究”（项目编号：2022JZDZ001）的阶段性成果。

** 郭晔，北京师范大学法学院副教授，法学博士，北京市习近平新时代中国特色社会主义思想研究中心特约研究员。研究方向：法理学、法社会学、法学方法论。

政　法学教育现代化

习近平法治思想概论课(以下简称概论课)是统领法学专业课程体系的“法学第一课”,已于2021年秋季学期面向法学专业学生开设。这是我国在法学课程思政上的原创性探索,是中国法学课程体系的一场深刻变革。如何上好概论课,让习近平法治思想真正入脑入心、有理有趣,成为法学课堂教学的重要课题。从中国法学教学改革发展的规律来看,概论课可借鉴的教学方法有很多,问题的关键在于抓住这门课的本质特征,以找到最契合习近平法治思想教学目标的方法。本文从教学实践出发,以“案例教学法”为切入点,探讨“概论”教学高质量发展的方法路径,探索中国法学教育现代化课程建设的可能思路。

一、案例教学引入概论课的理论基础

在概论课上应用案例教学并不是突发奇想、随意为之,而是反映了这门课的本质、特征和意义,具有科学的理论基础。不是什么课程都适合用案例教学法,我们必须从课程的本质属性中寻找是否适用的答案。不是什么课程都能用好案例教学法,我们需要把握课程内容所具有的特征,才能回答“案例”从何而来、如何来用的关键问题。不是什么课程都需要回到案例中获得真知,我们需要根据课程本身的理论和实践意义作出判断。这正是我们在具体展开案例教学法之前,必须对其理论基础进行分析的重要原因。

(一)概论课兼具法学专业教育和思政教育的双重定位

习近平法治思想是习近平新时代中国特色社会主义思想在法治领域的具体体现,是全面依法治国的指导思想和根本遵循,是当代马克思主义法治理论、21世纪马克思主义法治理论。以习近平法治思想为主题的概论课因而也就具有了双重身份。一方面,概论课必然是高校马克思主义教育的重要组成部分,是一门塑造世界观、人生观、价值观的意识形态课程,具有鲜明的政治属性,堪称“法学思政课”。概论课必然要以“十一个坚持”为核心要义、以马克思主义辩证法为基本方法、以中国式法治现代化为依托，讲清楚为什么要实行全面依法治国、怎样实行全面依法治国的基本道理，增强学生尊崇法治、践行法治、捍卫法治的信念。另一方面，概论课必然是中国法学专业课程体系的统领和核心，这也是教育部设计“1+10+X”法学核心课程体系的初衷所在。法学专业课的本质是培养法学思维，目的在于培养中国特色社会主义法治的建设者和接班人。所以，概论课是“思政课”和“法学专业课”的统一，这是其课程的本质属性。

从目前高校教学实践来看，无论是思政类课程还是法学专业类课程，案例教学都是不可或缺的重要教学方法，只是二者所选择的案例类型和应用案例的方式有所不同。思政类案例教学注重“以案说理”，目的在于通过讲故事的方式讲道理，“让抽象的知识变得具体，晦涩的理论变得通俗，空洞的道理变得形象，使思政课更接地气、更有说服力”。① 习近平总书记指出，思政课的本质是讲道理。教师在教学中要把统编教材作为依据，确保教学的规范性、科学性、权威性……教材给出的是教学的基本结论和简要论述……需要做很多创造性工作。② 设计并应用直观的案例把抽象的道理讲明白、讲清楚、讲透彻，就属于这种创造性的工作。与之不同，法学专业类（尤其是部门法学）案例教学注重“以案释法”，目的在于培养法律职业共同体所共享的法律思维，“其主要功能是辅助掌握法律知识点，并帮助进行法律推理的实际操作训练，为法科学生以后的职业生涯奠定基础”。③ 部门法学和法学方法论中的案例分析，紧紧围绕实在法展开，“目光在规范和事实间来回流转”是法律人作出法律判断的思维模型。有学者曾指出法学的科学转型，即让法学的知识兴趣从政策定向转向司法定向，使法学视角返归实在法以及法学向方

---

① 张苗苗：《论思想政治理论课案例教学的原则与限度》，载《思想理论教育导刊》2021 年第 3 期。

② 参见习近平：《坚持党的领导传承红色基因扎根中国大地　走出一条建设中国特色世界一流大学新路》（2022 年 4 月 25 日），载《人民日报》2022 年 4 月 26 日，第 1 版。

③ 朱振：《法理型案例与新型案例教学法》，载《中国大学教学》2022 年第 9 期。

法的回归。[④] 法学的科学旨趣也决定了法学内的案例选择必然是“司法偏好”的,“法官”作为“法律帝国的国王”同样统治了法学专业教育的疆域,不反思实在法前提的教义学思维成为案例分析的旨归。以上可见,运用“案例教学法”是思政类课程和法学专业类课程共同的经验,只是在案例适用方式和教学目标上有差异。

由于案例教学法既适用于思政教育,也适用于法学专业教育,因而,必然适用于具有思政教育和法学专业教育双重身份的概论课程之上。但是,案例教学法的“可适用性”并不意味着照搬照抄思政课或法学专业课的案例教学模式。因为,“以案说理”和“以案释法”不可能机械地叠加于概论课堂中,而必须发挥两种教育案例教学的集成优势,找到科学而有针对性的案例教学法。

(二)概论课具有“历史和现实相贯通、国际和国内相关联、理论和实践相结合”的课程特征

历史和现实相贯通、国际和国内相关联、理论和实际相结合,既是习近平法治思想形成发展的科学方法,也是习近平法治思想的内在逻辑。习近平法治思想坚持历史唯物主义,深入考察人类法治发展演进的基本规律、中华民族法治兴衰的历史规律、中国法治建设的时代规律,与新时代全面依法治国的现实规律相映射,是历史和现实相贯通的典范。习近平法治思想坚持文明互鉴、兼容并蓄,既借鉴了人类法治文明的世界成果,又研判世界百年未有之大变局、中华民族伟大复兴之战略全局,提出统筹推进国内法治和涉外法治、加快建设国际法治、构建人类命运共同体的战略思想,是国际和国内相关联的典型。习近平法治思想是根源于实践、运用于实践、在实践中经受检验、在实践中创新发展的法治理论,前所未有地系统总结了我们党一百年来领导人民进行新民主主义法制和社会主义法治建设的实践进程,是理论和实践相结合的范例。张文显教授敏锐指出,历史和现实相贯通、国际和国内相关联、理论和实际相结合的内在逻辑也是概论教材和课程的重要特征,并理应转化为把

---

④ 参见舒国滢:《并非有一种值得期待的宣言——我们时代的法学为什么需要重视方法》,载《现代法学》2006 年第 5 期。

习近平法治思想讲深讲实讲活的教学方法。⑤

案例教学法之所以能成为概论教学的“良方”，正因为“案例”恰好契合了“历史和现实相贯通、国际和国内相关联、理论和实践相结合”这三个特征：首先，流淌于人类法治文明史、中华法治文明史、中国社会主义法治建设史中的法治故事，既是过去法治的叙事，也是现实法治的反映，体现出时间维度上的规律延展性，具有历史和现实相贯通的可能性。其次，发生于全球化进程中的国内外法治案件、涉外法治事件、国际法治动态，既关系世界法治发展，又关乎我国法治建设，展现出空间维度上的法理相关性，具有国内和国际相关联的必然性。最后，案例均源于实践，是实践的表达，且蕴含着规律、道理、本质，是具体实践经理性加工而成的微观具象，其本身就是理论和实践相结合的产物。正如有学者所言，这十年，是中国法治建设战略实现历史性转变的十年，是中国特色社会主义法治体系建设取得历史性进展的十年，是中国法治工作质量效率取得历史性突破的十年，是中国法治保障经济社会发展能力实现历史性提升的十年，因而是社会主义法治国家建设实现大跨越大发展大进步的黄金十年。⑥ 新时代法治中国建设实践为我们提供了幅员辽阔的法治景观，案例正从此来。由此观之，案例是阐释习近平法治思想最好的知识和方法载体，案例教学法是讲授习近平法治思想的最佳方式，可以达到事半功倍的效果。只是如何将这些散落在历史、现实、实践中的案例进一步类型化、体系化，是值得进一步探索的重要课题。

（三）概论课肩负着构建自主性法学知识体系的课程使命

把概论课纳入法学核心课程体系并确认其统领地位，不只是一堂课的创新，也是法学教育体系的创新。党的二十大报告明确提出“教育、科技、人才是全面建设社会主义现代化国家的基础性、战略性支撑”以及“坚持为党育人、为国育才，全面提高人才自主培养质量”，为新征程上法学教育指明了发展方向。习近平总书记在 2016 年 5 月哲学社会科学

---

⑤ 参见张文显：《如何讲好〈习近平法治思想概论〉》，载《中国大学教学》2021 年第 9 期。

⑥ 参见黄文艺：《中国法治这十年》，载《中国司法》2022 年第 8 期。

工作者座谈会上的讲话和在2022年4月考察人民大学的讲话中,都特别强调了"建构自主性知识体系"。但问题的关键在于,如何形成自主的知识体系,特别是如何在中国已有的法律体系和法治实践基础上,建构自主性的法学知识?

我们必须回到法学的谱系中寻找答案。从法学成长的规律来看,法学是实践理性的学问,抽象的法学理论进步无时无刻不在经验的积累中取得进步,案例是从感性经验到理性知识的重要环节,是对本土法治制度资源的理性集成,必将是自主性知识体系积累的必要步骤。从世界范围来看,以"遵循先例"为特征的英美法系国家自始至终重视案例教学,而以法教义学为特征的大陆法系国家也越来越重视鉴定式案例研究。在我国,经典案例研究和教学应用一直是法学课堂的重点。可见,从案例研究中汲取营养是法学前进的根本动力所在,也是世界范围内的法学教育共识。基于本土的案例研究和教学,有利于总结中国特色社会主义法治实践规律,传承中华法律文化精华,汲取世界法治文明有益成果,并真正地推进中国法学自主知识体系的建构。2017年5月,习近平总书记在中国政法大学调研时指出,法学是实践性很强的学科,要打破高校和社会的体制壁垒,把社会主义法治国家建设实践的最新经验和生动案例带进课堂教学中。2021年12月,习近平总书记在党的十九届中央政治局第三十五次集体学习时指出:要总结我国法治体系建设和法治实践经验,阐发我国优秀传统法治文化,讲好中国法治故事⑦,这也是对我国法学教育界提出的具体要求。中国法治人才队伍必须扎根中国本土,而落实到法学教育上来,第一步就是让本土法治实践成为学生研读的对象,让同学们在课堂上沿着"从实践到理论""从具体到抽象"的科学认识路径,重燃知识的火种。概论课不但不应消解实践理性,而是要用马克思主义辩证法将法学的实践理性思维提升到新的境界,让同学们感受到知识从实践中生成的乐趣。中国法学教育现代化,既要注重新时代直接的法治理论创新,也要善于从实践中提炼案例,形成中国自主性知识

⑦ 参见习近平:《全面推进中国特色社会主义法治体系建设》(2021年12月6日),载《习近平谈治国理政》(第4卷),外文出版社2022年版,第304页。

生成的理性土壤。

二、建构习近平法治思想概论课程的案例体系

在明确了案例教学的重要意义之后，核心问题就是选择什么样的案例以及如何将这些案例类型化，并使之体系化。概论课不只是将案例作为辅助性手段，案例研发及其体系化建构也成为概论课案例教学的目的之一。

（一）案例从何而来

从表象上看，我们可以直接或间接选择的案例种类有很多，案例来源是多种多样的。例如，习近平总书记在关于坚持全面依法治国的系列讲话中讲到许多生动的法治故事，其本身就为案例挖掘提供了素材，这也是“用故事讲道理”的思政课常用的案例类型。再如，全国人大常委会法工委定期不定期公布备案审查或合法性审查案例，最高人民法院、最高人民检察院也都会出台典型性司法案例和指导性案例，这部分案例已经进入大学法学教育中。但是，概论课的案例教学不同于一般的思政课，也不同于普通的法学专业课，如果我们只是照抄照搬思政课或专业课的案例类型，可能会陷入这样或那样的误区。目前来看，可能的误区有三种。

误区之一是选择描述性的故事作为案例来源。这是一般思政课所采用的“讲故事”式的案例，其目的在于通过案例把道理揭示出来，使学生能够身临其境地领悟到马克思主义的理论境界，从而发自内心地坚定信念和信仰。但是，由于是对事实的整体或片段描述，难以展现习近平法治思想的法学思辨性，更难以在知识层面与法学所特有的利益衡量和价值判断结合起来，忽略了习近平法治思想作为法学专业课的重要性。比如，在讲到“坚持依宪执政、依宪治国”这一命题时，我们对案例的设计，不能仅停留于回顾党百年历史上依宪执政、依宪治国的故事，而要重点挖掘宪法是如何在中国大地落地生根的，尤其是宪法究竟在革命和建设过程中起到了怎样的作用、新中国成立初期的共产党人究竟是在怎样的境遇下决定制宪行宪，做到以“思维”启发学生而非以“故事”感染

学生。

误区之二是选择司法案例(如最高法、最高检发布的指导性案例)作为唯一案例来源。由于司法领域的案例在实践上并未覆盖所有法治环节,只是法治体系中非常有限的一部分,因而难以展开全面依法治国的实践图景。同时,这些案例的目的在于指导司法机关开展工作,因而具有很强的事务指导性,其展现的是围绕实在法而展开的法律教义学思维,尤其是以法律适用为特色的“法官思维”。习近平法治思想不只涉及司法层面的法律适用,更包含丰富的立法、执法、司法、监督、守法等各方面关切。因而,学生在概论课上所需要培养的不只是法官式的法律思维,更要培养法治思维、法理思维。这意味着,部门法学中惯常运用的法源性案例、鉴定式案例,难以完全适应概论课的培养目标。即便是可以直接援用的案例素材也要经过“转化”,例如,“聂树斌案”在法学课上是事实认定的证据问题,但在概论课上则更多是人权司法保障、诉讼制度改革问题,同一个案例由于切入的角度不同,在叙述方式和问题导入上存在较大差异。

误区之三是创造思想实验式的虚假案例作为案例来源。由于习近平法治思想是从实践中来,而非头脑演绎的产物,因而任何人工设计的思想实验并不具有实践性,从某种程度上并不适用于习近平法治思想的教学。例如,在法理学上喜闻乐见的“电车难题”“洞穴奇案”并不适合拿到概论课上讨论,它们所展示的是抽象的思维悖论却非现实的生活矛盾。不过,习近平法治思想同样可以为尚未真实发生的未来法治问题提供了方向,如人工智能、大数据、基因编辑、自动驾驶等新兴科技的法律规制路径和科技向善的核心法理。所以,概论课案例同样具有面向未来的时空延展性,却不是以想象的天空承载现实的厚重,而是用已知现实中升华的法理去驾驭在襁褓中尚未展开的现实。例如,在讲到科技与法治的关系时,我们可以从分析“贺某奎案”入手,来探究为什么要把科技伦理纳入全面依法治国系统工程中,并探究基因编辑的基本法理究竟是什么。

(二)以“中国特色社会主义法治体系”为总框架

走出案例选择误区的关键在于找到适合于习近平法治思想理论体

系和概论课程的案例范式，而这又取决于我们如何理解作为实践形态的全面依法治国和作为理论形态的习近平法治思想。换言之，我们要建构的习近平法治思想案例体系，既可以较系统地呼应全面依法治国实践，又可以较科学地回应中国特色法学基本理论。

从实践层面讲，全面依法治国涉及国家各方面工作的法治化，要解决政治经济文化社会生态各领域的法治问题，要贯通立法执法司法守法监督各环节的法治实践，必须要有一个总揽全局、协调各方的总抓手，这对全面推进依法治国具有纲举目张的重要意义，而这个总抓手就是党的十八届四中全会上提出的“建设中国特色社会主义法治体系”。习近平总书记在这次会议上对“建设中国特色社会主义法治体系”的科学内涵做了深刻阐释，即“在中国共产党领导下，坚持中国特色社会主义制度，贯彻中国特色社会主义法治理论，形成完备的法律规范体系、高效的法治实施体系、严密的法治监督体系、有力的法治保障体系，形成完善的党内法规体系”。⑧

从理论层面看，习近平法治思想是围绕“为什么要实行全面依法治国，怎样实行全面依法治国”这一主题展开的博大精深的科学理论体系，提出了一系列具有时代性、原创性、标识性的新概念新命题新话语。其中，最具代表性统领性的原创性概念是“中国特色社会主义法治体系”，它也成为我们站在新时代新的历史起点上构建中国特色法学体系的基本范式。在每一次与法治相关的中央会议中，构建中国特色社会主义法治体系都是重要论题，这也表明中国特色社会主义法治体系在当代马克思主义法学文献中的重要地位。正如张文显教授所指出的：“‘中国特色社会主义法治体系’不仅是一个统领法治建设全局的实践概念，而且是一个思想品位极高的理论概念，是实践创新与理论创新的统一。”⑨

我们在概论课上开展案例教学，必然要找到实践和理论的契合点，

---

⑧ 《中共中央关于全面推进依法治国若干重大问题的决定》，人民出版社2014年版，第4页。

⑨ 张文显：《在新的历史起点上推进中国特色法学体系构建》，载《中国社会科学》2019年第10期。

而以上论证表明,“中国特色社会主义法治体系”恰好为法治实践和法学理论所共享。一方面,在案例向法治实践延伸的线索上,包含立法、执法、司法、守法、法治监督、法治保障、法学教育等各环节,国家法治、区域法治、地方法治、国际法治各层次,法治国家、法治政府、法治社会、法治政党、依法治理等各领域,经济、政治、文化、生态、军事、安全等各法治体系,涉及依法治国与依规治党、依法治国与以德治国、安全与发展、改革与法治等各方面关系。另一方面,在案例向法学原理升华的线索上,包括全面依法治国的政治方向、重要地位、工作布局、重点任务、重大关系、重要保障等方面的重要论述,也内涵着法律思维、法治思维、法理思维,囊括了法律学、法治学、法理学的知识体系。从这两方面来看,习近平法治思想的案例必然可以“归入”中国特色社会主义法治体系中,案例研究将呈现为系统化的理论成果,既实现了全面依法治国实践的理论转化,又深化了当代马克思主义法学的实践基础。基于此,中国特色社会主义法治体系应当可以成为支撑起全部案例素材的总框架,沿着法治体系实践展开的图景,诸多法治故事和法治经验都可以“案例化”,成为可以讲授传播的重要素材。例如,当我们讲到“公正司法”时,就可以选择最高法和最高检的能动司法典型案例、司法救助典型案例,把司法机关在新时代国家和社会治理中扮演的角色讲清楚,把中国司法体制和样态与西方司法鲜明而具体地区分开来。

(三)主要案例类型及其体系构建

案例类型与体系的确立,只是在习近平法治思想基本原理和全面依法治国伟大实践之间为我们搭建了一座桥梁,但并没有有序地展开全部案例体系。我们需要解决的下一个问题就是,以什么样的标准将这些案例类型化和体系化。

全面依法治国首先意味着国家各项工作法治化,因而,根据案例涉及的法领域,可以横向分为政治、经济、文化、社会、生态、军事等领域的法治,也可以纵向分为依宪治国、科学立法、严格执法、从严监督、公正司法、依规治党、涉外法治等。但由于全面依法治国所涉及的主题非常宽广,即便是集中于“中国特色社会主义法治体系”所包含的五个方面,也可以细化为更多的主题,这样的分类在内在逻辑上较为松散,不利于进一步的体系化,因而只能算作“初步的”。

全面依法治国还意味着各类主体都要按照法治思维和法治方式行事,因而根据依法治国主体,可将所涉案例划分为以下几类:第一,党依宪执政、依法执政的案例,比如,1954年毛主席在杭州起草宪法文本的故事。第二,各级党组织和党员、立法者、执法者、司法者、监督者、企业、民众等角色依法治理、依法行事、依法交往的案例,比如,全国人大常委会处置辽宁人大选举贿选的案例。第三,国家、地区、国际组织的法治案例。此外,就习近平法治思想而言,还涉及历史上各类主体的法治案例以及习近平本人依法治县、依法治市、依法治省、依法治国实践中的案例。例如,习近平在浙江时创造的“浦江经验”就可以作为典型案例来讲授。以法治主体为分类标准的优势在于:其一,案例可以在全面性和开放性中张弛有度,不同法治主体的角色可以周延地全覆盖,而不同角色的实践案例可以与时俱进地不断扩充进来。例如,以立法者角色为例,这一角色下有中央立法和地方立法的二阶分类,中央立法又有不同法律部门的三阶分类,地方立法又有省市特区二阶三重分类,而每一阶主体都可以容纳从过去到未来的所有案例集合。其二,案例可以有机契合中国特色社会主义法治体系,立法者、执法者、司法者、监督者、党组织和党员等不同主体既可以恰好匹配到法治体系中,不同主体角色又可以贯穿整个法治体系。以国有企业为例,它是依法治企的主体,是法律规范体系的遵守者,是法律实施的对象,是法律监督的组成部分,在企业管理中也要制定企业章程并遵守党内法规,这一主体的法治实践可以在中国特色社会主义法治体系视域下形成完整的案例图景。其三,法治主体恰好也对应法治人才培养的目标,与课堂教学的对象相统一。建设一支德才兼备的高素质法治队伍是我国法学教育的总目标,而这支队伍恰好也是全面依法治国的主体,无论是立法者、执法者、司法者的法治专门队伍还是律师、公证员、司法鉴定人等法律服务队伍,以及法学专家队伍,都必然要在从事法治职业之前接受法学教育。我们在法学教育中以法治主体为角色进行思维训练,既具有法治职业思维和能力培养的针对性,也与当前部门法学从“法官”角色出发的教学思路一脉相承。

如果我们把国家各方面工作法治化形成的实践案例作为初步的“素材来源”,把参与全面依法治国的法治主体作为案例展开的“角色叙事”,那么,要建构起习近平法治思想的案例体系,还需要理性的“作业方式”,其决定案例将以什么样的方式排列组合。从这个意义上,我们可以将案例进一步分为四种类型:一是个案式案例,这是最简单且最常见的案例呈现方式。例如,“于欢故意伤害案”中,被告人于欢和社会公众都认为一审裁判结果量刑不当不公,二审改判既获得于欢认罪服判又获得公众一致点赞。该案表明,习近平总书记提出的“努力让人民群众在每一个司法案件中感受到公平正义”事实上包含两个方面,即让案件当事人切身感受到公平正义,让社会公众感受到公平正义就在身边。[10] 二是对比式案例,又有中外对比、纵向对比、横向对比三种。案例对比的目的是“区别”,通过对相似案例的相同点和不同点的挖掘分析,找到阐明这些区别的法治原理所在。例如,我们在讲授“依法治国和以德治国”的辩证关系时,可以考察某些地方的“外嫁女”无权参与农村土地分配的村规、伴娘在婚礼上可被任意骚扰的婚俗、婚丧嫁娶大操大办的习俗等,将以公序良俗为核心的社会自治规范作为社会主义核心价值观融入基层法治建设的典型案例,与中国古代德法共治的案例相对比,挖掘新时代德法关系的现代精神和中国特色。三是链条式案例,即多个案例由逻辑链条连接起来、依次推进,共同构成对某个基本原理的阐释和论证。例如,我们在讲授习近平法治思想中的生态法治理论时,便可以从立法、执法、司法、监督的法治运行逻辑出发,展开生态保护的法治案例。其中,既可以聚焦个案(如鄱阳湖污染治理),也可以设计不同案件到一个链条中(如立法、执法、司法、监督等不同环节各选择一个典型案例串联起来)。再如,我们在探讨“共同富裕的法治保障”问题时,便可以以立法、执法、司法、监督等环节为链条,展开浙江省共同富裕示范区法治建设的现实案例。四是集合式案例,即将习近平法治思想中的论题目录

---

⑩ 参见胡云腾:《习近平法治思想的刑事法治理论及其指导下的新实践》,载《法制与社会发展》2022年第5期。

化,形成阐释论证同一论题的案例子集,在此基础上也可以进一步形成案例数据库。我们可以在《习近平法治思想概论》教材目录中的论题的基础上,进一步细化为子目录,然后将案例素材列于子目录下,以方便课堂教学使用。

三、以案例教学打造中国法学教育现代化课程典范

案例教学是讲透、讲活、讲好习近平法治思想的重要抓手。作为教学方法的案例教学联结“理论”和“实践”、贯通“历史”和“现实”、比较“国内”和“国外”,恰当其分地展示出习近平法治思想内在的方法论。同时,它既紧密结合着传统法学思维训练的案例模式,又创新体现着法律思维、法治思维、法理思维训练的全面性,对打造中国法学教育现代化课程具有重要的参考意义。

(一)坚持“问题导向”教学线索

人类法治发展的过程,就是一个不断发现问题、回答问题、解决问题的过程。坚持问题导向,是马克思主义方法论的鲜明特征,是习近平法治思想所蕴含的重要世界观和方法论。当我们在课堂上讲述栩栩如生的案例时,实际上也是在回顾历史和时代为中国法治提出的问题,并通过解决问题而生成理性的认识。我们学习习近平法治思想,不是学习形而上学的教义,而是学习解决法治问题的智慧和方法。因而,“问题导向”是案例教学的内在线索,既以“问题链”规整松散而碎片化的案例,又真实再现了习近平法治思想的理论生成逻辑。

那么,如何坚持问题导向呢?第一种情况是,案件本身就是待解决的问题,而解决问题的思路最终形成了习近平法治思想的基本原理。这更多适用于涉及法治改革方面的案例。例如,党的十八大以来我们纠正了诸多冤假错案,但纠正错案并不是解决问题的根本之策,更重要的是防止错案。如何防止错案呢?我们可以对典型性的几桩案件进行分析,找到原有司法体制上的一些漏洞,从而推出“司法责任制改革”必要性及其内涵。

第二种情况是,问题提出后,选择实践中不同的解决方案作为案例,

然后通过“论辩”和“对话”找到最佳方案,并深化对习近平法治思想的正确认识。例如,关于“安全和发展的关系”问题,我们可以提出正反两方面的观点,正方是以社会治安较乱地区政府代表的“稳定压倒一切”,反方是以经济落后地区政府为代表的“发展是硬道理”,然后各自从自身利益出发展开辩论,最终找到基于共识的正确答案,即“发展是安全的前提,安全是发展的保障”,而这正是习近平法治思想所要阐明的原理所在。

第三种情况是,案例中包含着层层推进的问题和回答,因而案例讲解的过程也就是问题不断提出、原理不断生成的过程。习近平总书记指出,在认识世界和改造世界的过程中,旧的问题解决了,新的问题又会产生,制度总是需要不断完善⑪,于案例教学也是如此。例如,关于“党法关系”问题,我们可以从某些官员以权压法、以言代法的反面案例讲起,通过反面案例的分析,提出“党大于法”的假设命题。进一步分析表明,这个命题实际上是不合逻辑的“伪命题”。紧接着,我们可以继续追问前述案例的本质是什么?然后可以引用几例相似的“贿选案”,指明其本质不是“党大于法”,而是“权大于法”,从而将这两种判断区分开来。随后,再继续追问如何改变这种现象,并引出党法关系的正确认识,即“社会主义法治离不开党的领导,党的领导要依靠社会主义法治”。

问题导向的教学线索反映了马克思主义鲜明的实践性,其每一个原理都不是空想出来的,而是在解决具体问题过程中不断总结规律而产生的。我们的案例不是干巴巴的事例,而是这些规律的文本载体,只有在一环又一环的问题链条中,我们才能把这些规律揭示出来,让同学们更真实感受到习近平法治思想的真理性和实践性。

(二)坚持“双向互动”教学模式

习近平总书记强调,新时代以来,党的理论创新和实践创新是十分

---

⑪ 参见习近平:《关于〈中共中央关于全面深化改革若干重大问题的决定〉的说明》,载《人民日报》2013年11月16日,第1版。

生动的,我们的学习也应该是生动的,不能仅停留在记住一些概念和提法。⑫ 案例和原理是波澜壮阔的法治实践在课堂上的转化形式,案例呈现的是生动的法治现实,原理阐明的是深刻的法治道理,二者相互印证、彼此维系,共同构成了概论教学"机之两翼"。我们在讲授习近平法治思想的时候,不能"唯原理至上",避免沦为空洞的教条,也不能漫无目的地堆砌案例,否则就称不上"科学"。只有建立案例和原理"双向互动"的教学模式,将原理安置于案例之中潜移默化,将案例串联在原理之上娓娓道来,才能起到应有的教学效果。

根据案例和原理的关系,可以将教学模式细分为"阐释型模式""具体化模式""论证性模式"。"阐释型模式",就是用案例对法治基本原理进行分析和阐释,使其更容易理解。例如,"依法治国与以德治国的关系"需要讲清楚三个层次,一是法律和道德这两种规范的关系。二是法治和德治这两种治理方式的关系。三是依法治国和以德治国相结合的实践模式。我们在设计案例时,不是直接把核心价值观融入法治建设的典型案例照搬照抄过来,而是要蕴含这三个理论层次,从而阐明法治原理的实践逻辑。又如,"抓住领导干部这个关键少数"需要讲清楚两方面:一是领导干部的关键推动作用。二是领导干部的致命破坏作用,所以,就最好选择正反两方面典型案例,以阐明为什么要抓住关键少数。说到底,阐释型模式是建立在对基本原理的科学解释基础上的,重点是把案例按照分析原理的思路重构。

"具体化模式"是用案例将习近平法治思想中的某些一般性论断进一步具体化。与阐释型模式不同,具体化模式不以分析原理为必要前置步骤,而只是将一般性的论述转化为更有说服力的具体事例。例如,"我们党历来重视法治",为什么这么说?在教学中,我们需要具体化为中国共产党领导人民进行法治建设的历程进行描绘,而这种历史性描述就是对这个论断的具体化。再如,"民主立法"必然要求"开门立法",我们就可以列举民法典等法律制定过程中征求人民群众意见的数据作为案例

---

⑫ 参见习近平:《全面学习把握落实党的二十大精神 奋力夺取全面建设社会主义现代化国家新胜利》(2022 年 10 月 26 日),载《人民日报》2022 年 10 月 27 日,第 1 版。

素材。民法典编纂过程中,先后十次通过中国人大网公开征求意见,累计收到42.5万人提出的102万条意见和建议;《个人所得税法》修订草案通过网络公开征集意见,收到超过13万条意见建议。这些数据是我国新时代民主立法的真实写照,在人类历史上是空前的。可见,具体化模式所针对的法治论断并非理论上不易理解的原理,而只是需要更多的案例辅助说明,这是它与阐释型模式最大的不同。

所谓"论证性模式",就是在论辩中展开案例,从而为习近平法治思想的基本原理提供深度证成。习近平法治思想的理论魅力就体现在解决了许多法治实践中的难题,课堂上回溯这些难题正是为了验证理论的科学性和正当性。正是通过论证性模式,既能够增强学生对习近平法治思想基本原理的认同,也能够促进法学思维的培育,尤其是善于运用法理解决具体的法律问题。典型的案例就是"高空抛物的责任认定"难题,如何让受害者得到及时有效的补偿,又不至于让无辜者承担并非自己所为的责任和污名?这需要我们按照论辩程序展开案例,让同学们参与到激烈的讨论中,以证明"坚持以人民为中心"在解决疑难案件中的关键作用。

(三)坚持"三维一体"教学目标

多年来,在部门法学领域运用案例教学的场景都是"法律适用",也就是培养以法官为核心角色的法律职业共同体思维方式。但是,习近平法治思想的目标是培养"德法兼修"的法治人才,不仅培养法律人的法律思维,而且要增强法治工作者依法办事的意识、思维和能力,同时更要提升每个人"良法善治"的法理思维和法理情怀。这实际上是将教学目标从法律思维拓展为法律思维、法治思维、法理思维,这三种思维不是孤立的、相分离的,而是互联的、相统一的,实现了"三维一体"。

案例教学也应当紧紧围绕"三维一体"进行。有的案例直接蕴含着"三维一体"的要求。例如,"崔某杰案"表明,"严格执法"并不是要机械地执行法律规范的规定,而且要把执法对象的权益放在第一位,执法决定要公正、执法程序要合法、执法过程要文明、执法态度要温暖,这正是"三维一体"在执法中的体现。有的案例则间接地寓"三维一体"于其中,需要进一步挖掘。例如,基层社会治理实践中以“三治融合”为特色的典型案例是“依法治国和以德治国相统一”在基层的微观镜像,但自治对应着乡规民约的规则、法治对应着依法管理、德治对应着良法善治,因而也深藏着“三维一体”的本质特征。

习近平在谈到法治专门队伍时指出:“立法是为国家定规矩、为社会定方圆的神圣工作,立法人员必须具有很高的思想政治素质,具备遵循规律、发扬民主、加强协调、凝聚共识的能力。执法是把纸面上的法律变为现实生活中活的法律的关键环节,执法人员必须忠于法律、捍卫法律,严格执法、敢于担当。司法是社会公平正义的最后一道防线,司法人员必须信仰法律、坚守法治,端稳天平、握牢法槌,铁面无私、秉公司法。”⑬这也同样是对法学人才培养提出的要求,“三维一体”恰恰是这一要求在法学思维上的具体体现。因而,某种程度上,“三维一体”也构成了案例的“准入标准”,我们在挑选相关案例时要检验一下其是否能够有助于培养学生的法律思维、法治思维和法理思维。

(四)坚持“多元共治”教学设计

案例教学并不只是在传统课程中加入一些具体案例,而是要激活课堂生命力,打造现代化教学形态。现代教育理念将“治理”思维引入教学,提出教学本身也是一场治理活动。而治理的本质就在于多元参与,也就是说,案例教学法就是要激活多元主体的参与积极性,搭建“沟通理性”的认知桥梁,让同学们通过案例研讨启发思考、增进认同、推进创新。

我们可以根据学生参与的程度将案例研讨模式区分为“三阶层”方法梯度:一是“说明讲授式”,由老师主导案例研讨程序,通过散发式提问,由学生开展头脑风暴式的思维训练。这是较为常见的由上至下“单向模式”,学生只是问题的回答者,缺少主动提出问题的参与性。受课堂教学场域局限,案例教学更多只是这一层面展开,以文字作为案例的主要媒介。二是“论辩研讨式”,老师只是承担案例设计和论题分配,由学

⑬ 习近平:《加快建设社会主义法治国家》(2014年10月23日),载习近平:《论坚持全面依法治国》,中央文献出版社2020年版,第115~116页。

生分为两到三组开展辩论,通过正方、反方、折中方的角色分配,层层拨开问题的本质。这属于平行的"对话模式",学生同时是问题的提出者、回答者、辩护者。这一模式可适用于理论争议比较强的案例,比如,如何运用"以人民为中心"理念来解决诸多城市化进程中的"烂尾楼"法律难题,意见分歧本身就可以成为辩论的"辩题"。三是"模拟沉浸式",老师只是案例的提供方,案例中的多角色由学生自由分配,通过对法治实践的模拟,寻找不同主体解决问题的最佳方式,从而深刻理解习近平法治思想中诸多原理的实践渊源。这属于多元的"公共模式",学生既是问题的提出者、回答者、辩护者,也是新案例和新原理的创造者。这一模式已经接近于"诊所式教育",让学生在角色扮演中去伪存真,设身处地地解决案例中的难题,并感悟习近平法治思想中诸多原理的真谛所在。

在"三阶层"之上,我们要更加注重发挥学生在课堂上的主体性作用,让学生主动提出问题、主动寻找案例、主动参与研讨,因而案例研讨更应当打破传统教学思路,实现"翻转课堂"。学生不再是嗷嗷待哺的雏鸟,而是要在对话、反思、沟通中,借助自己的理性来攀登知识的高峰。教师也不再是一场音乐会的指挥者,而应当与学生一样是真学问的探索者,在案例研讨的全程参与中解答疑惑、获得真知,让案例库成为学生从实践中学习的试验田,真正打造法学教育现代化的典范。

(五)坚持概论课与其他法学专业课深度融合

概论课在法学专业核心课程体系中具有统领性,是其他课程的思想引领、理论根基、知识前提,因而概论教学也必须要起到"以道御术"的辐射功能。案例教学恰恰是沟通概论课和其他专业课的使者,有利于解决"知识联结"的难题,避免课程之间的碰撞和断裂。

概论课与其他课程的关系类似"总论"与"分论"的关系,它们既是互为一体的又是各有分工的,概论课不能也不可能大包大揽、取而代之,而要注重讲授习近平法治思想"总论",让学生"吃透"基本精神、把握核心要义、掌握科学方法,把习近平法治思想指导具体法治领域和法律部门而形成的具体观点和方法留给其他课程讲授。[14] 概论课的案例渊源较其他专业课更加广泛,涵盖了全面依法治国各领域全过程,涉及国内和国外、历史和现实、公共空间和私人领域,包括但不限于法理学、法史学、比较法学、部门法学等各门课程的案例范围。一方面,这表明概论课上必然会涉及更多其他专业课很少涉及的新鲜案例。习近平法治思想把马克思主义哲学的系统观念作为基础性思想和工作方法娴熟地运用于法治领域,坚持在中国特色社会主义新的历史方位和“五位一体”总体布局中定位法治建设,在“四个全面”战略布局中推进全面依法治国,在“两个大局”时空背景中统筹推进国内法治和涉外法治,这表明中国法治实践属于中国特色社会主义实践的子系统,其案例不仅是关乎法治的,而且也是关乎政治全局的。[15] 同时,新时代的治国理政在法治领域创造了一系列新实践,包括依规治党、纪检监察、国家安全法治、社会治理法治、国际人权、涉外法治等多方面,这些“政法新实践”正是习近平法治思想的最好诠释者,是概论课重要的案例渊源。[16]

另一方面,这意味着概论课和其他专业课可能会共享某些相同的案例素材,但是它们却不是简单的“重合”,而是有着不同的“解题思路”。例如,我们在概论课上引用清朝“郑板桥妙判‘僧尼私恋案’”,是为了说明当代良法善治要善于创造性转化中华优秀传统法文化,而在中国法制史课上引用这个案例则重在分析古代婚姻制度。又如,我们在概论课上分析“弘扬社会主义核心价值观典型案例”,更侧重于依法治国和以德治国相结合在实践中的重要体现,而在法学方法论课上则要更细致分析特定案件究竟采用了什么样的解释方法或论证模型。再如,我们在概论课上分析“聂树斌案”,是为了阐明错案追究制度的合理性、司法责任制的必要性,而在刑事诉讼法课上谈论这一案例,是为了从证据角度分析事实认定环节的错误。总体上看,概论课对案例的分析更具有整体性、系统性和宏观性,而其他专业课的分析则侧重不同的专业细节。但二者

---

[14] 参见张文显:《如何讲好〈习近平法治思想概论〉》,载《中国大学教学》2021 年第 9 期。

[15] 参见张文显:《习近平法治思想的系统观念》,载《中国法律评论》2021 年第 3 期。

[16] 参见陈柏峰:《我国政法教育的变迁与展望》,载《现代法学》2022 年第 2 期。

并非彼此分割而是相互承接,概论课回答了案例中的本质问题,而其他专业课则是在这一本质问题下的具体深化,从理论上是习近平法治思想在不同视角下的投射。

正是基于这种承接关系,概论课可以经由案例教学激发理论和方法创新,并有助于建构自主的法学知识体系。建构中国自主的知识体系的关键在于从中国实际出发,用马克思主义世界观和方法论回答法治的人民之问、时代之问、中国之问、世界之问,以法治方式解决实践遇到的新问题、改革发展稳定存在的深层次问题、人民群众急难愁盼问题、国际变局中的重大问题、党的建设面临的突出问题。概论课上的案例教学,应当展示全面依法治国的中国实际,并形成全面依法治国的论题目录,为其他法学专业课提供论题"接口"、输送自主创新的能量,建立起法律学、法治学、法理学的完整法学学科体系和课程体系。概论课讲的是习近平法治思想的世界观和方法论,而法律学、法治学、法理学则是运用这种世界观和方法论解决具体领域的法治问题。因而,我们必须要把习近平法治思想和法学其他专业领域贯通起来,既注重它们在基本立场和方法上的一致性,又注重它们在具体观点上的差异。

结 语

"概论课"是习近平法治思想系列课程的第一课,是法学核心课程体系的统领,是构建中国自主知识体系的示范课程。讲好这门课,不仅需要讲好习近平法治思想博大精深的理论体系,而且要把理论精髓串联在法治实践的故事里,在课堂上实现理论和实践的高度统一和融合。演绎在中国特色社会主义法治体系中的案例,既凝结着新时代法治实践的经验精神,又传递着习近平法治思想的理论精髓,必将成为讲好习近平法治思想不可多得的重要资源。因此,案例教学法正契合"概论课"的课程目标和课程性质,也合乎中国式法学教育现代化的总体趋势,是值得我们在教学中不断探索、锤炼、完善的教学方法。

On the Case Method Applied in the Course of Introduction to Xi Jinping Thought on the Rule of Law

Guo Ye

Abstract: The course of introduction to Xi Jinping Thought on the Rule of Law is the "first course in law" that governs the curriculum system of law majors, and serves the dual functions of professional education in law and ideological and political education. The course has the characteristics of linking history and reality, international and domestic connections, and the combination of theory and practice, and shoulders the curriculum mission of promoting the modernization of China's law education with the "three advances" of Xi Jinping Thought on the Rule of Law. The case method embodies the essential rules and requirements of the course. With the framework of "the system of socialist rule of law with Chinese characteristics", we explore to construct the case system (library) for the introduction course to Xi Jinping Thought on the Rule of Law. To integrate case study throughout the entire teaching process of this course and make it a model of the course, we must adhere to the "problem-oriented" teaching clue, the "bilateral interaction" teaching mode, the "three-dimensional integration" teaching objective, the "multiple governance" teaching design, the deep integration of the introduction course and other law courses.

Key Words: Xi Jinping Thought on the Rule of Law; case method; curriculum ideology and politics; modernization of law education

“法律职业伦理”课程教学改革与展望

——以清华法学院为例*

陈新宇**　阮嘉禾***　卢晓航****

摘　要:法律职业伦理教育具有感召和规制的双重使命,同时具有被重视和忽视的悖论现象。清华大学法学院“法律职业伦理”课程开展教学改革,注重古今中西贯通、理论与实践的结合、吸收域外教学经验并注重启发式教学,以历史视野、比较视野和中国实际三个观察维度贯穿教学,并建立课程案例库等。就学生反馈来看,该教学设计的调整存在课程目标、理论教学作用不明晰等固有问题并引发课业压力大等新问题。法律职业伦理教学是法学教育二重性的集中与发散,学生的多重困惑实际来自授课者对法律技术的教与学、道德的教与学、交叉学科教与学问题的困惑。法律职业伦理教学的改进需厘

---

* 本文为清华大学2022年研究生教育教学改革项目“《法律职业伦理》课程教学改革”(项目编号202201J023)的成果。

** 陈新宇,清华大学法学院教授,博士生导师。研究方向:法律史学、法律职业伦理。

*** 阮嘉禾,清华大学法学院“法律职业伦理”课程助教。研究方向:法律史学、法律职业伦理。

**** 卢晓航,清华大学法学院“法律职业伦理”课程助教。研究方向:法律史学、法律职业伦理。

清该三者及其关系，明确课程教学目的，激活所依托的基础理论教学和职业道德教育，强化学生的主体性作用，同时把握变与不变，前者因应法律与社会的动态性，表现为掌握法律政策与改革动向，拓展特定法律职业伦理的内涵与外延，后者系道德性思维的阐发。

关键词：法律职业伦理　教学改革　清华大学法学院

引　言

法律职业伦理作为一门法学专业课程，主要探讨法律职业伦理的起源、发展与特质，阐明律师、法官、检察官、公证员、仲裁员等各种类型的职业法律人在执业活动中应当恪守的行为准则，揭示其可能面临的法律责任，旨在使职业法律人树立起伦理警线，在掌握法律实务技巧的同时，追求健全的法律人格和高尚的职业道德水准。

相较于法律职业的发展而言，现代法律职业伦理教育起步较晚，因应并不算及时。20 世纪下半叶，在对本国法律职业和高校教育发展实践总结的基础上，英、美国家逐渐意识到法律职业伦理教育的必要性，①陆续在高校法学院开设法律职业伦理课程，探索法律职业教育的培养目标、教学形式、课程性质等。其中，美国在全美律师协会所授权下的法学院，均开设了“法律职业”（Legal Profession）课程或“法律职业责任”（Professional Responsibility）课程，并有部分法学院增设“法律和道德”“律师失职行为”等相关课程。除美国外，加拿大、澳大利亚、韩国等国家的法学教育也较为注重法律职业伦理的教育和养成，②贯穿式课程设置（将对法律职业伦理的教学贯穿于实体法课程中）、诊所式教学方法、案例教学及仿真实践等，均为常见的教学模式和方法。

21 世纪，法律职业伦理教育的需求日益显著。较英、美国家 20 世纪的先行先试，我国在近年来加强推进法律职业伦理教育。2018 年教育

---

① 参见齐凯悦：《论英国高校法律职业伦理教育的发展》，载《法学教育研究》2022 年第 2 期。

② 参见刘坤轮：《法律职业伦理教育必要性之比较研究——以美国、澳大利亚、加拿大和韩国为比较》，载《中国法学教育研究》2014 年第 4 期。

部发布的《法学类教学质量国家标准》明确提出法学专业的培养目标,“法学类专业人才培养应该坚持立德树人、德法兼修,适应建设中国特色社会主义法治体系,建设社会主义法治国家的实际需要。培养德才兼备,具有扎实的专业理论基础和熟练的职业技能、合理的知识结构,具备依法执政、科学立法、依法行政、公正司法、高效高质量法律服务能力与创新创业能力,熟悉和坚持中国特色社会主义法治体系的复合型、职业型、创新型法治人才及后备力量”③。在专业课程设置上,一个重要的新举措是将“法律职业伦理”列入法学10门专业必修课程中。④ 2018年9月17日《教育部、中央政法委关于坚持德法兼修实施卓越法治人才教育培养计划2.0的意见》进一步强调,“加大学生法律职业伦理培养力度,面向全体法学专业学生开设‘法律职业伦理’必修课,实现法律职业伦理教育贯穿法治人才培养全过程”。在这一制度和政策的背景下,法律职业伦理的体系性建设当获得进一步的长足发展,对于如何开设好“法律职业伦理”课程提出了更高要求。

就课程设置与学科研究而言,法律职业伦理在近年来得到更多重视,但在教学过程中仍存有一些不足之处,如教学方法较为单一性,教学内容贫瘠,⑤相较于案例式教学等更具实践性的教学方式,更多地停留于知识记忆的层面;又如,教学更多地侧重于当代法律职业伦理的规范,而鲜少对古代、近代中国法律职业及其伦理的起源、发展及特质进行梳理等。从渊源上看,法律职业伦理并不算“西法东渐”。传统中国的司

---

③ 教育部高等学校教学指导委员会编:《普通高等学校本科专业类教学质量国家标准》(上),高等教育出版社2018年版,第33页。

④ “法学专业核心课程采取‘10+X’分类设置模式。‘10’指法学专业学生必须完成的10门专业必修课程,包括:法理学、宪法学、中国法律史、刑法、民法、刑事诉讼法、民事诉讼法、行政法与行政诉讼法、国际法、法律职业伦理。‘X’指各高校根据办学特色开设的其他专业必修课程,包括:经济法、知识产权法、商法、国际私法、国际经济法、环境资源法、劳动与社会保障法、证据法、财税法,‘X’选择设置门数原则上不少于5门。”教育部高等学校教学指导委员会编:《普通高等学校本科专业类教学质量国家标准》(上),高等教育出版社2018年版,第34页。

⑤ 廖永安、刘浅哲:《论新时代法律职业伦理教育的内在价值、关键目标及内容构造》,载《法学教育研究》2022年第2期。

法官僚、幕友等角色的行为处事中仍有颇多值得发掘、承继或批判性反思的职业伦理因素,而对该等内容的关注与补充,是将法律职业伦理教学“本土化”的重要路径,⑥对于中华传统优秀法律文化的创造性转化有所裨益。

清华大学法学院面向法律硕士开设“法律职业伦理”已有多年,其从2019年作出重大调整,改变之前外请教师(律师)授课或者院领导合开的状态,由专任教师(陈新宇)负责讲授。各授课者因知识背景不同各有所长,此番调整主要在于“独任制”在教学过程中可能更为衔接,具备稳定性和体系性。此后,课程又从2022年开始进行课程教学改革,体现了校、院层面的重视。本文主要介绍该“法律职业伦理”课程在教学方案、教学评价等方面的改革措施,并以教学改革进程中的真实数据反馈,分析改革的阶段性成效与尚存问题,提出法律职业伦理教学如何进一步落实德法兼修人才培养目标的省思和前瞻。

一、法律职业伦理课程教学改革内容

清华大学法学院“法律职业伦理”课程自进行教学改革以来,一方面适当调整与创新课程教学方案;另一方面将教学评价前置以获得即时反馈,试改进法律职业伦理课程教学现实的不足之处,进一步提升课程的挑战性、实践性,增强学生获得感,实现法律职业伦理“感召”(aspirational)与“规制”(regulatory)的双重使命。

(一)教学方案⑦

课程教学改革主要围绕四个方向进行。第一,注重古今中西的贯通。课程内容兼顾历史、比较视野和中国实际,通过从上述三个观察角度切入,带领学生从纵向时间维度和横向空间维度,对法律职业伦理的起源、发展和特质进行理解,疏通各种类型的法律职业伦理的历史逻辑。通过古今比较,促使学生更深入理解当代法律职业的伦理观念;同时使

---

⑥ 参见张传燧、石雷:《论课程与教学论的本土化》,载《教育研究》2012年第3期。

⑦ 当前实行的课程教学方案,详见本文附录:《清华大学法学院“法律职业伦理”课程教学大纲》(2022—2023春季学期)》。

学生习得传统中国的优秀法律文化资源,并结合中国的现实进行思考,使课程内容更为丰富并具启发性。

第二,注重理论与实践的结合。将实践教学融入理论教学是课程设计的重点,重要体现之一为邀请相关领域法治实务部门的专家学者参与课堂讲授,从而实现与法治实务部门的协同融合,实现优质法学教育资源即时共享。此外,建立课程案例库并运用于教学。该等案例并不限于狭义的案件,而是包括与法律职业伦理相关的具体人物和事件,如后文所列清代幕友汪辉祖及其著作《佐治药言》。案例的引入使课程内容不只停留在抽象规范分析或浅层知识记忆,而是将规范及其他知识运用于对案例的剖析及理解,在课程结束后整编为《法律人的道德性:职业伦理案例选集》一书,[⑧]囊括律师、法官、检察官、警察、仲裁员、公证员、学者等法律职业,既有经典且常谈常新的案件,也有新近且受人瞩目的案件,并专列“历史视野”一章,关注中国优秀传统法律文化的案例。

第三,吸收域外教学经验。为筹备该课程,在清华大学“高水平教师出国教学研修资助”项目支持下,授课教师于2018年在加拿大不列颠哥伦比亚大学(UBC)法学院进行了为期半年的进修学习。西方的法律职业伦理教学具有成熟的现代法学教育课程体系和教学经验,将之与中国传统法律文化相结合,有助于课程设计的进一步丰满,开设一门符合中国特色社会主义法治的职业伦理课程。

第四,注重启发式教学。真正的问题不是怀疑主义,而是所谓进步的教条主义。[⑨] 为避免“填鸭式”教学模式下学生对课程学习缺乏主动性、积极性和创造性,课程设计尤其注重对学生开展启发式教学,着力培养学生的主动学习能力和独立思考精神。通过在课下布置阅读任务、布置思考题,在课上提问交流等互动方式,构建以学生为中心的课堂教学

---

⑧ 参见陈新宇主编:《法律人的道德性:职业伦理案例选集》,光明日报出版社2023年版。

⑨ 参见[美]理查德·维克利:《论源初遗忘——海德格尔、施特劳斯与哲学的前提》,谢亚强、杨永强译,华夏出版社2016年版,第97页。

模式。

(二)举例分析

在本课程教学中,拟将历史视野、比较视野以及中国实际三个观察维度贯穿各讲。“一个案例胜过一沓子文件”⑩,在课程设计上引入大量的中外实际案例,使授课内容更加生动、易于理解,也更具启发性。以下三个具体案例为例:

1. 历史视野:汪辉祖与《佐治药言》⑪。《佐治药言》成书于乾隆五十年,系汪辉祖为即将学幕的外甥孙兰启撰写,其中涵盖了汪辉祖数十年为幕友的经验。幕友起源于明代的中晚期,至清代发展至全盛。幕友的身份非官非吏,而是地方官员私人聘请的客人,其主要来源是科举落选的考生或仕途不顺的低级官员,幕友只对其东家、即地方官员负责,其存在受到朝廷认可。至清代,幕友在各级官府中随处可见,类型繁多,其中刑名幕友作为私人性质的官僚顾问,协理地方官员的司法事务,可谓无官之名、掌官之权,长期介入地方司法审判活动的各个环节。在长期的职业发展和实践活动中,刑名幕友这一职业同样形成其特有的职业伦理。

《佐治药言》中所涉及的幕友这一古代法律职业的伦理,主要包括以下几个方面:其一,与所辅佐的地方官员“居宾师之分”,为人幕友,应当尽心、尽言,保留一定的自由度,不合则去,在公事上不宜迁就主家,不能“过受主人情”如多收岁修,并以廉慎公勤,使所辅佐的官员不留恶名。其二,与所办理的案件的当事人,须存有同理心,慎刑、守礼(如妇女不可轻唤)。其三,与共事的他人,须协助合作,“办事勿分畛域”。其四,于自我约束上,一方面,须严格要求自己的道德修养;另一方面,须掌握必要的执业要领,如省事、词讼速结以便民、尽力息讼、为犯人求生等。

---

⑩ 《坚持以习近平新时代中国特色社会主义思想为指导 努力书写新时代司法行政工作人民满意答卷——司法部部长张军就2018年司法行政工作答记者问》,载《中国司法》2018年第2期。

⑪ 参见[清]汪辉祖:《佐治药言》,中华书局1985年版;瞿同祖:《清代地方政府》,范忠信、晏锋译,何鹏校,法律出版社2003年版。

在实现传统法律文化创造性转化的意义上,古代幕友职业伦理与当代法律职业伦理有相通之处,并可资后者借鉴。当今之律师与委托人的关系、律师与同行的关系、法官的司法过程,均可从幕友的自身修养、专业能力与执业要领,幕友与主官的相处之道、对涉诉者的态度、与同行及吏役的关系中获致启发。

2. 比较视野:美国诉华为案[12]。该案例应用于对利益冲突规则的讲授。根据美国《律师执业法重述》第121条的规定:“如果律师对委托人的代理存在受到律师自身利益或者律师对其他现委托人、前委托人或者第三人的职责的严重(materially)和不利影响的重大(substantial)风险,则涉及利益冲突问题。”

在2019年美国政府诉华为两家公司的诉讼中,由于华为的首席律师James M. Cole曾任美国司法部“二号人物”副部长,美国检方以“利益冲突”这一职业伦理规则为由向法院提出申请,认为其任职于司法部的经历使其有能力,也有可能获取关于本案的机密信息,使其被取消辩护资格。2019年12月3日,美国纽约布鲁克林地方法院法官安·唐纳利(Ann Donnelly)“满足了美国联邦检察官的要求”,下令取消该案中科尔的辩护资格。[13] 借由该案例,可直观地理解利益冲突规则中前委托人与现委托人存在利益冲突的情形。

---

[12] See“James M. Cole Online Profile, Sidley Austin LLP”, Accessed Dec. 15, 2022. https://www.sidley.com/en/people/c/cole-james-m; Clare Duffy, “US government seeks to disqualify former Deputy Attorney General as Huawei lawyer”, Accessed Sept. 4, 2019 . CNN. https://edition.cnn.com/2019/09/04/tech/huawei-attorney-general-lawsuit/index.html;《首席律师被美国取消辩护资格,华为:保留上诉权利》,载观察者网,https://baijiahao.baidu.com/s?id=1651957856258023788&wfr=spider&for=pc,最后访问日期:2023年6月17日。

[13] See UNITED STATES of America v. HUAWEI TECHNOLOGIES CO. LTD., et al., Defendants. 18-CR-457 (S-2) (AMD), Westlaw ,Accessed Dec. 15, 2022. https://1.next.westlaw.com/Document/I670d9920586f11eab6f7ee986760d6bc/View/FullText.html?listSource=Foldering&originationContext=clientid&transitionType=MyResearchHistoryItem&contextData=%28oc.Search%29&VR=3.0&RS=cblt1.0.

3. 中国实际：癌症患者欲捐遗产被收天价咨询费案。[14] 2021 年 3 月，“癌症患者欲捐遗产 10 天被律师事务所收 20 万元咨询费”一事在网络传播，当事人艾女士因患癌症，欲将卖房所得、原计划用于治疗的遗产捐赠，在湖北省武汉市良朋律师事务所咨询后，被收取 20 万元天价咨询费。武汉市武昌区司法局依法展开调查并对情况作出通报，要求事务所全面自查、及时整改。事务所亦将 20 万元咨询费退还当事人艾女士。

该案例涉及多处法律职业伦理问题，如律师收费的依据和标准、律师收费问题中当事人的知情及自愿、律师的法律援助义务、律师的公平、诚信原则等，具备展开探讨的空间。

以上三个案例，分别侧重于历史视野、比较视野、中国实际三个维度，并具有一定的综合性。通过案例库的建立及运用，课程教学团队可更便捷地在课下布置阅读任务与思考题，在课上提问交流，将互动贯穿课堂内外。该种教学手段，旨在达致“授之以鱼、授之以渔、授之以愉”的良好教学效果。

二、法律职业伦理课程教学改革反馈与分析

除教学方案的改革之外，本课程在课程评价机制上亦作出创新性调整，以课程评价改革为牵引，推动课程教学深化改革。2023 年春季学期，在清华大学课堂教学评价改革工作改革专班的支持下，本课程作为试点，调整期末“一次评教”模式而增设学期初、学期中过程反馈和发展性评价，并结合课程特点自主实施及观测，以切实改进教学质量。借由学校改革专班对课堂教学评估要素与阶段性目标进行分解而设计的匿名问卷，本课程获得授课对象共 157 名法律硕士（非法本）样本，辅助教师即时获取学生学习情况。

---

⑭ 参见《武汉一癌症患者欲卖房捐出遗产，10 天被律所收 20 万咨询费》，载澎湃网，https://www.thepaper.cn/newsDetail_forward_11802224；《武汉司法局介入“天价咨询费”调查 律所退款 17 万》，载新浪网：https://k.sina.cn/article_6145283913_m16e49974902001bn6h.html，最后访问日期：2023 年 5 月 6 日，参见武昌区司法局官方微博（原名为“武昌政务微博”，现名“大成武昌”）发布的《情况通报》，载微博官网 2021 年 3 月 28 日，https://weibo.com/2718782231/K8kpVFVx9？pagetype=profilefeed。

(一)样本情况反馈

根据学期初(3月)的问卷结果,第一,对于法律职业伦理课程基础,8%的学生认为自己不够具备学习该门课程需要的前序知识,16.92%的学生认为自己未能充分复习课程相关的基础知识,8.65%的学生认为教师不够了解学生的学习基础或学习期待。第二,对于法律职业伦理课程内容,70.25%的学生反映该门课程的课业要求具有一定压力。有学生指出,课余时间有限,文献阅读量较大可能会带来负担,尤其是英文文献或文言文文献。此外,对于法律职业伦理课程目标,部分学生指出,其对教学主要是为提高思辨能力、增强伦理意识还是学习相关知识不甚清晰;缺乏古代法制史基础,对偏向传统文化的内容感到隔阂;难以想到在实际中的作用,等等。

根据学期中(5月)更具课程针对性的问卷结果,在学生的时间投入方面,82.35%的学生每周为该课程投入的课下时间低于5小时,其中11.76%的学生为1小时。

在课程基本情况方面,多数学生肯定课程对学科前沿和实践问题有所关注,并具有合适的挑战度。但3.92%的学生认为课程与前沿问题、与自身此前的知识或经验、与其他课程联系不够(见表1)。

表1 学生对法律职业伦理课程基本情况的反馈

单位:%

课程基本情况	完全不符合	不太符合	比较符合	完全符合
课程关注学科发展前沿	0.00	3.92	47.06	49.02
课程内容与我们先前的知识或经验联系得很好	0.00	3.92	49.02	47.06
老师的讲授让我能够感受到本课程和其他课程的关系	0.00	3.92	39.22	56.86
课程强调对实践问题的关注和解决	1.96	3.92	37.25	56.86

续表

课程基本情况	完全不符合	不太符合	比较符合	完全符合
课程和与其相关的作业或实践环节衔接得很好	0.00	5.88	49.02	45.10
课程有合适的挑战度	0.00	1.96	47.06	50.98

在课程对高阶思维的阐发方面，即针对问题“到目前为止，你自发或在老师指导下进行以下活动的频率如何”，多数学生肯定本课程对自身思维的提升，但3.92%的学生表示“从未”分析课程内容的内在逻辑，如知识点的构成要素及其之间的关系等，29.41%的学生表示“有时会”。5.88%的学生表示未能综合所学内容形成新的观点、方法或思路，27.45%的学生则表示“有时会”（见表2）。

表2 学生对法律职业伦理课程思维阐发性的反馈

单位：%

课程思维阐发性	从未	有时会	经常	很经常
分析课程内容的内在逻辑（如知识点的构成要素及其之间的关系）	3.92	29.41	29.41	37.25
综合所学内容形成新的观点、方法或思路	5.88	27.45	29.41	37.25
判断信息（如课程相关的研究论文中的结论等）的逻辑性、可靠性、真实性和价值等	0.00	29.41	33.33	37.25
围绕课程内容提出问题并尝试解答	0.00	31.37	31.37	37.25

在学习兴趣及自我效能感方面，21.57%的学生并未对课程表示出持续的期待与兴趣；7.84%的学生表明不太愿意付出努力来克服课程学习中遇到的困难；41.18%的学生表示课程带来的压力和营造学习氛围使其焦虑紧张；23.53%的学生表示课程使其对自身学习能力产生怀疑（见表3）。

表3　学生对法律职业伦理课程学习兴趣的反馈

单位:%

课程学习兴趣	完全不同意	不太同意	比较同意	非常同意
相比于刚开学,我越来越期待上这门课	1.96	19.61	43.14	35.29
我愿意付出努力来克服课程学习中遇到的困难	0.00	7.84	52.94	39.22
课程带来的压力和营造的学习氛围是我学习动力的源泉	3.92	21.57	37.25	37.25
课程带来的压力和营造的学习氛围是我焦虑紧张的成因	7.84	50.98	21.57	19.61
课程让我对自己的学习能力产生怀疑	35.29	41.18	15.69	7.84

在学习收获及教学效果方面,大部分学生认为课程使其饶有所获,对于法律职业伦理知识体系的逻辑更加清晰。但7.84%的学生认为课程收获乏乏;9.8%的学生仍不甚清楚课程知识之间的逻辑,并且认为课程学习并未使其对法学专业产生更多兴趣。值得关注的是,17.65%的学生表示尚不清楚所学内容在实践中的用处。不过,96.08%的学生认为该课程提高了其深层思维能力(见表4)。

表4　学生对法律职业伦理课程学习收获的反馈

单位:%

课程学习收获	完全不符合	不太符合	比较符合	完全符合
课程让我学到了很多东西	0.00	7.84	50.98	41.18
我清楚知道目前为止学到的知识之间的逻辑	1.96	7.84	52.94	37.25
我知道学到的知识在实践中有什么用	3.92	13.73	47.06	35.29
课程提高了我的深层思维能力(包括逻辑思维、批判性思维等)	0.00	3.92	56.86	39.22

续表

课程学习收获	完全不符合	不太符合	比较符合	完全符合
课程让我更理解本专业的思维方式	0.00	7.84	52.94	39.22
课程让我对本专业更有兴趣	1.96	7.84	52.94	37.25

总结两次问卷结果,作为授课对象的法律硕士(非法本),在学习课程前:(1)对法律职业伦理缺乏知识基础;(2)对于法律职业伦理的目标、作用和意义存有困惑;(3)对法律职业伦理最初的重视程度不如其他部门法课程。在学习课程时:(1)平均时间投入并不多但认为课程学习压力大,特别是其中的文献阅读任务;(2)相较于学习历史和比较的理论,更倾向于直接了解实体规范与分析现实案例,然而同时仍对课程能够阐发高阶思维抱有期待。在学习课程后:(1)多数在知识、思维和对专业的兴趣方面得到了提升;(2)肯定课程对前沿和实践问题的关注,但对于法律职业伦理的实践作用仍存有一定疑惑。

在作进一步分析之前,或许有三点可资说明,第一,问卷对象即授课对象法律硕士作为实务型硕士,与学术型硕士的培养目标确有差异,其较于“学理”更看“术业”,⑮因此职业技能实用性是其评价课程的决定性维度。第二,问卷对象反馈的“学习压力大”,结合其实际课程时间投入的数据可知,实质更多是想在本课程上“省心”。相较于其他部门法必修课程而言,学生对本课程的预期为“茶歇甜点”。因此,当授课者辅以学科训练,如布置中篇及长篇文献阅读任务时,与学生最初对课程的心理定位相悖。第三,教学是一个渐进的过程,课程设计遵循“理论/方法论—规则—实践”的基本逻辑,并随教学进程将其交融贯通。学生在学期初讲授方法论阶段反映的问题,可能随着课程内容的展开与形式的丰富,如案例的引入、实务人士的解答等而消解,但不否认也可能会出现新的问题。

---

⑮ 参见王健:《构建以法律职业为目标导向的法律人才培养模式——中国法律教育改革与发展研究报告》,载《法学家》2010年第5期。

(二)课程问题省思

学生的最终反馈肯定了课程教学改革的成效。但借由上述过程反馈形式,也给予本课程教学团队对课程教学全过程以反思的契机。为何法律职业伦理不断想要厘清课程实践性与理论性定位,但在学生看来课程对二者间的关系处置仍不甚明晰?为何法律职业伦理的作用被反复强调,但在部分学生看来,起码在理论和方法论学习方面,这仍是一门"不应该付出过多"亦"实际无法获得太多"的课程?

在教与学中,学生产生疑虑,首先是由于授课者自身有困惑。一方面,法学教育本身具有天生的、内在的二重性,即职业教育和人文学科理论教育的二重性,法律职业的特定技巧、道德和思维与法学的知识体系和人文理论培养的二重性;[16]另一方面,法律职业伦理教学更是法学教育二重性的集中与发散。在千头万绪的困惑中,本文试梳理出三个核心问题以厘清教学目的,分别是法律(技术)的教与学,道德的教与学以及交叉学科的教与学问题。

1.法律(技术)的教与学。对于法律职业伦理而言,最普遍亦最基础的教学是法律技术的教授,多落脚于相关实体规范的知识教育及其应用。例如,向学生介绍中西方律师的保密规则、利益冲突规则,法官、检察官的实体法行为规范,等等。

然而,现实中的职业伦理规范体系越发庞杂,规范性的内容越发细微。其中,职业伦理方面越来越多的试行、暂行规定和叠床架屋的重复性规定,使教学中一些条文本身的复读并无意义。自不必说,法律职业伦理规范的有效执行本身就具有挑战,部分条文强制性的缺乏进一步削弱了其有效性。对此值得思考的是,如何看待被制定但实际效力缺失的职业伦理规范;相关条文之间为何存在不一致或冲突情形,相应地在法律位阶上该如何处理的问题。继之,对于本身缺乏"标准概念"[17]的法律

---

[16] 参见王晨光:《法学教育的宗旨——兼论案例教学模式和实践性法律教学模式在法学教育中的地位、作用和关系》,载《法制与社会发展》2002年第6期。

[17] 参见陈景辉:《忠诚于法律的职业伦理:破解法律人道德困境的基本方案》,载《法制与社会发展》2016年第4期。

职业伦理而言，单纯的规范讲授可能会导致教学的碎片化、离散化。可见，恰恰是现实的职业伦理规范发展情况，启示与倒逼着法律职业伦理应当被作为整套理论知识体系在法学教育体系中予以教授。

此外，随着现代社会分工的不断精细化，一些执业规则越发与基本职业伦理原则之间缺乏联系，由此可能导致一个与自身道德脱节的职业。在比较法上，英美律师职业伦理规则源于信托原则（Principle of Trust），这是传统律师—委托人关系的基础。随着大量实体规则的出台，该等规则成为确定律师对委托人职责的合法性来源，律师对自身的角色定位及职业道德的根本基础或许并不理解和信服，其行为的进退往往被“欺骗性理解”和“惩戒性后果”所驱动，由此带来的是其对职业伦理规范约束的厌恶反感。在我国，如前所述，律师、法官、检察官执业规范不断扩大其覆盖范围，并开始强调惩戒性以增强执行的有效性。通过法院的裁决、相关组织（如中华律师协会）的决定等，将职业伦理注入民法、行政法乃至刑法的背书，成为对法律职业的警告，而非法律职业应当成为何者的指南。

在多元复杂的现代大型社会，在转型改革期变化迅速激烈的法律环境中，社会对于理性的共性认识、对于道德伦理的处置是受限的。值得商讨的是，法律职业伦理教学在技术方面是否需“退后一步”，与作为律师—委托人、法官—当事人等关系基本组成部分的基本原则重新建立联系——消除实体规则中的矛盾和不确定性，以促进规则的遵守和执行；厘清统一的原则基础，解决不同道德伦理理由的差异，⑱整合为连贯一致的形态，来促进法律职业共同体在道德思维方式、法治话语、价值体系等方面的统一性，促进“善治”之“善”的实现。这也是为何本课程适当拓展中国古代法律职业伦理内容的原因之一。社会演化中的部分规范性原则是贯通的，当下法律职业伦理知识体系的精神实质多凝练于域外的规范传统，比较视野的研究如过江之鲫。然而未曾受到充分重视的是，中国古代的部分职业规范内容可能提供了一个历史的视野，并与理

---

⑱ 参见张志铭：《法律职业道德教育的基本认知》，载《国家检察官学院学报》2011 年第 3 期。

解本土性的制度渊源及其动态演化逻辑更为连贯。

基本职业伦理原则较之执业具体规则的强调，对于教师而言，实质是要求其“更进一步”，以更多的精力和能力在枯燥理论及原则的讲授上作充分准备和改进，如深入浅出的提炼；对于学生而言，这或是一种更有利于其职业生涯长远发展的方法论。

2. 道德的教与学。由此牵引出第二个核心问题，即道德的教与学。现代（后形而上学）社会的法律与道德是同时从传统伦理生活中分化出来的，是作为两个互补类型的行动规范而并列地出现的，正如具有道德内容的人权从一开始就作为法律意义上的权利加以把握。在现代社会理论法学中，法律与道德的关系，可归纳为同源、并列、互补。[19] 就现代法学教育而言，对道德培养也极为重视，“法学教育要坚持立德树人，不仅要提高学生的法学知识水平，而且要培养学生的思想道德素养”。[20] 而在法律职业伦理范畴内讨论有关道德的问题，包含日常道德和职业道德问题。[21] 现有研究多讨论法律职业伦理的可教性问题，[22]一种观点认为，道德具有不可教性。其一，道德哲学教授的行为并不比他们的受众更道德。其二，很多道德哲学教授也不愿意将精力耗费在授课上。其三，观察现实，很多怀揣理想、接受理想道德教育的法学院学生毕业后却立刻成为商业主义的奴隶。[23] 相反但结论一致的观点是，该类道德教育

---

[19] 参见［德］哈贝马斯：《在事实与规范之间——关于法律和民主法治国的商谈理论》，生活·读书·新知三联书店2020年版，第129页。

[20] 参见习近平：《论坚持全面依法治国》，中央文献出版社2020年版，第179页。

[21] “日常道德”（common morality）可以理解为基于大众日常生活逻辑、具有普遍性的道德观念。参见陈景辉：《法律的“职业”伦理：一个补强论证》，载《浙江社会科学》2021年第1期。

[22] 参见张志铭：《法律职业道德教育的基本认知》，载《国家检察官学院学报》2011年第3期；刘晓兵：《法律职业伦理及其基本教学问题》，载《中国法学教育研究》2016年第1期；陈云良：《新时代高素质法治人才法律职业伦理培养方案研究》，载《法制与社会发展》2018年第4期；廖永安、刘浅哲：《论新时代法律职业伦理教育的内在价值、关键目标及内容构造》，载《法学教育研究》2022年第2期。

[23] 参见［美］理查德·A. 波斯纳：《道德和法律理论的疑问》，苏力译，中国政法大学出版社2001年版，第80～87页。

会将法科生培养成为道德人,从而吓走未来的雇主(委托人)。[24] 此外,只强调道德内容可能会造成学生道德上的强制感,学生无法内化于心,可能在教育上收效甚微。[25] 另一种观点认为,可教性不存在问题。苏格拉底认为“美德即知识”,并且伦理学的存在本身说明伦理可教。

该等关于法律职业伦理可教性的争议,在笼统的“道德”概念上展开讨论,实则未能首先厘清日常道德和职业道德的关系。日常道德是一切职业道德的发端,但在职业发展过程中,特定重要职业的专门逻辑而非大众的生活逻辑,使成熟的职业道德成为一种独立于日常道德的道德要求。易言之,若某项职业是特殊不可替代的,其同时又一定会有不同于日常道德的职业道德要求。

若做第一性和第二性的区分,[26]日常道德是第一性,职业道德是第二性;但在教学中,若将职业道德的教学作为第一性,日常道德的教学作为第二性,可资解决职业伦理可教性的争议。法学对待道德问题的方式有其独特之处,[27]授课者一方面需向学生呈现法律职业道德与日常道德之间的联系与张力。域外的斯堡丁交通事故案,[28]我国的律师鲍某某与养女“非法关系”案,[29]前述癌症患者捐献遗产天价咨询费案等,均对二者之间的关系有集中展现,以案例形式指引学生思考这一组道德教学中的核心关系。另一方面,授课者将讲授重心放在法律职业道德准则上,可能更为具体且富有体系。只有让学生先明晰职业道德的范围,才能引

---

[24] See W. Bradley Wendel, *Should Law Schools Teach Professional Duties, Professional Virtues, Or Something Else? A Critique Of the Carnegie Report On Educating Lawyers*, 9 U. St. Thomas L. J, p. 497.

[25] 参见廖永安、刘浅哲:《论新时代法律职业伦理教育的内在价值、关键目标及内容构造》,载《法学教育研究》2022 年第 2 期。

[26] 参见[英]H. L. A. 哈特:《法律的概念》,许家馨、李冠宜译,法律出版社 2011 年版,第 92 页。

[27] 参见孙笑侠:《法律家的技能与伦理》,载《法学研究》2001 年第 4 期。

[28] See Spaulding v. Zimmerman, 263 Minn. 346, 116 N. W. 2d 704, 1962 Minn. LEXIS 789 (Minn. 1962).

[29] 参见《最高人民检察院、公安部联合督导组通报鲍某某涉嫌性侵案调查情况》,载中华人民共和国最高人民检察院官网, https://www. spp. gov. cn//qwfb/202009/t20200917_480227. shtml。

导其更好地与日常道德进行对比。譬如,基于对职业道德的遵守,某些为坏人辩护的律师是否也是好律师?而突破何种程度的日常道德,会使该等律师从“不完全的好人”成为“完全的坏人”,亦无法再称其为好律师?在这样的内心比较与衡量中,日常道德以自然的感受内化于心,补充和加强学生的道德感,而非以说教的形式出现。

道德建设本身具有复杂性与丰富的内涵,作为长期过程并非一蹴而就。道德教育也只是道德建设中的一部分。而法律职业伦理这一特定道德教育的特定环节,在实施路径上需结合课程实际,明确教学任务是造就学生的日常道德还是职业道德,更具有道德教育的实际效果。

3. 交叉学科及政策的教与学。在现代法学教育中,交叉学科内容的呈现越来越无法避免。一方面,法律人的卓越性在一定程度上体现于“厚基础、宽口径培养”[30]达致的职业、人文等全方位高素养。而法律职业伦理的理论基础依托伦理学,[31]溯源为哲学。此外,法律文化是法律职业伦理课程德育的内核,该部分涉及历史学、政治学等。另一方面,理论涉及面广也容易遭致教学泛化、衔接不畅、知识缺乏结构性和内在逻辑性的诘问。因此,如何处理课程的理论主线,如何规划理论的延伸及控制其范围,同样极为重要。是否有必要深化相关交叉学科的理论教学。在此基础上,属于职业教育的法律职业伦理课程,是否也有学术教育的属性?此外,在教学的外延上,法律职业伦理是否需要关注最新的法律政策,课程随法律政策变化而更新的速度、频率如何,均需得到更进一步的探讨。

三、法律职业伦理教学未来展望

从相关研究的涌现来看,法律职业伦理本身及其教育教学在近年来受到相当重视,在培养具备扎实专业技能和健全法律人格的法律人之愿

---

[30] 参见黄进:《卓越法律人才培养的目标、观念、模式与机制》,载《法学教育研究》2012 年第 1 期。

[31] 参见王申、刘冰琪:《论法律职业伦理学构建的学理基础》,载《法治现代化研究》2020 年第 6 期。

景中被付以相当期待。然而,法律思想无法通过直接灌输而获得增长,法律伦理无法通过言传说教而获得提升。[32] 如何才算成功的法律职业伦理教学? 对于授课者而言,重点在于明确教学目的,激活法律职业伦理依托的理论基础教学和职业道德教育,强化学生的主体性作用,同时把握变与不变,前者因应法律与社会的动态性,后者系道德性思维的阐发。

(一)激活理论教学和职业道德教育

“当法律史上的巨擘退居教室后方或是律师协会会议的后方时,重要的是考虑谁将走向台前。”[33]学生对法律职业伦理课程的反馈,再现了当下理论法学对有志于从事实务者而言被视为“无用”的尴尬。然而,这一点应当被辩证地看待。对于处在发展阶段的法律职业伦理本身,仍应不断发掘和丰富其理论,越多元的理论和多重性视角,越有利于法律职业伦理作为一门“学科”的进步。而对于法律职业伦理教学,一些“无用”的声音曾引发授课者对于相关理论和传统法律文化教学是否比重过大的反思。在课程教学改革中增加传统法律文化内容,如儒家义利观、服务观、朋友观以及古代幕友执业规范等内容的初衷,在于丰富法律职业伦理的学习视角,何至于增加学生压力,反而降低了其兴趣? 但经过前述关于法律技术、道德及交叉学科问题的思考,笔者认为,教学功效的有限,不归于理论内容不重要,而在于教学设计和教学方法。法学院学生对理论性内容抱有兴趣,并渴望借此启发自身的高阶思维,趋向“具有真才实学和广阔社会眼界的职业家”,[34]但这一内容需以对学生更“友善”的方式呈现,否则将陷入负反馈循环。

在教师端,“称职的教师应能向学生证明,乱七八糟的案例和条文可以被归纳为一套有序的原则,这些原则可以被纳入清晰、有逻辑和系统

[32] 参见齐延平:《论现代法学教育中的法律伦理教育》,载《法律科学》2002 年第 5 期。

[33] Arlin M. Adams, *The Legal Profession: A Critical Evaluation*, 74 Judicature 77,1990.

[34] Walter Cook, *Scientific Method and the Law*, from Martin Lyon Levine, Legal Education, Dart Mouth,1993, p. 53,59.

的形式之中。”[35]第一,对于较为宏观抽象的理论教学,需授课者首先具备过硬的理论能力和扎实的理论水平,能够梳理理论主线、呈现其内在逻辑而非堆叠理论,避免一股脑儿地将理论置于学生眼前的演示文稿中,将学生引入对理论片面和凌乱的认识,大费周章却收获乏乏。第二,对于道德教学,法律职业伦理体系构建围绕“德性”[36]。法律职业伦理教学呼唤“德育”,而千里之行,始于足下。培养“道德人”并不是本课程的全部目标,更为确切的是将教学目标定位于促进对法律职业道德而非日常道德的认知,避免将法律职业道德教育的作用泛化,以致将法律职业道德建设的复杂性和丰富内涵简单地归结为道德教化,也只有如此,法律职业道德教育才会有更为真实和饱满的内容。概言之,授课者需牢牢抓住法律职业伦理的特定性和特殊性,设定理论教学和道德教学的范围,避免转变为完全的通识教育或思政教育,丧失作为法学专业课程的不可替代性。

有观点指出,法律职业伦理课程是课程思政建设的典型体现,是推进新文科建设的重要内容。[37] 诚然,法律职业伦理课程与思政课程在“以德树人”教育目标上具有一致性,[38]法律职业伦理有助于实现思政育人,[39]可以与思政课有所贯通,但也应当界限分明。起码在研究生课程方面,前者仍定位在法律职业教育而非通识教育,对于道德准则的讲授,需紧扣法律专业和法律人职业,而非全然概括或宣誓式样的呈现。

在学生端,亦需关照到授课对象的特定性,设定个性化、发展性的教学内容。教学改革的重要向度是重视授课对象的主动性。借用阿马蒂

---

[35] David Sugar man, *Legal Theory*, *the Common Law Mind and the Making of the Textbook Tradition*, from William Twining, Legal Theory and Common Law Edited by William Twining, Basil Blackwell,1986, p.30.

[36] 参见王申:《我国法律职业伦理建构的德性要义》,载《政治与法律》2023年第4期。

[37] 参见齐凯悦:《论英国高校法律职业伦理教育的发展》,载《法学教育研究》2022年第2期。

[38] 参见赖德斌:《同向同行:法律职业伦理课程思政的探索与实践》,载《山西青年职业学院学报》2021年第3期。

[39] 参见袁钢:《我国法律职业伦理课程教学的关键问题》,载《中国大学教学》2023年第1期。

亚森所言，每个个体都是“活动着和发展着的”有机体不可或缺的一个因子，不仅要提升主体的参与意识，而且要扩大主体的参与活动，使其在参与中获得自信。而这种参与本身就具有独立的价值，其印证着每个个体和整体的发展。[40] 在课程实践中，对于学生主体性的重视往往随课程进展而渐趋减少，因此，不断激活学生的参与是现阶段改进法律职业伦理教学的关键。最好的法律职业理想，需从我们自己的经验中重建。建设中国特色的法律职业伦理，必要路径是挖掘本国法律文化中的有益因素，实现创造性转化；而推进法律职业伦理教学，则要以各种形式使学生代入特定法律职业，感受利益冲突，运用相关职业伦理规范，明确该等规范对行为的约束边界。其中，传统中国的法律职业伦理案例，或许在组成今日法制的相关法律条文与制度安排的运用方面缺乏空间，然而诸如舜负父而逃、李离自刎案、邓析之死、张释之执法、杨光宪案等（已收入整编案例集），均能使学生在辨明古今之共通与差异冲突的同时，亲历“天理、国法、人情”的衡量，以获致专业技能和法律人格的真正成长。

（二）与时俱进把握法律政策与改革动向

通过授课可知，学生对于法律职业实务的看法思路有待更新。对此，需授课者深入实务或加强政策学习，及时更新授课材料，在课程中与学生探讨“真问题”。在邀请校外实务专家授课部分，也需更具有针对性。例如，在本学期法官和检察官的课堂交流中，不止一位学生提问关于法检系统“上级干预下级”的问题。对此，法官和检察官的回应是，“这种情况在司法责任制改革下，其实很难存在相应空间”。具言之，经司法责任制改革后，法检在制度规范上遵循“谁办案，谁决定，谁负责”原则，均有严格的内部规定对所谓的“领导打招呼、过问案件”作出限制。办案流程上，最后落款者从留痕角度责任自负。而若是重大疑难案件，法官或检察官个体无权决定，需报请审委会或检委会。可以说，司法责任制改革是当前我国法治实践进程中极为重要的举措。该等内容应当被法律职业伦理课程所关注，这也是学生普遍反馈的期望所在。

---

[40] See Amartya Sen, *Equality of What? The Tanner Lecture on Human Values*, Standford University, 1979.

申言之,法律政策的更新可能影响着法律程序,而法律职业伦理的多数内容及其专门逻辑,都与法律程序有关。“法律家在法律程序内的伦理”即“程序伦理”是法律职业伦理的主要构成部分。[41] 一些法律职业伦理在意的传统冲突问题,在改革进程或现实社会变化中得到了一定程度上和程序上的改变。这种改变或许并不等于问题的完全消解,但这一进展应当向学生呈现。

此外,对于校外实务专家授课内容,校内教师可以作出适当引导,尽量聚焦于与职业伦理相关的法律政策与改革情况。目前一线的法官、检察官、律师等实务专家中,多数可能并未在旧有的大学课程中系统学习过法律职业伦理,更多是在职业培训中简单了解、并在司法实践中加深对职业伦理的理解。这样来自实务的自身(或者群体)总结的职业伦理,一方面有其典型特点,对于法学院中的学生而言极为珍贵;另一方面也可以在校内教师甚至学生的适当引导下更进一步,与规范性表达的职业伦理相互解释,仁智互见。对此,在课程安排的具体路径上,通过事先采集学生问题,由教学团队整理归纳、再让实务专家作针对性回应的方式,可以实现实务经验与教学设计更精准的衔接,这样的方式经过检验,取得了良好的效果。可以期待的是,法律职业伦理课程同样要对司法实务产生影响,双方是互惠、互鉴的关系。

(三)拓展特定法律职业伦理的内涵与外延

社会形态的流变影响着法律形态。迈向数字社会,互联网平台企业、人工智能及其衍生形式等凸显着新的组织形式、行为逻辑,催生新的社会问题和具有挑战性的法律服务需求。对于法律职业而言,意味着需以更积极的学习姿态填补知识空缺,以更深度的法律思维增强自身相较于智能工具的可竞争性;对于法律职业伦理而言,固有的职业行为规则或行为逻辑有时已不敷适用。职业伦理与人工智能技术伦理、执业行为与商业策略交织呈现。

对此,授课者有必要关注到该动态,根据现代法律、社会分工等现实

---

[41] 参见孙笑侠:《法律家的技能与伦理》,载《法学研究》2001 年第 4 期。

变化,增强法律事务策略关注,在心有余力的情况下适当拓展法律职业伦理的内涵外延,如非讼类律师、大型企业法务等细分职业伦理有待纳入和进一步完善,持续激发学生对课程学习的兴趣,在课程实用层面作出进一步提升。而在教学模式上,授课者也需正视智能工具的运用,一方面学会与智能工具合作以辅助课堂教学,[42]提高简单法律知识讲授的质与量,在扩展法律职业伦理知识体系的目标上,充分运用智能工具强大的检索、信息反馈与处理功能,整合知识性和规范性内容;另一方面可通过该等实践,帮助学生了解如人工智能的运用逻辑,引导学生剖析人工智能的现实问题,形成人工智能与法律职业融合发展的数字人文关怀,促进复合型法律人才的培养。

结　论

法律职业伦理教学的问题与法律职业伦理本身的问题难以分离。法律职业伦理的内在张力,例如,法律职业伦理的技术属性和道德属性纠葛,[43]以及法律职业伦理本身的现实问题,[44]导致了法律职业伦理教学的瓶颈。法律与道德、法律与政策、规则与原则、理论与实践等多组关系在其中交织呈现。而在教学问题上,反映为,道德教育、知识教育或技术教育偏重或兼顾的艰难选择。

当下的法律职业伦理教学如何为之,实质取决于授课者的知识背景、价值取向与授课对象的情况,反映于二者的教学互动与重视程度。对于该门课程来说,“法律人”或“道德人”的教育均不可偏废,重要的是在其复杂性和丰富内涵中梳理出理论与教学主线,避免“大而失效”的尴尬。此外,教学互动尤其重要,案例的提供与研讨是最具可操作性的方式。在一定程度上,法律职业伦理的受众应反作为主体。换言之,作

---

[42] 参见贾引狮:《人工智能对法律职业的影响与法学教育面临的挑战》,载《法学教育研究》2018 年第 3 期。

[43] 参见孙笑侠:《法律家的技能与伦理》,载《法学研究》2001 年第 4 期;李学尧:《非道德性:现代法律职业伦理的困境》,载《中国法学》2011 年第 1 期。

[44] 如法律职业的专业化与共同体、法律关系的个人化与公共性、人工智能(科技革命)对法律职业的影响等。

为“行动中的伦理”,其发展主体是法律人,而不是授课者。授课者在以道德理论指导的同时,应注重从法律人的行为动态、从授课对象(法学生)的态度看法中获取其道德认知,明晰道德冲突,再用道德理论加以论证、解释,由此得出兼具经验和规范性的方案,以更具说服力。

如同法律职业伦理中的核心问题“利益冲突”一般,法律职业伦理教学也充满授课者的衡量与取舍。既指向法律职业伦理制度的正当性本身,又要梳理和搭建法律职业伦理规范的体系化框架。法律职业伦理的重要性,恰恰出于其内含的多组张力。在其涉及的千丝万缕中,需把握的变与不变,前者因应法律与社会的动态性,后者则是人的道德性的坚守。恰如伦理学的初衷,法律职业伦理仍致力于唤起一个人努力成为但可能并不总是实现的愿景,以饶有缺憾的现实规则与案例,展现法律职业的完美形态与最高价值。

作为一场未竟的教学改革,我们仍需继续努力。

On the Teaching Reform and Prospect of the Course “Legal Professional Ethics”

—Taking Tsinghua University Law School as Example

Chen Xinyu　Ruan Jiahe　Lu Xiaohang

Abstract: Legal professional ethics education has the dual mission of inspiring and regulating, and at the same time has the paradox of being valued and ignored. The Tsinghua University Law School carries out education reform of the course of “Legal Professional Ethics”, focusing on the integration of ancient and modern Chinese and foreign cases, the combination of theory and practice, the absorption of foreign teaching experience and the heuristic teaching, penetrating the teaching with diverse observation dimensions of historical perspective, comparative vision and

Chinese reality, and establishing a course case base. The feedback of students shows the adjustment has some inherent problems such as unclear curriculum objectives and theoretical teaching role and new problems such as heavy academic pressure. The teaching of legal professional ethics is the concentration and divergence of the duality of legal education. The multiple puzzles of students actually come from confusion of the lecturers on the teaching and learning of legal skills, morality and cross-disciplinary issues. The improvement of legal professional ethics teaching needs to clarify these three aspects also their relations and the teaching purpose, activate the basic theory teaching and professional ethics education, strengthen students' subjective role, as well as grasp the change and invariability. The former responds to the dynamics of law and society, showing the mastery of legal policies and reform trends, expanding the connotation and extension of specific legal professional ethics, while the latter is the elucidation of moral thinking.

Key Words: legal professional ethics; education reform; Tsinghua University Law School

附录:清华大学法学院"法律职业伦理"课程教学大纲(2022—2023春季学期)

讲义	目录	教学内容	阅读材料
第一讲 导论	一、(法律职业)伦理的重要性 二、法律职业伦理概念解析 三、法律职业伦理的观察角度:历史,比较与中国实际 四、习近平法治思想与法律职业伦理	引出法律职业伦理的概念及重要性,并介绍本课程对法律职业伦理的观察角度,即历史的视野、比较的视野以及中国的实际。	1. Carol Rice Andrews, *Standards of Conduct for Lawyers: An 800-Year Evolution*, 57 Smu L. Rev. 1385 (2004). 2. 强世功:《法律共同体宣言》,载《中外法学》2001年第3期。 3. 孙笑侠:《法律家的技能与伦理》,载《法学研究》2001年第4期。
第二讲 好律师能否是个好人	一、比较维度:一位经济学家的伦理观 二、历史维度:中国法律职业历史简介 三、律师作为朋友:命题、论证及意义 四、中国文化中的服务观、朋友观	提出"好律师能否是个好人"的命题,思考法律职业的伦理正当性,并与中国古代的朋友观、服务观进行比较。	1. Charles Fried, *The Lawyer as Friend: The Moral Foundations of the Lawyer-Client Relation*, 85 Yale L. J. 1060 (1976). 2. 冯象:《好律师能不能也是好人》,载《读书》2002年第10期。 3. 陈新宇:《中国法律职业伦理的历史源流与发展》,载马长山主编:《法律职业伦理》(第二章),中国人民大学出版社2021年版,第40~57页。

续表

讲义	目录	教学内容	阅读材料
第三讲幕友职业伦理	一、良幕循吏:汪辉祖生平简介 二、汪辉祖的著述简介 三、《佐治药言》所见的幕友伦理及相关问题 四、古今的进一步思考	围绕汪辉祖《佐治药言》一书,介绍中国古代法律职业“幕友”及其职业伦理,比较与当代法律职业伦理相通之处。	1. 汪辉祖:《佐治药言》,中华书局 1985 年版。 2. 瞿同祖:《清代地方政府》(第六章),法律出版社 2003 年版,第 154~188 页。
第四讲特别审判中的法律伦理及相关问题	一、特别法庭的设立 二、律师的选任与表现 三、特别审判的评价 四、延伸思考	介绍“审判四人帮”中特别法庭的设立、律师的选人和表现,讨论特别审判中遇到的法律职业伦理问题,如政治与法律的区分、回避问题等,并对特别审判进行评价。	1. 马龄国:《为公审“四人帮”当法律顾问》,载《文史精华》1999 年第 9 期。 2. 王岚:《老法官王文正回忆审判“四人帮”》,载《党史文苑》2006 年第 1 期。 3. 王旸:《审判“四人帮”纪事》,载《人民公仆》2014 年第 6 期。 4. 张思之:《审判“四人帮”,我为异端辩护》,载《文史参考》2011 年第 12 期。
第五讲当代中国法律职业伦理规范体系	一、阅读与讨论 二、当代中国法律职业伦理规范的梳理 三、当代中国法律职业伦理规范的特点 四、当代中国法律职业伦理规范的延伸思考	梳理当代中国法律职业伦理规范体系,归纳其来源、特点、发展历程,重点讨论重复规定和法律试行两个关键问题。	江必新:《用法治思维和法治方式推进疫情防控工作》,载《求是》2020 年第 5 期。

续表

讲义	目录	教学内容	阅读材料
校外专家授课	香港树仁大学赵文宗教授、钟凯婷大律师授课		
第六讲保密规则	一、案例:快乐湖遗尸案和斯堡丁交通事故案 二、律师保守职业秘密的规则:以美国为例 三、《美国律师协会职业行为示范规则》(2020)规则1.6信息的保密 四、中国的相关情况 五、问题的探讨	通过快乐湖遗尸案和斯堡丁交通事故案两个经典案例,以美国律师协会《职业行为示范规则》相关规范为例,了解律师保守职业秘密的规则,并与传统中国的"隐"及当代宪法、法律相关规定进行比较。	余飞:《美国律师职业伦理第一案:"叫我,我就是一部出租车!"》,载搜狐网2017年11月1日,https://www.sohu.com/a/201730495_260282。
第七讲利益冲突规则	一、案例研论 二、利益冲突规则及其特点 三、理论基础和情况分类 四、中国的规定与问题	通过IBM诉Levin案和美国诉华为案,了解利益冲突规则的特点、理论基础、同时性和连续性的情况分类,并与中国规定相比较,重点讨论近亲属问题和行业性规范的效力问题。	1. IBM v. Levin案判决书:International Business Machines Corp. v. Levin, 125 Ohio St. 3d 347, 2010-Ohio-1861。 2.(美国诉华为)Ellen Nakashima, Justice Department Seeks Removal of Huawei's Lead Defense Lawyer, The Washington Post, May. 10, 2019。
第八讲律师与裁判机关的关系规则	一、世界人权宣言与司法公正 二、律师与裁判公正 三、律师与真实发现	由《世界人权宣言》引入,了解律师和裁判机关之间的关系,通过对"死磕派律师"现象和代表性案例的讨论,重点了解律师在公正裁判和真实发现两方面负有的义务。	罗翔:《刑法第306条辨正》,载《政法论坛》第31卷第3期。

续表

讲义	目录	教学内容	阅读材料
第九讲 法官的职业伦理	法官职业伦理介绍	以法官宣誓为切入口,了解法官的职业伦理,重点了解我国法官的任职条件及《法官职业道德基本准则》的规定,并与美国的《司法行为示范规则》进行比较。	—
校外专家授课	北京第一中院高春乾法官授课		
第十讲 检察官的职业伦理	检察官职业伦理介绍	从“忠诚与担当”“定位与伦理”“初心与使命”三个方面,了解检察官的职业伦理。	—
校外专家授课	北京市人民检察院第十一检察部副主任周媛媛检察官、北京市昌平区人民检察院第二检察部曲磊检察官授课		
第十一讲 仲裁员、公证员的职业伦理	一、仲裁事业与仲裁员职业发展的关系 二、仲裁员的职业道德	通过具体案件了解仲裁适用的对象、内容和范围及其包含的权利义务关系,掌握仲裁员职业伦理的基本内容;了解公证员行为规则和公证的一般程序及法律责任,掌握公证员职业伦理的基本内容。	1. 张振安:《仲裁程序中,是否同意当事人证据调取申请的决定权在仲裁庭(北京四中院)》,载公众号“临时仲裁 ADA”2019 年 3 月 8 日,https://mp.weixin.qq.com/s/0Oflu-upXxALoQAE0Kl0Kg。 2. 黑枫:《西安宝马彩票案采访的前前后后》,载《新闻实践》2004 年第 9 期。

续表

讲义	目录	教学内容	阅读材料
			3. 内蒙古伊东煤炭有限责任公司敖劳不拉煤矿与准格尔旗川发煤炭有限责任公司等申请撤销仲裁裁决民事裁定书,(2020)京04民特715号。 4. 安徽霍邱农村商业银行股份有限公司户胡支行与东证融通投资管理有限公司申请撤销仲裁裁决民事裁定书,(2018)京04民特463号。 5.《林国彬黑社会性质"套路贷"案宣判》,载中国长安网2020年1月1日,https://baijiahao.baidu.com/s?id=1654451977979878014&wfr=spider&for=pc。

刑事诉讼法学开展课程思政的理念转变、内容架构与教学设计*

莫　然**

摘　要：党的十八大以来以“课程思政”为目标的课程教学改革在全国各地高等院校大力推进，基于广东金融学院法学院刑事诉讼法课程思政建设的探索可见，专业课的课程思政建设应当从教学目标、课程内容和课堂教学三个层面共同推进。教学目标上结合课程自身特色，凝练出其在情感培育，态度选择、价值观引领等方面的具体要求，为教师提供明确的教学指引。教学内容上，结合专业内容挖掘思政育人元素，形成专业内容和思政育人元素融合贯通的课程内容体系。课堂教学上采用专题化教学模式，通过课前，课中和课后三个阶段的教学设计针对性提升专业课程育人质量。专业课探索课程思政建设的成功案例可以为法学专业课程思政建设提供重要参考，形成可复制可推广的有效路径，并逐步构建

* 本文是2023年广东省普通高校特色创新类项目“法学视角下新时代‘一国两制’的理论创新与实践探索”（2023WTSCX061）阶段性成果；广东省2021年度省级一流本科课程《刑事诉讼法学》的阶段性成果。

** 莫然，广东金融学院法学院副教授，法学博士。研究方向：法学教育。

起法学专业思政建设的全流程、闭环式的过程管理体系。

关键词:课程思政　刑事诉讼法　教学目标　教学内容　教学设计

党的十九大以来,在习近平新时代中国特色社会主义思想的指引下,以"课程思政"为目标的课堂教学改革持续推进,如何有效推动和引导全国各地高校课程思政的改革创新,是课程思政建设过程中面临的巨大挑战;如何通过日常教学活动实现专业培育和思政育人的双重目标,是落实课程思政教学改革的关键所在。① 综观我国学界关于高校开展课程思政建设的理论探索和教学实践情况,有学者指出课程思政建设作为新生事物,需要注重示范带动效应;②也有学者提出在开展课程思政建设过程中应当更加注重课堂教学活动的方式方法,采取多种教学方式和手段实现专业课堂育人的润物无声;③还有学者建议地方政府通过设置各级各类项目课题对课程思政建设活动进行激励引导。④ 这些研究为我国高校推动课程思政建设提供了诸多建设性意见,但多聚焦于高校开展课题思政建设的必要性与可行性,以及针对如何在高校专业教学中开展课程思政建设进行学理分析与讨论。然而我国高校中并存多个学科,即便是同一学科的各门专业课程之间也存在显著差异,无法适用同一路径开展课程思政建设,需要以特定专业和课程为研究对象,深入分析探讨其开展课程思政建设的具体路径,方能具有针对性与可行性。⑤ 在我国高校现有众多专业中,法学专业具有鲜明的政治属性,法学教育承载着专业教育和思想政治建设的双重使命。新形势下,法学专业教育

---

① 参见韩宪洲:《课程思政的发展历程、基本现状与实践反思》,载《中国高等教育》2021 年第 23 期。

② 参见张文显:《习近平法治思想的实践逻辑、理论逻辑和历史逻辑》,载《中国社会科学》2021 年第 3 期。

③ 参见孟庆瑜、黄博涵:《高等院校法学专业课程思政建设的思考》,载《河北经贸大学学报(综合版)》2022 年第 9 期。

④ 如 2020 年度国家社科基金高校思政课研究专项、福建省教育厅 2018 年课程思政教育教学改革精品项目、广东省教育厅 2020 年度课程思政建设改革示范项目等。

⑤ 参见莫然:《法学专业课程思政教学改革路径探析》,载《广东教育(高等学校思想教育探索)》2022 年第 3 期。

工作在教学模式、教学内容、教育主体培养等方面都遇到了诸多新的挑战,国家对高素质法治工作人才需求迫切,都使高等学校法学专业较之其他专业而言,在推广思政课程改革上更具有必要性与紧迫性。从课程思政建设的精神和要求来看,“刑事诉讼法学”课程较之其他部门法学课程更具备开展课程思政建设的优势。⑥ 刑事诉讼场域中,国家公权力与公民私权利以各种形式进行博弈,涉及多个冲突价值观的权衡,处处体现出马克思主义唯物辩证法在司法领域中的运用,其发展史折射出我国政治、经济、历史、文化等方面重大变化,在我国法学学科体系中别具一格。鉴于此,本文拟以笔者在广东金融学院法学院所进行的刑事诉讼法课程思政教学改革活动为例,从教学目标、教学内容和教学设计三个层面揭示在一门专业课程中开展课程思政教学的探索和经验,在此基础上总结出我国高校法学专业课程思政建设的可行路径。

一、紧扣专业课程内容设立课程思政教学目标

自 2020 年 5 月教育部印发《高等学校课程思政建设指导纲要》明确提出高校要开展课程思政建设工作以来,法学专业课程思政建设取得了一系列显著的成果,但我们在广东各大高校调研交流过程中,发现存在一个突出问题,即专业教师缺乏明确的课程思政教学目标,对于如何在专业课程中开展课程思政改革感到束手无策。部分教师为了应对上级部门教学检查,在教案中强行添加思政育人的内容,无视内容之间的逻辑性和融合性,形同影视作品中的广告植入。有的教师直接把原有内容中“基本原则”和“历史发展”两部分标注为“思政内容”,实则“换汤不换药”,以上情况都不利于课程思政工作的推进。

法学专业课程思政建设的基本目标是落实习近平总书记关于教育的重要论述,贯彻习近平法治思想,满足新时代对培养“德法兼修”高素

⑥ 参见黄豹:《“刑事诉讼法学”开展课程思政的优势》,载《西部素质教育》2022 年第 8 期。

质法治人才的客观需求。⑦ 但这一目标较为宏观,无法为教师提供明确指引,因此需要在法学专业课程思政教学"大目标"之下结合每一门课程的专业特色和内在逻辑制定该门课程的课程思政教学目标。以刑事诉讼法为例,在充分考虑课程思政的一般内涵和共性路径的同时兼顾刑事诉讼法的专业特色和实践逻辑,我们制定了"刑事诉讼法课程思政教学目标",以此保障课程思政教学的科学性与计划性,为后续教学内容的编排和教学活动的开展提供了明确指引。

(一)引导学生正确理解我国刑事司法中"以人民为中心"的中国底色

党的二十大报告提出:我们深入贯彻以人民为中心的发展思想……加快建设公正高效权威的社会主义司法制度,努力让人民群众在每一个司法案件中感受到公平正义。⑧ 在刑事司法的语境之下如何理解"以人民为中心",应当成为刑事诉讼法课程思政建设的首要重点。

综观全部法学专业课程,"刑事诉讼法学"中所蕴含的国家权力与公民权利的冲突和协调最为明显,能够体现我国立法的人权保障特色。世界上任何民主法治国家的《刑事诉讼法》都着重规定了旨在保障人权的各种原则、制度和程序,强调把惩治犯罪的权力的使用"关在制度的笼子里"。⑨ 保障人权是刑事诉讼法永恒的主题,我国历次《刑事诉讼法》修改都始终贯彻"以人民为中心"的理念,将强化公民诉权保障作为贯彻立法始终的一条主线,逐渐形成具有中国特色的人权观念。但是如果我国刑事诉讼法学教学中将西方国家盛行的"基本人权"作为价值观的现象,并以此为标准点评我国《刑事诉讼法》关于人权保障方面的立法规定和司法实践情况,容易让学生对我国刑事司法中人权保障情况产生错误认识。在进行刑事诉讼法课程思政建设时,必须正确理解"以人民

---

⑦ 参见徐英军、孔小霞:《论法学类专业开展课程思政的总体设计与实施要点》,载《中国大学教学》2022年第7期。

⑧ 参见何畏:《高校思想政治理论课贯彻党的二十大精神的要点与方式初论》,载《思想理论教育》2023年第3期。

⑨ 参见闵春雷:《〈刑事诉讼法修正案(草案)〉完善的基本方向——以人权保障为重心》,载《政法论坛》2012年第1期。

为中心”是中国特色人权观的集中体现,从理念到理论再到实践,都应当不断强化这一中国特色,这也是我们中国刑事司法逐步树立文化自信、道路自信、制度自信、理论自信的重要基石。

(二)引导学生自觉运用发展的眼光看待我国刑事诉讼法的发展历程

1979年我国《刑事诉讼法》的颁布实施是当代中国刑事诉讼由传统走向现代的一个起点,初步奠定了中国刑事诉讼制度的基本制度结构。但1979年《刑事诉讼法》强调犯罪的控制并赋予公权力机关强有力的职权,被追诉人权利较少、地位较弱,是一种典型的强职权主义诉讼模式。1996年《刑事诉讼法》第一次修改,对刑事诉讼模式进行了重大调整,强调打击犯罪与保障人权的结合,吸收了无罪推定的法治思想,赋予了被追诉人一定的诉讼权利,呈现控辩对抗为典型特征的“当事人主义诉讼模式”。2012年、2018年连续两次对《刑事诉讼法》进行修订,通过一系列制度和程序的调整,从强调“控辩对抗”的传统“当事人主义诉讼诉讼模式”转变为重视“交流协商”的“控辩协商诉讼模式”。我国《刑事诉讼法》所呈现的诉讼模式的演变路径充分践行了我国运用法治思维与法治方式在法治轨道上开展工作的原则,既是我国刑事诉讼法治建设与法治国家建设进步的重要体现,也是刑事诉讼法课程思政建设难能可贵的重要素材。

我国刑事诉讼法模式的变迁及其背后所蕴含的刑事司法发展规律在高校专业课堂教学中应受到更大的重视,课堂教学中往往只是把这一过程按照时间先后做简单陈述,从当前刑事诉讼法主要教材的内容编排与比重便可见一斑。且当前学界对我国刑事诉讼模式的变迁也有不同的声音,针对以上错误认识,在刑事诉讼法学的课堂教学中不应回避也不能简单否定,而是应当引导学生用发展的眼光去理解和分析问题,认识到“我国刑事诉讼法的发展一方面始终立足国情,着力解决实际问题,发展具有中国特色的刑事程序;另一方面尊重刑事司法规律,推动刑事程序的法治化。”[⑩]这也正是课程思政建设的本意所在。

因此,刑事诉讼法课程思政建设教学目的又一重要调整应当体现在引导学生运用发展的眼光客观评价我国刑事诉讼模式的变迁,并将这一历史过程对我国刑事司法理论研究与司法实践产生的推动和影响引入关于刑事诉讼基本制度和具体程序的理论讲解之中,让学生能够真正感悟刑事诉讼模式在中国本土法治土壤下的生长,及时了解我国当前刑事司法改革的发展趋势与成果,引导学生用正确的方法,发展的眼光看待刑事司法中发生的重大改革与创新。

(三)引导学生掌握以社会主义核心价值观为标准审视刑事诉讼法中价值冲突的方法

刑事司法过程中国家权力与公民个人权利有着密切关联,刑事诉讼法条文中处处渗透和彰显着对冲突价值观的判断和取舍,必然涉及多种价值观的宣示和引导。我国刑事诉讼法受到域外因素影响,正当程序、保障人权等刑事诉讼价值理念的内涵解读受到西方国家价值观的影响,这也正是刑事诉讼法课程思政教学过程中必须面对的一大难题。刑事司法的理论研究和实践探索必须在各种冲突价值之中进行判断和取舍,那么应当以什么作为利益取舍的指引,什么才是社会主义法治国家认可的价值观,这既是刑事诉讼法基础理论所关涉的重点之一,同时也是开展课程思政建设的关键所在。2016 年中共中央办公厅、国务院印发了《关于进一步把社会主义核心价值观融入法治建设的指导意见》(以下简称《指导意见》),指出法律法规体现鲜明价值导向,强调推动社会主义核心价值观入法入规。新时代中国特色社会主义法治建设的目标是实现良法善治,是以社会主义核心价值观为内核和指引,以人民为中心的良法善治。[⑪] 在刑事诉讼法实施过程的每一环节无一不关系到公民的基本权利保障乃至是生命权益的维护,其精神内核与社会主义核心价值观,即“自由,平等,公正,法治”是十分契合的,从某种程度上来说,社

⑩ 陈卫东:《中国刑事法治文明的新发展》,载《中国社会科学》2022 年第 12 期。

⑪ 参见刘国敬、牛丽丽:《高校思政课精准育人的理论思维、现实困境与路径探究》,载《传承》2022 年第 2 期。

会主义核心价值观是刑事诉讼法的价值目标,[12]因此,把握住社会主义核心价值观,便掌握了正确解读我国刑事诉讼法立法条文、基本理论与司法实践中价值判断和利益取舍的"钥匙"。无论是从刑事诉讼法价值目标来说还是从课程思政教学改革实践要求来说,都应从以西方法治文化体系解读刑事诉讼法价值转变为引导学生结合中国民主和法治的进程以社会主义核心价值观为指引重新解读刑事诉讼法的价值。

刑事诉讼法作为保障人权与控制犯罪的重要法律,内在具有秩序、公平、个人自由和效率等基本价值追求,与社会主义核心价值观中"自由、平等、公正、法治"(社会价值取向)和"爱国、敬业、诚信、友善"(公民价值准则)一脉相通。党的十八届三中、四中全会以来,我国进行的一系列司法改革,包括以审判为中心的刑事诉讼制度改革,严格排除非法证据规范的不断出台,司法责任制改革的实施等,无一不体现了进一步完善社会主义核心价值观,努力实现每一项立法都反映人民意志,得到人民拥护的价值目标。以认罪认罚从宽制度为例,其从改革试点到被立法正式确立的过程,是一个顺应社会主义核心价值观——和谐、自由、平等、法治不断改进的过程。[13] 在刑事诉讼课程思政教学改革中,应当将社会主义核心价值观与刑事诉讼法专业知识与价值目标结合讲授,将社会主义核心价值观融入课程问题,融入实践案例,进行专题化讲解等多种方式来实现价值培育与专业能力培养的有机融合。

从刑事诉讼法课程思政教学目标的制定过程来看,专业课的课程思政教学目标最为重要的是明确提出思政育人元素"融入、嵌入、渗入"课程教学的具体要求,指引教师全面规划融合施教方案,充分结合专业课自身特色和优势,提炼其蕴含的文化底蕴和价值范式,通过具体、生动、有效的课堂教学载体,将专业知识传授与价值引领结合起来,从而达到培养学生运用马克思主义基本原理分析具体社会问题的能力,教育学生

---

⑫ 参见樊崇义:《让刑事诉讼法融入社会主义核心价值观》,载《人民法治》2017年第2期。

⑬ 参见刘宏凯:《伟大建党精神传承践行价值意蕴与实践路向》,载《传承》2022年第2期。

如何做人,如何做事、如何成才的目的。[14]

二、从整体出发系统规划课程思政教学内容

在持续推进法学专业课程思政改革的过程,调整教学目的是先导,继而必须在教学目的引导下重构教学内容。有学者一针见血地指出,高校法学课程思政建设成败的关键在于教学内容的创新,应当从理论上加强习近平法治思想对课程的知识与规则、问题与现象、原理与理论的解释,以社会主义核心价值观为主线全面、深入挖掘各专业课"课程思政"元素,强化家国情怀和时代责任感。[15] 目前,课程思政的理论研究多是从整体层面对专业课程与思政教育连接的宏观层面进行阐述,比较缺少对专业课程具体内容所涵盖思政元素的深度挖掘,只是简单地在目标形式上注重"思政"与"法学专业"的融合,忽略了实质内容层面的系统性耦合。[16] 迄今为止,法学专业课程思政教学内容的创新和调整始终未能真正完成,从相关教材的编写情况便可见一斑。2004 年 1 月,中共中央发出《关于进一步繁荣发展哲学社会科学的意见》,提出实施马克思主义理论研究和建设工程(以下简称"马工程")[17],各学科各专业开始了"马工程"教材的编撰工作。当前各大高校法学专业刑事诉讼法课程多使用陈卫东教授作为首席专家编撰的《刑事诉讼法学》"马工程"重点教材。[18] "该教材有鲜明的马哲思想导向和教学内容,是所有已出版的'马工程'法学教材中唯一用专章从马克思主义的角度探讨其与刑事诉讼法二者关系的教材,体现了浓厚的马哲底蕴和课程思政精神。"[19]必须承认

[14] 参见徐英军、孔小霞:《论法学类专业开展课程思政的总体设计与实施要点》,载《中国大学教学》2022 年第 7 期。

[15] 参见徐英军、孔小霞:《论法学类专业开展课程思政的总体设计与实施要点》,载《中国大学教学》2022 年第 7 期。

[16] 参见雷裕春:《法学本科专业课程思政教育体系构建研究》,载《广西财经学院学报》2021 年第 3 期。

[17] 参见《中共中央发出关于进一步繁荣发展哲学社会科学的意见》,载中国政府网,http://www.gov.cn/test/2005-07/06/content_12421.htm。

[18] 参见《刑事诉讼法学》编写组:《刑事诉讼法学》,高等教育出版社 2018 年版。

[19] 黄豹:《"刑事诉讼法学"开展课程思政的优势》,载《西部素质教育》2022 年第 8 期。

该教材给刑事诉讼法课程思政教学工作的开展提供了极为重要的帮助，但是随着课程思政建设的不断深入，价值观培养的深度和广度有了更高的要求，该教材已然不能满足刑事诉讼法课程思政教学内容创新与改革的实际需求。这需要专业教师在课程思政教学目标的指引下，依托现有专业课程体系设计“体系化的课程思政内容”。具体到刑事诉讼法课程思政内容创新，需要厘清刑事诉讼法专业知识与课程思政之间的内在联系，精准提炼出刑事诉讼法专业知识中的思政要素，基于以上的考虑，笔者设计了“刑事诉讼法课程思政教学内容坐标图”，采取坐标分析图的方式，以刑事诉讼法专业知识点为横轴，以挖掘出来的思政元素为纵轴，横纵交会处显示出对应知识点的课程思政教学内容，通过可视化的方式呈现出刑事诉讼法课程思政教学内容的整体创新样态，希望能够给法学专业课程思政建设带来一些启发。

（一）精准挖掘课程思政育人元素

法学专业课程思政教学内容创新中最为关键的一步在于对专业课程中思政育人元素的挖掘。具体来说，要根据法学专业课的教育要求，结合课程自身特点，以社会主义核心价值观为主线全面挖掘、提炼思政育人资源，有机融入社会主义核心价值观等思政元素。特别是在专业课教学内容层面，找准专业知识与课程思政结合切入点自然融入，以社会主义核心价值观为指引，全面规划融合施教方案，方能润物无声地进行思政育人。考虑到法学专业的特色，其自身蕴含的对人类社会美好价值的追求，结合刑事诉讼法理论和实践的特点，我们经过在教学中反复实践、打磨，最终凝练出五个课程思政育人元素。

1. 程序法治。党的十八大以来，党中央提出全面依法治国，社会主义法治建设发生历史性变革、取得历史性成就。党的二十大报告专章论述了“坚持全面依法治国，推进法治中国建设”，明确要坚持走中国特色社会主义法治道路。司法公正是依法治国道路上的重要组成，习近平总书记多次强调司法公正的重要性，明确要求司法机关在每一个案件中都让公民感受到公平正义。然而，公民对司法公正的诉求不仅包括“实体正义”，也包括“程序正义”；不仅包括正确认定案件事实的要求，也包括对案件处理过程公开、透明、高效等程序细节的要求。由此可见,在全面依法治国方略推进过程中,我国正在逐渐摆脱过去"重实体、轻程序"的惯性思维,提升程序的独立价值,并且越来越重视程序法治建设,提升我国刑事程序法治文明程度。特别是新时代以来,我国刑事司法制度设计者在提升程序品质、程序独立价值方面进行了诸多积极探索。在司法实践层面,以审判为中心的刑事诉讼制度改革内涵丰富,司法机关协同公安机关树立程序公正意识,贯彻证据裁判规则,落实疑罪从无的司法理念,加强对刑讯逼供和非法取证行为的源头预防,这一系列刑事司法改革成果背后都表明我国的刑事诉讼程序正在逐渐祛除程序工具主义的桎梏,更多"看得见的正义"正在得以彰显。

2. 人民至上。"人民"是党的二十大报告贯彻始终的一条主线,充分体现了中国共产党全心全意为人民服务的根本宗旨,坚持以"人民"为中心的发展思想,蕴含着丰富的人权内涵,体现了中国政府"坚定不移走中国人权发展道路"的决心。[20] 我国刑事程序法治建设也始终坚持"以人民为中心"的理念,以 2012 年《刑事诉讼法》的修改为标志,我国刑事司法人权保障水平迈向新高度,刑事司法治理体系和治理能力的现代化转型步入新阶段,这也是加强人权司法保障在刑事司法改革中的具体体现。2012 年《刑事诉讼法》对证据制度进行了全面完善,逐渐深化落实宽严相济和少捕慎诉慎押两大刑事政策,更加突出保障人权,增设了刑事和解等特别程序。此外,高度重视辩护权的保障,对辩护律师权利做了重要调整,加强对律师辩护权的保障和救济制度,建立了法律援助值班律师制度,以更好回应人民群众在民主、法治、公平等方面的新要求与新期待。进入新的历史阶段,中国刑事程序法治建设也面临新的时代重任——在坚持"以人民为中心"法治理念的基础上成为践行习近平新时代中国特色社会主义思想的重要场域。

3. 立足国情。我国刑事程序法治建设能够获得今天的成绩,关键原因在于坚持始终立足国情,着力解决实际问题,发展具有中国特色的刑

---

[20] 参见习近平:《坚定不移走中国人权发展道路　更好推动我国人权事业发展》,载《求是》2022 年第 12 期。

事程序,此为“守正”。习近平总书记在多次讲话中都反复强调,一个国家实行什么样的司法制度,归根结底是由这个国家的国情决定的。可以说,任何一项重大改革若不立足于具体国情,最终都很可能不成功。我国刑事诉讼程序的设计和改革,也应当立足于我国刑事司法的实际情况,着眼于国家犯罪治理的需要,在这个基础上走出一条中国特色的刑事司法改革道路。西方国家的一些优秀的经验和成果或者具体做法,有值得我们学习和借鉴的地方,但也需要结合我国实际国情对其进行选择和吸收。我国刑事诉讼法的发展历程就是一个随着国情变化而不断进行调整的过程,这是个漫长且没有前人经验可循的过程且没有放之四海而皆准的绝对标准。㉑

4. 与时俱进。在尊重刑事司法规律的基础上,发展具有我国本土特色的刑事诉讼法理论体系,将我国传统刑事程序法律文明成果的创造性地进行转化,同时批判地借鉴域外经验,不忘本来、吸收外来、面向未来,此为“创新”。随着时代的发展,我国建设中国特色社会主义社会的脚步逐渐加快,刑事诉讼法理论体系的中国本土特色越发明显。㉒ 最典型的体现便是我国死刑复核制度的完善,通过司法程序严格落实我国“少杀慎杀”的死刑政策,通过程序严格控制死刑适用,坚持死刑核准权由最高人民法院统一行使,并进一步完善死刑复核程序中被告人辩护权的行使,通过法律援助制度的一系列措施深化死刑复核制度的改革。这便是新时期刑事法律对传统刑事程序法治文明成果的创造性转化。应当看到,2018 年的《刑事诉讼法》修改和实施更加注重对人类刑事程序法治文明成果进行吸收,推动其创新性发展,体现了人类法治文明成果的中国化表达和本土化改造。㉓

5. 历史担当。历史担当意识是习近平在系列讲话中反复提到的重

㉑ 参见时显群:《法学专业“课程思政”教学改革探索》,载《学校党建与思想教育》2020 年第 2 期。

㉒ 参见丁义浩:《中国特色社会主义制度自信的内在规律研究》,载《东北大学学报(社会科学版)》2021 年第 5 期。

㉓ 参见陈卫东:《中国刑事法治文明的新发展》,载《中国社会科学》2022 年第 12 期。

要理论精髓,一代人有一代人的奋斗,一个时代有一个时代的担当。[24]进入新的历史阶段,中国刑事程序法治建设也面临新的时代重任——在坚持“以人民为中心”法治理念的基础上成为践行习近平新时代中国特色社会主义思想的重要场域。为了承担这一历史重任,在刑事诉讼法的课堂上需要借助专业课程进一步深化职业理想和职业道德教育,引导学生深刻理解“能动司法”背后所蕴含的职业精神和职业规范,帮助学生树立起职业责任感,培养其遵纪守法、爱岗敬业、无私奉献、诚实守信、公道办事、开拓创新的职业品格和行为习惯。为实现建设现代化社会主义法治化刑事司法制度的伟大时代任务中,更应当培育学生捍卫司法公正的历史担当意识,在以后的职业生涯中发光发热为现代化法治建设贡献力量。

以上五个思政育人元素并非刑事诉讼法课程独有的,它们体现了法律制度共同的价值追求,同时蕴含着对“社会主义”与“中国特色”辩证关系的正确认识,揭示了中国法学的本质特征、政治定位和理论前提,具有普遍性;同时,它们也蕴含着高等院校法学专业教学中需要融入的思政资源,对于法学专业课程进行课程思政建设具有引导性。教师可以结合各门课程的专业特色对以上元素的内涵进行新的解读,根据教学的实际需求进一步丰富思政育人元素。在刑事诉讼法课程中,考虑到刑事诉讼法作为程序法的典型特征,在整个刑事诉讼法教学过程中教师都需要引导学生确立“程序法治”的基本观念,因此将“程序法治”作为五个思政元素之首。继而是“人民至上”,考虑到刑事诉讼法有“小宪法”之称,立法条文中处处体现了国家公权力与公民个人权利二者关系博弈的结果,授课过程中需要强调我国刑事诉讼法对待以上二者的基本立场,其重要性不亚于“程序法治”元素。“立足国情”与“与时俱进”两个元素旨在引导学生用发展的眼光去分析和理解我国刑事诉讼法的发展沿革和预判未来发展趋势,能够更为全面客观地解析我国刑事司法改革过程中的立法变迁和司法现象。“历史担当”思政元素重点在于让学生认识到

[24] 参见习近平:《在中国科学院第十九次院士大会、中国工程院第十四次院士大会上的讲话》,人民出版社2018年版。

在社会主义新时代背景之下，作为司法工作者所应当具备的社会责任感和职业荣誉感，社会主义法治国家的建设迫切需要一支有专业素养强，愿付出有担当的司法职业队伍。

（二）围绕专题重构课程内容，兼顾专业性与育人性

当前刑事诉讼法课程中普遍使用的“马工程”教材体系严谨合理，但正如前文所述，它所涵盖的思政元素有限，并非针对课程思政教学目标所编写，无法满足课程思政“自然融合”的教学目标。我们参考了近年各大高校思政课教学改革情况，发现当前高校思政课都在尝试专题化教学改革，且获得了较多肯定性评价，通过专题化教学把分析问题、解决问题放在首位，同时专题的选择具有一定的灵活性和高度时效性，可以结合当前社会热点焦点话题做出针对性调整，既能有效提升大学生对马克思主义理论以及党和国家大政方针的认同感从而实现价值引领，又可以确保课程的实践性与专业性。㉕ 从教学改革情况来看，多数思政课教师都认为这一教学方式具有问题指向性、启发性、探究性等突出优势。㉖但是我们也从中发现了专题化教学存在的待改进之处，那就是专题之间欠缺连贯性，影响课程内容的清晰完整，容易导致专题知识的缺漏。这对于专业课程教学效果的负面影响远超思政课程，前者在知识传递上有着更高的要求，因此若要在专业课的课程思政建设中采用专题化教学的创新，必须确保专业课程知识体系的完整性，避免专题之间内容缺乏连贯性以及跳跃性造成知识遗漏等问题。这实际上是教学内容与教学方法二者相互契合的问题，也是进行刑事诉讼法课程思政教学内容调整时需要考虑的重点。

综上所述，我们对刑事诉讼法教学内容的重构采取“保持章节结构内容不变，重新调整各章组合排列，并针对特定思政点选择性进行专题化教学”。首先，结合课程思政元素融入的要求，在不改变教材章节内容

㉕ 参见习近平：《在中国科学院第十九次院士大会、中国工程院第十四次院士大会上的讲话》，人民出版社2018年版。

㉖ 参见白夜昕：《高校思想政治理论课专题化教学中常见问题与对策研究》，载《思想理论教育导刊》2020年第6期。

的前提下将教学内容划分为四篇,根据方法论、实践场景和联系紧密程度的不同将各章重新排列纳入四篇之中。第一篇为理论篇,涵盖刑事诉讼任务、目的、价值、宗旨、基本原则等内容。第二篇为制度篇,涵盖刑事诉讼主体、管辖、回避、辩护与代理、强制措施、期间与送达等内容。第三篇为证据篇,涵盖证据、证明等内容。第四篇为程序篇,涵盖立案、侦查、起诉、审判、刑事附带民事诉讼程序、审判监督程序、死刑复核程序以及执行程序等内容。每一篇之下凝练1~2个专题,每一专题的教学内容都紧密围绕刑事司法现实问题和热点争点,保证专题内容的综合性、实践性、发散性和育人性,以便引导学生在课堂上有机会更好地探索刑事司法中所关注的问题。从知识传授层面,可以让学生深入司法实务,自觉运用专业知识和法条解决具体个案中的法律问题,着眼于对学生法律逻辑和独立分析思考问题能力的培养。从思政育人层面,通过典型个案中蕴含的多种价值冲突及其背后的社会、政治和文化因素的影响,引导学生从个案上升到类案,从个别现象提炼一般规律,培养学生的思辨能力和归纳总结能力,继而实现价值观塑造。

结合以上的改革思路,我们完成了刑事诉讼法课程思政教学内容的重构并通过坐标图将其以可视化的方式呈现出来。其中横轴为所提炼出来的课程思政五大元素,纵轴是按照四大主题重新划分排列的课程各章,体现了刑事诉讼法的基本知识结构,而专题则在其所涉及的理论知识(纵轴内容)和思政元素(横轴内容)的交会之处呈现出来,图中以案例和问题为题目提示专题内容(见图1)。

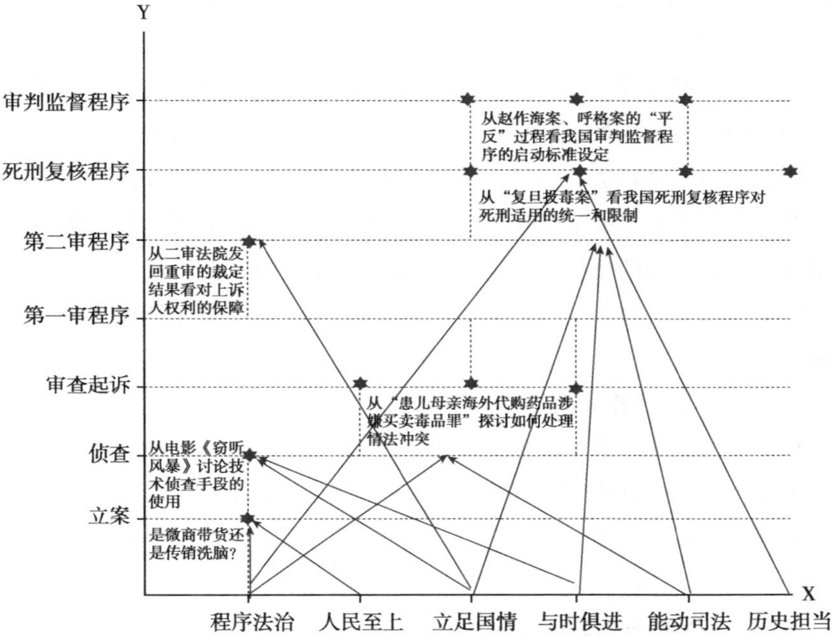

图 1　刑事诉讼法课程思政(程序篇)

专题化教学要求根据当下刑事司法实践的热点问题、焦点问题选择典型案例和设计问题,并对所涉及的教材内容进行重新整合,在缺乏教学材料引导的情况下对多数教师而言十分困难。如今借助以上坐标图,教师可以对刑事诉讼法课程思政基本教学内容有整体把握,同时对专题的选择和定位一目了然。教师可以在教学大纲的引导之下,结合自身对教学内容的理解以及对社会矛盾的把握,在原有专题的基础上做出针对性地更新与调整,甚至对专题的设置进行改变。这种“教材体例为主,专题化内容为特色”的教学内容调整,不仅保证了教学内容的完整与连贯,又避免了课程体系的固化,给教师自由发挥及课程后续完善留下了充足空间。以“审查起诉”一章为例,该章中将 2021 年全国十大刑事案件之一“患儿母亲买卖毒品案”作为专题,引导学生讨论母亲为患病儿子购买国家禁止的精神类药物(被认定为毒品)在刑事司法上对这一行为应当如何处理。根据图 1 坐标轴所示,从 Y 轴上“审查起诉”所在的点画出一条X轴的平行线,从X轴上的三个不同的思政元素所在点分别画出三条Y轴平行线,分别相交于专题“患儿母亲买卖毒品案”之上,体现了这一专题所涉及的主要专业知识点与思政育人内容。该专题设置了一个情法冲突的场景,面对这一情况司法机关应当如何处理才能让公众从中感受到刑事司法的公平正义和法律的温度。分析和解决这一问题,需要学生具有扎实的法学理论基础和事实分析能力,对案件的事实和证据问题做出正确的分析和认定,同时也需要学生自觉运用辩证唯物主义和历史唯物主义的方法论作为解决问题的分析工具,确保处理结果能够符合社会主义核心价值观的基本要求,这也正是新时代“能动司法”的应有之义,司法工作者的历史担当意识。通过这一专题的讨论能够让学生从形而上的理论学习落地到具体实践,并且需要运用辩证唯物主义和历史唯物主义的世界观和方法论来分析问题,最终在情与法的冲突之中找到合适的解决路径。

三、创新课程思政的课堂教学设计

课程思政建设需要“两条腿”走路,“一条腿”是课程内容的融合与重构,“另一条腿”是课堂教学设计的协同创新。课堂教学是推进课程思政教育教学改革的核心环节,应当注意发挥课程建设“主战场”、课堂教学“主渠道”的作用。当前各大高校思政课教学建设都十分重视课堂教学模式的创新,在课程思政建设过程中都不约而同地强调专题化教学,认为这一教学方法在立德树人和提升能力方面具有显著优势。[27] 专题化教学重视通过问题进行引导,打破了传统教材的章节结构,根据理论学习的阶段性需求,基于问题导向围绕某个具有真实背景的、代表性和典型性案例,利用所学习的理论知识对相关问题进行深入集中研究和充分讨论。专题来自理论知识的实际应用场景,教师引导学生思考分析疑难问题并提出针对性的解决建议。鉴于前文已经在教学目标转变的

---

[27] 参见朱继胜等:《论法学课程思政特点、难点与实施路径》,载《高教论坛》2021年第9期。

整体指引下针对性就刑事诉讼法课程思政教学内容的改革进行了探讨,因此在教学内容能够匹配的情况下,专题化教学在刑事诉讼法课堂教学中的运用能最大限度发挥其效果,不失为一种有益的尝试。

(一)以问题为导向,引导学生自觉用发展的眼光看待我国刑事司法制度的演变

专题化教学的顺利推进必须建立在师生密切配合的基础之上。专题化教学的关键在于,通过问题的引导让学生产生探求知识奥妙的积极性,然后再循序渐进地进入教学内容。在课堂上,教师成为课堂的组织者和观察者,帮助学生聚焦刑事司法热点事件,引导学生关注和思考现实问题,同时有效管理和组织课堂教学活动;而学生则成为课堂的主体,参与到专题所设定的场景以及问题的讨论和分析之中,培养自学能力和合作能力,在交互协作中解决问题并完成学习任务,学会运用辩证唯物主义和历史唯物主义的世界观和方法论来分析问题。

(二)强调育人效果的延伸,延续课堂中对学生价值观正面影响的效果

专题化教学一大问题就在于课堂容纳量有限,如何确保学生能够对专题所涉的相关知识理解透彻,确保课程的育人效果能在课后持续,在日常学习生活中持续发挥作用?我们延伸课堂作为解决方式。

首先,教师在每一个学期专业课程正式开始之前需要对每一个开课班级学生的情况进行充分了解,清晰班级整体和学生个体的学习情况(包括但不限于知识结构、学习需求、学习兴趣和爱好等),从而针对性选择和适当调整专题内容,进行课堂的活动设计并选择合适的交流和指导方式,这也是精细化教学所提倡的。其次,教师在每次专题课开始前需要提前一周指导学生进行课前准备工作,合理布置课前预习的学习任务和思维导图、知识框架图,要求学生在课前预习阶段积极思考,提前对课程所涉及的知识内容有全面了解,并将课前预习过程中遇到的困惑及时通过线上交流的方式反馈给老师,以便老师根据学生对知识的掌握理解程度来确定课堂应当聚焦的重点。最后,教师在专题课结束后,及时布置课后作业,在专业知识掌握层面,引导学生结合教材中对应章节内容与专题内容进行比对,找到因相关度不高未在课堂上进行重点讨论的知识点,根据教师所提供的思维导图和知识框架图自行补充学习;在思政育人层面,特别重视思政效果的持续延伸,帮助学生进一步打开视野,着重深化课堂中思政育人元素给学生的影响和引发的思考,并在后续生活学习中不断增加这种价值观方面的影响力,最终使其内化为自觉的思考方式和行为模式。因为学生课堂学习过程中接触到了刑事司法的热点问题焦点问题和冲突矛盾,并且在教师的指导下进行分析与解决,但是课时所限未能充分展开,还有的学生在接触到外界各种信息又缺乏识别能力的情况下,对专题课上所涉及的价值观产生怀疑,希望与教师进一步讨论交流。我们课程团队在刑事诉讼法课程思政专题课上就多次遇到这样的情况,已经下课了但是学生们意犹未尽,针对某个有争议的法律问题或者社会问题围着老师希望能够继续讨论。课程思政建设不仅应当利用好课堂,更要利用好课后。

(三)课程思政专题化教学设计

1.课前准备阶段。在展开正式的教学之前,教师应仔细研读教材,围绕教学重点精选具有丰富思政内涵的案例并列出思考问题,上传到WPS课程共享文件夹。要求学生提前预习课程内容,以小组为单位针对案例收集查阅资料,尝试解答,将答案上传到文件夹。教师整体把握学情,确定讲解重点和教学方法。“问题导向”的模式在应用型高校法学课程思政教学方法设计中较为适用,教师要从学习者角度,在“以学生为主体”的前提下,分析学生的学习基础、学习习惯、学习能力、心理状态、价值倾向等因素,利用学生感兴趣的时政热点案例、课程重点或者学生的现实困惑,引导学生提出问题,并思考通过解决该问题希望达到什么效果。

2.专题选择与问题设计。本专题是“认罪认罚从宽制度”与“审查起诉”两部分内容的综合,选择了2020年轰动全国的“余金平交通肇事案”作为讨论案例,引导学生围绕该案对认罪认罚从宽制度的推行以及我国审查起诉制度的完善进行思考和讨论。案件基本情况如下:余金平因涉嫌交通肇事罪被当地检察院提起公诉,余认罪认罚,检察院在量刑建议中提出余金平有自首情节并建适用缓刑。一审法院审理后认为余金平的行为不构成自首,拒绝了检察院的量刑建议。检察院与被告人不服一审判决分别提出抗诉与上诉,二审法院维持原判。要求学生先行搜集案件相关资料,在对案件有充分了解的基础上开始思考。

3. 课堂活动安排。课堂教学安排应注重"教学相长",以学生为主体安排课堂教学环节,专题化教学模式综合运用多种教学方法以实现知识传递、能力培养与价值观塑造三大教学目标。课题教学划分为:问题提出、案例导入、深度交流、知识梳理、思政融入和延伸思考共六个环节,具体课堂活动设计见表1。

表1 认罪认罚从宽制度课堂教学安排

教学环节	问题提出(时间:3分钟)
教学目标	1. 知识目标 系统掌握认罪认罚从宽制度的内涵和价值。 2. 能力目标 培养学生作为课堂主体进行探究学习的能力。
教师活动	提出本课重点 (1)设立认罪认罚从宽制度的背景和意义; (2)适用认罪认罚从宽制度存在的问题及成因; (3)认罪认罚从宽制度开启了一种全新的刑事诉讼模式。
学生活动	1. 思考本课重点。 2. 准备小组发言。
教学环节	**案例导入(时间:10分钟)**
教学目标	1. 知识目标 掌握认罪认罚从宽制度相关法律条文的内容。 2. 能力目标 培养学生搜集和查阅资料的能力。 3. 思政目标 融入"制度自信"和"爱国主义"两大思政元素,引导学生认识到认罪认罚从宽制度是中国智慧和中国经验在司法领域的体现。

续表

教师活动	1. 采用行为导向教学法,教师简要讲述案例,引导学生分组扮演法官、检察官、被告人、辩护人,体会认罪认罚从宽制度司法实践情境下特定主体可能做出的行为和感受。 2. 根据课前反馈情况指定 1 ~ 2 个发言小组。
学生活动	以小组为单位,分别扮演不同角色,体会不同主体在认罪认罚从宽制度具体程序中的职责,熟悉认罪认罚从宽制度的实践操作。
教学环节	**深度交流(时间:10 分钟)**
教学目标	1. 知识目标 了解认罪认罚从宽制度中检察机关量刑建议权行使的情况和界限。 2. 能力目标 培养学生从具体问题中发现和总结规律从而解决问题的能力。 3. 思政目标 融入"马列思想"和"程序法治"思政元素,引导学生分析问题时应当注意透过现象看本质,全面客观看问题,理解认罪认罚从宽制度的具体程序设计。
教师活动	采用问题教学法,结合案例内容与学生角色扮演情况,科学设计问题,激发学生兴趣,开放雨课堂弹幕功能,鼓励学生对老师的提问通过弹幕作答或者相互讨论。 (1)认罪认罚从宽制度为什么要以检察官为主导? (2)法官在认罪认罚从宽制度适用过程中应当扮演什么角色? (3)适用认罪认罚从宽的案件是否还有必要开庭审理? (4)认罪认罚从宽制度与诉辩交易制度的区别何在?
学生活动	1. 确定讨论要点。 2. 小组内交流讨论。 3. 总结观点,克服思维障碍,积极与老师交流。
教学环节	**知识梳理(时间:7 分钟)**
教学目标	1. 知识目标 掌握认罪认罚从宽制度中保障犯罪嫌疑人、被告人权利的内容。 2. 能力目标 培养学生归纳总结知识要点的能力以及独立思考和解决问题的自学能力。

续表

教师活动	总结第二阶段学生发言，采用讲授法，运用多媒体教学工具，提炼课程知识要点，启发学生思考。 1. 观察讨论，发现疏漏。 2. 梳理知识，搭建架构。 3. 针对问题，集中讲解。
学生活动	对本课知识查缺补漏。
教学环节	**思政融入（时间：10 分钟）**
教学目标	1. 能力目标 培养学生转换不同角度思考和分析问题的能力。 2. 思政目标 融入“以人为本”和“程序法治”思政元素，引导学生理解认罪认罚从宽制度许多细节设计中都体现的保障人权的基本精神。
教师活动	采用讨论式教学法，提出讨论问题： 认罪认罚从宽制度的实施提高了诉讼效率，为法院和检察院解决了案件积压，但是牺牲了犯罪嫌疑人、被告人的程序权利，不符合依法治国的基本要求。请问你们怎么看待这个观点。
学生活动	1. 结合老师的问题确定讨论要点和内容。 2. 小组内部讨论，将争论观点和疑惑实时发送到雨课堂平台上，供老师和其他同学了解，方便深入讨论。 3. 针对存在的疑惑及时与老师交流，并在老师指导下进一步扩展讨论的范围和深度。 4. 汇总小组意见发送到课程 WPS 共享文件夹中。
教学环节	**延伸思考（时间：5 分钟）**
教学目标	1. 能力目标 培养学生课后自主探究学习的能力。 2. 思政目标 引导学生将课堂感悟化为自身素养，影响今后学习生活。
教师活动	1. 总结课程内容，发布课后延伸阅读资料。 2. 引导学生深入思考我国刑事证明标准有待完善之处。
学生活动	跟随教师总结回顾课程内容，继续体会课堂带来的感悟。

结语:从一门课到一个学科的课程思政建设

基于刑事诉讼法课程思政建设的探索可见,专业课的课程思政建设首重课程思政教学目标的制定,通过深入思考每一门专业课中如何结合自身特色,凝练出其在情感培育,态度选择、价值观引领等方面的具体要求,作为该门课程中思想政治教育与专业知识教育的联结点,也是该门专业课的课程思政教学目标。另外,专业课的课程思政建设是“思想为本,内容为王”,成败的关键在于是否将马克思主义和社会主义的道理讲清楚讲透彻。一方面需要从不同角度挖掘专业知识中蕴含的思政育人元素并结合专业内容阐释其内涵;另一方面则需要打破传统教学体例和内容编排,对课程内容进行全面规划,形成专业内容和思政育人元素融合贯通的课程内容体系。在课堂教学方面应当鼓励教师进行创新和尝试,积极探求与教学内容相契合的教学方法以及多样化的思政融入方式,通过课堂教学这一“主阵地”有步骤地带领学生完成基础知识点的学习,并引导学生初步思考相关的法律价值观、法律文化、社会主义法治等价值引领,呈现知识框架。对学生价值观的初步思考进行评价和引导,让学生在初步结论的基础上再次反思,从而深刻理解课堂中思政育人的内容,并通过课后阶段的延续课堂教学中思政育人的效果,帮助学生将课堂中的感触内化为思考方式的一部分。

通过一门课的课程思政改革探索可以为一个学科课程思政建设提供许多有价值的实践经验和成功案例。法学专业课程思政建设需要通过各门专业课去探索和实践,进而从人才培养、教学目标、课程内容、师资队伍、课堂教学、教材建设等多个方面总结提炼出法学专业课程思政建设可复制可推广的有效路径,并逐步构建起法学专业思政建设的全流程、闭环式的过程管理体系,再通过指导各门课程教学实践不断完善这一体系。法科生的世界观、人生观和价值观直接决定着社会主义法治建设的方向和水平,法学类专业教育应肩负起历史责任。思政进课堂的最终目标在于实现专业知识教育和思政教育的融合统一,培养德才兼备,德法兼修的社会主义法治高端人才,这也注定了法学专业课程必须承载更多的思政建设责任。改革的关键在于以思政育人为导向,重新构建法学专业课程的教学内容,勇于打破法学专业课程的传统教学体例,大胆尝试和融合多种教学方法,调动课堂气氛,增强课堂管理,提升学生的积极性和参与度,从全新的角度、以有效的方式展开专业知识与思政元素相融合的学习。司法体制改革的大背景和课程思政的大浪潮下,必然能够体现出进行课程思政建设的优势和功效。

Exploration and Practice of Ideological and Political Construction of Legal Specialized Courses

Mo Ran

Abstract: Since the 18th National Congress of the Communist Party of China, the course teaching reform with the goal of "curriculum ideology and politics" has been vigorously promoted in colleges and universities all over the country. Based on the exploration of ideological and political construction of the criminal procedure law course in the Law School of Guangdong University of Finance, it can be seen that the ideological and political construction of the specialized courses should be promoted from three aspects: Teaching objectives, course contents and classroom teaching. In terms of teaching objectives, combined with the characteristics of the course itself, the specific requirements of emotion cultivation, attitude choice and values guidance are condensed to provide teachers with clear teaching guidelines. In teaching contents, the ideological and political education elements are explored in combination with specialized contents, and a course content system is formed with the integration of specialized contents and ideological and political education elements. Classroom teaching adopts a thematic teaching pattern, through the three stages of teaching design of pre-class, in-class and after-class to enhance the quality of specialized courses in a targeted approach. The successful cases of ideological and political construction of specialized courses can provide important reference for the ideological and political construction of legal courses, form an effective path that can be replicated and popularized, and gradually build a whole-process, closed-loop process management system for the ideological and political construction of law majors.

Key Words: curriculum ideology and politics; criminal procedure law; teaching objectives; teaching contents; teaching designs

论教育心理技术在法律概念教学认知目标实现中的应用

赵海涛*

摘　要：新时期法治人才“德法兼修”的培养目标在为未来法学教育改革指明了方向的同时，也对法学教育资源的利用效率提出了新的要求。为提高法学教育资源的利用效率，确保新时期法治人才培养目标的顺利实现，法学教育研究界有必要对法学教育中的教育心理技术应用问题予以适当的关注。通过对法律概念教学低中高三阶教学认知目标的分析，本文认为在实现这三阶教学认知目标的过程中存在学生认知负担过重、前置经验素材积累缺失以及学习思维“破旧构新”这三大难点。针对以上三个教学难点，本文分别从教学与学习两个层面就认知辅助技术、迁移技术、行为认知技术、精细加工技术、动机激发技术以及“头脑风暴”技术的应用问题进行了讨论，以期为法律概念教学实践提供些许教育技术层面的参考。

关键词：法学教育　教育心理技术　法律概念

* 赵海涛，西南政法大学经济法学院博士研究生。研究方向：金融法学，法律心理学。

作为现代教育学学科教育的基础课程之一,教育心理学的学科知识对于教学实践的开展具有重要的指导意义。一方面,通过对于教学情境下个体心理活动规律的揭示,教育心理学能在理论层面为教育者的教学决策形成提供思路指引;另一方面,通过对于各类教育心理技术的演示,教育心理学还能在实践层面为特定教学目的的实现提供相应的技术手段。也正是基于这种理论与应用相结合的学科知识特性,专业学科教育的研究者在学习教育心理学的学科知识时,不仅重视对于一般教育心理理论的吸收,同时也极为关注教育心理技术在其相关学科教育中的应用问题。然而,与其他专业学科教育研究者对教育心理技术应用问题表现出的重视所不同,法学教育研究界却对教育心理技术在法学教育中的应用问题表现出了冷淡的态度。在 2023 年 1 月 10 日,笔者在中国知网期刊高级检索栏目下以"法学教育"与"教育心理学(并含)"为主题进行检索,仅检索到 29 篇文献。而在这 29 篇文献中,也只有 4 篇文献从理论应用角度探讨了教育心理学学科知识在法学教育中的应用问题,①未见以教育心理技术在法学教育中的应用为主题的研究成果。

事实上,作为在教育领域中具有普遍适用性的教育技术,教育心理技术在法学教育领域具有巨大的应用前景。法学教育界并不应当忽视教育心理技术在法学教育中的应用问题,尤其是在法学人才培养目标变革的当下。在最近一轮的法学教育改革中,"德法兼修"已经被确立为当今法治人才培养的核心目标。② 在该培养目标下,法学专业学生不仅需要"牢固掌握本专业的基本知识和基本理论",同时还需要"养成良好的道德品格、健全的职业人格、强烈的法律职业认同感"。③ 法学人才培

---

① 参见吕幸、罗颖:《基于共情、移情对警察院校法学教育的情感教学》,载《贵州警察学院学报》2020 年第 5 期;钱利:《从人本主义心理学教育观角度浅析高校法学模拟实习——以西华师范大学为例》,载《法制博览》2015 年第 4 期;刘光华:《完善经济法学教学模式的新思考——以 20 世纪以来教育学、(教育)心理学的历史转向为视角》,载《甘肃政法成人教育学报》2008 年第 1 期;汪波等:《提高高校法学模拟实习教学质量的途径——基于教育心理学角度》,载《浙江青年专修学院学报》2010 年第 1 期。

② 参见《教育部　中央政法委关于坚持德法兼修实施卓越法治人才教育培养计划 2.0 的意见(教高〔2018〕6 号)》。

③ 参见教育部办公厅:《法学类教学质量国家标准(2021 版)》。

养目标的变革在为未来法学教育改革指明方向的同时,也给法学教育资源的利用带来了新的压力。在德育课程与德育培养目标不断增设,且法学教育资源配给未有明显增加的情况下,新增设的课程与培养目标必然带来对既有教学资源的挤占。如何提高既有的法学教育资源利用效率,从而使“德法兼修”的人才培养目标得以顺利实现就成了在法学教育领域颇具思考价值的问题。而作为基于教育情境下个体心理活动规律而开发,且在学科教育领域具有普遍适用性的教育技术,教育心理技术对于教学效率的提升能力已为过去数十年国内外教育实践所验证。在人才培养内容与任务不断加重,且教育资源有限的情况下,法学教育界有必要考虑适用运用教育心理技术来提升既有教育资源的利用效率。

鉴于此,笔者不揣浅陋,试图以法学学科知识体系中最为基础的要素——法律概念的教学为切入点,在分析法律概念教学低中高三阶教学认知目标与实现难点的基础上,从教学与学习两个层面对教育心理技术在法律概念教学中的应用问题予以阐述,以期在充实法学教育与心理学交叉领域研究成果的同时,达到抛砖于前,引珠玉于其后的效果。

一、法律概念的教学认知目标

作为构成法律规范的基本要素,法律概念在法学知识体系中具有基础性的地位,其既是初学者学习法学学科知识体系的逻辑起点,亦是法律共同体成员间相互沟通所不可或缺的思维性工具。美国法哲学家博登海默就曾指出:“概念乃是解决法律问题所必须的和必不可少的工具。没有限定严格的专门概念,我们便不能清楚地和理性地思考法律问题。没有概念,我们便无法将我们对法律的思考转变为语言,也无法以一种可理解的方式把这些思考传达给他人。如果我们试图完全否弃概念,那么整个法律大厦就将化为灰烬。”④

法律概念在法学知识体系中的基础地位在决定了其为法学知识教

④ [美]E. 博登海默:《法理学:法律哲学与法律方法》,邓正来译,中国政法大学出版社 2017 年版,第 504 页。

育核心的同时,也使法律概念的教学拥有区别于其他法学知识要素的教学认知目标。从法治人才培养的要求,笔者认为,法律概念的教学中的认知目标具有低中高三阶,具体而言如下。

(一)法律概念教学的低阶教学认知目标:法律概念文本内容的感知与记忆

实现学习者对法律概念文本内容的感知与记忆是法律概念教学中最为基础的认知目标。笔者之所以将法律概念内容的感知与记忆作为法律概念教学的基础认知目标,主要是源于人类认知学习规律与法学知识体系特征两方面的原因:一方面,人类对于任何知识的认知学习都是以对知识外在载体内容的感知与记忆为开端的。离开了对于知识载体内容的识记,知识的内化与反思就是无源之水。另一方面,“法律概念是法学体系的基本细胞,法学研究者对法律概念进行了逻辑上的划分,使概念之间有了逻辑一致和清晰的关系,在此基础上,经过语法、修辞的运用,法学家把此表述为法学体系……”⑤法学的知识体系的构建是以法律概念为基础要素的,识记法律概念的文本内容对于学习者认识法律规范与法律原则等法学知识要素具有基础性的意义。

值得注意的是,基于法学教育对于法治人才培养素养的要求,法律概念教学中的感知与记忆并不是指一般意义上的感知与记忆,而是需要达到一定教学标准的感知与记忆。具言之,就法律概念文本内容的感知而言,学习者不能仅满足于对法律概念文字内容的感知,其更要对文本内容所承载的法律概念的表征要素予以识别。例如,对于合同这一法律概念的内容文本,学习者对于其内容的感知不能仅限于“合同是民事主体之间设立、变更、终止民事法律关系的协议”这一文字表述,而是要对“合同是一种民事法律行为”、“合同是双方或多方当事人意思表示一致的结果”与“合同的目的是旨在设立、变更、终止民事法律关系”这些知

⑤ 陈金钊、熊明辉主编:《法律逻辑学》(第3版),中国人民大学出版社2022年版,第63页。

识表征予以感知,[6]唯其如此,学习者才能通过知识表征这一媒介建立起知识载体与内在经验世界的联结,为后续概念的理解奠定基础;而对于记忆而言,教学者不能仅要求学习者对法律概念的文本内容形成浅层短时记忆,而是要对法律概念的文本内容形成长时记忆。根据心理学对于人类记忆类型的研究,人类的记忆可分为感受记忆、工作记忆与长时记忆。[7] 感受记忆是感觉器官受到外部刺激时所建立起的记忆,这种记忆的建立与提取极为便捷,但这种记忆不仅容量小,且储存时间也极为短暂。工作记忆在储存容量与储存时间方面较之感受记忆有所增加,也便于提取,但工作记忆的储存时间也较为短暂,其主要目的是用来处理临时性事务,如临时记忆陌生人电话号码,难以为常规性的思维工作提供记忆支持。在日常的法律实践中,法律工作者随时都需要调用其对于法律概念的记忆储存来对事实与价值进行识别与判断,因此,无论是感受记忆还是工作记忆,其都无法满足法律实践工作的需求。只有对法律概念内容建立起稳固长时记忆,学习者才能为日后的职业生涯建立起相应的知识储备。

(二)法律概念教学的中阶教学认知目标:法律概念的理解与应用

实现学习者对法律概念内容的理解与应用是法律概念教学的中阶认知目标。与其他理论性社会科学学科所不同的是,法学是一门实践性极强的社会科学学科,其学科教育的主要目的之一便是为社会提供能够适应法治实践所需的应用型人才。而为了达成这一培养目标,法学教育者就必须注重培养学生对于法律概念这一基础知识要素的理解与应用能力。

实现学习者对于法律概念理解的核心在于建立起法律概念文本内容与学习者经验世界之间的联结。建构主义心理学家认为,人类对于知识的理解是通过“原有认知结构及相关知识经验与从环境中接收到的感

---

⑥ 关于合同概念的知识要素,参见韩世远:《合同法总论》(第4版),法律出版社2018年版,第6~7页。

⑦ 参见[美]理查德·格里格、菲利普·津巴多:《心理学与生活》(第19版),王垒等译,人民邮电出版社2016年版,第195、198~203页。

觉信息的相互作用实现的”。[⑧] 易言之,人类对于知识的理解实际上就是将外部信息内容与内在经验世界建立联系,并将知识表征内化为自身经验体系的一个过程。例如,仅仅向学生传达三角形文字概念内容是无法让学生真正理解三角形这一概念文字所承载的思维内容,只有在学生将这一概念内容与其在现实生活中所见过的三角形建筑或图案建立起对应关系的时,学生才能够对三角形文字内容所承载的思维内容产生理解。

同样的,法律概念的应用实际上也是一个经验联结的思维过程。在日常的法律实践中,无论是涵摄推演的运用,抑或是类比推理的运用,其本质上都是思维主体将抽象概念与具体经验事物联结的思维过程。只不过涵摄推演强调的是抽象概念与具体事物间的联结,而类比推理则是强调具体事物向抽象概念的联结。因此,从这个角度来看,法律概念的应用能力培养的实质就是帮助学生建立法律概念与具体事物联结的思维能力。如果法学教育者想要学生能够熟练地使用法律概念来处理法律实践中的事务,法学教育者就应当在日常的教学活动中为学生训练相应的思维能力,使其能够为日后的司法实践奠定良好的思维能力基础。

(三)法律概念教学的高阶教学认知目标:法律概念内容的反思与批判

实现学生对于法律概念内容的反思与批判是法律概念教学的高阶认知目标。作为人类对于客观世界的思维反应,法律概念的内容并不是一成不变的,其内容的形成是以法律共同体的主观认识能力与特定社会经济条件为依托的。伴随法律共同体认识的不断加深与社会经济条件的变化,法律概念的内涵也会随之改变。为确保学生在法律概念学习方面具有与时俱进的发展能力,同时也为了避免学生在日后的实践中机械适用旧有书本概念而造成法律判断结论的失当。法律概念的教学者就不能仅满足于要求学生完成课本概念内容识记与理解,还应当注重学生对于既有法律概念内容的反思与批判的能力的培养。

---

⑧ 陈琦、刘儒德主编:《当代教育心理学》(第3版),北京师范大学出版社2019年版,第211页。

实现学生对于法律概念内容的反思与批判能力培养认知目标的核心在于学生批判性思维的养成。作为一种对思维内容的再次思维,对于法律概念的反思与批判是无法如具体概念知识那般进行直接教授的,其必须建立在学习者自主思考的基础之上。因此,法律概念的反思与批判教学重点并不是向学生教授任何具体知识,而是为学生培养一种能够进行批判性思考的思维模式。只有在养成此种思维模式的情况下,学生在能够真正脱离教师的指引,进而自主地对其所学的法律概念知识进行反思与批判。

二、法律概念教学中各阶教学认知目标实现的难点

(一)法律概念低阶教学认知目标实现的难点:学生的认知负担过重

所谓认知负担,是指人类为了完成认知任务所必须付出的脑力资源。认知负担过重是法律概念低阶教学认知目标实现的难点,而其产生是由法律规范体系的特征与法律语言组织形式所共同决定的,具体而言,包括以下几个方面。

第一,法律规范的概念规范体系的特征决定了法律概念学习者认知任务的繁重。立法者之所以要创设法律,其目的之一便是为社会成员提供一套具有普遍适用性的社会规范。而为了使立法者的规范意旨相对明确,并可为涵摄方法所反复演绎推理,立法者就必须通过法律概念的形式来对生活中大量具有同等要素内涵的事物或事件进行抽象概况。这种立法技术层面的选择所带来的直接结果就是法律条文中充斥着大量的法律概念。如若学习者想要充分理解法律条文所欲实现的规范意旨,那么其就必须要对法律条文中数量庞大的法律概念进行感知、记忆与加工,而这所带来的必然是繁重的认知工作。

第二,法律语言特有的语言组织形式增加了学生对于法律概念文本的认知难度。作为思维内容的外显载体——语言,其组织形式会对其所承载的思维的认知难度产生较大的影响。例如,对于一篇中文公告,以文言组织的版本在认知难度上就会远高于以白话文组织的版本。这种

情形同样也会出现在法律语言与自然语言之间。与自然语言生成的任意性与开放性所不同,法律语言的生成具有明显的人为与规范的色彩。[9] 这种生成路径的差异不仅使法律语言在形式结构层面有别于自然语言,同时也使法律语言文本在认知难度上高于自然语言文本。具言之:首先,作为法律共同体成员之间明确语义指向,消除歧义的语言工具,法律语言在句式表达层面具有较强的逻辑性。在不熟悉法律语言表述逻辑的情况下,学习者会在法律文本内容记忆方面存在较大的困难。其次,为保障法律共同体成员之间信息交流的高效,法律语言的语言密度是远高于自然语言的。[10] 在同等字数内,法律语言文本的语义载量远高于自然语言文本。这种语义载量的高密度虽然便利了法律共同体之间的信息交换,却增加了学习者对法律概念的认知难度。最后,"法律语言作为一种精英语码,对非法律人具有不可理解性和不可接近性。即使对受过专业训练的法律人来说,熟练理解和使用各种法律语言也会存在一定的困难"。[11] 这种精英化的语码编辑方式使法律内容的充分感知必须建立在一定专业背景知识积累的基础上,在学科知识未积累到一定程度的情况下,认知者是难以对法律文本内容进行全面感知。

法律概念学习的认知负担过重容易在教学层面产生学生选择性学习的消极后果。在学习时间与脑力资源不足以对所学法律概念进行全面识记的情况下,学生就极易采取选择性识记的方式来对高频考点进行学习。此种选择性的学习方式虽然能够应付期末学科考试,但不利于学生扎实牢固的学科素养的养成。如果要降低这种消极后果出现的可能性,教师就有必要采取一定的教学技术手段来降低学生在法律概念学习中的认知负担,以保障学生能够在规定时限内完成相应的法律概念学习。

---

⑨ 参见陈金钊、熊明辉主编:《法律逻辑学》(第3版),中国人民大学出版社2022年版,第35~36页。

⑩ 参见刘承宇、汤洪波:《合法化语码视域下的法律语言"大众化"》,载《语言文字应用》2020年第1期。

⑪ 刘承宇、汤洪波:《合法化语码视域下的法律语言"大众化"》,载《语言文字应用》2020年第1期。

（二）法律概念中阶教学认知目标实现的难点：前置专业经验积累环节的缺失

如前文所述，学习者对于概念的理解与内化过程实质上是学习者内在经验世界与抽象概念间建立对应关系的过程。而这种对应关系的建立需要以学习者足够的感性经验积累为前提。经验主义哲学家洛克就指出，人类心灵的本然状态是一块白板，其对于知识的学习需要经由一个由简单观念积累，并逐步发展成为复杂观念过程。⑫ 而通常的教学活动也是依此认知规律而开展的。例如，在基础教育阶段的数学教学中，只有在学生对各类数学图形的经验素材具有一定积累基础的情况下，教师才会开始向学生教授各种数学图形的抽象定义。

然而，在现行法律概念的教学过程中，学生的前置专业经验素材的积累环节是缺失的。在现行的诸多法学教材中，法律概念以抽象文字定义的方式展示在学生面前。这种概念内容的展示方式虽然保证了"法律概念作为规范社会生活的语词系统，其本身不是对生活的简单描写，而是对被规范生活的抽象。一般来说，法律概念不应当是对生活的简单复述，而应超越于具体生活，与其密切联系的具体生活保持一定距离"⑬这一语言技术要求的实现，也与现行的法律规范的内容保持了一致。但是，这种知识展示方式并不符合人类对于抽象知识的一般认识规律。学生在没有足够前置感性经验积累的情况下，是很难通过几个远离生活的课本例证便将法律概念的文字内容与自身的内在经验建立联系的。

法律概念文字内容与自身经验世界联系建立的效果不佳所直接带来的消极后果就是学生对于法律概念知识应用能力的缺失。在学生自身经验世界都没有与法律概念的文字内容建立对应关系的情况下，更遑论学生将法律概念的文字内容与变动不居的现实生活建立联系。如若法学教育者不想只培养"背死书"的学生，那么就必须要利用一定的策

---

⑫ 参见［美］梯利著、伍德增补：《西方哲学史》，商务印书馆2015年版，第345～351页。

⑬ 许中缘：《论法律概念——以民法典体系构成为视角》，载《法制与社会发展》2007年第2期。

略与方法来辅助学生建立其内在经验世界与法律概念知识之间的联结。

(三)法律概念高阶教学认知目标实现的难点:学生学习思维的“破旧构新”

值得指出的是,虽然法律概念反思与批判教学的核心在于学生批判性思维模式的养成,但教学者并不能直接以批判性思维能力的养成为开端,其原因在于:在学生步入法学课堂之前,学生大脑中的学习思维模式并不是空白,其大脑中存在基础教育阶段所形成的学习思维模式。作为一种长期存在并被反复强化的认知框架,旧有学习思维在学生脑海中具有巨大的思维惯性,这种思维惯性会在很大程度上影响到学生新思维模式的构建。因此,在为学生培养批判性的思维能力之前,教学者必须要对学生的旧有学习思维模式有所把握。

受基础教育阶段“师尊生卑”课堂模式、记忆性教学目标与一元化功利课程评价模式的影响,⑭我国绝大多数学生的大脑中都存在“唯课本,唯老师”的学习思维模式。在这种学习思维模式的长期影响下,学生会以老师与课本为权威,缺乏对所学知识质疑的意识,往往会出现没有“没有问题”情况。这种“没有问题”的思维状态虽然契合基础教育阶段的教学目标,却是法律概念教学反思与批判教学认知目标实现之路上最大的问题。如若教学者要在法律概念的教学过程中为学生培养起对法律概念的批判性思维能力,那么就必须打破学生“唯课本,唯老师”这一旧有学习思维模式对学生思维能力的禁锢。

然而,作为一种长期稳定的认知框架,学生旧有学习思维的形成是时间经年累月作用的结果,其在学生大脑中的存在是十分牢固的,仅凭教师的言语是难以打破该固有思维模式。同样的,作为一种全新的认知框架,批判性思维如果要在学生的脑海中形成稳固的根基,其也是无法单凭打破旧有认知而自然建立。如何在打破学生旧有学习思维的同时,为学生建立起稳固的批判性思维根基便是法律概念反思与批判教学认知目标实现的难点所在。要化解这一教学难点,教师就必须充分利于人

---

⑭ 参见肖薇薇:《批判性思维缺失的教育反思与培养策略》,载《中国教育学刊》2015年第1期。

类思维的形成规律,采取适当的技术手段,重塑学生对于所学知识的思维认知。

三、法律概念教学认知目标实现中教育心理技术的应用:课堂教学层面

(一)法律概念低阶教学认知目标实现中教育心理技术的应用:认知辅助技术的应用

认知负担是人类完成认知任务所必须付出的脑力资源,只要个体进行学习活动,其就必然会产生一定的认知负担。学习过程中认知负担的存在虽然有其必然性,但这并不意味着此种负担在数量层面是恒定不变的。通过认知辅助技术的应用,教育者可以有效降低学习者为了完成认知任务所要付出的脑力资源数量,使学习者能够以更小的脑力与时间成本完成特定的学习任务。

认知辅助技术有效性的基础在于人类认知活动的规律性。依据进化心理学的观点,人类的心理特征是通过自然选择而得以产生与固化的。⑮ 例如,我们的视觉对于视觉范围内色调变化部分具有天然的敏感性,这种敏感性就很可能源于人类先祖躲避隐藏在灌木丛之中野兽的生存压力。在这种认知特征使个体具有生存优势的情况下,这种认知特征便会被固化,并通过代际遗传的方式传给后代。心理特征的固化与遗传使人类心理活动具有规律性,而这也给人类利用心理规律而实现特定教育目的提供了可能。

具体到法律概念的低阶教学认知目标实现层面,虽然我们无法改变法律语言与法学知识体系固有特征,但是我们可以在把握人类认知规律的基础上,使用认知辅助技术来减轻学生在法律概念识记过程中的认知负担。笔者认为,在法律概念教学中,我们可以在感知与记忆两个认知环节使用认知辅助技术。本文将在下文中对此两环节的技术应用问题

---

⑮ 参见[美]本杰明·B.希莱:《心理学导论》(第11版),吴庆麟等译,上海人民出版社2017年版,第138~139页。

进行说明。

1. 视觉感知技术的应用。法律概念教学课堂是认知辅助技术应用的重要场景,提高学生在课堂环节的认知效率,对于学生学习法律概念的整体认知负担减轻具有重要意义。在当下的法学课堂中,教师常常会结合幻灯片内容来对法律概念内容加以讲解。在此种课堂模式下,学生一方面要利用视觉感官去观看幻灯片内容;另一方面还要利用听觉感官去接收教师的讲解。在学生脑力资源不足以同时处理两项感知任务时,就会造成学生对课堂内容信息感知的遗漏。

“世界给我们呈现的感觉输入太多,以致我们不能在任何特定瞬间将所有感觉输入整合到清晰的知觉中。”⑯人类注意力资源的有限性决定了人类天生不适宜同时专注处理两项平行的认知任务。虽然教师可以采取让学生先阅读幻灯片内容,后讲解的教授方式来减缓学生的认知冲突,但此种方式存在较高的时间成本。在法学课堂教学时间本就紧张的当下,此种方式无疑会进一步加剧课时资源与教学任务的矛盾。通过感知辅助技术,降低学生在阅读幻灯片内容方面的脑力资源投入,提高课堂法律概念的教授效率可能是更为可行的认知负担缓解方式。

具体而言,教师可以通过对于幻灯片版面设计与概念知识内容展示形式的特殊设计来降低学生在阅读幻灯片内容方面的注意资源的投入。在制作幻灯片内容前,教师首先要了解的是人类视觉对于感官信息的加工是具有选择性的。“人类的视觉系统非常细致地加工输入信息,但不是视野中的每一部分都会得到如此细致的加工,某些部分的信息会被舍弃。”⑰在通常情况下,人类的视觉只会对处于视野中央,且能产生强光感刺激的信息内容进行细致地加工。⑱ 因此,在制作幻灯片的时候,教师可以在幻灯片背景色彩方面选用“暗—明—暗(同前暗一致)”的三分

⑯ [美]爱德华·E. 史密斯、斯蒂芬·M. 科斯林:《认知心理学:心智与脑》,王乃弋等译,教育科学出版社2017年版,第56页。

⑰ [美]爱德华·E. 史密斯、斯蒂芬·M. 科斯林:《认知心理学:心智与脑》,王乃弋等译,教育科学出版社2017年版,第67页。

⑱ 参见[美]爱德华·E. 史密斯、斯蒂芬·M. 科斯林:《认知心理学:心智与脑》,王乃弋等译,教育科学出版社2017年版,第64~68页。

色彩排版方式，在此基础上，教师可以将所欲展示的法律概念信息以暗色文字（同前暗色）的形式放置于幻灯片版面的中央位置，以此来降低学生在视觉感知方面的脑力资源投入；而在法律概念内容展示形式方面，为降低学生阅读幻灯片信息的脑力投入，教师不宜采取法学教材中大段文字表述方式来对概念内容予以展示，而宜采取知识表征要素的形式来展示法律概念。从概念的知识结构来看，一般的概念是由名称、定义、特征、正例以及反例这五个表征要素所共同组成的。⑲ 因此，在进行幻灯片内容编排时，教师也可以取此种形式展示法律概念的内容。例如，对于法律行为这一概念，教师即可采取“名称：法律行为定义：以意思表示为核心，以产生、变更、消灭民事法律关系为目的的行为特征：以发生民事法律后果为目的、以意思表示为核心、符合法律规定、能够产生一定的私法效果正例：悬赏公告（单方法律行为）合同（双方法律行为）合伙协议（多方法律行为）反例：建造房屋等事实行为”的方式予以展示。⑳

2. 组块编码记忆技术的应用。法律概念的记忆既是法律概念学习中最为重要的环节，也是学生学习认知负担最重的一个认知环节。数量庞大的法律概念的存在决定了法律概念的记忆将会是一个漫长而又艰巨的过程。作为法学学科知识的教授者，教师是无法改变法律概念的数量，但其却可以运用记忆辅助技术来提高学生的记忆效率，从而在一定程度上缓解学生在法律概念学习中认知负担过重的问题。

从法学学科知识体系的特征来看，编码记忆技术在法律概念记忆方面具有巨大的应用空间。所谓编码，是指人类将信息转化为记忆表征的各种加工。㉑ 人类以何种方式对外在信息进行加工将会对人类记忆的便利程度产生重大影响。例如，对于“A，E，I，O，U”五个英文字母，如果

---

⑲ 参见陈琦、刘儒德主编：《当代教育心理学》（第3版），北京师范大学出版社2019年版，第216页。

⑳ 关于上述法律行为概念的内容，参见王利明等：《民法学》（第4版），法律出版社2014年版，第87～90页。

㉑ 参见［美］爱德华·E. 史密斯、斯蒂芬·M. 科斯林：《认知心理学：心智与脑》，王乃弋等译，教育科学出版社2017年版，第218页。

我们去对每个字母进行逐个记忆,那么我们所需付出的脑力资源就会远超于将五个字母归为元音字母项下的记忆方式。专家之所以在专业知识记忆方面具有远超于新手的优势,其原因并不在于脑力资源的丰富,而是在于专业知识的积累使其能够按照一定的逻辑对专业进行记忆。心理学的实验结果也表明,与新手的记忆方式相比,专家在记忆信息方面更倾向于将外在信息进行组块化的编码,而这种编码方式使其在记忆方面具有巨大的优势。[22]

法学概念知识体系的特征在一定程度上便利了组块编码记忆技术的应用。如果我们从宏观层面上对某一个规范法学学科的知识体系进行观察的话,我们就会发现该学科概念体系实际上是由核心概念与其子概念所共同构成的,概念之间实际上存在紧密的逻辑联系。这种紧密的逻辑联系在一定程度上为法律概念的信息编码方式的选择提供了天然的指引。只要让学生能够掌握联结诸概念间逻辑的“线”,那么其就能很容易将数量众多的法律概念联结成“串”。因此,在法律概念的教学中,教师可以协助学生进行记忆编码。具体而言,教师可以在印发给学生的讲义中将分散的法律概念按照不同的逻辑关系进行模块化编组,为学生提供串联诸多概念之间的逻辑“线”,以此来降低学生在法律概念记忆过程中的认知负担水平。

(二)法律概念中阶教学认知目标实现中教育心理技术的应用:迁移技术的应用

对于学生感性经验缺失环节的问题,教学者除了可以要求学生提前进行专业资料阅读,为法律概念的理解积累足够的感性经验素材外,还可以利用迁移技术来帮助学生内化法律概念知识。所谓迁移,是指学习者原有知识经验、技能以及态度对新知识与技能学习所产生的影响。[23]例如,对于具有沿海生活经历的学生,其对于浮力原理的理解就会快于

[22] 参见[美]爱德华·E. 史密斯、斯蒂芬·M. 科斯林:《认知心理学:心智与脑》,王乃弋等译,教育科学出版社2017年版,第461页。

[23] 参见陈琦、刘儒德主编:《当代教育心理学》(第3版),北京师范大学出版社2019年版,第231页。

生活在内陆干旱地区的学生。迁移的存在提醒着法学教育者，虽然在接触书本法律概念之前，学生并不具备相应的专业学科经验素材的积累，但这并不意味着学生其他类型感性经验是不可利用的。

事实上，学生的对于社会事件的记忆就是极佳的迁移素材。虽然在接触法律概念之前，学生并未为其理解专门积累过专业性的经验素材，但是其必在各种社会新闻报道中接触过各类法律概念。只是由于彼时学生尚未接受法学教育，因此并无将新闻报道内容与学习之间建立起联结的意识。但是，在信息获取的过程中，学生对于法律概念的感性印象实际已经形成。只要教学者能在法律概念的教学中将其加以唤醒，并与课本中的法律概念知识建立联系，那么其将会成为极佳的学习迁移材料。

具体到操作层面，在讲解法律概念之前，教学者可以使用已发生的热点新闻素材来对学生进行概念教学的引入，以此来唤醒学生与之相关的经验记忆。例如，在对"垄断"这一概念进行讲解前，教师就可以借助近年来互联网平台整治的热点新闻予以引入，在充分唤醒学生社会事件记忆的基础上，再帮助学生建立起课本概念与新闻素材之间的联系，以此来利用学生的社会事件记忆来帮助学生理解"垄断"这一法律概念。

（三）法律概念高阶教学认知目标实现中教育心理技术的应用：认知行为技术的应用

如前文所述，实现法律概念教学反思与批判目标的关键在于学生思维层面的"破旧构新"，即在打破旧有学习思维对学生桎梏的基础上，对学生的学习进行系统性的重构。然而作为一种稳定的认知框架，无论是旧思维的打破还是新思维的构造都无法仅凭教师的言语教授而予以实现。要实现学生思维层面的"破旧构新"，教师就必须利用一定的认知改造技术。从顽固的旧思维打破与稳固的新思维形成两项技术要求来看，笔者认为，行为认知技术是最适宜用来实现此项教学目标的认知改造技术。

认知行为技术是建立在认知心理学与行为心理学理论融合基础上的心理干预技术，其常被用于认知重塑、社交能力的训练以及心理疾病治疗等领域。不同于认知理论或行为理论孤立地强调认知改造中认知塑造或行为矫正的重要性,行为认知理论主张在认知改造的过程中充分利用认知与行为间的影响作用,即在重塑目标个体认知的基础上,通过行为来强化目标个体的新认知,使目标个体的新认知与新行为之间达到循环强化的效果。置于法律概念教学的语境下,在运用行为认知技术在为学生改造认知框架时,教学者不仅要重视打破旧有思维这一认知层面的改造,还要注意要通过学生不断的实践行为来巩固批判性思维这一新认知框架,通过“知行合一”的方式实现学生思维“破旧构新”的认知改造。

具体到操作层面,行为认知技术应用可分为四个环节:第一,书本知识“真理”属性的祛魅。对于书本知识“真理”属性祛魅的目的在于重塑学生对书本知识属性的认知。作为一种固有的认知框架,学生“唯老师,唯书本”的认知思维是以“老师与书本是绝对真理”的信念为基础的。要打破学生的旧有认知结构,重塑批判性的认知结构,需要从打破学生对于书本知识的盲从认知开始。在法律概念的教学开始前,教学者应当向学生言明:课堂所教授的法律概念只是法律共同体成员依托特定社会背景之下的所作出的理论拟制,其本质只是一种“看法”,而非绝对真理,其内涵会随着人类社会实践的深入而发生变化,因此,不可盲信。第二,鼓励学生积极提问。打破学生对于书本知识的盲从只是学生认知框架构建的开端,而批判性思维的最终形成还需要行为层面的不断强化。对既有知识的质疑既是批判性思维的开端环节,亦是知识创新的动力源泉。因此,批判性思维构建行为层面的巩固也应从鼓励学生大胆质疑开始。在课堂教学中,教师应营造出鼓励提问的课堂氛围,在鼓励学生提问的基础上,不轻易对“提问是否有价值”做出评判。第三,比较分析能力的培养。除质疑精神外,比较分析思维也是批判性思维的重要组成部分之一,其养成也需要行为层面的巩固。在课堂教学中,教师课题通过要求学生去探究现有法律概念形成的理论基础与观察角度,并对其合理性与局限性作出自己的判断与分析的方式来训练学生的分析思维能力。第四,观点的构建能力的培养。“批判性思维不仅仅是怀疑和批判,其目标是建构新的恰当的判断,而不是一味地批判。”[24]对于现有概念知识的批判只是手段,使学生能够提出更为恰当的观点才是法律概念反思与批判教学的最终目的。为培养学生观点构建的能力,教师可以在课题教学过程中通过争议案件的形式来展示某一法律概念适用的实践冲突,并要求学生在课后就这一个概念适用的争议点、现有观点的合理性与局限性以及自己观点提供简明的书面报告,以此通过行为层面的训练来强化学生观点构建的思维回路。

四、法律概念教学认知目标实现中教育心理技术的应用:学习层面

课堂教学只是法律概念教学认知目的实现的一个环节,在大学鼓励自主学习的教学管理模式下,学生才是教学的核心主体,学生学习的效果好坏将会对法律概念教学认知目标能否实现产生决定性的影响。因此,除课堂教学层面的教育心理技术应用外,我们也应当重视学生学习层面的教育心理技术应用问题,本文将在此部分对这一问题予以探讨。

(一)法律概念低阶教学认知目标实现中学习心理技术的应用:精细加工技术

学生认知负担过重是法律概念感知与记忆教学认知目标实现的难点所在,对于这一难点,教学者既可以在课堂教学中通过认知辅助技术来降低学生课堂层面的认知负担,也可以在学习层面通过提示学生使用精细加工技术的方式来降低学生自主学习时的认知负担。

所谓精细加工,是指将新知识与学习者的既有知识建立起联系,以增加新知识信息意义的信息加工技术。与组块编码记忆技术的应用目的一样,信息的精细加工应用目的也在于降低学生在记忆与提取知识时的脑力资源消耗。但不同于组块编码记忆技术将知识按照知识逻辑结构进行模块化记忆编码,精细加工中的记忆与知识联结方式会更加多

---

[24] 陈金钊:《批判性法理思维的逻辑规制》,载《法学》2019年第8期。

样。例如，谐音记忆便是一种典型代表。通过顺口溜的编写，学生可以将概念知识与顺口溜之间建立联结，由此实现轻松记忆。

具体到操作层面，教师可以提示学生，在课下的自主学习的过程中，学生可以充分利用自己所熟悉的事物，通过情境、谐音或视觉想象等方式与所学的法律概念内容之间建立起相应的联系，并借助此种联系来对法律概念的内容进行记忆，由此从学生学习的角度来降低学生在记忆法律概念时的认知负担。

（二）法律概念中阶教学认知目标实现中学习心理技术的应用：动机激发技术的应用

学生对于法律概念经验素材积累不足是制约法律概念中阶教学认知目标实现的最大障碍。虽然教师可以在课堂上利用学生其他类型的经验素材来辅助学生实现对于法律概念的理解。但从专业性学习的角度来看，实现学生对于法律概念内容全面准确的理解还需要足够专业性经验素材来予以支撑。

作为一种学习背景知识，专业性经验素材的积累是需要学生通过自主学习才能予以完成的。学生是否具有相应的学习动机，将会对专业经验素材的积累效果将会产生重大影响。为确保学生具有足够的素材积累动机，也为了实现法律概念理解的教学目标，教师应当注重强化学生课后积累专业性经验素材的学习动机。

笔者认为，对于学生课后专业性经验素材的学习，教师可以采取社会竞争性与奖励惩罚结合的方式来强化学生主动学习的动机。具体到操作层面，该技术可以按以下步骤进行：第一，教师先将学生按 10～12 人进行分组。第二，教师应当言明，将会不定期对学生对于概念的理解程度进行组间竞赛。第三，竞赛的形式是以两个学习小组间各挑选 3 名成员比拼的方式进行。第四，对于获胜的小组，全组成员可获得平时成绩方面的奖励。第五，竞赛将以法律概念举例与逻辑联系说明为内容。第六，组间胜利以“三局两胜”计，个人之间的胜利以说出更多法律概念正例、反例与正确逻辑联系者计。

由于学生的个人竞赛表现会关涉全组成员的奖励，因此，与孤立学习相比，社会性竞争的存在会使学生拥有更大的学习动因。在竞赛内容以法律概念知识的理解为核心的情况下，学生也会更加主动地为理解法律概念积累相应的经验素材，这种动机对于法律概念教学中阶教学认知目标的实现具有重要意义。

（三）法律概念高阶教学认知目标实现中学习心理技术的应用："头脑风暴"的应用

如前文所述，认知的重塑只是批判性思维构建的开端，批判性思维的最终形成还需要行为实践层面的强化。虽然教师可以在课堂之上指导学生进行批判性思维的练习，但课堂教学时间毕竟有限，教师所能做的也只是对学生进行批判性思维方法应用层面的指引，实际的批判性思维训练还是需要学生在课后进行自主完成。为确保学生课后的思维练习能够定期开展，并有所成效，教师就需要为学生选择适当的思维练习方式。从训练内容与练习组织形式来看，笔者认为，"头脑风暴"是最适宜被学生用来在课后进行批判性思维能力训练的思维养成方法。

所谓"头脑风暴"（Brain-storming），是指特定群体围绕一个特定的兴趣领域，自由无限制地思考、联想和讨论，汇聚集体智慧，激发创造性思维、产生新观点的思维方法。㉕ "头脑风暴"通常是以团组针对某一议题进行讨论的形式而予以开展的。在"头脑风暴"的过程中，团组成员被鼓励就议题内容进行积极发言。在发言环节时，成员之间禁止评判他人的观点，只有在"头脑风暴"结束时组内成员才可以对他人的观点进行评议。笔者认为，让学生在课后运用"头脑风暴"来进行批判性思维练习具有以下三点优势：第一，防止学生怠惰。由于"头脑风暴"是以团组形式开展的，因此，团组成员相互之间具有潜在的社会监督，可以有效防止孤立学习环境下学生因怠惰而不进行课下的思维训练。第二，能够对学生进行全面的批判性思维训练。在"头脑风暴"中，每个团组成员都需要对议题发表看法，并在结束时述评他人的观点。这既能培养学生

㉕ 参见陈璐：《"头脑风暴法"在〈广告创意〉教学中的应用》，载《传媒》2017 年第 13 期。

的问题意识,也能培养学生的分析比较与观点构建能力,能够对学生的批判性思维能力进行全方位的训练。第三,有利于鼓励学生发表观点。由于“头脑风暴”中的观点评述被放置在结尾之时,因此,学生在发言之时不用担心遭到即时性的打断或批评,在此规则营造的氛围之下,学生会更勇于提出自己的见解。

具体到操作层面,教师可以分以下五步要求学生在课下学习中来运用“头脑风暴”来训练自身的批判性思维能力:第一,将学生以 10 ~ 12 人为一组的规模划分为若干小组。第二,要求学生熟知并遵守“头脑风暴”的议事规则。第三,定期性地就某一法律概念适用的争议问题让各小组进行“头脑风暴”。第四,要求各小组成员轮流进行书面观点整理并提交书面报告。第五,要求在课程结束时,每个学生挑选过往讨论中的任一议题提交一份关于自己观点的书面报告,强化其以书面语言组织观点的思维能力。

结　语

法律概念教学中存在感知记忆、理解应用以及反思批判三阶教学认知目标。在实现该三阶教学认知目标的过程中,存在学生认知负担过重、前置经验素材积累缺失以及学生学习思维“破旧构新”三个教学难点。针对以上教学难点,教师可以在课堂教学层利用认知辅助技术、迁移技术以及行为认知技术来予以消解。具体而言,对于学生认知负担过重的问题,教师可以在课堂教学中利用视觉认知辅助与组块记忆编码技术来降低学生在法律概念学习中的认知负担;对于前置景素材积累缺失的问题,教师可以采取迁移技术来利用学生的其他类型感性经验来理解法律概念;而对于学习思维“破旧构新”的问题,教师则可以通过认知重构与批判性思维训练这一“知行合一”的方式来予以化解。同时,考虑到学生在大学教育管理模式下的学习主体地位,教师也不能忽略学生教学层面教育心理技术的应用。从法律概念教学认知目标实现与难点化解的角度,精细建工技术、动机激发技术以及“头脑风暴”技术是适宜应用在学习学习层面的教育心理技术。

The Application of Educational Psychological Techniques in the Realization of Cognitive Goals of Legal Concept Teaching

Zhao Haitao

Abstract: The cultivation goal of rule-of-law talent in the new era of "both moral and legal practice" points out the direction for the reform of legal education in the future, but also makes new requirements for the utilization efficiency of legal education resources. In order to improve the utilization efficiency of legal education resources and ensure the smooth realization of the goal of rule-of-law talent training in the new era, it is necessary for the legal education research community to pay proper attention to the application of educational psychology technology in legal education. By analyzing the junior, middle and senior cognitive objectives of legal concept teaching, this paper believes that there are three difficulties in the process of realizing this three cognitive objectives: Excessive cognitive burden of students, lack of accumulation of pre-experience materials and the shift from old to new thinking patterns. In view of the above three teaching difficulties, this paper discusses the following application problems from aspects of teaching and learning: Cognitive assistive technology, migration technology, behavioral cognitive techniques, precision processing technology, motivational motivation technology and "brainstorming" technology, expecting to provide some reference for the teaching practice of legal concepts from the educational technology level.

Key Words: legal education; educational psychology techniques; legal concept

比较研究

区域国别法的学科建设

——基于新加坡经验的研究*

董静然**

摘　要：新时代我国涉外法治人才培养需要补齐短板，加强区域国别法的学科建设与人才培养。目前，我国区域国别法律人才远无法满足企业走出去的需要。区域国别法的学科建设既是新时代党和国家对法学教育提出的新要求，也是我国坚持对外开放、推进"一带一路"倡议的重要保障。新加坡基于其特殊的地理位置和高等教育发展经验，逐渐形成了具备自身特点的区域国别法学科发展机制。新加坡的区域国别法发展经验对我国有重要的启示意义。区域国别法的学科发展需要贯彻交叉学科的发展理念，打破学科间的壁垒，培养学生对某一国或某一地区法律制度的系统性、整体性认识和理解。

---

* 基金项目：本文系西南政法大学2023年度校级本科高等教育教学改革研究项目"西南政法大学区域国别法人才培养机制研究"(2024C14)；2022年重庆市教育教学改革重点项目"国际组织与国际仲裁人才培养模式研究"(222062)；2023年西南政法大学引进人才科研资助项目"数据安全制裁与反制裁机制研究"(2023-XZRCXM002)的阶段性研究成果；中国法学会2023年度部级法学研究课题"加快完善法学教育体系背景下的区域国别法学科建设研究"，项目编号：CLS(2023)C18。

** 董静然，西南政法大学国家安全学院副教授。研究方向：国际法、法学教育。

关键词:区域国别法　涉外法治人才培养　新加坡经验　学科建设

2023年2月,中共中央办公厅、国务院办公厅印发了《关于加强新时代法学教育和法学理论研究的意见》(以下简称《意见》)。《意见》在主要目标部分指出,我国要补齐法学重点领域人才短板。加快培养具有国际视野,精通国际法、国别法的涉外法治紧缺人才。《意见》还指出,我国要优化法学学科体系,适应法治建设新要求,加强区际法学的学科建设。

《意见》中所提及的国别法、区际法学,可归纳为"区域国别法"。国务院学位委员会、教育部在印发的《研究生教育学科专业目录(2022年)》中,将区域国别学列为交叉学科目录下的一级学科。目前,区域国别学尚未具体明确学科的范围,其研究内容还处在探索阶段。但交叉学科的属性表明,区域国别学需要综合各类学科,对某一国或某一地区的政治、经济、文化等进行综合性研究。而"法律"是对一国人文风俗、社会习惯的整体性提炼,是了解一个国家制度文化的重要内容,是区域国别学的重要组成部分。区域国别法应当形成对区域国别学的支持和担当。①

一、区域国别法学科建设的时代意涵

2023年,《意见》在"优化法学学科体系"部分,提出"支持具有法学一级学科博士学位授权点的高等学校自主设置国际法学相关二级学科,加快培养具有国别法的涉外法治紧缺人才"。区域国别法学科建设是完善涉外法学相关学科专业、推动国家涉外法治建设的重要内容,具有十分重大的战略意义。当前,我国已迈上了全面建设社会主义现代化国家的新征程,为更好服务国家高水平对外开放大局,应积极创新涉外法治

① 参见张晓君:《新时代"区域国别法"学科建设对区域国别学发展的应有担当》,载中国社会科学网,http://www.cssn.cn/qygbx/202301/t20230113_5579637.shtml。

人才培养路径。[②]

（一）区域国别法是国家涉外法治建设的重要内容

习近平总书记强调，要加快涉外法治工作战略布局，协调推进国内治理和国际治理。[③] 党的二十大报告提出，当前，世界百年未有之大变局加速演进，逆全球化思潮抬头，单边主义、保护主义明显上升。百年未有之大变局既是世界秩序之变，也是全球治理之变。我国在大变局中，需要积极参与到全球治理体系改革和建设中。[④] 涉外法治人才培养是涉外法治建设的重要内容。而涉外法治人才培养需要统筹规划，充分考虑培养模式的系统化。在探索涉外法治人才培养道路过程中，需要不断创新涉外法治人才培养模式，加强学科之间的横向合作。同时，涉外法治人才还应当熟悉外国文化和外国人的思维。所以，涉外法治人才的创新需要建立交叉学科的人才培养模式。[⑤] 当前，我国涉外法治人才培养机制取得了一定成效。但是，为满足新时代国家扩大开放和推进"一带一路"倡议的需求，我国需要为创新涉外人才培养开辟新路径。[⑥]

习近平总书记强调，全面推进依法治国，建设一支德才兼备的高素质法治队伍至关重要。加强涉外法治工作，需要加快培养一批政治素质高、通晓国际规则、具有国际眼光和国际视野的涉外法治人才。[⑦] 区域国别法不同于一般涉外学科人才培养。一方面，区域国别法是以国别为依据，对该国法律体系的整体性、系统性认识。一般涉外学科人才培养以国际法学科为核心，主要围绕国际公法、国际私法与国际经济法进行。

---

② 参见彭岑萱、李光辉：《积淀、贡献与展望：习近平法治思想指导下的涉外法治人才培养》，载《法学教育研究》2022年第3期。

③ 参见程华儿：《加快推进涉外法治建设》，载《人民日报》2022年10月28日，第9版。

④ 参见刘建飞：《领导干部如何认识百年未有之大变局》，载《中国党政干部论坛》2019年第9期。

⑤ 参见马怀德：《加快涉外法治人才培养　服务国家涉外法治建设》，载《法治日报》2021年7月28日，第9版。

⑥ 参见唐刚：《习近平法治思想制度涉外法治人才培养》，载《法学教育研究》2022年第3期。

⑦ 参见肖永平：《大力加强涉外法治工作》，载中华人民共和国司法部官网，http://www.moj.gov.cn/pub/sfbgw/zwgkztzl/xxxcgcxjpfzsx/fzsxllqy/202212/t20221213_469294.html。

而区域国别法以"区域国别"为主要划分标准,更强调交叉学科的特征。区域国别法既包括对某一国家或某一地区法律制度的全方位、系统化了解,也包括对该国法律文化、法律思想及法律演变规律的认识和把握。[⑧]另一方面,区域国别法主要为我国政府、企业、公民运用外国司法体系维护海外利益和解决法律纠纷提供法律服务。而国际法学科更强调国际争端解决机制的构建与运用。

区域国别法对我国积极推动构建新型国际关系,深化拓展平等、开放、合作的全球伙伴关系、构建更加公正合理的国际秩序意义深远。区域国别法学科发展是推进涉外法治建设的重要举措,也是"一带一路"倡议不可或缺的重要内容,更是实现高水平对外开放战略的重要保障。[⑨] 我国在推进涉外法治建设和"一带一路"倡议的过程中,需要打破传统以部门法为划分依据的模式,以区域国别法为基础,对外国的法律制度和法律文化进行系统全面的认识和了解。国家将区域国别学新增为一级学科,是由于仅依靠单个学科无法解决国家在对外开放过程中所面临的各项问题。区域国别法的学科建设同样意味着,仅依靠某一部门法也无法解决我国在他国进行活动所面临的各项法律风险问题。

涉外法治人才是我国当前法治人才培养中的短板,而区域国别法人才培养则是短板中的短板,对外开放急需能够掌握区域和国家的法治人才。区域国别法的学科建设有利于整合语言、法律、政治、经济、文化等区域国别学科领域资源,同时结合法学实践性较强的特点,为国家培养复合型涉外法治人才提供有力支持。

(二)区域国别法是优化法学学科体系与创新发展法学理论的需要

《意见》提出"加快完善法学教育体系"的要求,并进一步指出"适应法治建设新要求,加强区际法学等学科建设"。《意见》将完善涉外

---

⑧ 参见赵可金、刘军:《区域国别学的学科定位与发展空间——赵可金教授访谈》,载《俄罗斯研究》2022 年第 5 期。

⑨ 参见屈廖健、刘宝存:《"一带一路"倡议下我国国别和区域研究人才培养的实践探索与发展路径》,载《中国高教研究》2020 年第 4 期。

法学相关学科专业设置作为“优化法学学科体系”的重要内容，并明确提出“加快培养具有国际视野，精通国际法、国别法的涉外法治紧缺人才”。

区域国别法的学科建设是对《意见》前述要求的贯彻落实，且具有紧迫性。统筹国内法治与涉外法治必须坚持问题导向。[10] 我国的法学学科体系整体上仍然是以传统部门法为标准进行划分的。然而，在涉外法治建设中，要以问题为导向，就需要强化交叉学科的人才培养理念。区域国别法是区域国别学的重要组成部分。无论是进行区域国别研究还是区域国别学的人才培养，都需要打破既有学科边界。[11] 区域国别法的涉外法治人才培养，也需要树立起问题导向意识，改变传统部门法划分模式，以系统把握一国或一地区的法律制度、法律文化、法律思想等为目标，并强化对人才的全球化视野和语言能力的培养。

《意见》强调了“创新发展法学理论研究体系”的重要性。“加强外国法与比较法研究”“建好用好国家级涉外法治研究基地”是《意见》明确提及的创新发展法学理论研究的重要途径。区域国别学的跨学科特征可以有效克服学科的狭隘性，有助于学科知识整体结构的构建。[12] 区域国别法的学科建设正是在对外国法的研究基础上，对外国法进行整体性、规律性的把握。该学科的建设有利于实现《意见》提出的“构建中国自主的法学知识体系”的目标。党的二十大报告提出，当前，全球性问题加剧，世界进入新的动荡变革期。国家安全和地缘政治等问题变革频繁。深入了解和认识外部世界、维护国家海外利益是百年未有之大变局下，区域国别学发展的重要目标。法律可以集中体现一国的社会价值理念和文化思想。在目前，我国法学学科建设已经形成较为完备的理论体系和知识体系。创新发展法学理论，需要在既有法学理论体系和知识体系基础上，将各个部门法进行融会贯通，进而形成对一国法律的整体性

---

⑩ 参见柳华文：《以党的二十大精神为指引　坚持统筹国内法治和涉外法治》，载中国社会科学网，http://www.cssn.cn/fx/gjfx/202301/t20230113_5579780.shtml。

⑪ 参见姜龙范：《突破国别和区域研究创新发展的学科壁垒》，载中国社会科学网，http://www.cssn.cn/skgz/bwyc/202208/t20220803_5463039.shtml。

⑫ 参见李强：《关于区域与国别研究方法论的思考》，载《欧洲研究》2020 年第 5 期。

把握,为我国了解外部世界、维护国家海外利益安全提供全方位法律保障。

(三)区域国别法是区域国别学的重要组成部分

2022年9月,国务院学位委员会、教育部印发《研究生教育学科专业目录(2022年)》,正式将区域国别学列为一级学科。中国特色的区域国别学需要以马克思主义为指导,动员国内研究机构和各高校的力量一起进行。[13]目前,区域国别学的学科建设采取交叉融合的路径,已经成为学界共识。培养综合型、交叉型的区域国别人才是打破学科壁垒的关键突破口。[14]

区域国别研究具有多学科的基本特点,是大国所特有的学科体系,涵盖政治、经济、法律、人文等领域。[15]法律是一国经济、政治、文化等最为直观和明确的体现。某一国或某一区域的法律制度可以较为便捷和直观地从各国法律文件中获得。通常来说,只有被获得广泛认可,且固定下来的经济制度、政治制度和文化制度才能够被上升到法律层面。所以,法律可以为区域国别学其他领域的研究提供重要的支撑。相反,法学的缺失将不利于区域国别学的整体性与全面性,也不利于区域国别学的长远发展。涉外法治建设与区域国别学应是一种良性互动的关系。涉外法治建设为区域国别学提供重要的研究资料和研究基础,区域国别学又为我国系统把握外国法律文化和法律发展规律提供理论基础,二者相互促进。

新时期,我国法学教育的全球化和涉外法治人才培养,已不仅限于对国际法、国际规则的精通,更强调了区域国别法人才的培养。这就需要我国法学教育的全球化,不能止步于传统国际法的培养模式,要运用交叉学科培养思路,以培养复合型涉外法治人才为目标。同时,如何让

---

⑬ 参见张蕴岭:《构建中国特色区域国别学是时代所需》,载中国社会科学网,http://www.cssn.cn/qygbx/202210/t20221024_5551917.shtml。

⑭ 参见罗林:《区域国别研究的使命担当——从"大国之学"到"大学之学"》,载中国社会科学网,http://www.cssn.cn/qygbx/202210/t20221010_5546475.shtml。

⑮ 参见罗林、邵玉琢:《"一带一路"视域下国别和区域研究的大国学科体系建构》,载《新疆师范大学学报(哲学社会科学版)》2018年第6期。

我国的涉外法治人才具有国际视野与国际眼光，也是需要进一步考虑的问题。

我国新时代发展需要更多跨领域的涉外法治人才。这类人才的培养不仅要将部门法与全球视野、国际规则相结合，还要全方位了解一国法律体系、法律文化。这无疑对我国法学的全球化发展提出了更高要求。

新形势要求我国必须把握好国际形势，正确认识和了解外部世界，对世界各国和各地区开展区域国别研究是新时代下构建新发展格局的需要。⑯ 而区域国别法不仅是区域国别学的重要组成部分，也是区域国别学的重要学科支撑。法学具有实践性较强的特点，在区域国别法人才培养过程中，通过各种法律实践可以让学生更为深刻地认识一国的政治、经济、文化等各领域发展规律，也能够使学生深度融入一国社会活动中，开展区域国别学研究。

二、区域国别法学科建设的新加坡经验

新加坡基于其特殊的地理位置，在高等教育上主动选择了全球化，并取得了较为显著的成效。⑰ 如何推进“人才建国”？如何促进高等教育的国际化？是新加坡一直以来致力于解决的重要国家发展问题。⑱不仅如此，新加坡在法学教育的全球化道路上，逐渐形成了独具特色的区域国别法发展路径。虽然，新加坡的大学并没有将其明确界定为“区域国别法”，但事实上，从法学教育理念，到法学课程设置，再到国际交流项目都较为明显地体现出了区域国别法该有的特征。新加坡大学的区域国别法学科建设经验可以为我国的区域国别法发展提供重要的借鉴意义。

---

⑯ 参见钱乘旦：《以学科建设为纲　推进我国区域国别研究》，载《大学与学科》2021年第4期。

⑰ 参见公钦正：《新加坡高等教育与自由贸易港协同发展研究》，载《中国人民大学教育学刊》2021年第3期。

⑱ 参见乔桂娟、杨丽：《新加坡高等教育发展趋势、经验与问题——基于近三十年研究主题变化的探测》，载《黑龙江高教研究》2018年第10期。

(一)区域国别法教育理念的塑造

新加坡国立大学法学院(National University of Singapore Faculty of Law,以下简称 NUS 法学院)是亚洲领先的法学院。新加坡是亚洲十字路口的重要商业枢纽,特殊的地理位置决定了 NUS 法学院更接近于“亚洲全球法律学院”(Asia’s Global Law School)。NUS 法学院自 1957 年开始,法学教育就引入了其他国家和地区的法律体系课程,并强化学科之间的交叉融合。这种理念在近年来得到强化,使 NUS 法学院形成了多学科交叉、重视国际比较思维的法学教育特点。NUS 法学院并没有将法学教育局限于传统的部门法领域,而是为学生提供广泛而多样的学科选择。学生不仅可以学习到法学核心课程,也可以选择亚洲法律体系为代表的区域法课程,还可以学习如银行、金融、知识产权等其他学科的课程。⑲

NUS 法学院虽然没有具体提出“区域国别法”的概念,却从本科生阶段就将区域国别法的元素融入通识课程的教育理念中。NUS 法学院将“文化与联系”作为通识教育的重要支柱。“文化与联系”强调的正是了解不同文化之间的差异,并找到不同文化之间如何进行良好的、有益的沟通与联系。学生在此类通识课中能够从不同文化的角度来认识和思考全球性问题,并对文化之间的冲突问题进行深入分析。同时,“文化与联系”的理念让学生能够通过通识教育,了解不同国家和地区文化是如何演进的以及认识文化是如何塑造我们生活的各个方面。NUS 法学院还将“新加坡研究”作为通识教育支柱之一。该部分强调对新加坡社会政治、经济制度和文化习俗的批判性认识,让学生了解新加坡如何与其他国家和地区相联系。学生通过区域国别的视角和全球化的视角,能够更加理解跨文化之间的合作与交融。NUS 法学院还强调“批判与表达”在通识课中的作用。“批判与表达”注重培养学生的批判性思维,并将这种思维融入数字经济、人工智能、生物多样性等全球性前沿问题中,引导学生分析全球性问题在不同区域与国家之间的差异,以及如何促进

---

⑲ See The Law School of National University of Singapore, “ about us”, Accessed April 2, 2023. https://law.nus.edu.sg/about-us/.

各国在全球问题上的良好沟通与有效合作。[20]

由此可见,NUS 法学院会从学生刚入大学开始,就将跨文化理念融入法学教育中,让学生认识到不同文化将塑造不同的法律制度,不同文化之间的分歧将会给全球性问题的解决形成障碍。区域国别研究需要跨文化交往能力。[21] NUS 法学院希望培养起学生全面认识某一国或某一地区的法律文化与法律体系的意识,进而从整体上分析当今国际社会出现的新问题,这将有利于促进学生将全球化视野与时代发展需求相结合。

区域国别法与新加坡 NUS 法学院教育理念的一致性体现在:其一,NUS 法学院强调对国家文化的整体性把握。区域国别法注重改变传统部门法划分的模式,强调对外国法律文化与法律制度的整体性把握。其二,NUS 法学院注重培养学生从不同国家文化的角度思考全球性法律问题。区域国别法的学科建设需要通过了解他国法律文化,熟悉他国法律制度,为维护国家海外利益和国际秩序的构建提供基础。所以,如何统筹协调全球性法律问题与不同法律文化之间的差异,也是区域国别法要解决的重要理论问题。其三,NUS 法学院在"新加坡研究"板块中,强调对新加坡政治、经济等社会制度的批判性认识。区域国别法的研究对象同样也是某一国或某一地区整体性的法律制度与法律文化,并从中总结出规律性,以更好地认识和了解他国法律体系。

(二)区域国别法的课程建设

我国于 2021 年 12 月正式将区域国别学作为一级学科。全面了解某一国或某一地区,是推进"一带一路"倡议和贯彻我国对外开放政策的重要内容。区域国别法是区域国别学的重要组成部分,更是涉外法治建设的重要内容,对实现区域国别学的学科目标具有重要作用。

新加坡的法学教育,虽然没有明确提出"区域国别法"的概念,却已

---

⑳ See The Law School of National University of Singapore, "general education", Accessed April 2, 2023. https://www.nus.edu.sg/registrar/academic-information-policies/undergraduate-students/general-education/for-students-admitted-from-AY2021-22.

㉑ 参见陈杰:《中国特色国别区域研究人才培养"三问"——规格、路径与目的》,载《教育发展研究》2021 年第 21 期。

经在课程设置与学科建设方面,围绕区域国别法进行了有效的重点建设。区域国别法的概念是要打破传统部门法的区分,以全面了解一国或一地区的法律文化和法律制度为研究和培养目标。新加坡法学院对中国法尤其重视,并将中国法与国际法相互联系,同时还开设了法律汉语等课程。NUS 法学院几乎每个部门法专业学生的选修课都有相当数量的课程与中国法相关,包括:中国知识产权法、中国法律传统、中国商法等。其中,将中国法与国际法相联系的选修课包括:中国和国际经济法、中国和国际仲裁等。这与新加坡在中国投资体量较大,对相关法律服务需求增长较快有关的现实情况有关,也与中国日益重要的国际地位有关。在 NUS 法学院的课程设置中,以比较法的视角,将某一个地区和某一个国家的法律作为课程教学内容,而并没有对其进行传统的部门法划分。

NUS 法学院为学生开设了"亚洲法律体系"(Legal System of Asia)的必修课程。该课程不仅向学生全面介绍亚洲法律文化与法律制度,也聚焦亚洲重要国家,对这些国家的法律进行全面系统的讲授。课程包括东盟及经济共同体法律与政策、伊斯兰法、中国法、东南亚司法管辖区的法律和跨国法等。新加坡需要为全球化培养熟悉某个国家和区域法律制度的人才。NUS 法学院还专门设立了亚洲法研究中心(Centre for Asian Legal Studies Faculty of Law)。该研究中心聚焦亚洲地区法律特征的研究,重点通过比较研究的途径,对不同亚洲不同国家的法律文化、法学理论进行比较分析。

NUS 法学院在研究生阶段,同样以区域国别法为标准,打破传统部门法划分方式,围绕亚洲重要国家的法律体系,进行系统性课程设置。NUS 法学院特别重视从区域国别法的视角进行教学。例如,NUS 法学院在区域法方面,聚焦亚洲法律制度,为研究生设置了亚洲法律研究专业。该专业充分运用了该学院的亚洲法学院,重点培养学生对南亚、东南亚、东亚的法律制度、法律传统和法律文化的深入了解。在亚洲法律研究专业中,学生不仅将系统了解亚洲地区的各国法律文化,还将从经济、贸易、政治等角度对亚洲法律制度进行综合认识与理解。㉒ 这也表明,NUS 法学院并没有从传统部门法的角度对区域国别法学科进行限制,而是充分贯彻了交叉学科、全球化的理念,以区域国别为划分标准,使学生能够全面地掌握某一国家或地区的法律全貌。

NUS 法学院在国别法方面,为研究生开设了中国商法、中国公司和证券法、印度法、印度尼西亚法等课程。这些课程并不局限于中国、印度、印度尼西亚的某一部门法,而是注重从整体上把握这些国家的法律文化与法律制度。同时,NUS 法学院强调了新加坡法律与邻近的亚洲国家法律之间的比较,以培养学生对不同法律文化的认识和理解,让学生形成批判性的全球化思维,进而更好地解决当前出现的全球性法律问题。重视比较法思维是新加坡法学教育的重要特点。同时,在研究生阶段,NUS 法学院不再局限于各国、各地区法律制度的介绍,而是让学生能够自主研究该国或该地区的法律问题,进而对全球性法律问题展开思考和研讨。NUS 法学院也将比较法思维融入区域国别法学科建设中,让学生可以更好地了解不同国家法律文化与法律制度的共性与特性,从而更好地把握法律全球化发展的时代特征。

(三)区域国别法学科建设中的国际交流

区域国别学需要重视实地调研,开展扎实的田野调查,获取一手资料。㉓ 作为区域国别学的重要组成部分,区域国别法也需要搭建起便利的国际交流渠道,为学科建设中的实地调研与田野调查提供制度基础。

NUS 法学院的教师以多元化著称。教师们来自不同的国家和地区,教师可以通过经常性的出国访学、进修前往他国深入了解当地的法律文化和法律制度。同时,NUS 法学院也有各种便利的访学项目,以吸引来自不同国家、不同法律文化的法学教师、学者前往该校进行交流。而各国访问学者也会按照访学计划,定期给 NUS 法学院的学生上课,让学生

㉒ See The Law School of National University of Singapore, "about us", Accessed April 2, 2023. Master of Law Programmes, https://law1. nus. edu. sg/admissions/pdfs/MasterBrochure_2023. pdf.

㉓ 参见任晓:《区域国别研究的发展历程、趋势和方向》,载《国际政治研究》2020 年第 1 期。

在新加坡就能了解到他国的法律文化和法律制度。

每年,NUS 法学院都会邀请来自哈佛大学、耶鲁大学、牛津大学、剑桥大学、伦敦政治经济学院、墨尔本大学等世界顶尖大学的客座教授,为学生提供颇具特色的选修课模块,丰富学生的全球化视野。NUS 法学院的国际交流并没有局限在美国、欧洲等西方发达国家和地区,而是尽可能吸引不同法律文化、法律体系的学者前往新加坡讲学,以期让学生获得不同法律文化和法律背景下的理论知识,并让学生从整体上熟悉某一国或某一地区的法律。㉔ NUS 法学院形成了国际交流"输入"和"输出"并重的模式,既为本国法学教师前往国外研究提供项目支持,也为外国学者到新加坡访学提供各种便利条件。这种双向互动的国际交流模式既有利于新加坡了解他国法律文化,也有利于传播新加坡的法律思想。

就法律领域而言,前往新加坡进行访学的学者也不限于国际法学科,而是涵盖了各个部门法领域。学生会从这些不同法学领域的学者身上学到不同法律文化,进而从多种文化角度,加深对法律问题的认识。同时,NUS 法学院还特别重视吸引全球化背景下的,从事新领域研究的法学学者前往新加坡访学交流。例如,生物技术法、石油天然气法、道德数字治理、港口金融与监管、美国版权法等领域都有在 NUS 法学院进行交流的外国学者。

NUS 法学院在教师的国际交流模式上,也有自身的特点。该校不仅有传统的访问学者计划,也有专门针对教学的访学计划。申请教学访学(visiting teaching)的国际学者需要承诺为 NUS 法学院的学生提供一定课时量的课程教学。㉕ 这种安排无疑有益于该校的法学生,能够获得更丰富的全球教育资源。同时,这也能实现新加坡学生和外国学者的互利共赢。一方面,教学访学的学者可以通过该渠道前往新加坡,了解该国

㉔ See The Law School of National University of Singapore, "people", Accessed April 2, 2023. https://law.nus.edu.sg/people/massimo-renzo-3/.

㉕ See The Law School of National University of Singapore, "visiting professors", Accessed April 2, 2023. https://law.nus.edu.sg/wp-content/uploads/2022/06/Application-Info-Visiting-Professors-AY2023-2024.pdf.

法学教育的全球化发展路径;另一方面,NUS 法学院也充分利用了访问学者资源,让来自不同国家、不同法律文化的学者为学生们授课,将跨文化法律交流落到实处。

NUS 法学院还通过"定制课程"的方式,吸引不同国家的政府机构人员前往 NUS 法学院进行培训。例如,NUS 法学院开设了"印度公司法课程"。该课程专为印度法律官员开设,旨在使其更好地了解其他国家的公司法。又如,NUS 法学院也专门为泰国政府官员定制主题研讨会,涵盖环境法、金融法和生物多样性等法律领域。㉖

NUS 法学院的国际交流特点与区域国别法学科建设有着一定的契合点。一方面,NUS 法学院注重国际交流的双向流动,既保障本国法学教师的出国交流,也大力吸引他国学者前往新加坡交流,以提升本国法律文化的影响力。区域国别法的学科建设既需要通过向外输出,为教师出国进行田野调查提供便利,也需要向外国传播本国的法律文化与法律思想。㉗ 我国也需要在区域国别法发展过程中,传播中国优秀的法律文化。㉘ 另一方面,NUS 法学院以问题为导向,通过国际交流加强对全球化新领域法律问题的研究。区域国别法需要把握各国法律体系与法律文化,以为本国政府和学者解决前沿性的全球法律问题提供研究基础。

三、新加坡区域国别法学科建设对我国的启示

尽管,新加坡并没有明确的"区域国别法"概念,但基于其客观的国情和成熟的高等教育发展机制,已经逐渐探索出一条具有自身特点的区域国别法发展道路。NUS 法学院在区域国别法学科建设中的有益经验,可以为我国的区域国别法发展提供一定的借鉴意义。

㉖ See The Law School of National University of Singapore, "bespoke-programmes", Accessed April 2,2023. https://law. nus. edu. sg/nuslawacademy/bespoke-programmes/.

㉗ 参见李晨阳:《关于新时代中国特色国别与区域研究范式的思考》,载《世界经济与政治》2019 年第 10 期。

㉘ 参见杨洁勉:《新时代中国区域国别学科建设的理论意义与学术治理》,载《亚太安全与海洋研究》2022 年第 4 期。

(一)区分国际法与区域国别法的人才培养

新加坡在学科发展过程中,注意到了区域国别法与传统国际法的区分。例如,在课程设置上,既有传统的国际法课程如国际商事仲裁、国际争端解决等,也有区域国别法课程如亚洲法律体系、中国法、印度法等。

区域国别法以研究区域和国家的法律制度为目标。在百年未有之大变局的时代背景下,区域国别法学科建设对我国深化平等、开放、合作的全球伙伴关系、构建更加公正合理的国际秩序意义深远。[29]

当前,我国并没有对国际法与区域国别法有明确的区分,这在一定程度上不利于我国涉外法治人才培养。国际法与区域国别法的人才培养差异性主要体现在:其一,国际法学主要围绕国际经济法、国际私法和国际公法进行设置。但是,区域国别法则需要对他国国内法、法律体系和法律制度有整体性、系统性把握。其二,国际法所培养的人才注重运用国际规则,通过国际争端解决机制处理跨国法律问题。而区域国别法所培养的人才则更需要在对外国法有整体性把握的基础上,适用外国法为中国的政府和私人提供法律服务。其三,我国的国际法人才培养主要还是依靠国内师资进行讲授,外国教师仅起到辅助作用。但区域国别法的人才培养,因为主要涉及他国法律的熟悉和掌握,所以更多依靠外国师资进行讲授。

《意见》提出,我国要进一步完善涉外法学相关学科专业设置,支持具有法学一级学科博士学位授权点的高等学校按程序自主设置国际法学相关二级学科,加快培养具有国际视野,精通国际法、国别法的涉外法治紧缺人才。这表明,一方面,国际法与国别法并不是完全等同的领域,国别法不同于国际法。涉外法治建设需要国别法与国际法的协调发展;另一方面,《意见》中的该部分内容也表明区域国别法的学科建设符合党和国家对法学教育的发展要求,是新时期完善法学教育和法学理论的重要内容。

---

[29] 参见张晓君:《新时代"区域国别法"学科建设对区域国别学发展的应有担当》,载中国社会科学网,http://www.cssn.cn/qygbx/202301/t20230113_5579637.shtml。

(二)强调学科与部门法的交叉融合

区域国别学是对某一国或某一地区的全面了解,更加强调学科之间的交叉融合。[30] NUS 法学院在人才培养过程中,充分关注到了学科交叉对于区域国别法的重要性。例如,NUS 法学院在法律通识课上,强调“文化与联系”,在向学生传授法律知识的同时,强调了文化对塑造法律制度的影响。同时,NUS 法学院也向学生开设除法律以外的银行、金融、知识产权等其他学科的课程,以为学生认识相关法律知识提供基础。

在区域国别学的学科建设中,区域国别法与其他学科之间是一种作用与反作用的关系。一方面,区域国别法对区域国别学其他领域的研究有重要的支撑作用。一国的法律制度是对该国政治、经济、社会习俗最为直观和明确的表达。因此,区域国别法对研究一国的相关社会科学领域,都具有支撑作用,能为其他学科的研究提供重要的研究资料。另一方面,其他学科对区域国别法的发展具有反作用。区域国别法的发展与人才培养,需要从整体上、宏观上把握一国的法律文化特点与法律思想。而要深入认识一国法律,则必须结合其他学科进行系统性研究。例如,区域国别法的深入推进,需要通过历史学把握该国法律发展规律,通过政治学了解该国法律制度的政治基础,通过经济学了解该国法律制度所依托的经济基础。这意味着区域国别法与其他学科之间是一种良性互动、相互作用的关系。

在区域国别法的学科建设中,还需要打破传统部门法划分方式,强调各个部门法之间的交叉融合。新加坡 NUS 法学院在区域国别法相关课程的设置过程中,既强调了对某一国或某地区法律的整体性把握,也注重对该国法律的系统性安排。例如,新加坡 NUS 法学院从区域国别法的角度,开设中国法、亚洲法律体系等课程,同时也从部门法角度开设了中国商法、中国公司法、中国证券法等课程。区域国别法与部门法之间是一种整体与部分的关系。首先,区域国别法重在对某一国或某一地区法律的整体性与系统性把握,强调从法律制度中探寻规律性、共性问

---

[30] 参见钱乘旦、刘军:《国别与区域研究的学科建设——钱乘旦教授访谈》,载《俄罗斯研究》2022 年第 2 期。

题。其次,区域国别法必须建立在部门法的基础上,对某一国的部门法有深入的认识和理解。最后,对区域国别法中的部门法进行把握要服务于区域国别法的整体性与系统性。换言之,部门法既是区域国别法的组成部分,也是促进区域国别法发展的重要推动力。

结 语

当前,我国已经迈上了建设社会主义现代化强国,以中国式现代化全面推进中华民族伟大复兴的新征程。在百年未有之大变局下,我国全面、细致认识世界的需求比任何时候都更为迫切。[31] 习近平总书记强调,要坚持统筹推进国内法治和涉外法治。在涉外法治人才培养中,我们必须以习近平法治思想为引领,加快补齐人才培养过程中的短板。而我国现阶段在区域国别法领域的研究无法满足企业"走出去"的需要。[32] 积极推进区域国别法的研究既是回应国家战略的需要,也是推进我国法学教育现代化发展的重要内容。新加坡法学教育在区域国别法上已有的经验值得我国进行借鉴和参考。区域国别法的学科建设需要坚持以问题为导向,打破传统学科之间的壁垒,以交叉融合的发展理念不断推进和完善我国涉外法治人才培养体系。

㉛ 参见刘鸿武:《中国区域国别之学的历史溯源与现实趋向》,载《国际观察》2020年第5期。

㉜ 参见刘晓红:《以习近平法治思想为引领　加强涉外法治人才培养》,载光明网,https://m.gmw.cn/baijia/2021-01/20/34557556.html。

Disciplinary Construction of Regional International Law

—An Empirical Study Based on Singapore's Practice

Dong Jingran

Abstract: In the new era, it is necessary to strengthen the wea areas for the cultivation of foreign-oriented rule-of-law talent which is to enhance the disciplinary construction and talent cultivation of the regional international law. At present, our country's talent in regional international law are far from meeting the needs of enterprises going out. The disciplinary construction of regional international law is not only the requirements of the Party and the nation for legal education in the new era, but also an important guarantee for China to adhere to the opening-up and promote the Belt and Road Initiative. Based on its special geographical location and experience in higher education development, Singapore has gradually formed its discipline development mechanism in regional international law with own characteristics. Singapore's experience in law of countries and areas studies is significantly revelatory for our country. The discipline construction of regional international law needs to implement the concept of cross-discipline development, break the barriers among disciplines, and cultivate students to have a systematic and holistic understanding of the legal system of a specific country or area.

Key Words: regional international law; the cultivation of foreign-related rule-of-law talent; Singapore's practice; disciplinary construction

教育法治

普通高校发展规划的法治保障路径研究

丁福金*

摘　要:普通高校发展规划是在政府的直接指导下编制、发布、实施和保障的,是政府教育事业发展规划的重要组成部分。普通高校发展规划是一种行政行为,具有行政行为的拘束力、确定力和执行力。在我国当前的高教研究和实践中,普通高校发展规划的概念、性质、地位不清晰、不明确,相关法律法规规范不系统、不全面,规划落实中的不适应、难执行等问题已成为制约高等教育可持续发展的瓶颈之一。必须运用法治思维和法治方法,厘清普通高校发展规划的法律属性,在编制、核准、执行以及监督与考核等方面完善法治化路径,明确违反规划的法律责任,确保规划的科学性、权威性和严肃性。

关键词:普通高校;发展规划;法律属性;法治保障

发展规划在我国国家治理中具有举足轻重的作用,习近平总书记指出,编制和实施国民经济和社会

---

* 丁福金,华东政法大学高等教育与教育法制研究所副所长、法学博士。研究方向:教育法学、高等教育管理。

发展五年规划,是我们党治国理政的重要方式。① 教育规划是国民经济和社会发展规划的重要组成部分,高校发展规划则是教育规划的最基础层级。高校发展规划着眼于高校改革和发展的顶层设计,是集合高校发展理念、方针、战略、愿景、目标、思路、路径和举措的综合性文件,既有宏观的整体统筹布局,也有中观的阶段性发展目标,还有微观的具体操作指南。高校发展规划既是高校教育事业发展的行动指南,也是推进教育综合改革的重要依据,对于高校本身的发展和整个教育事业的发展都具有至关重要的意义。但在实际的运行当中,高校发展规划在制定、执行、监督、评估等各个环节还存在诸多问题。必须以法治的方法,切实发挥高校发展规划的刚性约束力和拘束力。

一、普通高校发展规划的法律含义

讨论普通高校发展规划的法治化路径,首先必须明确普通高校发展规划的内涵和法律属性,并在此基础上明确其法律约束力。

(一)普通高校发展规划的内涵

高校发展规划是行政规划下属教育规划的下位概念,属于行政规划。一般认为,所谓行政规划,是指行政主体在实施公共事业及其他活动之前,首先综合地提出有关行政目标,事前制定出规划蓝图,以作为具体的行政目标,并进一步制定为实现该综合目标所必需的各项政策性大纲的活动。② 规划编制行为是一种行政规范行为,而规划文本本身则是这种行政规划行为的呈现形式,视制定主体和制定程序的不同,其性质有所不同的,既可以是法律规范,也可以是规范性文件,也可以是行政决定或者命令。

与高校发展规划相关的概念有很多,如高校战略、战略规划、发展战

---

① 参见《更好发挥国家发展规划战略导向作用 推进"十四五"时期经济社会高质量发展》,载《经济管理文摘》2020 年第 21 期。

② 参见姜明安主编:《行政法与行政诉讼法》,北京大学出版社、高等教育出版社 1999 年版,第 208 页。转引自周佑勇、王青斌:《论行政规划》,载《中南民族大学学报(人文社会科学版)》2005 年第 1 期。

略、发展规划等，目前学术界并没有达成统一认识。③ 笔者认为，高校发展规划是指超越微观和中观层面而涉及学校宏观战略的设计。对于现代大学而言，发展规划至关重要，“事实上，大学这样的组织，是依靠知识分子生存的，但知识分子不能由管理人员来指手画脚，而应当说服他们，使他们朝着他们认同的目标，以某种方式团结起来努力工作。因此，制定一个广泛接受的行动规划至关重要”。④ 在具体的办学实践中，发展规划可以起到引领、动员、凝聚、规范四方面的作用。⑤

我国的高等教育经历了一段很长的发展历程，对发展规划的认识也是一个与时俱进的过程。纵观近现代高等教育发展历程，我国高校的发展可以分为“无目标”发展模式、“指令”发展模式、“模糊”发展模式和“紊乱”发展模式。⑥ 与此相应，新中国成立以来高校发展规划的制定可以总结为三种模式，即“行政指令管理下的计划模式”“法人地位确立过程中的文秘模式”和“自主权扩大过程中的专业化发展模式”。⑦ 随着《高等教育法》的颁布，越来越多的高校开启了探索研究和编制发展规划的进程。2003 年，教育部对直属高校提出了制定“三个规划”即学校发展规划、学校队伍建设规划和校园建设规划的明确要求，到“十一五”初期，与各级政府的经济社会发展五年规划相对应，多数高校按上级主管部门的要求开始编制五年规划。⑧ 之后，高校发展规划逐渐在高校中全面铺开，到今天已成为所有高校的标配。

（二）普通高校发展规划的法律属性

教育规划是一种行政行为，具有行政行为的一般法律效力。在我国

---

③ 参见张继龙：《我国高校战略规划研究的基本特征分析》，载《重庆高教研究》2013 年第 5 期。

④ ［美］乔治·凯勒：《大学战略与规划——美国高等教育管理革命》，别敦荣主译，中国海洋大学出版社 2005 年版，第 189 页。

⑤ 参见别敦荣：《高校发展战略规划的理论与实践》，载《现代教育管理》2015 年第 5 期。

⑥ 参见郭伟、李广平：《以战略规划带动高校发展模式转型——访高校发展战略规划专家别敦荣》，载《世界教育信息》2015 年第 23 期。

⑦ 张端鸿、陈孙延、蔡三发：《治理转型：高校发展战略规划制定的范式演进——以 A 大学“十四五”规划为例》，载《复旦教育论坛》2021 年第 4 期。

⑧ 参见刘继荣：《高校规划的价值及其实现》，载《高等工程教育研究》2016 年第 2 期。

现行的多部教育法律规范中都有制定教育规划的规定,这是从立法上规定各级人民政府或者其他相关部门制定教育规划的法定职责,同时,也是授予各级人民政府或者其他相关部门,运用规划的方法规制、引导、促进教育事业的发展的权力。因此,政府等依据法律规范的授权所制定的教育规划,只要是合法的,规划当事人就必须遵守规划确定的原则,履行规划所规定的义务,非经法定程序,不得随意更改。那么作为教育规划下位概念的高校发展规划,其法律属性又如何呢?

由于管理体制的不同,不同性质的高校地位完全不一样,本文将讨论目标限缩在普通公立高校范围内。要确定高校发展规划的法律属性,首先要确定高校和政府的关系,这是基础性问题。长期以来,我国高校与政府的关系是典型的"国家控制模式",高校与政府的关系比较单一,属典型的行政隶属关系。[⑨] 改革开放以后,高校的办学自主权问题逐步提出。1983 年 6 月,教育部同意上海交通大学扩大管理权限,增加学校办学活力。[⑩] 1985 年,中共中央颁布《中共中央关于教育体制改革的决定》,第一次明确提出"扩大高等学校的办学自主权"。1995 年颁布的《教育法》和 1998 年颁布的《高等教育法》都明确了高等学校的法人地位,后者还对高校的自主权做了较为详细的规定,更加明确了国家对高校的管理职责。此后,高校办学自主权进一步落实与扩大,政府和高校的关系进一步明晰。

从目前的法律关系来看,政府既是代表国家的高等教育的举办者,又是履行公共教育行政职能的管理主体,而高等学校则是办学主体,从而形成了"举办者""管理者""办学者"三种主体和三种权力,这种体制框架已经在法律中得到明文规定,而基于举办者的政府与高校之间的新型法律关系的构建在实践中尚处于探索中。政府作为管理者,面对的是包括公立高校、民办高校在内的所有教育机构,而作为举办者则仅针对

---

⑨ 参见祁占勇:《落实与扩大高校办学自主权的三维坐标——高校与政府、社会关系的重塑及内部治理结构的完善》,载《高等教育研究》2013 年第 5 期。

⑩ 参见湛中乐、高俊杰:《我国公立高校与政府法律关系的变迁》,载《陕西师范大学学报(哲学社会科学版)》2010 年第 6 期。

公立高校。而基于“举办者”的关系，正是形成政府与公立高校关系的基础。举办者与高校之间是基于资产投入行为而非基于法律规定而享有的权利义务，⑪公立高校的资产投入行为本质上是行政行为，是国家教育权的行使与公共财产的分配。政府以公共财产来创办和维持公立高校而获得了举办者的身份，而这种举办者“权利”的实质主要是公权力而非私权利，具体包括事权、财权和监督权。

高校的发展规划涉及高校的办学定位、目标愿景、组织治理等核心问题，属于典型的事权。目前的高校发展规划实行政府审核备案和信息公开制度。以“十四五”规划的制定为例，部属高校由教育部发文直接规定，2020 年教育部发布《教育部办公厅关于做好直属高校“十四五”规划编制工作的通知》，这是对教育部直属高校编制“十四五”规划的宏观指导。通知明确要求，各高校规划要经教育部审核，“规划文本经学校党委常委会审议同意后，要按时报我部审核，并根据我部意见进行修改”。省级层面，上海市教委以《上海市教育委员会关于做好上海市教育事业发展“十四五”规划编制工作的通知》的形式要求学校做好相关工作。上海市属各高校发展规划属于整体教育事业发展规划一部分，不仅要做好各自编制工作，而且需要做好和其他规划的衔接。通知明确了制定规划编制的时间表，明确各阶段的工作重点和主要任务。还对具体编制过程、注意事项都做了明确要求。同时，根据《高等学校信息公开办法》的规定，学校的发展规划是学校应当主动公开的信息内容之一。

基于以上分析，笔者认为高校发展规划的编制属于政府的事权，其在政府的直接指导下编制、发布、实施和保障，属于政府整个教育事业发展规划的重要组成部分，是一种行政行为，具有行政行为的一般法律属性和法律效力。

（三）普通高校发展规划的法律约束力

制定发展规划是作为高校的举办者政府的事权的重要组成部分，属于重大行政决策范畴。经过政府审核备案的发展规划是一种行政行为，

---

⑪ 参见申素平、周航：《公立高校举办者权利义务研究》，载《中国高教研究》2020 年第 6 期。

具有拘束力、确定力和执行力。

首先,高校发展规划具有拘束力。拘束对象可以分为三类:第一,作为规划审定者的政府教育主管部门。高校的发展规划经过正当程序制定之后,对审核审定的政府教育主管部门有拘束力,如学校的办学层次、办学规模、师资编制、校园基建,政府有保障的义务。第二,高校及其教职员工。学校发展规划经校内程序后对学校及其教职员工有拘束力。第三,与高校教育事业发展有关的公民、法人或者其他组织。现代高校的办学涉及多方利益攸关者,包括有关公民、法人或者其他组织,学校的发展规划对相关方有拘束力。

其次,高校发展规划具有确定力。主要表现在对规划制定者的约束,即发展规划一旦做出并公布,就不得随意撤销和改变,否则即违反信赖保护原则。[12] 基于公平、公正、公开的法治原则,高校发展规划的制定应当向全社会公开,在相关范围内达成共识,使全体拘束对象明了自己在发展规划中的权利义务,预期发展规划实施后的结果。如果发展规划被随心所欲地加以改变,实际是一种践踏共识的行为,是一种不守诚信的行为,是一种破坏社会预期致使社会预期混乱的行为。[13] 如遇特殊情况,必须修改和调整,必须经过正当程序。

最后,高校发展规划具有执行力。即受拘束的各方主体,应当履行发展规划中所确定的义务,使规划能够得到切实的执行,确保规划目标的实现。对于政府教育主管部门而言,必须组织规划的实施,监督相关方履行规划所确定的职责,协调为规划实现而需要提供的各种公共资源,解决规划落实和实施中存在的疑难、特殊问题,评估规划实施的进展情况,宏观把握规划实施的进程。对于高校而言,需要围绕规划进行组织实施,比如,组织内部机构,根据规划制定分解落实策略。对于上述其他相关的公民、法人或者其他组织而言,当涉及本单位或者本人的义务需要履行,可以作为监督者监督各方实施发展规划等。

---

⑫ 张阳、康艳:《教育规划的法律效力之探讨》,载《教育发展研究》2021 年 Z1 期。

⑬ 张阳、康艳:《教育规划的法律效力之探讨》,载《教育发展研究》2021 年 Z1 期。

二、普通高校发展规划现状及问题

普通高校发展规划现状及问题分为规范高校发展规划的法律规范体系层面和高校发展规划的实践现状层面。

（一）法律规范体系现状及问题

各级政府和人大编制、执行、审查、批准国民经济和社会发展规划及具体预算在《宪法》中有明文规定。但是在教育规划领域，并没有一部像《城乡规划法》一样系统的法律，相关规定散见于各类法律条文中。如《教育法》第 26 条规定了国家制定教育发展规划的义务，第 64 条规定了地方政府对教育规划的保障义务，《高等教育法》第 6 条、第 24 条以及第 41 条也对高等教育发展规划做了宏观规定。在高校发展规划领域，更多的是以规范性文件的方式对高校发展规划的编制、核准、批准、执行、变更、监督等做出具体的规定。2019 年 5 月，国务院出台《重大行政决策程序暂行条例》，明确将涉及公共服务的公共政策和措施的制定纳入重大行政决策事项范畴，这让规制高校发展规划有了最直接的依据。之后，各地方政府也陆续出台重大行政决策程序的地方规范性文件，对规范的范围和具体程序做了细化规定。此外，《依法治教实施纲要2016—2020 年》《关于加强高校管理法治化工作的若干意见》《全面推进高校管理法治化实施纲要》《高等学校信息公开办法》等相关文件和办法对高校发展规划的编制、执行、审查、批准、公开、监督等也做了相应的规定。

总体而言，目前我国尚没有专门调整教育发展规划关系的基本法律，有关教育发展规划的法律规定，散见于宪法与相关组织法、地方人大出台的地方性法规、国务院的规范性意见、部门规章等规范文件中。这种立法现状已经不能满足规划法治化的实践需求，需要进一步完善，通过立法完善国家规划体系，规范规划编制程序，保障规划顺利实施，充分发挥规划在经济社会发展中的指导和约束作用。同时，法律规范的缺失也导致对规划裁决不服提起诉讼的法律依据缺失。

（二）普通高校发展规划实践现状及问题

在法律法规规范并不系统、不全面、不明确的情况下，国内高校发展规划在编制、核准、执行与变更、监督与评价等方面存在诸多亟待破解的难题。本文以上海高校为例,根据学校的性质类型、发展规划水平、法治化治理程度选取了3所在沪部属高校和3所上海市属高校作为典型样本,采用文本分析和深度访谈方式进行调研。

通过调研发现,高校总体遵循相对统一的程序,仅在政府主管部门的指导、核准、监督评估等方面部属高校和市属高校有一定的区别,而在规划编制过程中的参与、规划落实机制等方面各高校都各有特点。第一,编制程序总体相似。都有一套相对规范的标准程序,其中部属高校政府部门参与程度较高,不同高校的专家论证程序的作用不完全一样,不同高校教代会、党代会、学术委员会发挥的作用不完全相同。第二,编制核准程序稍有区别。几乎都没有设置校内合法性审查程序。部属高校是审核加备案,市属高校仅仅是备案。规划公开的范围和及时性各不相同。第三,规划执行各有所长。各高校根据自身的治理特点通过多样性的方法推进规划的落实。第四,规划调整程序基本一致。基本都设置了一次中期调整,调整程序相对比编制程序简单。第五,规划的外部监督较弱。除上海市分类评价有一个指标严格观察规划落实情况外,并无其他严格的外部监督机制。第六,规划内部监督方式基本固定。各高校基本按照规划整体的五年评估和中期评估、年度院系绩效评价、领导干部考核等程序来进行。

目前高校发展规划实践中存在以下问题或有待完善的方面:

第一,规划编制法定程序需进一步完善。规划的编制必须严格遵守法定程序。首先,从作为“举办者”和“管理者”的政府角度来看。部属高校的发展规划由教育部组织高校编制,有过程管理、专家评审及后续的合法性审核;但市属高校的规划编制,上级部门组织的过程管理、专家评审及后续的审核缺位。其次,从“办学者”的高校角度来看。一是专家论证程序需要加强。专家论证是保证规划科学性的关键,目前高校在此环节规定不够清晰,执行不够到位,并没有完全发挥专家论证的作用和效果。二是校内合法性审查薄弱。一部分学校没有设置合法性审查的程序,有的学校虽有经过学校法务审核,但多是形式审查,没有发挥合法性审查的实质作用。三是规划公开力度不够。高校的公布的发展规划文本存在未公布的情况，且公开很不及时，至2021年年底尚有很多高校没有公开其总体发展规划。

第二，相关规划之间的协调性需进一步加强。首先，学校发展规划与上一层级发展规划的协调性。按照目前的制度设计，学校总的发展规划以及基本建设规划等特殊的专项规划需要专门审核备案，但实践中的审核以形式审核为主，内容审核欠缺。其次，学校总规划和专项规划、院系规划、各类计划的协调性。从调研情况看，部分高校出现了专项规划、院系规划、各类重点工作计划与学校总体规划的不衔接情况。

第三，规划的执行力度需要进一步加大。一是与规划编制执行的配套文件缺位。调研高校中目前只有一所学校在学校层面制定了规划执行的实施意见，其他学校在规划编制执行层面尚存在配套文件缺位的问题。二是规划的分解落实机制需要进一步完善。规划的生命力在于执行，但调研高校中也存在没有将规划蓝图转化为“作战图”“施工图”的情况。三是规划执行的奖惩机制没有有效形成。在外部奖惩方面，除了上海市高校分类评价跟资源分配挂钩外，并没有其他硬性约束；在内部奖惩方面，基本都是依据内部监督评价结果进行相应激励，一般没有设置专门的惩罚机制。实时的评估监测体系没有建立。

第四，规划变更需要制定并执行更加严格的程序。规划变更程序违法主要表现为两方面：一是未经法定程序变更规划。二是未有法定理由擅自变更规划。程序公正是实体公正的前提与保障，已经核准的规划，确因客观原因必须调整、变更（如上级主管部门调整政策等客观原因），须经与发展规划制定时相当的程序予以讨论、审议、并报上级教育主管部门核准。同时，对调整、变更后的规划要及时公布。

第五，规划的约束力需要进一步强化。“规划法治的核心在于为不同利益的主体进行博弈，将字面的设想转变为有益、有效的行动的法律框架和空间。而博弈有赖于责任的引入，以明确不同角色及其权益，关注角色的行为和利益，通过体制内外的监督制约包括司法审查，形成对博弈的激励和约束。"⑭规划制定完成后,对于政府及相关主体是否有约束力,约束程度如何? 从实际情况来看,由于规划本身缺乏有关规划执行中的奖励和惩罚的明确规定,以及法律法规和规范性文件层面尚未有关于违反规划的法律责任的明确规定,导致现实中违反法定权限和程序等引起的规划失误和执行中玩忽职守、弄虚作假,应当依法追究责任的,却少有问责、追责的情况。⑮

三、普通高校发展规划法治化路径

根据以上分析,普通高校发展规划属于重大行政决策的组成部分,根据法定程序制定的高校发展规划具有拘束力、确定力、执行力,这就要求必须严格遵循法定程序。而国务院《重大行政决策程序暂行条例》以及各地方政府的重大行政决策程序相关地方规范性文件的出台让包括高校发展规划在内的教育规划的编制、执行、追责等有了具体的法律依据。结合目前高校发展规划中存在的问题,可以从五个方面着手推进完善高校发展规划法治化。

(一)规划编制

高校发展规划的编制基本有固定的流程,一般包括启动和动员阶段、准备和调研阶段、总结和起草阶段、论证和征求意见阶段、修改完善阶段和审议阶段。规划编制的科学性和合法性对于规划法治化至关重要。

1. 加强政府的指导。高校发展规划应该充分贯彻政府的意志。一是在编制启动前出台相应的规范性文件,加强宏观指导和具体指引,明确编制的基本要求。二是在编制启动时强化对高校的培训,将政府的宏观政策、规划、要求,以培训会、指导会等多种形式,贯彻到高校规划编制中。三是对相关专项规划进行明确的业务指导,如师资编制、招生规模、基础设施建设等规划,确保充分贯彻政府的政策意图。

---

⑭ 史际春:《论规划的法治化》,载《兰州大学学报》2006 年第 4 期。

⑮ 参见徐孟洲:《论经济社会发展规划与规划法制建设》,载《法学家》2012 年第 2 期。

2. 提高相关主体的参与度。通过机制设计广泛吸纳相关主体参与规划编制,是规划法治化的重要举措。高校发展规划编制中要确保相关主体的参与:一是规划决策者,指学校领导层。要充分发挥领导层规划决策者的角色。发展规划的编制和执行是"一把手工程",要依靠领导者的权威树立发展规划的合法地位。规划编制中,学校领导层,特别是党委书记和大学校长,要明确地指出学校未来一段时期内的发展方向,全过程参与、监控规划编制,统筹安排各项工作。二是规划研究者,主要指参与规划制定的学者与专家。高校是学术组织,学术人员是保障规划编制科学性的关键力量。要充分发挥学者专家的专业支持作用,包括分析师、战略家、催化剂作用,为规划编制的科学性提供保障。三是规划评价者,主要是指规划预设的受益群体或规划服务的人群,也就是学校广大的师生。要设法激发教师和学生的主人翁意识,调动他们参与制定规划的积极性和主动性,通过多种途径和方法,将来自各部门、各院系的意见很好地融入学校整体的规划。四是其他利益相关者,指董事会、行业企业、智库机构、校友代表等。要主动征求这些利益相关者的意见和建议。⑯

3. 规范论证程序。论证程序是保证规划科学性的关键。在规划编制的过程中,应该在不同的编制阶段针对不同的主题邀请不同类型的专家进行科学的分析与论证。专家的构成可以包括高等教育专家、教育管理专家、规划专家、行业企业管理人员、政府部门领导等,不同性质类型的学校可以采用不同的专家组合方式。一是在规划编制前期,应该就高校的发展愿景、目标定位等宏观问题展开充分的研讨论证,为学校的中长期目标设计提供专家意见。二是在规划编制中期,应该结合高校的基本职能,开展专项论证,为高校重要职能的发挥提供专家意见。三是在规划文本草案完成后,应该就规划所设定的目标、任务、举措等听取专家意见,完善规划文本。在经过全面、深入、充分的专家论证后,才能以成熟的本文提交校内决策程序审议。

---

⑯ 参见齐明明、陈廷柱:《我国高校发展规划执行阻滞探源及其破解之道——基于合法性理论视角的分析》,载《高等工程教育研究》2016 年第 4 期。

4. 规范审议程序。应该参照重大决策出台的标准程序统一规定规划编制的必经审议程序,并写入学校的《章程》。审议高校规划至少需要经过以下程序:一是教职工代表大会审议。教代会是学校教职工群体参与学校内部管理的基本形式,具有维护教职工合法权益、民主管理和民主监督、推进高校治理现代化的重要作用。教代会条例规定,涉及教职工切身利益重大决策方案,需要提请教代会审议通过。⑰ 学校规划当然需要经过教代会的审议。二是学术委员会审议。学术委员会是高校校内最高学术机构,统筹行使学术事务的决策、审议、评定和咨询等职权。⑱ 编制高校发展规划虽然属于行政事务,但由于学校发展规划涉及学校的方方面面,应该经过学术委员会的审议。三是党员代表大会审议。重大决策征求党代表的意见、经过党代会审议是高校党建工作的重要内容。在全面加强和改进新形势下党的建设的背景下,学校发展规划需要经过党代会的审议。四是党委全委会审议。从领导体制来看,高校党的领导机关是高校党代会和党委全委会,党委全委会是党代会闭会期间高校党的领导机关。⑲ 当高校的发展规划经过党代会审议后,如果有修改完善,而党代会又已经闭会,那必须经过党委全委会的最终审议。

(二)规划核准

核准是保证规划合法性、权威性以及法律地位的关键。在报政府核准前,为了保证发展规划的合法性,应该设置一个前置程序,即校内合法性审查。在报政府核准备案后,高校发展规划应该按照相关规定向社会公开。

1. 校内合法性审查程序。该程序是目前实践中各高校欠缺最多的程序之一。高校发展规划在报政府核准备案之前,应该设置合法性审查的前置程序,并且这个程序应该单独设置,不应当以征求意见、会签等方

---

⑰ 学校教职工代表大会规定,载 http://www. gov. cn/flfg/2012 - 01/09/content_2040254. htm,最后访问日期:2023 年 9 月 15 日。

⑱ 高等学校学术委员会规程,载教育部官网,http://www. moe. gov. cn/srcsite/A02/s5911/moe_621/201401/t20140129_163994. html。

⑲ 参见于祥成、马春波:《高校党委全委会工作机制探析》,载《国家教育行政学院学报》2014 年第 6 期。

式代替,审查的时间也应该做相应的规定。依据《依法治教实施纲要2016—2020年》规定,高校要设专门机构负责法律事务。[20] 可将校内合法性审查的职责赋予高校的专门法务机构,由其根据相应的程序进行合法性审查。

2. 政府核准程序。高校发展规划的编制是政府的事权,必须以政府的核准作为获取合法地位的方式。政府的核准包括对规划文本的形式审查和对规划内容的实质审查。形式审查需要明确前置程序,即发展规划是否履行了规定的校内程序,内容审查需要审查发展规划所规定的内容是否属于法律赋权的范围,文本内容是否符合有关法律、法规、规章和国家政策的规定。政府应该以规范性文件的方式明确规定学校发展规划送审前必须经过的程序,并对内容进行概括性规定。

3. 规划公开程序。高校进行信息公开,是落实依法治校理念、规范自身办学行为、保障公众知情权的具体要求。应该针对目前规划公开中的问题,完善规划公开的具体程序,第一,在公开内容上,高校发展规划应该全文公开,涉及基本建设、招生规模、师资编制等涉及社会公共利益的专项规划应该有选择性地部分公开。第二,在公开的范围上,对于校内师生员工,所有的规划文本都应该公开,对于普通的社会公众,应该有选择性地部分公开。第三,在公开的程序上,应该由高校专门负责信息公开的部门在相应的平台上公开。第四,在公开的时间上,应该在学校规划经过政府核准、报政府备案后及时公开。

(三)规划执行

规划的权威和生命力在于执行。我国高校发展规划的执行中,存在“仅规划无执行”“重编制轻执行”“有规划难执行”的情况。[21] 为了保障规划的权威性和严肃性,必须强化规划执行。

1. 政府要明确以规划引领高校发展。政府作为高校举办者和主要

---

[20] 教育部关于印发《全面推进依法治校实施纲要》的通知,载 http://www.moe.gov.cn/srcsite/A02/s5913/s5933/201212/t20121203_146831.html。

[21] 参见齐明明、陈廷柱:《我国高校发展规划执行阻滞探源及其破解之道——基于合法性理论视角的分析》,载《高等工程教育研究》2016年第4期。

出资者,要在"管办分离""放管服"改革等保障高校办学自主权的基础上,以发展规划为抓手,推动高校沿着既定的轨道高质量发展。必须建立起以规划为核心的资源配置体系,将规划作为经费配置、编制配置、考核评价、干部晋升等的主要依据。在上海市地方高水平大学建设项目以及分类评价改革中,已经明确了学校发展的重要意义,这无疑是很有意义的尝试。

2. 高校要建立健全责任体系。高校的管理实践表明,发展规划要落地,必须要明确责任,分解任务,实现责任具体化,建立责任检查、责任考核、责任追究机制,完善责任传导机制以实现责任程序化,这样的责任体系才是高效率的。㉒ 要将规划中提出的目标任务进行分解,制定细化落实的时间表、路线图、任务书、责任状。在规划编制过程中同步谋划规划落实工作,统筹规划的年度监测、中期检查和终期考核等工作,形成规划编制、实施、考核的管理闭环,着力改变重编制、轻实施的现象。

3. 大力提升高校治理能力和水平。规划已经成为治理各种问题的核心机制,㉓管理体制和运行机制的变革会改变规划执行的方式。要以规划的执行为牵引,根据高校的类型、性质和级别的不同,引导高校进行治理改革,建立起符合规划执行的"恰适"的治理体系。比如,可以增强高校内部院系规划的实体地位,实现各类发展规划的层级嵌套与目标对接,提升院系发展的主动性和积极性。可以通过规划的执行确立集体行动规则,构建共同治理体系。另外,也可以尝试引入契约制度和契约精神以取代命令与控制,构建多中心的行动秩序。㉔

(四)规划监督与考核

将各相关主体实施发展规划的情况纳入各种监督途径中。

1. 政府主管部门应当加大监督力度。高校发展规划是经政府部门

㉒ 参见侯新兵:《基于C大学个案的高校发展战略规划执行状况分析》,载《现代教育管理》2015年第2期。

㉓ 参见韩博天、奥利佛·麦尔敦、石磊:《规划:中国政策过程的核心机制》,载《开放时代》2013年第6期。

㉔ 参见齐明明、陈廷柱:《我国高校发展规划执行的实践困境及其应对策略——基于9所高校的组织分析》,载《高教探索》2020年第7期。

核准的，因此在政府层面，应当建立起发展规划执行的监督机制，定期或者不定期地对学校进行检查、指导、督促。修订后的《高等教育法》第44条规定“教育行政部门负责组织专家或者委托第三方专业机构对高等学校的办学水平、效益和教育质量进行评估。评估结果应当向社会公开”。显然，《高等教育法》的修订已经认识到，高等教育评估体系对于学校发展规划落实的重要性。㉕ 政府督导与考核的手段和方法是多种多样的，需要综合利用，全面推进。

2. 监察部门应当将学校实施发展规划的情况纳入监察范围。根据《中华人民共和国监察法》的规定，国家监察机关已经实现了对所有国家机关以及其他组织的公职人员进行监察的全覆盖，监察的主要内容之一就是监察国家机关及其工作人员以及其他公务人员执行法律、履行法定职责的情况，对违法失职部门和人员有权采取监察措施。

3. 检察机关应当履行法律监督机关的职责。根据《中华人民共和国检察院组织法》的规定，对国家机关及其工作人员依法行使法律监督权，对违法失职的机关或者人员，通过监察建议的方式进行监督。

4. 将有关政府部门和公办学校实施教育规划的情况，作为巡视工作的重要内容。中国共产党巡视制度是新时期我们党行使职权的重要手段，巡视工作除了解和发现被巡视对象的政治问题、工作作风问题、廉洁问题，当然也应当包括其履行法定职责的问题。被巡视对象的履职情况应以规划作为基准。

5. 为社会监督提供便利和保障。社会主义民主监督制度意味着，社会各界、人民群众有权对国家机关及其工作人员进行监督，但是如何实现这种监督、使社会监督真正发挥效用，是一个值得关注的问题。笔者建议加强高等教育领域的信息公开工作，依法主动公开有关信息，将包括规划的制定过程、结果，特别是规划形成后的实施情况，依法予以主动公开，为人民群众和社会各界行使民主监督权创造便利。

㉕ 参见姚荣：《从合法性走向最佳性：公立高校与政府分权的逻辑嬗变》，载《湖南师范大学教育科学学报》2020年第6期。

(五)违反规划的法律责任

依法依规追究违反高校发展规划的各相关主体的法律责任是维护规划权威、实现规划法治化的有效手段。

1.高校违反规划的法律责任。高校违反经核准的规划的情形既包括不按照规划开展办学活动,也包括经考核评估确认未达到规划目标等。现行的法律法规、规范性文件并没有相应的责任条款设计,这也是规划不能执行到位的关键原因。因此,必须建立问责和纠错机制。作为高校的举办者,政府理所当然应作为问责主体。问责的形式建议和党纪政纪问责结合起来,包括诫勉谈话、责令改正等,情节严重的甚至可以撤销主要领导行政职务。

2.政府违反规划的法律责任。政府违反规划的情形包括没有依照经过自身核准的高校规划配置相应的编制、经费、基本建设以及招生等其他政策性资源等,从而导致高校发展规划无法落实、执行。政府包括政府教育主管部门、财政、发改、人社等其他相关部门。责任主体的分散使政府更加容易产生违反规划的情形。因此,必须建立健全监督和问责机制。监督和问责的主体建议为人大。监督和问责的形式建议:一是将政府保障高校规划执行的情况纳入政府工作报告,定期向人大报告。二是将高校发展规划落实情况纳入人大专项监督活动,作为人大对政府教育职能履行情况专项督查的组成部分,一旦发现问题,即启动问责程序。

3.其他主体违反规划的法律责任。公民、法人和其他组织违反规划的情形纷繁复杂,如强占教育用地、破坏教育基础设施、骗取教育经费、危害教育秩序等,这些都是干扰高校规划执行、妨碍国家教育事业发展的行为,需要根据不同的情形,分别纳入民法、刑法、行政法律规范领域定性,并追究相应的法律责任。

A Study on the Legal Guarantee Path of the Development Planning of Common Higher Educational Institutions

Ding Fujin

Abstract: The development planning of common higher educational institutions is compiled, issued, implemented and guaranteed under the direct guidance of the government. It is an important part of the government's education development plan. The development planning of common higher educational institutions is an administrative act, which has the binding force, determination force and execution force. In our current higher education research and practice, the concept, nature, status of the development planning of the common higher educational institutions is not clear, the relevant laws and regulations are not systematic and comprehensive, the implementation of the plan is not adaptable and difficult to implement and other problems have become one of the bottlenecks restricting the sustainable development of higher education. It is necessary to use the rule-of-law thinking and methods to clarify the legal attributes of the development planning of common higher educational institutions, to improve the rule-of-law path in the preparation, approval, implementation, supervision and assessment, clarify the legal responsibility for violating the plan, and ensure the "scientificity", authority and seriousness of the plan.

Key Words: common higher educational institutions; development planning; legal attribute; legal guarantee

中国特色职业教育法律体系的外在表征与内在本质

康韩笑*　祁占勇**

摘　要：新《职业教育法》的颁布实施标志着中国特色社会主义职业教育法律体系的形成，中国特色社会主义职业教育法律体系包含外在表征与内在本质两个纬度。从外在表征来看，形成了一个以宪法为统领、以教育法等为主干、以职业教育专门法为核心、以职业教育法规等为辅助、以国际条约为补充的中国特色社会主义职业教育法律体系。从内在本质来看，中国特色社会主义职业教育法律体系体现了以社会主义法治精神为指导、以人的权利保障为内涵、以科学立法为指针、以民主立法为抓手。

关键词：职业教育法律体系　《职业教育法》　受职业教育权　权利保障

2011年第十一届全国人大四次会议第二次全体会议上宣告了我国特色社会主义法律体系的形成，自此我国开启了以宪法为统领，以7个部门法的法

* 康韩笑，西北政法大学博士，西北政法大学教育立法研究基地研究员。研究方向：教育政策与法律。

** 祁占勇，陕西师范大学教育学部教授、博士生导师。研究方向：教育政策与法律。

律为主干，由法律、法规等多个层次法律规范为骨架的横纵交接的依法治国时代。新时代以来，以习近平同志为核心的党中央，继续将健全中国特色社会主义法律体系作为法治建设的重心所在，通过立、改、废等多种方式完善法律体系，以立良法推动国家迈入法治建设新征程，实施善治。①

一、中国特色社会主义职业教育法律体系形成的分析框架

我国法学界对法律体系的研究由来已久，基本上形成了法律体系是指一国将现行全部法律，以相应的标准和类型分门别类组成有机统一整体②的共识，因此，判断法律体系形成的首要标准包括法律部门是否齐备、各部门基本法律制定与否、与法律配套的法规是否体系化，③这是法律体系的基础构成标准，也是传统意义上判断一国法律体系是否形成的标尺。在此基础上，多位学者对法律体系的构成标准作了进一步划分，有学者指出法律体系形成的标准既有基础的构成标准，还包括数量、调整范围、立法技术、价值实效等标准；还有学者认为上述标准所确立的要素相互之间不够分明、清晰，又从法律规范的系统调整、法律规范的体系确立、法律实施和法治秩序的构建、以宪法为基础的国内外法的调适及常态与非常态法律体系衔接④五个方面对法律体系形成的标准作出界定；亦有学者立足中国特色，指出我国法律体系具有独特性，强调其形成标准也有别于其他法律体系，具体表现在以凸显中国特色社会主义制度为基础和前提，将满足国民生活、构建相当数量的法律规范及有效实施法律作为支撑；⑤另有学者将法律体系形成的标准界定为形式标准和实

---

① 参见《中国特色社会主义法律体系完善取得显著进展》，载中国人大网，http://www.npc.gov.cn/npc/c30834/202204/768f815a11d243dc81e83728a028814d.shtml。

② 参见孙笑侠：《法理学》，中国政法大学出版社1996年版，第47页；时显群：《法理学》，中国政法大学出版社2013年版，第98页。

③ 参见《论中国特色社会主义法律体系形成完善》，载中国政府网2009年3月12日，http://www.gov.cn/2009lh/content_1257314.htm。

④ 参见刘茂林、王从峰：《论中国特色社会主义法律体系形成的标准》，载《法商研究》2010年第6期。

⑤ 参见马晓：《论中国特色社会主义法律体系的形成标准》，载《求实》2012年第5期。

质标准,其中形式标准涵盖了传统法律体系构建的要素,而实质标准同样在于强调彰显中国特色,指出要创建出立足国情的“取之于民、用之于民”的法律体系。⑥

综合现有划分来看,法律体系的形成不能仅仅就法言法,具体标准分为两条主线,一是外在表征上达到“部门齐全、结构严谨、内部协调、体例科学”。⑦ 二是内在本质上符合社会主义法治基本精神及法律“良善”的原则。⑧ 2022 年 4 月 20 日,在十三届全国人大常委会第三十四次会议中,新《职业教育法》通过修订并于 2022 年 5 月 1 日正式施行,此举使职业教育领域的上位法得到充分发展和完善,弥补了先前职业教育法因滞后性造成的与现实发展不相适应的缺陷,进一步贴合新时代职业教育的改革发展,立法更具科学性、可操作性,也标志着中国特色社会主义职业教育法律体系的形成。(见图 1)

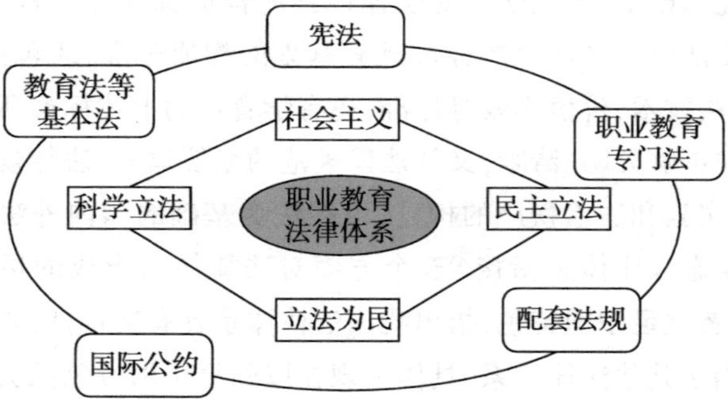

图 1　中国特色社会主义职业教育法律体系形成的分析框架

---

⑥　参见周叶中、伊士国:《关于中国特色社会主义法律体系的几个问题》,载《思想理论教育导刊》2011 年第 6 期。

⑦　参见《判断法律体系形成的主要标志》,载中国人大网,http://www.npc.gov.cn/zgrdw/npc/zgrdzz/2011-06/29/content_1670534.htm。

⑧　参见李婧、田克勤:《中国特色社会主义法律体系构建的原则和基本精神》,载《思想理论教育导刊》2010 年第 11 期。

二、中国特色社会主义职业教育法律体系形成的外在表征

一国整体法律体系的形成需要齐备的法律部门,而某一领域法律体系的形成则仅需满足第二层次该领域基本法律已制定实施,和第三层次相关配套法规已系统规范。职业教育无论是曾经作为层次教育的重要组成部分,还是现今成为与普通教育并行的类型教育,我国都极为重视对其法律体系的建设,也正因如此,职业教育法律体系得以形成。

(一)以宪法为统领的职业教育法律体系

《宪法》是我国的根本大法,是其他所有法律制定的依据和基础,居于国家金字塔法律体系的最高位,从根本上对国家的制度和任务进行规定。回望历史,将职业教育写入《宪法》并不是一蹴而就的,早在清末时期,《宪法重大信条十九条》《钦定宪法大纲》中甚至都未有见与教育有关的字样,直至民国,宪法中才开始出现与教育有关的内容。⑨ 民国时期,因为出现了多个不同执政政府,催生了多部宪法文件。最初诞生的《天坛宪法草案》,开始将教育写入宪法中,对人民接受教育的义务和内容作出规定,教育由一种习俗习惯转向拥有宪法身份。后来《中华民国约法》《中华民国宪法草案》《中华民国宪法》等都将教育列为宪法的组成内容。但通观这一时期宪法中的教育条款,仅从宏观层面对教育进行规定,还没有细化教育的类型和层次。

1937~1949年共产党在中华民国内建立了陕甘宁边区作为根据地,这一时期边区政府完全由共产党执掌,形成的相关法律制度也被延续到新中国成立,更有学者指出新中国的法律传统形成于陕甘宁边区政府时期。⑩ 根据地时期制定了《中华苏维埃共和国宪法大纲》《陕甘宁边区施政纲领》《陕甘宁边区宪法原则》等宪法文件,其中《中华苏维埃共

⑨ 参见梅帅:《宪法文本中“教育”概念的规范分析》,载《重庆高教研究》2020年第2期。

⑩ 参见强世功:《调解法制与现代性:中国调解制度研究》,中国法制出版社2001年版,第204页。

和国宪法大纲》规定了工农劳动群众的受教育权,[11]《陕甘宁边区施政纲领》进一步在宪法文件中细化了经济、政治、文化建设的内容,开始分别对不同教育类型作出规定,如"成年补习教育""社会游民分子——参加教育";[12]《陕甘宁边区宪法原则》在人民权利部分第3条更加体系化地对教育类型作出区分,包括国民教育、高等教育、社会教育、卫生教育。[13]可见,根据地时期在宪法文件中已有职业教育的雏形,对成年实施的补习教育、社会教育等,类似于现下的职业教育和职业培训。

中华人民共和国成立后,《宪法》制定中沿袭和继承了根据地时期宪法文件的精神,基于此,中华人民共和国成立后对制定宪法的探索有了方向。在探索过程中,历经了1954年、1975年、1978年、1982年四部宪法,其中1954年、1975年、1978年的三部中都只是总括性地对公民受教育权利作出规定,1982年宪法作为现行的宪法,在第19条首次将各种不同的教育类型写入宪法,职业教育也被单独列在其中。虽然1982年宪法至今已经过5次修正,但该条一直被保留和适用,从宪法层面明确了职业教育的宪法地位,为职业教育领域法律的制定提供了权力来源和立法依据,立起了职业教育法律体系形成的顶层思路。

(二)以教育法等为主干的职业教育法律体系

判断法律体系是否形成的核心标准是调整该法律部门中社会关系的最根本、主要的法律已有迹可循。[14] 虽然我国传统意义上所指的法律部门主要包括宪法及宪法相关法、民商法、行政法、经济法、社会法、刑法、诉讼与非诉讼程序法七类,但随着社会生活中需要调整的关系越来

---

⑪ 参见许静:《论苏维埃宪法大纲与新中国宪法的传承关系》,载《求实》2005年第11期。

⑫ 《陕甘宁边区施政纲领》,载百度百科网2023年3月1日,https://baike.baidu.com/item/%E9%99%95%E7%94%98%E5%AE%81%E8%BE%B9%E5%8C%BA%E6%96%BD%E6%94%BF%E7%BA%B2%E9%A2%86/8419095。

⑬ 参见《陕甘宁边区宪法原则》,载百度百科网2023年3月1日,https://baike.baidu.com/item/%E9%99%95%E7%94%98%E5%AE%81%E8%BE%B9%E5%8C%BA%E5%AE%AA%E6%B3%95%E5%8E%9F%E5%88%99/3653321?fr=aladdin。

⑭ 参见付军强:《论中国法律体系及其形成的标准》,郑州大学2012年硕士学位论文,第23页。

越复杂、多元,这七类法律部门已不能很好地涵盖其他新兴法律部门,例如,关于教育法是否属于一个独立法律部门多年来一直存在学理上的争鸣。事实上,教育法是否能被独立看作一个法律部门虽然有所争议,但教育法拥有独立的立法序列是毋庸置疑的,因此,在教育领域也存在有教育基本法律,为其他教育立法提供上位依据。

基本法律对于某一领域来说居于最为核心和关键的地位,我国《宪法》《立法法》中都提到了基本法律的概念,尽管对于基本法律还未形成特定的界定方式,但从学理和实践的研究角度看,基本法律基本具有立法主体是全国人代表大会、以宪法为立法依据、从全局性的战略高度调整特定领域社会关系、处于基础地位、有支架作用等主要显性特征。⑮对标以上特点,《教育法》在教育领域中就处于这样的地位。我国于1995年颁布了《教育法》,该法的颁布是我国教育法制史上里程碑的事件,⑯主要调整教育领域的多种社会关系,全方位规范、指导教育中存在的各类行为,为建设我国教育事业和发展各级各类教育指明了方向,被视为教育领域的"母法",是依法治教的核心,并统领和支配着其他教育立法。关于职业教育,《教育法》从制定之初,就持续关注和重视职业教育的发展,第20条第一款率先确定了国家的职业教育制度,第2款中规定实施职业教育的主体包括职业学校和各类职业培训;第41条进一步对从业人员接受职业培训作出规定,第47条对于校企合作以及企业参与学校办学和管理也有所着墨。概言之,《教育法》中从宏观上为职业教育发展划定了基调、搭建起框架。

当然,职业教育相较于其他教育有其特殊性,特别是职业教育中往往在传统的校生关系之外,涉及企事业单位等主体与学生之间的劳动法律关系。《劳动法》在制定过程中,被看作关涉劳动者权益的"根本法",⑰是劳动领域法制的根基所在,《劳动法》作为基本法律,其中也涉

---

⑮ 参见李克杰:《中国"基本法律"概念的流变及其规范化》,载《甘肃政法学院学报》2014年第3期。

⑯ 参见孙梁予:《略论〈教育法〉的基本功能与作用》,载《教育理论与实践》1995年第6期。

⑰ 韩大元、刘松山:《宪法文本中"基本法律"的实证分析》,载《法学》2003年第4期。

及职业教育的法律条款。一方面,《劳动法》第3条规定了劳动者享有的多项劳动权利。职业教育过程中,企业和学校在联合招生时,是通过工学相结合的方式培养学生,当学生身份转向劳动者身份时,与企业形成一种准劳动法律关系,[18]此时学生理应享有劳动者的相关权利。新《职业教育法》第50条,从受职业教育学生的准劳动者身份出发,对学生在实习期间享有的劳动者权利予以保护。另一方面,《劳动法》第55条、第68条规定涉及技术工种工作的劳动者,上岗前须经过培训。职业教育的目的在于培养技术技能型人才,然而,实践中有诸多职业因工种特殊,如从事铅、汞、苯、接触粉尘、噪声类作业等,容易引发职业病,损害劳动者健康或其他权益。因此,劳动者有必要通过接受培训最大程度规避职业风险。新《职业教育法》第24条第2款,与《劳动法》相衔接,将培训上岗和特殊工种接受教育与培训作为企业用人的前提保障。

尽管新《职业教育法》将原本的"根据教育法和劳动法,制定本法"修订为"根据宪法,制定本法",从法律层面提升了职业教育的地位,强调新时代职业教育在内涵、地位上新的特殊性以及其与宪法间的紧密关系,[19]但并不意味着《教育法》《劳动法》失去了对职业教育的指导作用,《教育法》仍为职业教育发展提供教育视角,保障学生在校作为学生的受教育权利,《劳动法》则为职业教育发展提供社会视角,维护学生作为准劳动者以及其他主体参与职业培训的劳动权利,二者一并构成职业教育法律体系的主干法律。

(三)以职业教育专门法为核心的职业教育法律体系

某一领域法律体系形成过程中,除全国人民代表大会制定的基本法律外,还须有重要法律作为支撑。全国人大闭会期间,通常由全国人民代表大会常务委员会制定和修改法律,由此产生的法律一般属于普通法律,这些法律成为法律体系中的重要组成部分。我国《职业教育法》就

---

[18] 参见康韩笑、祁占勇:《现代学徒制视野下学徒与企业的法律关系探析》,载《职业技术教育》2021年第4期。

[19] 参见张震:《"根据宪法,制定本法"的规范蕴涵与立法表达》,载《政治与法律》2022年第3期。

属于职业教育领域的专门法律，其制定的目的是调整职业教育领域存在的社会关系，是职业教育办学和管理的基本法律。《职业教育法》肇始于1996年，在颁布的二十余年为规范职业教育事业发挥了不可替代的作用，推动了职业教育的有序发展。但随着社会经济的快速发展，信息化技术的变革和全球科技创新的迅猛发展，[20]陈旧的《职业教育法》已经滞后于职业教育的新形势、新任务，不能很好地解决实践中产生的新问题。2022年4月《职业教育法》26年来的首次大修，紧紧围绕新时代职业教育建设发展的基本理念，力求立法与职业教育实践相适应，填补先前法律存在的空白，为解决现实中的法律困境提供上位法依据。

修订后的《职业教育法》由原本的五章40条增加至八章69条，从体量和内容上都极大地丰富了《职业教育法》，打开了职业教育的新局面，也因此成为职业教育法律体系中最核心的部分。首先，《职业教育法》重塑了新时代中国特色职业教育的法律地位，与先前职业教育作为教育中的一环相比，《职业教育法》明确了职业教育成为与普通教育同等重要的教育类型，从法律层面提升了职业教育的认可度，充分为职业教育提供了作为的空间。其次，确立了新时代中国特色职业教育的基本制度，通观法律全文，对职业教育的基本制度体系作出规定，其中包括职业教育相关的证书制度、劳动者就业上岗前接受职业教育的制度、考试招生制度、质量评价制度等。再次，明确了新时代中国特色职业教育各主体的权利与义务，《职业教育法》承接《宪法》和《教育法》，开宗明义地指出公民享有接受职业教育的权利，同时对职业学校权利、教师权利、校企合作中各方权利义务等都作出规定，将职业教育关系主体的行为引入法制化、规范化的道路。[21] 最后，规范了新时代中国特色职业教育的法律责任，法律责任是法律强制性特征的直接体现，也是法律作用于社会关

---

[20] 参见《落实新职教法系列谈大突破：依法明确职业教育是一种教育类型》，载百度网2022年4月28日，https://baijiahao. baidu. com/s? id = 1731342055844653050&wfr = spider&for = pc。

[21] 参见朱开轩：《学习贯彻〈教育法〉全面推进依法治教》，载《中国高等教育》1995年第5期。

系的基本手段,[22]其目的在于弥补和挽救因不当行为而受到损害的合法权益,恢复被破坏的法律关系和社会秩序。[23]《职业教育法》设置专章对职业教育领域中实施不法行为后需要承担的法律责任作出规定,从否定性法律后果视角树立《职业教育法》的权威,加强了其现实可操作性,有力保障了法律的实施。总之,《职业教育法》通过法律的手段和措施,为推动职业教育高质量发展保驾护航,是职业教育法律体系的"中枢神经"。

此外,《高等教育法》所规范的主体包括高等职业学校。换言之,高等职业学校的设立、组织和活动、学校教师和其他教育工作者、学生、投入和条件保障等方面的法律问题,需遵守《高等教育法》的规定。《教师法》以教师为落脚点,规定各级各类学校教师的权利义务和责任,职业学校的教师与其他类型教师一并受《教育法》保护和制约。《就业促进法》第五章设专章规定职业教育和培训,旨在强化职业教育和培训助力劳动者技能提升,推动和促进就业与再就业。这些法律中对职业教育的规定,也是职业教育法律体系中的重要组成。

(四)以职业教育法规等为辅助的职业教育法律体系

如果将职业教育法律体系看作一棵大树,宪法、基本法律和重要法律构架起了树的主干,法规(行政法规和地方性法规)则组成了树的枝干。在法律体系形成过程中,行政法规是对国务院依宪法和法律所赋予的行政职责,对法律进行的补充和细化;地方性法规对地方经济社会发展有突出作用,由地方人大及其常务委员会在不抵触宪法、法律、行政法规的情况下结合本区域实际发展,将上位法进一步转化为贴合地方现实的法规文件。

我国自1981年《学位条例暂行实施办法》颁行以来,国务院出台了十余部与教育相关的教育行政法规,其中大多数都涉及职业教育的内容。具体包括《普通高等学校设置暂行条例》《学校卫生工作条例》《教

[22] 参见刘继萍、吴永才:《〈教师法〉法律责任条款的问题及其完善》,载《教师教育研究》2019年第1期。

[23] 参见张文显:《法理学》,高等教育出版社2011年版,第124页。

学成果奖励条例》《教师资格条例》《教育督导条例》《高等教育自学考试暂行条例》《残疾人教育条例》《学校体育工作条例》《中外合作办学条例》《民办教育促进法实施条例》，如《残疾人教育条例》第三章，设置专章对残疾人职业教育中的法律问题进行规定；《中外合作办学条例》中也有关于中外合作职业学校等相关内容。这些行政法规将职业教育上位法中对职业教育发展的宏观性思路，融入法规的具体维度之中，使职业教育法律更具可操作性。国务院从国家层面对职业教育进行总括性的规定后，职业教育地方性法规为进一步制定规则，规范该区域的职业教育。事实上，地方先行先试是我国在社会主义道路探索中的优良传统，彭真同志曾指出“对新的重大问题……必须先有群众性的探索、试验……”㉔1985 年在《职业教育法》制定之前，河北省率先制定出我国首部地方性职业教育法规《河北省发展职业技术教育暂行条例》，㉕从地方层面为职业教育法律制定提供有益尝试。《职业教育法》出台后，除江西、青海、新疆外，其他省、自治区、直辖市逐步制定了省级职业教育相关法规，㉖省一级的职业教育地方性法规既在纵向上扩充了职业教育法律体系，也在横向上丰富了职业教育法律体系的范围。

此外，我国法律位阶的体例下，还包括规章（部门规章、地方政府规章）和其他规范性文件，这些文件组成职业教育法律体系这棵大树繁茂的叶子。改革开放以来，我国教育法制建设不断步入正轨，1985 年《中共中央关于教育体制改革的决定》开启了教育事业发展的新纪元，强调要“大力发展职业技术教育”，随即，国家开始出台系列职业教育规章和政策。如国务院出台的重大职业教育政策有《关于大力发展职业技术教育的决定》《关于大力推进职业教育改革与发展的决定》《关于大力发展职业教育的决定》《关于加快发展现代职业教育的决定》《关于深化产教

㉔ 《彭真文选》，人民出版社 1991 年版，第 505 页。

㉕ 参见谢珍珍：《改革开放 40 年职业教育立法与政策回顾》，载《中国职业技术教育》2018 年第 31 期。

㉖ 参见张志成：《我国地方职教立法与现代职业教育的发展》，载《职教论坛》2015 年第 16 期。

融合的若干意见》《国家职业教育改革实施方案》等;[27]其他各部委出台的重大职业教育政策有《关于进一步推动职业学校实施职业资格证书制度的意见》《关于印发〈现代职业教育体系建设规划(2014—2020)〉的通知》《职业学校校企合作促进办法》《关于开展现代学徒制试点工作的意见》等;[28]这些规范文件与行政法规、地方性法规一并搭建起职业教育法律体系的配套措施。

(五)以国际条约为补充的职业教育法律体系

通常而言,一国法律体系的构建既包括国内法,也离不开国际法的支持,虽然国际条约能否作为我国法律体系的组成部分一直没得到很好的解决,[29]但随着国际化程度的不断加深,中国作为联合国安全理事会常任理事国之一,与国际接轨亦是国家发展的必然选择,那些对我国生效的国际条约,自然而然地成为我国法律体系的一部分。根据一项统计数据显示,我国目前签署了300多项国际公约,加入上百个政府间国际组织,[30]已经形成了一个较为完整的国际法维度。

在对我国生效的国际条约中,也有诸多与职业教育发展相关的条约,如《经济、社会及文化权利国际公约》的第13条第2项、《世界人权宣言》的第26条从公约各缔约国保障公民受教育权利的角度,要求各国通过实施职业教育保障公民受职业教育的权利。国际劳工组织、世界银行等国际组织也通过出台各类国际公约,保障人权和劳动者的权益,我国批准的28项国际劳工组织公约中,不乏有职业教育相关条约。如《职业安全和卫生及工作环境公约》是为了保护劳动者人身健康与安全,保障安全生产;《消除就业和职业歧视公约》要求缔约国采取符合本国国情的方法促进就业,并确保职业机会和待遇平等,强调开展职业指导和

---

[27] 参见郄芳:《从政策引导到法律保障——我国〈职业教育法〉修订的政策法律化问题研究》,载《职业技术教育》2021年第12期。

[28] 参见本刊编辑部:《从无到有加快建立健全法律制度体系,职业教育走上依法治教之路》,载《职业技术教育》2018年第6期。

[29] 参见中国社会科学院社会政法学部:《科学发展 社会和谐 构建社会主义和谐社会的理论与实践》,社会科学文献出版社2007年版,第268~281页。

[30] 参见《中国已经签署300多个国际公约!加入上百个政府间国际组织!》,载百度网2023年3月1日,https://haokan.baidu.com/v?pd=wisenatural&vid=9875053533905860142。

职业培训时要遵循该条约的规定。除了上述条约对职业教育整体性的规定外,针对职业教育专业化的特性,职业教育领域还有诸多与专业技能培训发展相关的条约,如国际海事组织实施的《海员培训、发证和值班标准国际公约》,该公约以及其涉及的修正案均对我国生效,该公约中对航海教育作出了详细规定,因此我国在培养高职航海类专业学生时,同样需要遵守公约中的内容。㉛

三、中国特色社会主义职业教育法律体系形成的内在本质

法律体系的形成在"看得见"的法律横纵向法律框架上,其中所有法律规范的制定,更需要与国家政治制度相吻合、与国家社会经济发展相适应、与国家精神文化相匹配。

(一)以社会主义法治精神为指导的职业教育法律体系

2020 年习近平总书记在中央全面依法治国工作会议上指出要"建设中国特色社会主义法治体系",并强调建设中国特色社会主义法治体系要"坚持依法治国和以德治国相结合",㉜这一特点亦是中国特色社会主义法治道路最鲜明的部分。在我国源远流长的历史中,道德与法律从来没有分开,通观封建社会时期礼法的发展历程,"德"与"礼"始终相互依存,是实与名的关系,而"法"的形成又源自"礼",二者在统治者治国演进中历经了不断地分与合后,最终走向"礼法合治",㉝所以说,"德"与"法"亦是紧密相连、密不可分的部分。㉞

新时代关于道德与法律之间关系的论述中,习近平总书记曾提到,

㉛ 参见方诚等:《高职航海类专业"多元协同"国际化育人模式探索与实践》,载《中国职业技术教育》2021 年第 17 期。

㉜ 《习近平在中央全面依法治国工作会议上发表重要讲话》,载中国政府网,http://www.gov.cn/xinwen/2020-11/17/content_5562085.htm。

㉝ 参见李志强:《历史发展、理论辩难与实践聚焦:论当代依法治国和以德治国相结合之路》,载《社会主义研究》2021 年第 4 期。

㉞ 参见李志强、王晓宁:《中国传统"礼法合治"思想及其当代价值》,载《湖北社会科学》2021 年第 11 期。

法律是成文的道德,道德是内心的法律,[35]法律的制定和实施都离不开道德的加持。实践中,道德和法律也往往存在一些不可分裂的部分,一些法律问题映射出的是背后深层的德行败坏,一些道德问题突破了边界也就成为法律约束的不法行为。在立法中融入道德领域的重要内容,这种立法手段被称为道德的法律化,[36]一方面,一些历经岁月弥留下来的优良道德品质,早已得到社会大众的认可,在制度化的法律体系出现之前,已经作为一种衡量的尺度规范着人们的行为;另一方面,法律作为惩恶扬善的规则,让善有所善,恶有所惩本就法律的至上目标,融入道德也是促动法律走向良善的价值基础。[37]《宪法》从国家根本大法的角度对培养公民的公德作出规定,《教师法》在规定中讲求教育的立德树人,而修订后的《职业教育法》对道德的规定,法条中共有 7 处出现"德"的字样,包括职业道德、立德树人、德技并修、职业道德教育、师德师风等,从法律的层面对教育主体和受教育者的道德品行提出了更规范性的要求,教书育人教师首先要从自身树立起道德的榜样,其次更加强调我们所育职业教育之才既要有技能,更要践行社会主义核心价值观,成为合格的社会主义建设者和接班人。正是因为教育事业的一大特点是"育人",古往今来我国在发展教育中都紧紧围绕着人的品行,习近平总书记更是多次强调教育的根本任务在于立德树人,所以在《职业教育法》中加深对"德"的规定,既符合我国社会主义法治精神的本质要求,也是《职业教育法》成为良法的保证。

(二)以人的权利保障为内涵的职业教育法律体系

中华文化在绵延几千年的历程中,留下了许多传统的思潮和观念,诚如上所言,"法"之思想亦是衍生于"礼",而"礼"本身带有维护王权和

---

[35] 《中国特色社会主义法治体系的鲜明特点和突出优势》,载求是网,http://www.qstheory.cn/dukan/hqwg/2022-02/25/c_1128415827.htm。

[36] 参见龙大轩:《新时代"德法合治"方略的哲理思考》,载《中国法学》2019 年第 1 期。

[37] 参见戴茂堂、葛梦喆:《论法律道德化——兼析法律与道德之间的价值秩序》,载《道德与文明》2020 年第 4 期。

等级秩序的政治属性，[38]特别是在商周时期，礼作为国家的基本法律是以维护封建王朝权威为准则，因此，中国古代的法律思想在于"立法治民"法律是治理臣民的手段，[39]立法的重心是统治阶级对社会等级的划定，臣民作为被治理的对象需严格遵守这一秩序。这种传统的法律思想，自近代以来开始不断转向，新中国成立之初率先确立了我国人民当家作主的根本思路，人民成为治理国家的核心所在。以民为本开始成为各类制度建制的上层指导，法律制度在创设中也逐步脱离封建时期的法律观，但从应然走向实然并非易事，尤其是观念的转变并非一日之功，这也造成初期的法律制度设计和立法制定中存在重管理、轻权益；重公权、轻民权的情况。[40]

随着社会主义制度的不断健全和完善，党的十六大以来中央正式在国家发展的战略方针中提出以人为本的理念，习近平总书记更是多次强调要将最广大人民的根本利益作为党和国家工作的基点，开创了我国特色社会主义事业的新纪元。《中共中央关于全面推进依法治国若干重大问题的决定》中对完善中国特色社会主义法律体系建设提出新要求，明确指出要"……以民为本、立法为民……"立法中，义务本位的趋势逐渐偏向权利本位，保障人的权利成为立法的宗旨。《宪法》中规定了各主体的权利，其中第46条规定公民受教育权利，《教师法》从教育的宏观层面规定教育领域的相关主体权利。修订后的《职业教育法》多处出现"权利""权益"的字样，从主体权利看，第5条、第50条对公民规定公民享有的职业教育权利，第5条概括式的规定公民有接受职业教育的权利，使其成为一种自主选择的权利，第50条列举式的规定实习单位应当保障学生实习过程中的具体权利；第10条第5款对妇女权利的规定使社会特殊、弱势权利主体的权利得到保障，充分体现立法过程中的人文

---

[38] 参见张洪涛：《从"以礼入法"看中国古代习惯法的制度命运》，载《法商研究》2010年第6期。

[39] 参见吕怡维：《立法目的的历史性变革——从"立法治民"传统到"立法为民"原则的确立》，载《法学杂志》2018年第3期。

[40] 参见陈俊：《以人为本的立法关怀：观念变革与制度完善》，载《南京师大学报（社会科学版）》2008年第1期。

精神,第44条对教师权利的规定使职业学校教师地位得以提升,为职业教育教师队伍建设提供法律支撑。从行为权利看,第28条、第40条第3款要求校企合作、产教融合中开展合作的平等主体采用签订协议的方式约定各方权利义务,既明确了各主体享有的权利,又能在一定程度上避免纠纷出现后的权责不清。从救济权利看,第49条第2款充分明确职业学校学生合法权益受法律保护,第七章中首次规定了职业教育的法律责任,第66条明确实习单位侵害学生合法权利的须承担相应法律责任。足见,《职业教育法》的修订做到了"以民为本、立法为民",让职业教育每个主体的权利都得到保障。

(三)以科学立法为指针的职业教育法律体系

2000年《立法法》的颁行规定了21世纪立法的根本遵循,其中第6条要求立法对个体权利义务与行政机关权力责任的划定需采取科学合理的手段,这是对立法提出了新标准,科学地进行立法成为立法的重要手段,但《立法法》仅规定了权利义务设定的科学性,还没有涉及整个立法的环节。2006年全国人大在总结现有经验的基础上,明确提出"科学立法",[41]自此,科学立法浸入到立法的全过程,成为立法质量提升的根本保障。[42] 科学立法关键在于科学,关于何为科学,在科学立法提出后学界已经有了诸多研究,对科学本身进行探源,最初的科学主要是指普遍适用的知识,后在科学革命的促动下,主要是指自然科学下的数学和实验。[43] 近代理论研究中对于科学的理解较为宽泛,但基本形成一个统一的思想,即科学是对事物深层次客观规律的认识以及采取的手段是否能有效实现目的。[44] 概言之,判断某一立法是否达到了科学立法的标准,即看它的立法活动是否符合该领域的客观发展规律,习近平总书记

---

[41] 参见樊安、樊文苑:《地方性法规立法的理念更新与路径选择——以科学立法原则为指引》,载《学术交流》2020年第12期。

[42] 参见刘艳红:《以科学立法促进刑法话语体系发展》,载《学术月刊》2019年第4期。

[43] 参见冯玉军、王柏荣:《科学立法的科学性标准探析》,载《中国人民大学学报》2014年第1期。

[44] 参见裴洪辉:《合规律性与合目的性:科学立法原则的法理基础》,载《政治与法律》2018年第10期。

也曾强调科学立法的核心在于尊重和体现客观规律。[45]

《职业教育法》自1996年颁布以来，虽然为职业教育的发展提供了法律保障，但囿于20世纪90年代国家立法技术和理念的欠缺，旧《职业教育法》难以适应新时代以来职业教育发展的新形势。《职业教育法》的修订也历经多重考验，事实上，在2009年之际教育部就启动了第一次《职业教育法》的修订工作，这一阶段，立法者已经关注到职业教育在教育领域中的特殊性，作为跨界教育，立法既要符合教育本身的客观规律，更要关照到职业教育多元、复杂的特有规律，[46]正是基于对这一规律的探索，使《职业教育法》的修法内涵不断清晰。尽管2009年的修法历程最终没有得以成型，但对职业教育发展本质问题的追问，为后续修法奠定了良好的基础。2015年教育部再次启动职业教育的修法工作，此次修法已经有了更为成熟的基础，从最终落地实施的修法内容看，总则部分凸显了职业教育发展的规律，充分展示出职业教育"培养什么样的人、怎样培养人、为谁培养人"，分则各部分也着力聚焦职业教育发展的国情与现实，体现职业教育与国家经济社会发展的衔接，反映各主体的利益诉求。此外，修法启动后历经教育部党组会审议、征求意见、报送国务院、第一、二、三审议的流程，直至2022年4月20日正式通过，科学的立法程序同样确保立法实体内容的科学性，[47]充分说明《职业教育法》的修法达到了科学立法的标准。

（四）以民主立法为抓手的职业教育法律体系

德国哲学家哈贝马斯认为，实在法的制定需要兼具有效性和事实性，法律的有效性又指正当性，一部法律实现正当性的重要保障是确保公民的公共自治，使立法内容得到个体的同意。[48] 美国学者卡尔·科恩

---

[45] 参见全国人大常委会办公厅，中共中央文献研究室：《人民代表大会制度重要文献选编（四）》，中国民主法制出版社2015年版，第1634～1794页。

[46] 参见《娄底职业技术学院〈职业教育法〉修订历程回顾与〈职业教育法修订草案（征求意见稿）〉分析》，载娄底职业技术学院官网2022年5月18日，http://www.ldzy.com/351/944/980/content_31827.html。

[47] 参见李友根：《论法治国家建设中的科学立法——学习〈中共中央关于全面推进依法治国若干重大问题的决定〉的一点思考》，载《江苏社会科学》2015年第1期。

[48] 参见叶会成：《超越工具论：民主立法的内在价值》，载《法学家》2022年第2期。

将民主定义为社会管理体制,强调在这一制度下,社会成员通常能够直接或间接地参加或能够参加对所有成员产生影响的决定或决策。㊾ 换言之,民主立法要求国家在制定与公众权益息息相关的法律时要吸纳公众意见,让民意有充分表达的机会和路径。中华人民共和国成立后,我国践行民主立法的过程几经波折,但历代国家领导人都始终没有放弃对民主立法、民主法治的追求,新时代《中共中央关于全面推进依法治国若干重大问题的决定》中对立法提出了"……反映人民意志、得到人民拥护"的要求,更深入地对民主立法作出指示。

《立法法》第5条、第53条分别对人民参与立法活动和专家等参与立法起草工作作出规定,第36条、第67条对听取意见的形式作出"列举+概括"的规定。教育领域的立法关乎整个受教育者、家长、学校等主体的权利保障和义务实施,作为法律调整规范的主体,需要其在立法过程中表达对权利的诉求。《教育法》在修订过程中就采取了征求意见稿形式等多种方式,吸收社会各界对法律条文的意见和建议。《职业教育法》自启动修订日程以来,同样采取了多种途径倾听民情社意。一方面召开专题调研座谈会,了解一线职业教育发展中面临的实际法律困境,全国人大常委会法工委在修法中调研了多所职业院校,如在北京电子科技职业学院的调研中,该校领导、教师等结合职业教育的实践发展,对职业教育法修订草案提供了宝贵的意见;㊿另一方面聆听专家学者的意见,提升职业教育法的理论高度,教育部在全面推进依法治教的大政方略下,与多所高校合作设立教育立法研究基地。职业教育法修订之际陕西师范大学、华南师范大学等学校的教育立法研究基地都召开了专家研讨会,为职业教育法的修订建言献策;此外,在对职业教育法修订草案二次审议后,审议稿于中国人大网公开征求社会公众意见,最终征集意见显示

㊾ 参见[美]卡尔·科恩著:《民主概论》,聂崇信、朱秀贤译,商务印书馆有限公司1989年版,第4页。

㊿ 参见《全国人大职业教育法修订专题调研座谈会成功召开》,载网易官网2021年12月10日,https://www.163.com/dy/article/GQSJS3F60516X1Q8.html。

收到194名网民提出的403条意见及9封群众来信。[51] 当然,修法过程中还通过相关部门交换意见、听取企业代表意见等其他方式收集社会大众对于职业教育法修订的思路。

总之,我国职业教育领域已经形成了体例完备、横纵交接、协调统一的体现社会主义法治本质精神、保障人基本权利的科学、民主的中国特色职业教育法律体系。职业教育法体系的形成是职业教育法律制度建立的起点,职业教育发展的新模式和《职业教育法》中对职业教育提出的新期许,都表明职业教育的立法脚步远不能停下,仍需要从多方面出发丰富和补充职业教育法律体系。首先,从上位法层面加强职业教育领域法律之间的衔接,夯实职业教育的法律地位,实践中存在对职业教育、继续教育、成人教育等政策文件的交叉理解,常有将其混用的情况。目前,在国家层面已经鲜见成人教育的字样,《国家中长期教育改革和发展规划纲要(2010—2020年)》中列出的教育层次包括学前教育、义务教育、高中阶段教育、职业教育、高等教育、继续教育,因此,未来在继续教育领域颁布如《继续教育法》一类的法律时,需与《职业教育法》中关于继续教育和培训的规定相衔接。其次,加快重点领域的立法进程。一方面,国外职业教育领域的立法是绵密而丰富的,如德国针对职业教育出台《联邦职业教育法》《联邦职业教育促进法》《手工业条例》《企业基本法》《实训教师资格条例》等相关法令,我国理应针对职业教育中的新情况,启动《技工教育法》《企业基本法》《双师型教师资格条例》《职业资格证书规定》等法律的制定,《企业基本法》和《双师型教师资格条例》既可以采用制定单行法的方式,也可以融入现行的《公司法》《教师资格条例》中。另一方面,职业教育中除了学生这一主要主体,还涉及其他需要再就业的人员和特殊群体等,如美国出台《退伍军人权利法案》是为了保障退伍后的军人适应社会生活,使其获得接受教育和训练的机会,迅速回归社会。在职业教育覆盖面不断扩大的时代背景下,对特殊群体的职业教育专项立法亦是完善职业教育法律体系的应有之义。最后,提倡

---

[51] 参见《全国人大常委会法工委:介绍职业教育法等草案公开征求意见有关情况》,载荆楚网,http://m.cnhubei.com/content/2022-04/14/content_14661425.html。

地方职业教育立法先行。我国职业教育在不同地区的发展状况有所差异,沿海地区作为职业教育较为发达的区域,在职业教育发展中探索出了诸多先进的实践模式,可以将这些先进经验总结提炼上升到地方立法。目前,已经出台过职业教育条例的地方,建议尽快根据职教法进行修改和完善,还未出台地方层面条例的,可以在上位法和其他法律的指导下,探索出适合该区域的职业教育相关条例。

On the External Representation and Internal Essence of the Legal System of Vocational Education with Chinese Characteristics

Kang Hanxiao　Qi Zhanyong

Abstract: The promulgation and implementation of the New Vocational Education Law marks the formation of the legal system of socialist vocational education with Chinese characteristics, which consists of two latitudes: external representation and internal essence. From the perspective of external representation, a socialist legal system of vocational education with Chinese characteristics has been formed with the Constitution as the guidance, education law as the main task, special laws on vocational education as the core, vocational education laws and regulations as the support, and international treaties as the supplement. From the perspective of internal essence, the legal system of vocational education in socialism with Chinese characteristics embodies the spirit of socialist rule of law as its guidance, the connotation of human rights protection, scientific legislation as its pointer and democratic legislation as its starting point.

Key Words: legal system of vocational education; Vocational Education Law; vocational education right; rights protection

管理经纬

高质量共建“一带一路”的机制化创新与涉外法治人才保障

漆　思* 　任笠芬**

摘　要:“一带一路”建设是中国扩大对外开放和加强国际合作的倡议,已成为国际公共产品和国际合作平台。高质量共建“一带一路”是“一带一路”倡议的最新实施方案,也是发展大势所趋。高质量共建“一带一路”的路径在于机制化创新及其涉外法治人才保障。在当代全球格局加速演进中,聚焦组织机构、治理制度、合作机制、合作文化,以新发展理念探索高质量共建“一带一路”的机制化模式,进而探讨涉外法治人才培养的路径选择,为推动共建“一带一路”高质量发展贡献中国方案。

关键词:高质量共建“一带一路”　机制化创新　涉外法治人才

“一带一路”倡议提出十年来,中国始终坚持共商共建共享的原则,与各参与主体实施战略对接,构建全球新发展格局。党的二十大报告强调,共建“一

---

* 漆思,贵州大学副校长、西北政法大学教授、博士生导师。研究方向:中国文化。

** 任笠芬,西北政法大学研究生院博士研究生。研究方向:文化安全。

带一路”成为广受欢迎的国际公共产品和国际合作平台。① 并明确指出:“推动共建‘一带一路’高质量发展。”②在国际力量对比格局与全球治理体系大变革大调整时期,推进共建“一带一路”高质量发展是中国进一步扩大对外开放和加强国际合作的倡议。“一带一路”的高质量发展仍然面临诸多挑战,关键在于机制化创新,而机制化创新的首要资源是涉外法治人才保障。立足于世界百年未有之大变局和中华民族伟大复兴战略全局,把握高质量共建“一带一路”的必然要求,客观分析当前存在的制约因素,聚焦组织机构、治理制度、合作机制、合作文化,深入探索机制化的创新模式,进而探讨涉外法治人才培养路径,为全球治理体系变革贡献中国方案,这是在新时代推进高质量共建“一带一路”的战略选择。

一、高质量共建“一带一路”的核心内涵与必然要求

“一带一路”倡议统筹国内国际两个大局,是历史发展大势所趋。当前,世界正经历百年未有之大变局,国际合作格局相应发生了诸多新的深刻变化,特别是随着突发公共卫生事件在全球范围内的暴发,全球治理能力不足逐步显现。“一带一路”倡议也是中华民族伟大复兴战略全局的应有之义,符合和平发展、合作共赢的新时代主题,旨在推动构建人类命运共同体。

(一)高质量共建“一带一路”的核心内涵

推进“一带一路”国际合作倡议走向高质量发展是以习近平同志为核心的党中央针对当前国际国内新形势作出的重要战略部署。2018年,习近平总书记首次提出推进“一带一路”向高质量发展的工作思路。2019年4月,习近平总书记在第二届“一带一路”国际合作高峰论坛圆

① 习近平:《高举中国特色社会主义伟大旗帜 为全面建设社会主义现代化国家而团结奋斗——在中国共产党第二十次全国代表大会上的报告》,人民出版社2022年版,第9页。

② 习近平:《高举中国特色社会主义伟大旗帜 为全面建设社会主义现代化国家而团结奋斗——在中国共产党第二十次全国代表大会上的报告》,人民出版社2022年版,第33页。

桌峰会上发表致辞并表示，未来我们要聚焦重点、深耕细作，共同绘制精谨细腻的“工笔画”，推动共建“一带一路”沿着高质量发展方向不断前进。③ 此后，高质量共建“一带一路”的概念与内涵不断深化。2020 年 6 月发布的《“一带一路”国际合作高级别视频会议联合声明》，从三个层面阐明了推动“一带一路”高质量发展的内涵：一是秉持共商共建共享的原则。二是坚持开放、绿色、廉洁的要求。三是追求高标准、惠民生、可持续的目标。2021 年 11 月，习近平总书记在“一带一路”相关座谈会上发表重要讲话，强调继续以高标准、可持续、惠民生为目标，统筹谋划新发展理念、构建新发展格局。④ 同时，习近平总书记在各种重要场合多次强调中国将对接国际高标准经贸规则，在外商投资、贸易等经济领域推动制度型开放，积极推进高质量共建“一带一路”。2022 年 11 月，习近平主席在第五届中国国际进口博览会开幕式上发表讲话，明确表示中国将推进“一带一路”向高质量发展迈进，稳步扩大规则、管理、标准等制度型开放。⑤ 高质量共建“一带一路”从宏大的统筹规划逐步向具体的实践路径聚焦。

（二）高质量共建“一带一路”的必然要求

“一带一路”倡议的提出及其高质量发展，有着迫切的现实需求。当前，国际力量对比格局呈现百年大变局的新态势。百年大变局的主要特征是“西方主导世界秩序能力的式微，以及西方与非西方国家对此所作出的回应”。⑥ 21 世纪以来，新兴发展中国家不断崛起，成为推动世界多极化加速演进和国际格局均衡发展的变革力量。相较而言，西方国家主导国际秩序的能力逐步式微，美国先后退出多个组织协定就是显性表征。现行国际秩序由此进入一个新的调整期，中国作为世界第二大经济

③ 参见习近平：《齐心开创共建“一带一路”美好未来》，载《人民日报》2019 年 4 月 27 日，第 3 版。

④ 参见《习近平在第三次“一带一路”建设座谈会上强调以高标准可持续惠民生为目标 继续推动共建“一带一路”高质量发展》，载《人民日报》2021 年 11 月 20 日，第 1 版。

⑤ 参见习近平：《共创开放繁荣的美好未来》，载《人民日报》2022 年 11 月 5 日，第 2 版。

⑥ 雷墨：《何谓百年未有之大变局》，载《南风窗》2019 年第 20 期。

体,是这一时期的重要变量。高质量共建"一带一路"便是推动中国与世界良性互动的国际合作实践,其机制化进程是中国参与国际秩序建构的重要契机。

高质量共建"一带一路"是各国平等参与构建国际合作体系的新思维,以超越西方思维中的"修昔底德陷阱"。近代以来的西方列强在世界范围内开拓殖民地,推动资本主义经济全球化,使一切民族国家自给自足的生产和消费转向世界性的运动。由于资本具有等级属性,占据主要资本的西方国家处于主导地位,支配着发展中国家,资本逐利驱动下的经济生产也逐渐实现了劳动分工。"在这种分工中,世界经济体的不同区域(中心区域、半边缘区域和边缘区域)被派定承担特定的经济角色,发展出不同的阶级结构,因而使不同的劳动控制方式从世界经济体系的运转中获利也就不平等。"⑦资本主义经济一体化促成了以西方为中心的国际格局。高质量共建"一带一路"是对东方从属于西方的国际秩序的变革性重构,推动现有国际秩序向更加合理、公正的方向发展。

高质量共建"一带一路"是引领人类探索国际交往与文明共存的新模式,以超越西方叙事中的"话语权陷阱"。由于资本主义制度的异化和阶级对立,西方叙事中存在自我与"他者"的敌对关系,国际交往实践中也存在各种不平等势力。在考察西欧资本主义所特有的理性主义文化时,马克斯·韦伯指出:"资本主义精神(就我们所用的意义上而言)为了取得统治的地位,必须同各种敌对力量的世界进行搏斗。"⑧当代资本主义社会在宣扬其价值的背后,实际上是以帝国主义和霸权主义维护自身利益的优先性,试图操控全球政治与文化话语权。"一带一路"倡议是中国参与国际交往的实践平台,尝试打破西方对国际话语权的垄断,超越以资本主义为主导的文明模式,发挥中国道路的引领作用,为人

⑦ [美]伊·沃勒斯坦:《现代世界体系》(第1卷),罗荣渠等译,高等教育出版社1998年版,第194页。

⑧ [德]马克斯·韦伯:《新教伦理与资本主义精神》,于晓等译,生活·读书·新知三联书店1987年版,第39页。

类走向先进文明的社会形态提供中国方案。

高质量共建"一带一路"是构建人类命运共同体的新路径,以跨越西方现代化进程中的"中等收入陷阱"。1928 年共产国际第六次代表大会将世界上的资本主义制度划分为三个发展时期,并在分析每个时期中资本主义矛盾的基础上提出:"战争已是当前的中心问题,我们必须在策略上和政策上将这个问题摆在首位。"⑨由于形势所迫,毛泽东将革命与战争确立为当时的时代主题,带领中国人民为民族独立和人民解放而奋斗。十一届三中全会之后,邓小平指出,在较长时间内不发生大规模的世界战争是有可能的。⑩ 随后便将和平与发展确立为新的时代主题,中国从此实施改革开放政策,集中精力发展经济建设。党的十八大以来,面对国内外新形势,习近平主席提出了"构建人类命运共同体"的重要理念,顺应了和平、发展、合作、共赢的时代潮流。⑪ 高质量共建"一带一路"是中国谋求自身经济健康快速发展的国际合作实践,能够为世界经济发展和全球治理提供中国经验。

二、高质量共建"一带一路"机制化的制约因素与关键症结

机制化是共建"一带一路"走向高质量发展的主要路径。规则、规制、管理、标准等制度是实现"高标准、惠民生、可持续"目标的有力保障。"一带一路"倡议提出以来,中国已经与相关国家和国际组织签署200 余份合作文件,主动推进政策协调对接机制,为共建"一带一路"的机制化奠定了政策基础。然而,我们也应当注意到,备忘录、声明、共识仍是"一带一路"机制化建设的主要形式。"由于备忘录、声明和共识大多不具有法律约束力,较低的制度化水平可能会无法确保落实决策的实

---

⑨ 戴隆斌主编:《国际共产主义运动历史文献》(第 45 卷),中央编译出版社 2013 年版,第 49 页。

⑩ 参见《邓小平文选》(第 3 卷),人民出版社 1993 年版,第 127 页。

⑪ 参见习近平:《共同构建人类命运共同体》,载《人民日报》2017 年 1 月 20 日,第 2 版。

际效果。”[12]高质量共建“一带一路”的机制化存在短板与不足,需要进一步探索构建以规则为导向的保障机制,贯彻新发展理念的治理机制,打造一体化国际合作平台。

(一)高质量共建“一带一路”机制化的制约因素

“一带一路”已成为重要的国际公共产品。国际公共产品的性质规定高质量共建“一带一路”的机制化须遵循系统性、协调性、前瞻性原则。按照这些原则,“一带一路”建设走向机制化的“瓶颈”聚焦为国际合作机制不够健全,主要体现在以下四个方面:

第一,组织机构缺位——负责共建“一带一路”的专门机构尚未创建。考虑到“一带一路”倡议的合作规模持续扩大,中国有必要建立专门的机构,对内协调统一,对外协商沟通。[13] 中国在共建“一带一路”过程中,始终强调与政府间国际组织和区域性组织进行战略对接,以政策沟通为行动先导,为建立“一带一路”专门性机构奠定了基础。然而,具体的构建方式和内容仍需继续深化,各领域各层次的组织机构之间需不断调适与磨合。例如,在全球环境治理领域,联合国环境规划署已加入“一带一路”国际合作机制,但具体的职能作用尚不明确。

第二,治理制度缺位——保障“一带一路”倡议的法律制度仍不健全。在“一带一路”走向高质量发展的进程中,国际合作将不断拓宽和细化,对法律制度保障的需求也会随之增大,各环节各领域都离不开法律制度的协调与约束。目前已有的国际条约和治理制度虽初具规模,但仍存在短板和缺口,不能有效应对新形势、解决新问题、适用新领域。构建“一带一路”倡议切实需要的、覆盖各国家各领域的网络化国际条约和法律规则,不仅能够为高质量共建“一带一路”提供稳定的法治环境,而且能为中国参与和引领全球治理提供制度保障。

第三,合作机制缺位——实施“一带一路”倡议的合作框架还未形

---

[12] 张中元:《“一带一路”机制化建设与可持续发展研究》,载《亚太经济》2021年第4期。

[13] See Zeng Jinghan, “Narrating China's belt and road initiative”, *Global Policy* 10, 2019, p. 1.

成。“一带一路”倡议着力于与现有双边、多边合作机制对接,促进了区域合作与发展。现有双边、多边合作机制主要包括合作伙伴举办的区域和次区域国际论坛和展会,其局限性在于:一方面,这些专门化的合作机制不能涵盖所有参与共建“一带一路”的国家和地区;另一方面,论坛性机制即使达成合作共识也无法保障实施效果。“一带一路”国际合作高峰论坛是为共商共建“一带一路”而举办的专门性论坛,很大程度提升了“一带一路”倡议的国际影响力,但中国始终是倡导国和主导国,其他国家参与的积极性和建设性有待加强。

第四,合作文化缺位——凝聚“一带一路”国际合作的文化共识还未得到普遍认同。“一带一路”倡议超越了民族国家的局限思维,以全人类共同利益为价值追求。但“一带一路”沿线不同国家的利益诉求趋于多元化,沿线区域涉及多种宗教文化和语言文化,构成国际交往中产生利益分歧和文化冲突的关键因素。欧洲联盟具有超国家的规则体系,经济和政治一体化程度远高于世界其他地区的一体化水平。亨廷顿表示:“建立在具有文化共同性的国家基础之上的国际组织,如欧洲联盟,远比那些试图超越文化的国际组织成功。”⑭凝聚合作文化共识需要秉承“和而不同”的理念,坚持求同存异,倡导文化多样性,不断促进双边和多边的民心相通与文化交融,为“一带一路”国际合作提供文化共通基础。

(二)高质量共建“一带一路”机制化的关键症结

“一带一路”是在实践探索中解决现实问题的建构过程,在建设初中期很难形成全面有效的机制体系,出现组织机构、治理制度、合作机制、合作文化缺位在所难免。其中关键的症结在于国际社会对“一带一路”的生成与发展逻辑还存在一些误解和质疑,国内缺乏涉外法治人才推动国际合作的体系化和机制化。对此,中国作为倡导者有必要和国际社会共同寻求“一带一路”国际合作共识,为探索切实有效的建设模式形成强大合力。

---

⑭ [美]塞缪尔·亨廷顿:《文明的冲突与世界秩序的重构》,周琪等译,新华出版社1998年版,第7页。

中国提出的“一带一路”是推动落实全球文明倡议,实现世界文明兼容并蓄发展,弘扬合作共赢的时代精神,探索构建人类命运共同体的伟大实践,与中国传统的“世界大同”思想一脉相承,根源于中华传统文化中的“天下体系”思想。“必然都试图建立世界秩序,但天下体系并不包含帝国的征服性、霸权性和敌对性这些本质特性,相反,天下体系具有兼容性、共享性和友善性。因此,天下体系其实具有反帝国主义的特性。”⑮“一带一路”所倡导的人类命运共同体理念是“天下体系”的创新性发展,是以世界整体为参照对象,以全人类为价值主体,致力于实现人类共同利益和人的全面解放。

三、高质量共建“一带一路”机制化的创新路径

创新是新发展理念的动力,新发展理念是“一带一路”走向高质量发展的重要指导思想。“通过‘一带一路’合作体制机制的创新,推进以制度型开放为重点的高水平开放,实现共建‘一带一路’各项任务的高标准建设。”⑯在探索国际合作机制与建设模式的基础上,以新理念、新思维构建“一带一路”倡议相应的组织机构、治理制度、合作机制、合作文化。

(一)构建“一带一路”的组织机构

在现有的国际组织下创设专门性机构,是中国参与全球治理、推动“一带一路”深化发展的有效路径。“一带一路”建设不是另起炉灶,推倒重来,而是实现战略对接,优势互补。⑰ 联合国及其附属机构是当前国际社会上最具权威性、普遍性和代表性的组织,旨在维护国际和平与安全,促进国际关系友好发展,加强国际合作,这与“一带一路”倡议的出发点高度契合。中国始终维护以联合国为核心的国际体系,恪守以联

⑮ 赵汀阳:《“天下”的外运用与内运用》,载《文史哲》2018 年第 1 期。

⑯ 梅秀庭:《以新发展理念引领高质量共建“一带一路”》,载《江南论坛》2022 年第 9 期。

⑰ 参见习近平:《携手推进“一带一路”建设》,载《人民日报》2017 年 5 月 15 日,第 3 版。

合国宪章及其原则为核心的国际规则。“一带一路”倡议及其核心理念已被多次写入联合国有关文件,这为联合国下设“一带一路”专门性机构提供了前提条件。

在第二届“一带一路”国际合作高峰论坛上,习近平总书记指出,要把支持联合国2030年可持续发展议程融入共建“一带一路”,对接国际上普遍认可的规则、标准和最佳实践,统筹推进经济增长、社会发展、环境保护,让各国都从中受益,实现共同发展。[18] 在国际社会普遍认可的组织、规则下实施战略对接,为“一带一路”倡议专门性机构的设立提供了现实可行性。“一带一路”倡议涉及领域广泛,不同于一般的联合国专门性组织,在设立方案中可参照联合国教科文组织、联合国计划开发署等专门性组织机构,这为“一带一路”倡议专门性机构与联合国其他附属机构的协调统一起到示范作用,可创新性地应用于“一带一路”专门性机构建构。

(二)构建“一带一路”的法律制度

中国很难在较短的时间内制定一套完整的涉外法律制度或对现行法律进行过多修改,而且“一带一路”倡议的法治保障是在适应经济、政治、社会的发展过程中不断调整,“统领性”的法律制度改革不仅不利于社会稳定和民心安定,而且可能会阻碍“一带一路”的长远发展。但可以根据现实需要,创新性地运用好已有的多边条约和机制,如参照《新加坡调解公约》以合作性文件的形式与沿线各国协商确定国际商事判决的程序、条件等事项。根据各国实际合作需要,将多边或双边政策逐步法律化,利用法律的正式性、稳定性、可预测性克服政治和经贸的不确定性。从长远来说,中国应与各国协商,借助“一带一路”的组织机构平台,制定一套完备的国际公约,建立公正、便捷、高效的争端解决机制,形成网络化的国际法律制度体系,当事人可自由选择所适用的法律,国家、公民、法人等不同主体间的争端能够实现分类解决。推动“一带一路”倡议的国际合作走向法治化,是实现各国和平发展与互利共赢的法律制

---

⑱ 参见习近平:《高质量共建“一带一路”》,载《人民日报》2019年4月28日,第2版。

度保障。

(三)构建"一带一路"的合作机制

"一带一路"倡议的实施规划已从谋篇布局的"大写意",转入深耕细作的"工笔画"。"工笔画"建设意味着合作意向需从顶层设计转向落地实施,并需确保具体的合作效力。中国可在协商沟通的基础上逐渐将"一带一路"国际合作高峰论坛转化为稳固的合作机制。并以这一机制为平台,分期分段战略部署,根据每个阶段的发展目标和基本理念,拟定发布"一带一路"倡议相关规划文件。由各国协商通过并以组建的"一带一路"组织机构名义向国际社会发布白皮书,在内容上,应注重与各国、各领域、各阶段已有的规划衔接;在宏观上,可以考虑部署绿色丝绸之路、数字丝绸之路、文明丝绸之路等建设;在具体实施上,可以考虑规划政策沟通、设施联通、贸易畅通、资金融通、民心相通方面的发展目标,广泛听取各方意见,统筹协调推进"一带一路"国际合作机制建设。

(四)构建"一带一路"的合作文化

构建合作文化是创新完善组织机构、法律制度和合作机制的文化基础,组织机构、法律制度和合作机制的完善又能促进合作文化的营造。构建合作文化,首先需要推动智库建设,在已有的"一带一路"智库合作联盟框架下,整合各层次智库和科研院校,针对沿线各国的历史文化传统、民族宗教、语言特征、风俗习惯、法律制度等进行专门性研究,深入探讨文化交流合作的方案。其次,坚持用绿色话语、学术话语将智库的研究成果向国际社会发布,淡化"意识形态话语",以便各国接受并客观对待文化差异,在国际合作中尊重差异性的同时坚持文化共通性。最后,坚持从人类共同的利益出发探索人类共同的文化。欧洲一体化之所以能够集中成员国的部分主权,由"超国家"的机构执行决策权,是因为"主权把人类分割为不同的单位,并且鼓励孤立和追求自私的个体利益,而一体化将人类联合起来,谋求群体利益,因此它在道义上优越于非一体化"⑲。

---

⑲ 参见张健雄:《欧洲联盟》,社会科学文献出版社2006年版,第32页。

四、高质量共建“一带一路”机制化的涉外法治人才保障

党的二十大报告强调，必须坚持人才是第一资源。[20] 加强涉外法治人才保障是推进共建“一带一路”走向高质量发展，实现机制化的首要任务。构建“一带一路”的组织机构需要向联合国及其附属机构供给法治人才，在国际谈判中维护中国的国家利益与国民利益。在高质量发展阶段，“一带一路”倡议也需要一批通晓国际法的人才，通过协商与对接，将现有的合作文件与政策意向转化为具体可行的法律文件，以提高合作落实的效果并防范各种风险与挑战。构建“一带一路”的法律制度需要充分了解参与国别的法律体系、法律文化和政治制度，在共商共建共享的原则下把握不同法律制度的差异性和统一性，探索不同国别法合作交流的聚点，为服务“一带一路”倡议构建涉外立法、执法、司法体系，这就需要涉外立法人才、涉外执法人才和涉外司法人才。构建“一带一路”的合作机制与合作文化也离不开涉外法治人才的智力保障和战略支撑。涉外律师、涉外仲裁员和调解员是防范海外投资风险、解决贸易争端、保护知识产权等法治实践的执行者，为实现开放、绿色、廉洁的“一带一路”保驾护航。

（一）高质量共建“一带一路”机制化对涉外法治人才保障的现实需求

共建“一带一路”从倡议走向高质量发展是推动国际合作机制化的进程，构建公正、合理的国际秩序和以规则为导向的治理体系，保障各方合法权益，也是推动中国参与全球治理的平台，其中关键的资源是涉外法治人才。中国与各参与国以及国际组织的合作形式需要从合作文件逐步走向规则之治。规则之治是以政府间协商对话的“软制度”与规范条约的“硬制度”保证合作意向的落实效果。涉外法治人才是推动国际规则和全球治理体系变革的中国声音。在与“一带一路”倡议相关国

---

[20] 参见习近平：《高举中国特色社会主义伟大旗帜　为全面建设社会主义现代化国家而团结奋斗——在中国共产党第二十次全国代表大会上的报告》，人民出版社2022年版，第33页。

家、国际组织进行法律对接时,涉外法治人才是避免或减少法律风险的战略支撑。在涉外事务中,国家间的合作谈判与协商各个过程都离不开精通法律、善于外交和外语沟通的人才。涉外法治人才也是高质量共建"一带一路"机制化进程中为个人与企业的境外投资和贸易合作提供法律服务的智力保障。据统计,2013~2021年,中国与"一带一路"合作伙伴的进出口总值由6.5万亿元增长至11.6万亿元,年均增长7.5%。[21]随着国际经贸合作的纵深发展,投资环境的风险评估、争端解决、合同谈判、知识产权保护等都需要涉外法治人才。涉外法治人才是法律意义的表达者,需要在国际争端解决机制的规则制定和具体的法律服务中发挥更大的话语权和主动权。在新发展理念指导下,国际交往更加注重规则、制度、标准的约束,然而,当前我国涉外法治人才的质量和数量都与"一带一路"高质量发展的预期不符。高质量共建"一带一路"对涉外法治的需求不仅限于国际公法、国际私法和国际经济法理论及其实践,还涉及部门法在各领域各层面的适用,然而,传统的法学教育培养模式还未实现现代化转型。"一带一路"合作伙伴的法律制度,语言文化,政治宗教不尽相同。这些因素都对涉外法治人才的培养提出了更高要求。

(二)高质量共建"一带一路"机制化对涉外法治人才培养的内在要求

高质量共建"一带一路"的机制化对涉外法治人才的需求目标是涉外法治人才培养应当遵循的理念与标准。总体而言,推动共建"一带一路"高质量发展的涉外法治人才需兼具德行素养、外语功底、法律技能和跨文化交流能力。相应的培养机制就应该统筹思想政治教育、外语教育、法律教育和跨文化交流教育。德性素养是胸怀国家和民族,肩负中华民族使命,保持以爱国主义精神为主的家国情怀,在国际交往中维护国家核心利益和价值。外语功底是至少精通一门汉语以外的其他语言,既包括英语、法语、日语等国际上普遍使用的语言,也包括"一带一路"

[21] 参见《"一带一路"建设成果丰硕 推动全面对外开放格局形成——党的十八大以来经济社会发展成就系列报告之十七》,载国家统计局网,http://www.stats.gov.cn/sj/sjjd/202302/t20230202_1896693.html。

合作伙伴使用的小语种语言。语言是法律的载体,也是文化的表征,涉外法治人才需要熟练掌握外语书写和口语表达技巧,避免法律外语中的歧义和隐语。法律技能是在透彻理解法学理论知识的基础上撰写法律文书、解决法律争端与纠纷、进行法律谈判与交往等能力,涉及国际法与涉外部门法。同时,应当注重各领域知识的积累,高质量共建"一带一路"对法律的诉求遍及交通、能源、通信、金融等多个合作领域。跨文化交流能力是在国际沟通情境中能够得体、连贯、策略有效地接受与传达法律意义。随着卓越法治人才教育培养计划的实施,各大政法高校已经在培养方案和课程规划方面做出积极调整。然而,从七所国内政法院校的涉外法治人才培养方案对比表[22]中我们注意到:对于外语教育,大部分院校还是以大学英语和法律英语必修课为主,不够重视俄语、阿拉伯语、西班牙语等其他语种的教育,只有个别院校,如中国人民大学,设置了第二外语课程;跨文化交流能力的培养还未得到普遍重视,只有中国政法大学设置了跨文化交际、中国文化概要、西方文明等课程。事实上,涉外法治人才的培养模式与课程设计很大程度上受制于高校的财政因素和人力资源。一些高校依托地域优势开启了创新模式,如国际法精准化模式、法学与外语专业联合模式、法学与其他领域融合模式和国际交流联合模式。我们不得不承认这些创新模式能够为涉外法治提供"精准"的人才,但同时应当考虑以增加投资而扩大供应的模式能否为高校和学生双方共同带来成本收益。正如苏力在论及法律技能教育发展时所言,"关键不在于'重视'或'加大投入',而在于中国社会的进一步发展和转型"。[23] 另外,现行的创新培养模式缺乏配套的阶段性评估机制,以避免人才培养的投入与产出成非正比的结果。学校组织的考试更多的是理论知识的考察,而不是实践,创建国际法律沟通语境中的实践平台才是检验与评估培养效果的有效方式。

---

[22] 参见崔晓静:《高端涉外法治人才培养的理念与模式创新》,载《中国大学教育》2022年第11期。

[23] 参见苏力:《中国法律技能教育的制度分析》,载《法学家》2008年第2期。

(三)高质量共建“一带一路”机制化的涉外法治人才培养路径

涉外法治人才培养首先应当解决“两个源头”和一个“出路”问题。两个“源头”问题包括:一是涉外法治人才的生源;二是培养涉外法治人才的人才,即高水平的师资队伍。高考是将接受过普遍性教育的学生进行分流的机制,在高考招生的过程中就已经实现了人才基础素质的筛选,因此,在高考招生时,政法院校需要重视吸纳综合素质高、外语能力强的人才。比如,华东政法大学已经通过高考招生和面向本科新生考试选拔的方式吸纳生源,其他院校也可借鉴这种做法。高水平的师资队伍建设需要注重现有师资的继续教育与新型人才的引进。一个“出路”问题是涉外法治人才的就业保障。学生对于专业的选择是衡量机会成本和就业去向的综合考虑,因而涉外法治人才培养需要稳固的涉外就业渠道作为保障。

具体而言,涉外法治人才的培养路径首先是整合现有教育资源,发挥高校与法律实务部门的合力。当前涉外法治人才的培养还局限在个别综合性院校和政法类高校的试点先行阶段,我们应将这些创新模式推广普及到综合性院校和外语院校,同时利用好法律实务部门和律师事务所的有效资源。中国高校的财政与师资力量分布不均衡,西北地区作为“丝绸之路经济带”的核心内陆占据的资源相对短缺,我们应当建立数据资源共享平台,充分利用在线学术资源,并与法律事务部门合作,让学生有更多机会汲取实践经验。涉外法治人才培养有外语专业学生学法律、法学专业学生学外语、外语专业与法律专业同时学习三种路径。当然,第三种是理想的路径,但也应当考虑有限的学校教育时间内能否培养出“精通”涉外事务的人才。外语专业尤其是翻译专业,设有法律英语方向,但由于课程庞杂,不能精通涉外法律,也缺乏法律实践平台,可以开展校企合作、校内与校外法学院联合培养的路径。法学专业学生的英语学习呈通识化趋势,缺乏语言沟通能力和跨文化交流能力。英语四级、六级证书仍是英语学习的主要目标,对法律英语的重视不够,学分占比少。对此,应当提高法律英语证书考试测试的信度和使用的广度。

其次,注重粗放与精细培养的结合,在粗放培养的基础上筛选有志于从事涉外事务的生源,再进行精细化培养。培养模式过于粗放会导致缺乏特色和针对性,影响人才培养质量,但是“精细化”的培养成本问题也值得考虑,而且过于精细化会导致缺乏灵活性。高质量共建“一带一路”的合作领域不断拓展深化,应当从长远性和前瞻性考虑,既注重热门领域又要涉及冷门领域的法律人才储备。再次,注重涉外人才培养机制与学生选拔机制,师资队伍建设机制和涉外人才就业机制的协调。这些机制是互构的关系。在本科阶段,可从高中,尤其是国际班中选拔优质资源;在研究生阶段,可选拔具有外语专业背景的优质资源。师资队伍建设可通过教师考核制度鼓励教师自我提高,并与实务部门合作加强培训,也需引进具有国际实践经验的人才;涉外法治人才的就业机制需注重学生在国际组织等部门的实践,创造国际沟通情境,相比国内实务部门来说,学生在国际部门的实习锻炼机会较少,应当提供具有现实可行性的实习机会和就业机会,与国际资源与实践平台进行对接。最后,课程设计与配套教材需及时更新,引入最新研究成果和案例,如《“一带一路”国别投资法律指南》《国际法研究导论》等是经过专业团队实际调研的成果,与传统的国际法教材相比,具有更高的实用价值。同时,应加强第二外语与跨文化交流相关的课程设计。“一带一路”合作伙伴的小语种学习更为迫切,各高校可提供不同语言的选修课程,在外语教材的选择上应偏重法律领域的学习。此外,外语交流不仅需要掌握语言,还需具备跨文化交流的技能和思维,如中式思维之下的英语表达容易引起中西跨文化、跨语言、跨法系交流的误解。

结　语

高质量共建“一带一路”的主要路径是机制化,机制化的关键在于规则、制度、标准等制度创新,而制度创新的第一资源是涉外法治人才。因此,涉外法治人才培养是共建“一带一路”走向高质量发展的前提保障。培养一批通晓国际规则、善于处理国际法律事务、能够参与全球治理的国际性人才,是新时代中国走向世界舞台的战略资源。立足百年未有之大变局,中国坚持人类命运共同体理念,秉承共商共建共享的原则,构建公正合理的国际新秩序,引领世界文明健康发展,解决全球治理失灵的治理体系与治理能力难题,贡献与中国实力相匹配的中国力量,彰显负责任大国的历史担当,努力做世界和平的建设者、全球发展的贡献者、国际秩序的维护者。

On the Mechanism Innovation of the High-Quality Joint Construction of *the Belt and Road* and Guarantee of Foreign-Related Rule-of-Law Talent

Qi Si Ren Lifen

Abstract: The *Belt and Road* is China's strategic initiative to expand its openness and strengthen international cooperation, which has become a public good and a platform for international community. Its high-quality cooperation is the latest implementation program and the trend of the times. The path to high-quality cooperation of "Belt and Road" lies in mechanism innovation and guarantee of foreign-related rule-of-law talent. During the accelerated evolution of the global pattern, we shall focus on organizational structure, governance system, cooperation mechanism and cooperation culture, exploring the mechanized mode of high-quality co-construction of the "Belt and Road" based on the new development philosophy, and then exploring the path of foreign-related rule-of-law talents training, in order to promote the co-construction of the "Belt and Road".

Key Words: high-quality joint construction of *the Belt and Road*; mechanism innovation; foreign-related rule-of-law talent

新时代高校学生社团组织力建设的逻辑证成、要素结构与优化路径

周　倩*　刘冰珂**

摘　要：高校学生社团不仅是开展大学生思想政治教育的有效载体，也是他们参与高校内部治理、维护自身权益的重要平台。从组织力建设的视角看，学生社团发展应遵循理论、现实的逻辑理路，即社会民主与大学善治之维、化解矛盾与服务青年需求之维。通过 NVivo12plus 软件对高校学生社团密切相关的政策文本及领导人讲话进行质性分析，建构了高校学生社团组织力建设的要素结构框架：以政治引领和价值引导为内容的组织精神力建设为导向，以制度设计、资源整合为内容的动员整合力建设为基础，以骨干培养、师资建设为内容的组织凝聚力建设为关键，以参与范围、参与程序、参与保障为内容的参与推动力建设为目标，以从严治团和工作创新为内容的组织变革力建设为支撑。在此基础上提出了相应的优化路径：加强社团思想价值引领，塑造民主校园文化；优化社团管理制度与结构，激发自治

* 周倩，郑州大学马克思主义学院教授、博士生导师。研究方向：高等教育学、思想政治教育。

** 刘冰珂，郑州大学马克思主义学院 2022 级博士研究生。研究方向：思想政治教育。

活力;加强人力资源建设,凝聚参与合力;强化法源支持,提供参与舞台;遵循“三大规律”,增强工作质量实效。

关键词:高等学校　学生社团　组织力　思想政治教育

学生是大学重要的利益相关者,是最基本的构成和活动主体。在国家推进教育治理现代化的背景下,大学生参与内部治理已经成为高校治理体系与治理能力现代化建设的重要表征。伴随我国高校内部治理结构改革不断深入,学生的主体意识、利益诉求意识显著增强,他们的利益表达诉求应当受到重视,否则会导致问题层出不穷,摩擦成本不断提高,影响高校和社会的安全稳定。如何有效加强和改进大学生的思想政治教育工作,是各个高校当前面临的重要任务。学生社团不仅是大学生思想政治教育的有效载体还是大学生参与高校内部治理、维护自身权益的重要平台,在新时期展现出强大的生命力。2017 年,《高校思想政治工作质量提升工程实施纲要》提出要“发挥学生社团等组织的联系服务、团结凝聚师生的桥梁纽带作用”。[①] 2019 年,共青团十八届二中全会提出“要正确把握提升组织力这一重点,增强基层团组织的动员力、凝聚力、战斗力”。[②] 2020 年,《关于加快构建高校思想政治工作体系的意见》再次强调了加强学生社团建设的重要性。[③] 面对新形势、新要求、新挑战,加强高校学生社团组织力建设进而赋能高校内部治理新动力,不仅有利于增强大学生思想政治教育工作的实效性,而且对推进高校内部治理现代化具有重要意义。

---

① 中共教育部党组:《高校思想政治工作质量提升工程实施纲要》,载教育部网,http://www.moe.gov.cn/srcsite/A12/s7060/201712/t20171206_320698.html。

② 杜沂蒙:《共青团十八届二中全会在京举行》,载《中国青年报》2019 年 1 月 14 日,第 1 版。

③ 教育部等:《关于加快构建高校思想政治工作体系的意见》,载中央人民政府网,https://www.gov.cn/zhengce/zhengceku/2020-05/15/content_5511831.htm。

一、组织力建设促进高校学生社团发展的逻辑证成

(一)理论逻辑:社会民主与大学善治之维

民主既是一种制度安排或政治过程,也是现代政治文明的普遍价值追求。中国共产党从基本国情出发,创造性地提出了“发展全过程人民民主”的新论断,党的二十大报告提出,全过程人民民主是社会主义民主政治的本质属性……充分体现人民意志、保障人民权益、激发人民创造活力。④ 全过程人民民主不是程式化的民主,以人民为中心是发展全过程民主的价值遵循,在于更好实现“以人为本”,促进人的全面发展。任何利益都不是抽象的而是具体而客观的存在,人民群众的利益也存在差异。“协商民主是实践全过程人民民主的重要形式,基层民主是全过程人民民主的重要体现。”所以需要不同的社会组织聚合和表达不同群体的利益,而且只有经过“协商”以后,才能“团结一切可以团结的力量”。民主发展的价值与目标的实现不仅离不开有效的制度体系,而且更需要支撑民主政治体制有效运作的社会基础。⑤ 只有提升民主参与主体和议题的广度,构建良好的民主参与生态才能更好运行全过程人民民主这一模式。其中,社会民主参与组织的发育与成熟就成为支撑全过程人民民主重要的社会资本之一。马克思也指出:“社会组织在现代社会是随着社会内部分工创造出来的新利益集团”,⑥是为了抗衡压迫阶级、保护自身利益的有效途径。而将以人民为中心、以人为本这一价值追求迁移到高校内部管理中即强调要以学生为中心,以生为本,那么提升高校学生社团聚合和表达学生群体利益的组织力,扩大高校学生社团组织在内部治理中的主体作用,促进学生社会民主权利意识由认知到自主的转型,是“以生为本”理念在实践中的落实和确证。

---

④ 参见习近平:《高举中国特色社会主义伟大旗帜 为全面建设社会主义现代化国家而团结奋斗——在中国共产党第二十次全国代表大会上的报告》,载共产党员网,https://www.12371.cn/2022/10/25/ARTI1666705047474465.shtml。

⑤ 参见张明军:《全过程人民民主高质量发展的社会基础》,载《湘潭大学学报(哲学社会科学版)》2022年第6期。

⑥ 《马克思恩格斯选集》(第2卷),人民出版社2012年版,第409页。

善治是使公共利益最大化的社会管理过程,是国家权力向社会回归的过程,其本质是政府与公民对公共生活的合作管理。⑦ 作为治理的一类形式,善治是社会发展到一定阶段的产物,是对以自上而下的统治为手段的扬弃。通过权力的下放,引导公民积极参与管理,以共同的目标为纽带化解各利益主体的冲突,进而实现公共利益最大化这一终极目标。在这一过程中,“善治的基础与其说是在政府或国家,还不如说是在公民或民间社会”。⑧ 没有一定的社会基础,就不可能真正实现善治。将善治理念融入大学治理领域中就是为了实现大学治理相关方利益最大化,大学善治就是大学治理的直接目标与理想状态。善治理论在高校的学生管理中就体现为内部治理权力向学生的回归,实质在于学校与学生的良好合作。而学生权力只有以集体的力量展现才能成为实质性力量,学校与学生的合作也是需要中介组织进行协调。高校学生社团是以大学生为主体的社会组织,这一桥梁和纽带是大学善治的现实基础,组织权力又是基于组织力的需要而产生的,权力的基础是组织力。因此,通过提升高校学生社团的组织力有助于将部分管理权还给学生,有助于学校与学生就学校建设中存在的问题互动与协调,深化学生对相关政策的支持与认同,最终实现高校内部治理利益最大化。

(二)现实逻辑:化解矛盾与服务青年需求之维

高校是权力相互作用的复杂系统,其中最基本的权力包括三种,即行政权力、学术权力和学生权力。学生是大学重要的利益相关者,也是大学最基本的构成和活动主体。随着我国高校内部治理结构改革不断深入,学生的主体意识、利益诉求显著增强,学生权力在高校权力结构中的重要性日益凸显。但具体到实践中,学生权力的发挥面临功能异化以及虚置问题。当学生权力无法得到有效表达时,会导致高校内部治理中出现摩擦成本。而学生利益诉求的实现离不开利益组织的代表性表达,只有将个体利益诉求整合成群体的利益诉求才能产生巨大的力量,发挥应有的作用。习近平总书记在全国教育大会上强调,思想政治工作是学

---

⑦ 参见俞可平:《治理和善治引论》,载《马克思主义与现实》1999 年第 5 期。

⑧ 俞可平:《治理和善治引论》,载《马克思主义与现实》1999 年第 5 期。

校各项工作的生命线⑨，它能够在高校的各项工作中发挥巨大的凝聚、感召和动员作用，是解决各种矛盾的有力武器。在对具有不同思想和观念的不同主体进行引导以及塑造中，思想政治教育的实质就是在整合不同的力量。⑩ 高校学生社团作为代表学生利益的组织，不仅是学校与学生沟通的桥梁，也是引领服务凝聚青年能力、实现"三全育人"的载体之一。新时代应以高校学生社团为载体表达学生利益，同时通过思想政治教育对大学生进行引导和塑造，进而凝聚青年力量，在和平理性的柔性机制下化解冲突和矛盾，将具有不同思想的学生汇聚到内部治理中，为学校发展建言献策。

大学生是社会性群体，开展社会活动是学生群体的正常需要。人是社会性的动物，不能脱离社会而单独存在。人们的生活也在交往中产生与发展，而交往一般在"组织"范围内进行，大学生群体亦是如此。他们自身的社会性通过参与社会性组织而展现。大学生个体具有自发性，只有将自发性的人组织起来才能认识到自身承担的使命与责任，也只有在组织中，学生群体才能成为推动高校向上、向前发展的主力军。"人不是处在某种虚幻的离群索居和固定不变状态中的人，而是处在现实的、可以通过经验观察到的、在一定条件下进行的发展过程中的人。"⑪大学生是具有自主性的群体，是具有主观能动性的社会现实中的人，他们的活动具有实践性和能动性。正因如此，他们普遍具有通过组织表达意愿的强烈需求。高校学生社团为服务大学生个体成长提供了组织化的平台，能够为他们需求的实现提供支撑力量。学生自主性的实现一方面要求他们意识到自身具备自觉能动的能力；另一方面还要求他们能够在实践中有目的、有意识地改造自身及社会。因此，通过提升学生社团组织力进而提高学生社团在现代大学中的重要作用及地位，能够将学生从被动的、服从的角色中解放出来，张扬学生的自主精神，以高度的责任感和使

---

⑨ 参见习近平：《习近平出席全国教育大会并发表重要讲话》，载中国政府网，https://www.gov.cn/xinwen/2018-09/10/content_5320835.htm。

⑩ 参见刘鑫淼：《作为一种软权力的思想政治教育——基于社会管理的视角》，载《社会主义研究》2012年第1期。

⑪ 《马克思恩格斯选集》(第1卷)，人民出版社2012年版，第153页。

命感参与高校建设,在实践中实现自由而全面的发展。

二、高校学生社团组织力建设的要素结构

(一)基本概念

组织是以一定权力为纽带,以一定的资源分割和配置为基础的人与人之间关系和联系的集合[12]。人类力量的本质是组织的力量,这种力量源于人们的群体活动。这种包括参与者、资源配置、利益追求及其相互关系等各种要素相互作用所形成的力可以称为组织力。其内涵具有广义和狭义之分,在广义层面,组织力是组织功能实现的总体能力,直接关系到集体的凝聚力、战斗力、号召力和领导力。在狭义层面,组织力是组织动员的能力,即能够把大家号召整合起来。这里更侧重于广义的内涵,它既是一种通过设计组织结构、配置组织资源、调节权力关系进而高效履行职能的能力,又是一种相互凝聚的合力进而表现为一种思潮与行为。

高校学生社团是一种组织,组织属性是组织本身固有的、在其生存和运作中表现出来的一种本质规定性。[13]《高校学生社团建设管理办法》(以下简称《办法》)是目前官方对学生社团最全面的定义,直接规定了学生社团的组织属性问题,使其在政治上获得了合法性依据。"高校学生社团是高校学生根据成长成才需要,结合自身兴趣特长,在高校党委的领导和团委的指导下开展活动的群众性学生团体。"[14]究其本质,高校学生社团是特殊的社会团体,在系统科学视角下这一组织是具有双重结构的系统,同时具有自组织性和他组织性的特征。[15] 他组织决定了自组织的发展向度,即他组织属性决定了高校学生社团发展的前提,自组织是他组织的存在条件,即自组织属性决定了高校社团发展的核心力

---

⑫ 参见倪健民主编:《组织力》,人民出版社2009年版,第1页。

⑬ 参见黄洋、李霞:《组织理论》,华夏出版社2002年版,第157页。

⑭ 教育部、团中央:《高校学生社团建设管理办法》,载教育部网2023年7月9日,http://www.moe.gov.cn/。

⑮ 参见胡继东、高中建:《对高校学生社团的组织属性及其发展的再认识——以自组织理论为视角》,载《思想教育研究》2011年第9期。

量,两者是辩证统一的关系。

综上所述,从高校治理的角度来看,兼具双重特征的高校学生社团的组织力是一个综合性的概念,是对学生组织设计及运行的各种要素进行整合和调整,提高引领凝聚、组织动员、联系工作服务目标进而实现组织功能提升的总体能力。

(二)研究设计

1. 研究工具。扎根理论由 B. Glaser、Anselm L. Strauss 首次提出,以文本、文献、访谈等方式汇集原始资料,在此基础上逐级进行分析与归纳,编码搭建主体理论模型。[16] 这里采用扎根理论的研究模式,借助 NVivo12plus 这一质性研究软件,依托自下而上的归纳方式,将研究主题与相关概念创建联系,实施三级编码即开放式、轴心以及核心编码。

2. 资料选取。NVivo 分析的基础是文本的选择。为保证所选样本的信效度,这里主要选取习近平总书记关于高校思想政治工作和青年工作的重要论述以及中共中央、国务院、教育部等正式发布的通知公告、规定规划、意见等政策文件为文本。截至 2023 年 7 月,经过搜集与筛选,结合如上对"高校学生社团组织力"的界定,得到与高校学生社团密切相关的文本共 33 份。

3. 数据编码。首先,对有关高校学生社团组织力建设文本内容的语句进行初始概念化,建立自由节点。经过开放式编码分析,最后归纳出 136 个概念和 31 个一级编码。其次,在此基础上进行轴心编码,归纳分类得出 11 个二级编码,分别为政治引领、价值引导、制度设计、资源整合、骨干培养、师资建设、参与范围、参与程序、参与保障、工作创新、从严治团。最后,对主轴编码进一步总结。在经过选择性类属归纳后,提取出了 5 个核心类属概念,分别是组织精神力、动员整合力、组织凝聚力、参与推动力以及组织变革力(见表 1)。

---

[16] See B. Glaser, Anselm L. Strauss, *The Discovery of Grounded Theory: Strategies for Qualitative Research*, Nursing Rsearch 4, 1968, p. 1 – 2.

表1 高校学生社团组织力建设节点和参考点数量统计

主题	核心编码节点	主轴编码节点	参考点	材料来源
高校学生社团组织力建设	组织精神力	政治引领(40%)、价值引导(60%)	113(44%)	20
	动员整合力	制度设计(80%)、资源整合(20%)	56(22%)	12
	组织凝聚力	骨干培养(39%)、师资建设(61%)	18(7%)	5
	参与推动力	参与范围(47%)、参与程序(19%)、参与保障(34%)	32(13%)	4
	组织变革力	从严治团(59%)、工作创新(41%)	37(14%)	14

综上所述,经过分析得出高校学生社团组织力建设的要素结构框架:政治引领以及价值引导组成组织精神力,是建设的导向;制度设计以及资源整合组成动员整合力,是建设的基础;骨干培养、师资建设组成组织凝聚力,是建设的关键;参与范围、参与程序、参与保障组成参与推动力,是建设的目标;从严治团以及工作创新组成组织变革力,是建设的动力支撑。

(三)高校学生社团组织力建设构成要素及其结构

1. 以组织精神力建设为导向。组织精神力是指高校学生社团借助思想、理论、信念、价值、道德等形式使组织成员紧密团结在一起,积极主动参与高校治理等实践活动所产生的精神推动力量。人是物质和精神的集合体,实践是人的一种能动性活动,而人怎样活动、采取何种方式,在很大程度上受精神意识的支配。

加强高校学生社团的政治引领可以确保社团活动沿着正确的方向开展。高校学生社团是学生自愿形成的开放性的兴趣团体,这种自愿性带来了社团及其成员较高的自主意识,具有思想思维活跃、行动辐射广泛的特点,但同时这也会导致出现社团及成员思想过于动态跳跃而行动缺乏主线的混乱局面。高校学生社团区别于其他青年组织的鲜明优势在于由中国共产党领导、共青团指导。习近平总书记提出,要加强对青年政治引领,党旗所指就是团旗所向。[17] 因此,只有加强对高校学生社团的政治引领,把握主体政治方向,提升主体政治素养,使其在各种思潮交融交锋中把握主流,社团成员才能更加理性、更加积极主动地践行使命与担当。

高校学生社团正确的价值导向是其健康繁荣发展的基石。无论社团各个成员的个性如何张扬,在发展过程中他们必然会形成一种共同的认知形态、责任意识以及行为方式。注重以鲜明正确的价值导向引导高校社团落实立德树人根本任务,才能保障其持久运行。唯物辩证法认为,支配实践活动的精神意识越科学、越强烈,实践活动的绩效越显著。从表 1 看,组织精神力建设文本数量占比 44%,数量最多。可见组织精神力是高校学生社团立身之本、行动支柱。它的科学性、价值性、真理性、实践性以及能否发挥引领作用,影响着社团能否健康发展、是否持续发展。

2. 以动员整合力建设为基础。动员整合力是指高校学生社团为实现自身建设及发展目标而有效调动和整合各种要素、资源和力量的能力。制度设计包括组织体制、工作机制和规章制度,这是构成学生社团存在、维持其运行的重要保障。社团组织体制具有稳定性,能够揭示相关主体权力关系的构成,而集权与分权的张力影响着社团自治的活力。工作机制重点解决社团如何运行与管理的问题。目前学生社团形成党委领导、行政支持、团组织具体管理、各部门共同关心的管理格局,只有加强相关部门的协作才能更好地推动社团发展。具体的规章制度或管理办法为社团提供了行动依据以及行为约束,可以规范社团良性有序发展。

资源建设是高校学生社团发展的必要条件。学生社团作为人的组织,离不开设施及设备的建设、场地及房屋的建设、资金的支持等坚实的物质基础。人员配备是社团开展各项活动的有效保证,学生社团工作繁多复杂,应加大"人员覆盖",加大能够推动社团建设与发展的各种人员

---

⑰ 参见习近平:《党旗所指就是团旗所向》,载人民网,http://politics.people.com.cn/n1/2023/0620/c1001-40017609.html。

的总和。活动开展是高校学生社团建设的中心工作,只有充实活动内涵、丰富活动形式,注重形式和内容的统一,才能促进社团可持续发展。总之,动员作为一种有目的的行动,只有通过制度设计以及资源整合将相关要素调动和聚合起来,才能实现整体的协同效应。从表1来看,资源整合方面的政策支持数量占比较少,仅有20%,应加强社团发展的资源建设。

3.以组织凝聚力建设为关键。组织凝聚力是社团成员对于社团组织的向心力和聚合力的程度。只有学生社团在学生群体中获得认可和支持,才可以动员学生群体参与学校治理,才能牢牢把握学生舆论动向和思想动态,保持正确发展轨道。凡群体都有核心成员,无论是自然群体还是组织群体亦是如此,他们对组织产生的巨大感召力,影响深刻久远。高校学生社团种类多、数量大、学生覆盖面广,在活动方式灵活多样的同时组织结构又比较松散,除了社团指导教师队伍和部分骨干相对稳定外,社团成员流动性大。社团指导教师队伍是社团凝聚力量健康有序发展的重要保障,一般由行政人员、团委老师、辅导员或专职教师担任,重在把握政治方向、教育引领和指导学生的日常活动。只有政治素质过硬、思想道德水平高尚、专业能力出色以及具备较强民主法治素养、学生观念的指导教师队伍才能在高校学生社团中树立“威信”,提升组织的凝聚力。

社团骨干的培养是学生社团向心力建设以及各项工作有序开展的关键力量。高校学生社团成员是个性迥异的独立个体,性格、心理、思想、素质各不相同,社团与社团之间、社团成员之间不可避免会面临冲突与矛盾,任其发展必将导致离心因素的增加,影响组织凝聚的基础。相较于通过行政命令产生的领导,学生社团的负责人具有较强的领导素质、非权力领导力以及一定的个人魅力,因此他们的言行在学生社团内部能够产生“牵一发而动全身”的效应。他们通过自身的素养与能力促进社团及其成员之间团结合作,形成合力。他们的思想意识和价值取向会使社团成员在潜移默化中受到影响,形成一种强烈的集体精神和同步意识,推动社团发展以及组织目标的实现。从表1看出,目前组织凝聚力建设在文本数量方面支持度较低,仅占7%,需要加强学生社团人力资源建设。

4. 以参与推动力建设为目标。参与推动力是指高校学生社团按照相关规定有序的参与到高校内部治理的能力。高校学生社团能够在何种程度上影响高校治理改革的实现是参与推动力考察的维度及建设的目的。通过引导学生社团及其成员参与高校内部治理能够实现学生自我能力提升和社团组织良性发展的双赢。在新时代依法治校背景下,学生社团参与机制的法治水平是其参与高校内部治理的关键切入点,很大程度上决定着学生参与的数量和质量。学生社团参与内部治理的范围是回答"参与什么"的问题。要扩大高校学生社团参与内部治理的范围,不能仅局限于学生切身利益方面,而是要涉及学校治理的方方面面。参与程序是回答"如何参与"的问题。若参与通道不顺畅,学生则无法实现其参与内部治理的目的,因此要丰富学生社团参与的事前、事中、事后程序,完善建制化参与途径。参与保障是回答"如何落实"的问题。有权利则必有救济,只有完善救济制度才能切实保障学生的知情权、参与权、表达权和监督权,学生社团才会从管理"边缘人"的角色,逐步转变成参与内部治理的重要力量。从表1中的文件量可以看出高校学生社团参与内部治理的政策法律体系还不健全,仅有4个。而且从内容上看,存在政策内容泛化、模糊不清、细节不完善等问题,没有明确的指导学生社团参与内部治理实践的条例条款。总体上,当前需要从政策供给方面改革,对具体内容进一步细化,才能使高校学生社团参与内部治理不流于形式。

5. 以组织变革力建设为支撑。组织变革力是指高校学生社团能够以刀刃向内的政治勇气、改革创新的时代精神,主动分析和解决建设中存在的问题进而追求发展的能力。高校学生社团既是共青团组织向基层的延伸还是学生自发成立的群众组织。进入新时代,高校学生社团建设既面临重大机遇又面临严峻挑战。推进从严治团以及社团工作创新不仅是落实全面从严治党的必然要求,更是推进高等教育发展以及高校教育管理改革的必然选择。一方面,当今的世情、国情、党情错综复杂,意识形态领域斗争尖锐,而大学生正处于"三观"和思想意识形成时期,虽然思想敏感、活跃,求新、求异,但又具有未定型性和不稳定性,容易走向极端化、非理性化。全面从严治团的关键在"严",核心在"严",不仅要增强工作的主动意识和主体意识,分析意识形态领域面临的新形势、新任务和新要求,还要抓好团干部这一"关键少数",把团干部队伍建设作为全面从严治团的重要任务。另一方面,随着信息技术的发展和应用,学生社团的组织结构、学生交流与个性化发展的空间都发生了巨大变革。无论是何种组织,都需要通过自身变革和创新提高工作的有效性和竞争力,以此来不断适应新形势带来的新变化。高校学生社团要遵循教育规律、学生发展规律,结合网络化、智能化、数字化的时代特征,抓好创新驱动,与时俱进地推动理念思路、内容形式、方法手段的改革创新,提高工作效能。结合表1分析,组织变革力建设相关文本数量相对较多,共计14份,其中从严治团文本数量占比59%,体现了新时代以来党对从严治团的决心,反映出意识形态领域斗争的尖锐性。

三、新时代高校学生社团组织力建设的路径

(一)加强社团思想价值引领,塑造民主校园文化

1. 加强党对高校学生社团的领导。坚持党的领导是共青团指导下的高校学生社团的根本遵循,可以在学生社团建立临时党、团支部,以支部为单位深入学习贯彻习近平新时代中国特色社会主义思想,加强政治理论学习,使学生真正掌握贯穿其中的马克思主义立场观点方法,增强社团成员理论武装水平。尤其是要旗帜鲜明地讲清楚中国式民主与西式民主的根本差异,坚决抵制敌对势力渗透,从而坚定理想信念,弘扬主旋律、传播正能量。

2. 引导社团成员形成正确的价值追求。以社会主义核心价值观为统领,提高学生对个人价值、社会价值、国家价值的认知,激发参与校园民主管理的热情。校园文化是高校生存和发展的精神动力,潜移默化地影响着学生的思想观念、价值取向、行为方式等。可以将中华优秀传统文化、红色革命文化、社会主义先进文化融入校园文化建设中,使社团成

员真切感受到民主校园文化的价值与内涵。

3. 强化“以生为本”“依法治社”理念。要尊重学生在社团中的主体地位，去除行政化思维，让社团成员独立处理相关事务、决定发展目标、实施发展计划等工作，为社团发展创造宽松的发展空间，激发学生参与高校内部治理的主体自觉。要加强法治宣传，使社团成员及相关管理人员充分了解自身的权利与义务包括国家法律规范、高校及社团内部的规章制度等内容，强化社团成员的主体意识。

（二）优化社团管理制度与结构，激发自治活力

1. 界定主体职责边界，扩大学生社团治理自治权。高校学生社团打破了传统班团的组织机构，将不同学院、年级、专业的学生整合汇聚在一起。它的生命力就在于与“公权力”相对应的学生“私域空间”，在其权力范围内拥有自主权和自我管理权。制度规范和组织活力之间有一定张力，从高校的角度来看，不仅应完善学校层面及相关管理部门的规章制度，落实其管理和监督的权力，还应及时调整社团发展的思路，引导学生社团在法律限度内独立自主地开展各项活动，而不是简单的禁止和封堵。

2. 优化学生社团内部管理制度，增强组织利益代表力。社团成员利益的有效实现取决于社团组织的代表力。所谓代表力是指高校学生社团具备满足学生群体需求的能力，而增强代表力的关键在于增强社团组织对其成员分散利益的回应。要优化社团内部管理制度，建立经常性的互动交流机制，健全学生社团代表大会制度、学生社团负责人选举制度等。这不仅能够缓解社团长期处于松散化管理的状态，而且能够利用制度本身蕴含的价值导向和文化功能，增强组织成员对制度的认同，提高社团整体的动员行动力。

3. 加强社团资源建设与整合，提高配置效率。高校应提供雄厚的后盾保障，加大对学生社团必要的硬件、人力、技术等支持，同时在配置过程中考虑公平性与竞争性相统一，激发组织活力。高校要给予学生社团一定的社会化空间，帮助其提升社会化水平和自治能力，但要加大对社会性资源支持的监管力度，避免社团活动偏离原有的目标。

(三)加强人力资源建设,凝聚参与合力

1.加强学生社团指导教师队伍建设。要选拔、培养一支政治素质强、专业能力及育人水平高、道德素养优的指导教师队伍。政治素质强的指导教师能够确保学生社团活动沿着正确的方向发展,引领社团成员积极、理性、有序投身社会实践。专业能力及育人水平高的指导教师能够针对不同的社团进行指导,与成员建立相互信任的基础,还能够敏锐地把握教育时机,融入思想教育元素,增强学生思想引导的有效性。道德素养优尤其是民主法治素质优的教师更能够凝聚学生力量。但是,要规范指导教师对学生社团管理的工作要求、对学生社团的评价和激励制度等,让社团学生在此方面具有充分的发言权和表决权。

2.加强学生社团骨干队伍建设。高校学生社团是大学生基于共同爱好主动发起的,具有自愿性的特点。这种"自主管理"的特性要求社团负责人及其他骨干具备更高的素养。要选拔培养学有余力、素质全面、思想觉悟高、专业知识扎实、组织协调能力强的学生骨干,并定期或不定期进行思想政治教育和相关业务培训,把社团骨干打造成优秀的领导者和可靠的带头人,发挥朋辈榜样的示范作用。

(四)强化法源支持,提供参与舞台

1.健全法律规范,提升学生参与权的法律效力。从宏观层面来看,目前关于大学生参与治理权在我国现行立法中层级较低且缺乏明确表述,可以考虑在上位法《教育法》《高等教育法》中、在专门针对学生管理的《普通高等学校学生管理规定》中明确规定大学生参与高校治理的权利并增设专章,以此来增强学生社团参与高校内部治理的法律位阶效力,破除高校遵循管理的惯性思维定位学生社团在内部治理中的地位。

2.制定并出台具体且富有可操作性的制度规定。在参与范围方面,将学校管理事务与学生权益相关程度标准和学生组织实际参与能力标准二者相结合,划分为一般参与事项、深度参与事项以及自治参与事项。在参与程序方面,推进正当程序原则,完善信息公开制度,明确关涉学生切身利益的听证权,规定告知义务。在参与保障方面,完善参与权救济途径,包括学生申诉制度以及学生参与权的诉讼救济途径等。此外,相关法律规章中只从正向角度对学生参与权进行了确认,但是权利可以放弃,义务必须履行。若学校未创造条件保障学生社团顺利参与高校内部治理且无追责措施,那么权利就可能被虚置。可以在相关法律规章中明确学生社团参与高校内部治理的人数比例、表决权比例及相应职权的规定,还可以增设法律责任规定,若高校违反规定致使学生不能参与治理,则需要承担法律责任。⑱

3. 厘定学生社团参与学校内部治理的边界。任何权利都有滥用的可能,要厘定学生社团参与高校内部治理的边界,制定社团成员参与"负面清单"的内容,不损害他人的权利和利益。只有切实保障和赋予学生社团成员恰当的参与权,才能将社团的话语纳入高校"元话语"结构之中,真正做到有法可依,主动维护学生权益,从而化解与学生有关的各种矛盾,构建和谐稳定的校园。

(五)遵循"三大规律",增强工作质量实效

1. 全面从严治团,牢牢守住意识形态阵地。要以学校团委和社团干部为切入和牵动,着力提升干部队伍的思想政治素质,提高干部为青年服务的水平和能力,展现干部风清气正的良好形象。为了确保社团的生存和健康发展,相关负责人和管理者不仅要充分考虑学生社团活动是否与国家法律法规以及学校管理制度相冲突,杜绝非法活动,消除不利于校园和谐稳定的因素,还要充分预测活动可能会出现的一些不良后果,做好风险防控,强化学生社团的审查、监督以及追责机制等。

2. 加强现代信息技术在学生社团组织力建设中的应用。随着时代发展,高校学生社团发展呈现网络化与现代化特征,高校要在遵循学生思想认识发展规律的基础上,结合实际,因事而化、因时而进、因势而新,依托网络及时、快速、便捷的特征加强学生社团新媒体等平台建设,配置高水平信息基础设施,开发相关智能应用,提高思想政治工作的便捷与高效、智能与安全,实现高校学生社团工作的扁平化管理。同时,高校要将意识形态安全作为社团工作的红线和底线,不断创新工作理念、内容

---

⑱ 参见荣振华、管又飞:《高校治理中大学生参与权的理论基础与现实表达》,载《复旦教育论坛》2017年第6期。

与方法,提升学生社团育人的针对性和实效性。

On the Logical Justification, Elemental Structure, and Optimization Path of Promoting Student Associations Organizational Capacity in the New Era

Zhou Qian　Liu Bingke

Abstract: College student associations serve not only as effective vehicles for conducting ideological and political education among university students, but also as important platforms for their participation in internal university governance and safeguarding their own rights and interests. From the perspective of organizational capacity building, the development of student associations should follow the logical paths of theory and reality, namely the dimensions of social democracy and good university governance, conflict resolution and serving the needs of youth. Through qualitative analysis of policy texts and speeches by university leaders closely related to student societies using NVivo12plus software, a framework for the element structure of organizational capacity building for college student societies is constructed. This framework is guided by organizational spirit-building centered on political guidance and value guidance, based on mobilization and integration capacity building involving institutional design and resource integration, with organizational cohesion capacity building focused on backbone cultivation and faculty development as key aspects, and with participation-driven capacity building aiming at participation scope, participation procedures, and participation guarantees. It is also supported by organizational transformation capacity building centered on strict governance of the association and work innovation. Based on this foundation, corresponding optimization paths are proposed: strengthening the ideological and value guidance of associations to shape a democratic campus culture; optimizing association management systems and structures to stimulate autonomy and vitality; enhancing human resource development to foster collective participation; strengthening legal support to provide a platform for participation; following the "three laws" to enhance the quality and effectiveness of work.

Key Words: colleges and universities; university student associations; organizational capacity; ideological and political education

公安与司法大类职业本科专业人才培养方案开发：基本遵循、主要困境与关键路径*

崔淑淇** 姚聪莉***

摘　要:公安与司法大类职业本科专业人才培养方案的开发,与其他大类相比既有共性,也独具行业特色,需要在实践中创新。要契合产业升级与职业技术技能水平上移的国家职业教育政策价值定位,对标职业岗位技术应用需求的实践导向,遵循高水平职业技术技能课程与教学标准的学术逻辑。对认知、制度和实践三个层面面临的主要困境,要通过学术研究和实践创新加以解决。探索精准定位专业人才培养目标,构建政企校协同培养模式,以职业素养和岗位职业能力为核心构建课程体系,建设具备

---

* 基金项目:2021 年度陕西省哲学社会科学重点研究基地(西部现代职业教育研究院)课题"数字化时代应用人才培养体系优化研究"(ZJXH2021 - 10,主持人:张荣刚);2022 年度教育部课程思政教学研究中心(陕西工业职业技术学院)专项研究课题"高职院校课程思政教学效果评价标准研究"(项目编号:2022KCSZYB - 06,主持人:崔淑淇)

** 崔淑淇,西北大学公共管理学院博士研究生,陕西工业职业技术学院助教。研究方向:产业经济、高等教育管理。

*** 姚聪莉,西北大学高等教育研究中心主任,教授,博士生导师。研究方向:高等教育管理研究。

数字素养要求的“双师型”专业教师团队，政企校协同建设专业训练与实战一体的实践教学基地的关键路径。

关键词：职业本科教育　公安与司法大类专业　人才培养方案开发

我国自2019年开始试点举办本科层次职业教育以来，教育部先后颁布了职业本科专业设置标准、专业目录、专业教学标准和专业学士学位授予标准，以引导和推动职业本科专业办出特色。教育部《职业教育专业目录(2021年)》的职业本科专业目录部分显示，公安与司法大类专业包含公安技术类、侦察类、法律实务类、法律执行类、司法技术类、安全防范类等六个类别，共设置十个公安与司法专业。开设公安与司法大类专业的职业本科学校和应用本科高校，为实现培养高层次技术技能人才的目标，首要任务是开发高质量的专业人才培养方案。公安与司法类大类专业人才培养方案的开发，既与其他职业本科大类专业人才培养方案具有共性的特征，也应充分体现公安与司法行业的鲜明特色，需要在探索实践中创新。

一、文献综述

公安与司法大类职业本科专业人才培养的职业导向，深嵌于专业人才培养方案的各要素之中，其逻辑起点是职业发展需求，①已成为学者的共识。面对社会安全和司法实践的新需求、行业技术的快速发展和技术技能复杂程度的上升，需要培养专业化的高层次技术技能人才，②并以职业为指引面向行业需求。③ 与普通本科专业和应用型本科专业人才培养方案开发的不同在于，公安与司法大类职业本科专业要始终将人

---

① 参见杨金土：《我国本科教育层次的职业教育类型问题》，载《教育发展研究》2003年第1期。

② 参见于遨洋、胡永吉：《协同育人理念下公安技术人才培养模式的构建》，载《辽宁教育行政学院学报》2021年第3期。

③ 参见胡剑锋等：《职业本科教育：日本专门职大学的制度设计及现实启示》，载《中国职业技术教育》2022年第15期。

才培养的逻辑起点置于真实的职业情境中,[4]基于职业逻辑,通过精准、深入的人才需求调研和工作任务分析,寻找急需在本科层次专业进行人才培养的技术技能岗位,使其课程设置达到本科教育水平,[5]以适应行业职业岗位技术技能上移的需要,特别是要注重学生理论知识、复杂问题的综合解决能力以及技术创新思维的培养,突出技术技能的复合性。[6] 但这些从不同视角面向职业导向的公安与司法大类职业本科专业人才培养理念,只能支撑对专业人才面向的岗位能力及培养目标的把握,对有效实施专业人才培养方案的开发还不够。应基于理实一体化构建"学科 + 专业"的模块化课程体系,要让中高职的课程能够在课程体系中找到进阶的路径,[7]课程体系设计要围绕高级技术技能人才培养的目标定位,课程标准对接公安与司法行业新标准和新技术,课程内容根据学生认知规律和职业能力成长规律进行序化或重构,[8]学校、行业及企业共同研制专业人才培养方案和课程标准,提升课程的技术性、高阶性和创新性。[9] 除依据行业的工作逻辑开发专业核心课程之外,更要重视如何组织技术理论知识,开发具有职业教育特色且体现本科层次高等性的专业基础课程体系,[10]在突出能力本位课程的同时,平衡好基础理论知识和技术理论知识的比重,既不能搞单一的专业建设,又不能盲目

---

④ 参见庄西真:《"职教本科"就要有职教本科的样子——谈优质高职院校举办职业本科教育的必然性》,载《职业技术教育》2022 年第 12 期。

⑤ 参见徐国庆、王笙年:《职业本科教育的性质及课程教学模式》,载《教育研究》2022 年第 7 期。

⑥ 参见陈蕾等:《产教深度融合是职业本科院校发展的关键》,载《中国教育报》2022 年 8 月 23 日,第 3 版。

⑦ 参见庄西真:《本科层次职业教育的制度需求、制度设计和制度实施》,载《中国高教研究》2021 年第 7 期。

⑧ 参见罗校清、李锡辉:《本科层次职业教育试点现状、困境及推进策略》,载《教育与职业》2022 年第 13 期。

⑨ 参见梁克东:《职业本科教育的实践探索、发展瓶颈与推进策略》,载《中国高教研究》2021 年第 9 期。

⑩ 参见李政:《职业本科教育的学科建设:大学职能的视角》,载《江苏高教》2022 年第 3 期。

追求学科发展,让学科成为拉动专业特色形成的有力工具,[11]并建立健全课程内容随职业岗位要求变化及时更新的有效机制。

学者的上述研究成果,为公安与司法类职业本科专业人才培养方案的开发与课程体系构建提供了理论性认识,但在此层面难以支撑开发科学规范的专业人才培养方案的实践。专业教学标准是专业开设的依据,而专业人才培养方案则是在工学结合的专业人才培养模式下形成的,其“学科”的学术性和“专业”的职业性通过课程体系体现,现有的探索在这几个方面还不够完善。一是不能获得对公安与司法类职业本科专业教学标准的精准认识。已形成的研究成果主要基于面向公安与司法行业发展需求的职业导向,研究职业本科专业人才培养目标定位,但缺少基于公安与司法行业工作过程系统化的实证研究,因而不能在公安与司法行业典型工作任务和职业能力分析基础上,把握专业教学标准的内涵。二是不能获得对公安与司法大类职业本科专业人才培养模式特征的具象化理解。已形成的研究成果主要基于教育层次和类型属性,对职业本科教育与应用本科教育、高等职业专科教育进行比较,只是明辨了相互之间的差异,不能呈现公安与司法大类职业本科专业人才培养模式的特征,因而不能确定专业人才培养模式所包含的关键“要素”。三是不能获得对构建公安与司法大类职业本科专业课程体系路径的精准理解。已形成的研究成果主要基于公安与司法大类职业本科专业人才培养服务行业需求的视域,中高职贯通培养一体化设计,构建既体现学术性又体现职业性的模块化课程体系,但对学术性和职业性如何准确把握,如何变革传统的学科课程结构以及课程模块如何设计,其关键路径不精准。

二、公安司法类职业本科专业人才培养方案开发的基本遵循

公安与司法大类职业本科专业人才培养方案的开发是一项系统工程,既有“共性”遵循又具有“个性”特征,需契合产业升级与职业技术技

---

⑪ 参见石伟平等:《类型化改革背景下本科层次职业教育发展的困境与出路》,载《现代教育管理》2021年第2期。

能水平上移的国家职业教育政策价值定位,对标职业岗位技术应用需求的实践导向,遵循高水平职业技术技能课程与教学标准的学术逻辑。

(一)契合产业升级与职业技术技能水平上移的国家职业教育政策价值定位

改革开放以来,为适应经济发展方式的转变,我国一直在探索职业教育一体化发展的路径,进行了职业教育体系建设的制度构建和政策设计,以适应经济结构转型、产业持续升级与职业技术技能水平不断上移的现实需要。⑫ 教育部一体化设计了中职教育、高职专科教育、职业本科教育的人才培养定位,明确职业本科专业设置要坚持高层次技术技能人才培养定位,为开发科学规范的专业人才培养方案提供了基本遵循。

人才培养定位的差异性是对不同高等教育类型判断的基本依据。目前对人才类型的分类,比较主流的观点是依据职能结构将人才分为学术型、工程型、技术型和技能型四类。在我国大众习惯和国家政策上,约定俗成地将学术型、工程型人才培养归类于普通教育,将技术型和技能型人才培养归类于职业教育,职业教育与产业经济关联最为直接、最为密切、最为依赖。而职业本科专业人才培养方案中诸如学制、生源和要求等,与高职专科教育相比较均有根本性的变化,是以确立的高层次技术技能人才培养定位为基准,对接产业、行业需求,与行业、企业深度合作,制定相应的职业资格标准,有针对性地提升专业服务产业的能力。

从目前我国高校的现实情况看,研究型普通本科高校的人才培养,主要聚焦"为什么、是什么",属于学术层面上,侧重于研究,培养学术型人才,旨在发展理论并对实践中有关的现实问题研究客观规律发现科学原理,其精英性、研究性、创新性、开放性特征更为突出。应用型本科高校的人才培养,主要聚焦"是什么、做什么",属于工程层面上,侧重于实际应用,培养工程型人才,主要把科学原理演变成工程原理或工作原理,直接运用于生产实践的工程设计、工作规划、运行决策等。职业本科人才培养,主要聚焦"做什么、如何做",属于技术技能层面上,侧重于生产

---

⑫ 参见崔岩:《类型定位视域下职业本科教育办学特色创建研究》,载《中国职业技术教育》2022年第4期。

一线的实践操作，培养高级技术技能型人才，将运用于生产实践的工程设计、工作规划、运行决策等转换为具体的产品或工作成果，是在生产一线从事现场的生产、管理、服务等实操。本科高校因其类型的区别，就具有了不同的人才培养目标定位，其人才培养方案和培养模式必然不同，三者之间既有区别又有联系，职业教育的“教育性”是职业本科归属教育的共性，而“职业性”是其个性的标识，是区别另外两类本科教育的类型特征。因此，职业本科专业人才培养方案的开发，要正确把握职业本科教育专业人才培养规律，预防向研究型和应用型本科“漂移”，创建有别于研究型高校和应用型高校的专业人才培养模式，对地方应用型普通本科专业人才培养方案开发的“经验”，可以借鉴，但不能盲目模仿或者“复制”。应秉持类型教育的特色，坚持职业教育的本科层次和本科教育的职业类型的辩证统一，提升技术技能的“复合型”“创新性”。

公安与司法大类职业本科专业有其鲜明的职业属性，其人才培养方案的开发应坚持高层次技术技能人才培养的目标定位，避免与普通本科、应用本科教育专业的同质化。应从公安与司法行业职业岗位的职业能力分析开始，依据职业技术技能水平上移的现实对接职业需求，培养行业发展所需的高层次技术技能人才。

（二）对标职业岗位技术应用需求的实践导向

职业本科教育的类型属性，决定了其专业人才培养以职业发展作为逻辑起点，遵循的是工作体系逻辑，指向岗位工作中劳动复杂程度的发展，重点是要能及时面对和处理更加复杂高深的工作问题，满足实践中职业能力的要求，符合工作任务的组织逻辑，针对职业岗位的需求。[13] 专业人才培养方案是职业本科专业教育的关键“着力点”，也是专业设置的最终“落脚点”，其开发应传承职业教育类型属性的“基因”，以技术应用为导向付诸实施。

目前，我国产业发展正处于传统产业与互联网、信息化、物联网、数字化相融合，战略性新兴产业方兴未艾的历史交汇期。发展职业本科教

---

⑬ 参见匡瑛、李琪：《此本科非彼本科：职业本科本质论及其发展策略》，载《教育发展研究》2021年第3期。

育,有助于提高国家在世界范围内的产业自主发展能力和竞争力。现代技术与实践经验、现实生产之间的逻辑耦合,在职业本科教育专业人才培养的真实反映,就是要聚焦技术应用能力和实践操作能力。[14] 专业的开设要面向职业岗位群或者技术领域,探索“技术 + 教育”的人才培养模式。职业本科专业人才培养方案,是专业开设的基础,直接关系到专业人才培养与社会服务的方向性和有效性,应遵循职业岗位技术应用的实践导向,构建以技术体系为架构、以技术活动为核心、以技术项目课程为主要形式的课程范式,并根据技术内涵的变化不断更新课程内容,凸显以技术应用为核心的教学特色,充分体现职业本科专业人才培养的适应性。

职业本科专业人才培养方案的设计,要主动适应国家高质量发展的新经济体系建设需求和产业链、创新链及价值链的变革趋势,服务国家和区域产业发展重点领域以及传统产业改造升级,通过延长学制、再造专业人才培养结构、提升专业人才培养能力、重构专业人才培养功能而进行升级,促进专业人才培养与产业链、岗位链的有机衔接。[15] 针对专业人才技术应用能力的培养,要注重培养技术思维、设计、运用、创新、反思和改进等方面的能力,还要重点关注解决生产现场复杂技术问题和技术难题攻关的能力。要打破传统思维,探索新的路径,在现代职业教育体系中应体现本科的层次性和特色;要紧贴经济社会迭代进程,精准对接区域行业、企业对人才培养的新需求,重塑知识结构、技术结构、技能结构,针对职业岗位所需的理论知识和职业素养,以学生的能力培养为出发点,突出实践能力训练,为产业链、技术链、岗位链培养高层次技术技能人才,支撑区域经济发展。

对于公安与司法大类职业本科专业,人才培养要适应行业技术应用的快速变化,专业人才培养方案的开发要对标职业岗位技术应用需求的

---

⑭ 参见王佳昕等:《技术论视域下职教本科定位与人才培养逻辑》,载《高等工程教育研究》2021 年第 5 期。

⑮ 参见张学、周鉴:《本科层次职业教育人才培养的定位、逻辑与理路》,载《中国职业技术教育》2022 年第 18 期。

实践导向,保证专业高层次技术技能人才培养质量,更好服务国家治安维护和法制社会建设。

(三)遵循高水平职业技术技能课程与教学标准的学术逻辑

职业本科专业人才培养方案的开发以职业需求为导向,其实质就是要在职业本科专业人才培养的全过程依据职业需求实施教学,将高水平职业技术技能课程与教学标准作为专业人才培养方案开发的基本遵循。

专业教学标准体现教育与产业的深度融合,是专业内涵建设和发展的基本保障,也是评价高层次专业技术技能人才培养质量的重要依据。其作为专业开设的"门槛",还要根据产业、行业与社会经济发展的新业态、新技术、新方法、新管理进行动态更新,并以多种形式的数字资源平台为依托,形成基于教、学、练、评各环节融入数字化教学的新模式。

公安与司法大类职业本科专业设置对接行业发展需求,在专业名称及内涵、课程体系、核心基础课程等方面具有十分鲜明的引领性、适配性和时代性,其人才培养方案的开发,要基于公安与司法行业职业能力需求,以工作过程为逻辑核心开发课程,以职业活动为单元组织课程。强化学位对应的学科所需基础理论课程和技术理论课程,通过对行业企业的深度调研,针对工作一线存在的实际问题,精准找出专业核心技术技能,系统设计课程教学项目,实现"学术性"与"职业性"的有机耦合。

三、职业本科公安司法类专业人才培养方案开发的主要困境

新版职教法为职业本科教育确立了法律地位,但目前职业本科教育的发展,既存在理论支撑度不够的问题,也存在实践无经验可借鉴的问题。在理论研究领域和试点探索层面,对如何培养职业本科专业人才,还没有达成统一的共识。因而,在开发公安与司法大类专业人才培养方案时,认知层面、制度层面和实践层面都面临困境,需要从学术研究和实践创新等方面加以解决,这些也都是职业本科公安与司法大类专业人才培养方案开发要亟待解决的问题。

(一)认知层面:对学术性与职业性有机耦合的条件认识不够明确

调研中发现,实施职业本科教育试点工作的学校,对职业本科教育

的内涵认识上较为模糊。虽然试点学校都具有坚持职业教育办学方向的决心和信心,但开发职业本科教育专业人才培养方案是一项创新性工作,如何体现职业教育类型属性的特色,对专业人才培养方案蕴含的学位授予的学术性与工作岗位职业能力导向的职业性如何有机统一,认识不足。有的学校对如何区分职业本科人才培养方案与普通本科、应用本科以及高职专科人才培养方案的差异,从专业人才培养方案开发的逻辑起点,对行业企业人才需求调研分析都不够清晰、透彻,致使产业链与职业岗位(岗位群)的职业能力分析针对性不强,表现在制订的专业人才培养方案类型教育特色不明显。

由于对职业本科专业人才培养方案开发的学术性和职业性认识的差异,导致一些试点学校对专业人才培养目标定位把握不够精准,对职业本科教育专业"高层次技术技能人才"培养目标与应用型本科教育专业"高素质应用型、复合型、创新型人才"培养目标的区别以及专科职业教育专业"高素质技术技能人才"培养目标的区别,认识不够明确。有的专业人才培养目标定位不清晰,出现了对同一专业的培养目标,不同学校的表述差异较大的现象,有的精准、有的较为宏观,有的侧重理论层面、有的侧重操作层面。⑯ 有的学校在专业人才培养方案开发过程中,缺乏对新设置专业所依托专业的开设历史和建设情况的审慎分析,专业培养目标定位存在趋同化倾向。除此之外,如果职业本科专业人才培养方案没有区别于应用型本科、高职专科的独特价值和特征,就会造成与其专业的同质化。要解决这些问题,在职业本科专业人才培养方案开发时就要准确认识学术性和职业性之间的关联逻辑,彰显类型特色,坚持高层次技术技能人才培养目标定位,在课程体系构建、专业教学团队组建以及实践教学平台规划建设等方面,体现与应用型本科教育、高职专科教育专业内涵的定位差异。

(二)制度层面:需求与供给的匹配度不够

职业本科教育是在"本科层次职业教育""本科职业教育""高等职

---

⑯ 参见杨燕、徐宏伟:《本科层次职业院校专业设置的意义、问题与优化路径》,载《职业教育研究》2021 年第 12 期。

业教育本科”的称谓延续基础上确定下来的,阐释其概念在不同时期政策设计和理论研究的表述,都是强调其职业教育领域的类型属性和高等教育领域的层次。而在称谓的变化过程中,对制度的制定、制度的衔接造成一定程度的滞后。一是与专业人才培养方案开发相关的一些标准还处于缺失状态,如课程标准、顶岗实习标准、实训条件建设标准等,教学工作合格评估指标与应用本科相近,难以凸显职业本科教育的独特性。⑰ 二是与专业人才培养方案开发相关的“职教高考”制度处于探索阶段。中职、高职专科和职业本科的一体化贯通培养,是以“职教高考”作为“立交桥”。目前,“职教高考”制度建设正在探索之中,中高本对接的渠道还不畅通。此外,职业教育领域建设的“学分银行”,还没有与应用本科相互融通的制度。三是与专业人才培养方案开发相关的产教融合体制机制还不健全。职业本科教育专业人才培养以产教融合政企校合作为主线,但在国家层面以及产教融合试点省、城市和企业,产教融合的体制机制建设正在探索实践中,政企校“多主体”育人的体制机制还未完全建立,缺乏支持职业本科学校试点专业建设的配套政策,行业和企业深度参与职业本科专业人才培养方案开发的协作机制还未形成。四是职业本科专业人才培养方案制定与实施的具体要求相对滞后。2019 年 6 月教育部发布的《关于职业院校专业人才培养方案制订与实施工作的指导意见》,是在中等职业教育和高等职业教育专科多年实践的基础上修订的,虽然保持了中等职业教育、高等职业教育专科和职业本科教育专业人才培养方案框架的一致性,但当时职业本科教育刚开始试点,还没有独立的专业目录,专业设置的条件不清晰,也就无法体现对职业本科教育专业学位授予独有的学术性,需要职业本科学校在内部治理层面进行探索。

开设公安司法类专业的学校要认识到围绕专业人才培养方案开发进行内部制度设计和构建的重要性,遵循高层次技术技能人才成长规律,与行业、企业密切协作,建立协同开发专业人才培养方案的机制。

---

⑰ 参见孙凤敏等:《稳步发展职业本科教育的现实阻碍与破解进路》,载《大学教育科学》2022 年第 3 期。

(三)实践层面:对职业岗位高层次技术技能的细分把握不够

职业本科教育专业人才培养的理论探讨和政策设计都指向类型特征,凝结于"高级技术技能",逻辑起点是依据生产一线职业岗位技术应用所必须具备的能力,确定开设的课程并设计课程内容,在此基础上重构课程体系。在学校实践过程中,由于对职业本科专业人才培养方案开发的逻辑起点精准把握不到位,专业人才培养方案开发缺乏开放性,只是以区域产业发展规划的宏观设计为蓝本,缺少专业所属行业组织的精准指导和对口企业的深度参与,专业人才培养方案的开发囿于自身的认识视野,致使有些专业课程的设置偏重理论化,对接区域经济产业链中相应职业标准的适应性不够;有些专业人才培养目标难以适应行业需求,培养规格也不能适应区域经济产业链的岗位要求。

目前,职业本科试点专业开发的人才培养方案,专业特色不够鲜明,特别在专业人才培养模式创新、专业知识结构设计、专业技术技能提升等方面,是否具备继续上升的潜力,都没有在专业人才培养方案中清晰地予以体现。此外,职业本科学校和应用本科学校在技术应用、对接产业链、政企校合作等方面具有共性,但从课程内容设计及课程体系构建的个性特征体现不明显,对其具体区别尚未厘清,人才培养方案开发存在"学术漂移"现象。少数独立学院单独转设职业技术大学的学校,对职业本科教育专业人才培养的规律和如何创建专业特色理解不够透彻,直接"套用"普通本科专业人才培养方案;有的与应用本科有过合作办学经验的学校,借鉴应用本科学科建设的经验,简单"照搬"应用本科专业人才培养方案;有的从高职院校改制升格为职业大学的学校,办学惯性使然仍"沿用"高职专科专业人才培养方案的开发思路,开发的专业人才培养方案与职业本科教育专业开设的初衷差异较大,未完全达到职业本科教育专业试点的目标。究其原因,在于开发专业人才培养方案时对其逻辑起点的把握不精准,针对性不强,导致呈现同质化现象。

四、职业本科公安司法类专业人才培养方案开发的关键路径

公安与司法大类职业本科专业人才培养方案开发的质量,是专业人

才培养质量保障的基础,在依据其基本遵循的基础上,要体现类型教育特征、高层次技术技能人才定位,契合学校的办学特色,与专业所对应的职业岗位能力需求保持一致,避免与应用本科专业人才培养方案同质化。

(一)基于类型属性和公安与司法行业需求精准定位专业人才培养目标

对于公安司法类职业本科专业,其特殊的职业性就决定了专业人才培养目标要对标公安与司法行业需求,适应行业的技术发展。专业人才培养目标定位是公安司法类职业本科专业人才培养方案开发的核心,应基于公安与政法行业高层次技术技能人才的专业培养目标定位,重点培养精科技、善侦察、懂人民的公安与司法系统高级技术技能人才。专业教学在知识水平上要达到本科层次的学业标准,在专业技术技能水平上要高于高职专科水平。主要面向高层次的社会安全保障和法治人才队伍建设,培养有潜力成为国家治安维护和法律守护的高层次技术技能人才。

公安司法类职业本科专业是针对我国公安与司法行业技术升级和由此带来的职业岗位技术技能水平上移的需求变化、应用本科和高职专科对应的公安司法类专业无法培养此类人才而开设的,其专业人才培养目标应区别于应用本科和高职专科,具有更加深厚的理论基础、较强的复杂技能操作以及复合的技术应用能力、能迅速适应工作岗位并具有更加坚实的技术技能积累,以满足公安与司法行业对高层次技术技能人才的需求。公安司法类职业本科专业不仅要面向警务和法律服务企业,也要承担为公安与司法行业输送高级技术技能人才的任务。

由于国家层面及理论研究者对职业本科教育人才培养目标定位相对宽泛,“高层次技术技能人才”在不同的专业如何“个性化”地精准阐述,存在较大的诠释空间,往往造成理解上的差异而“自圆其说”。笔者在调研中也发现,开设公安司法类职业本科专业的学校,对专业人才培养目标有多种多样的表述。因此,在开发公安司法类专业人才培养方案时要组建结构化专业教学团队,对拟设置的专业人才需求情况,赴技术应用单位进行深入细致的调研,通过分析国家治安和法律服务影响因素、行业人才需求、部门典型工作任务的岗位职业能力要求,确定职业岗位能力结构,进而形成公安司法类职业本科专业人才培养调研报告,以精准定位专业人才培养目标。

(二)构建具有公安与司法行业特色的政企校协同培养模式

人才培养模式是学校为实现其培养目标而采取的培养过程的构造样式和运行方式。同一类型的人才可以有不同的培养模式,但具体到某一种模式,必然有其独特的构架。⑱ 人才培养模式的选择和变化不是随意确定的,而是一个国家政治、经济、科技、文化发展阶段的现实体现。现代职业教育思想和理念,是构建公安与司法类职业本科专业人才培养模式的理论基础。

开发公安司法类职业本科专业人才培养方案,要根据公安与司法行业的特殊性,在政府主导下,政企校协同探索具有鲜明行业特色的专业人才培养模式。公安司法类职业本科专业培养的高层次技术技能人才,首先要成为党和人民的忠诚卫士,对于学生基本的品德要求相对于其他专业更高,要将"忠诚、为民、公正、廉洁"的治安与法治人才核心价值观,贯穿于专业人才培养的全过程,这是由从事公安与政法行业职业岗位独特的职业素养所确定的。⑲ 作为未来维护国家和人民治安法制的中坚力量,强化这类专业学生的思想政治教育是重中之重。因此,要在专业人才培养方案的开发过程中进行系统设计,探索在专业课程教学过程中实施课程思政的有效途径,将立德树人根本任务有针对性地细化到专业人才培养的各个环节、落实到专业人才培养的全过程。探索在专业课程中实施课程思政的有效途径,建立专业知识教育与专业"大思政课"教育相衔接、思想政治教育向各门课程渗透的机制。课程思政与专业课教材建设紧密结合,政校企合作开发融入课程思政的新型教材,建

---

⑱ 参见崔岩:《高职院校人才培养模式改革研究》,载《职业技术教育》2009 年第 11 期。

⑲ 参见郝宏奎:《新时代公安专业本科人才培养要略——中国刑事警察学院本科人才培养的理念、体系及特色》,载《中国刑警学院学报》2018 年第 4 期。

立知识体系教育与思想政治教育体系相衔接、思想政治教育向各门专业课程渗透的机制,切实提高专业人才培养德技并修的针对性和实效性。要对接公安与司法行业需求的岗位群,在现代职业教育思想和理念指导下,遵循现代职业教育发展规律和学生的成长成才规律,将教育要素及教学活动进程有机结合,形成具有公安与司法行业特色的专业人才培养的方式,也就是公安司法类职业本科专业人才培养模式。要基于类型教育特征和公安与司法行业特殊岗位群的逻辑起点,以行业的需求为导向,树立新发展理念,探索政企校协同培养高层次专业技术技能人才的有效途径,服务学生全面可持续发展的需要,形成公安司法类职业本科专业独特的"教、学、练、战一体化"人才培养模式。在探索公安司法类职业本科专业人才培养模式的过程中,还要建立适应行业发展的动态调整机制、服务不同群体学生成才的教学模式改革、高水平双师队伍建设、信息技术与教育教学的深度融合、服务行业发展能力的提升等要素,着力培养立场坚定、纪律严明、一心为民、能打硬仗、精通业务的公安与司法行业高层次技术技能人才。

(三)以公安与司法行业职业素养和岗位职业能力为核心构建课程体系

随着我国进入数字化时代,互联网、大数据、云计算、人工智能等新技术的应用及迭代速度的加快,带动了经济社会及人们生活方式发生革命性的变化,公安与司法行业专业人才能力需求的变化速度不断加快、专业能力需求的更新周期不断缩短,专业人才在职业发展方面将不可避免地面临岗位的横向调转与纵向提升,能力需求亦将因此而发生结构性变化。[20] 因此,公安司法类职业本科专业人才培养方案的开发,需要按照专业人才培养方案对课程体系结构的规范进行实施,以公安与司法行业职业素养和岗位职业能力要求为核心,突出针对性、应用性和实践性,基于公安与司法行业的工作逻辑构建课程体系。

公安司法类职业本科专业课程体系的构建,要契合确定的公安司法

---

[20] 参见李长福:《信息技术与法学课程整合的教学模式探究》,载《教育教学论坛》2022 年第 30 期。

类职业本科专业人才培养目标,面向公安与司法行业职业岗位群需求,构建“共享模块+特色模块+拓展模块”的模块化课程体系。共享模块或平台类课程培养学生专业基础能力或通用能力,特色模块课程培养学生面向关键岗位的基本素质、核心能力、职业能力等,拓展模块课程培养学生职业岗位迁移能力。在课程设置及课程内容重构时,强化技术应用性和实践教学环节,将信息技术与教学深度融合,并以此为导向带动数字化教学模式的改革。此外,还要注重类型教育的一体化贯通培养,并与公安与司法行业的人力资源需求相衔接,往下与高等职业教育专科课程体系相衔接,形成公安司法类高职专科和职业本科一体化培养的课程体系;为了给予学生进阶预留足够的空间,要设置普通基础课和专业基础课等学科课程,往上对接硕士研究生教育课程体系,形成公安司法类职业本科和硕士研究生一体化培养的课程体系。为与公安司法类行业人力资源需求相衔接,要将公安与司法行业职业资格证书的考核内容与专业课程内容相融合,推进“岗课赛证融合”综合育人,切实提高课程教学对就业需求的支撑度。

(四)建设具备数字素养要求的“双师型”专业教师团队

公安司法类职业本科专业人才培养方案的开发与实施,对教师实践教学能力和信息技术应用能力提出了更高的要求。结构优化和“双师型”,反映了专业教师团队在专业领域实施政企校合作的深度和质量;而数字素养要求的达标,则决定了教学与信息技术融合的深度和广度。因此,优化专业教师团队结构、建设具备数字素养要求的高素质“双师型”专业教师团队,对开发专业人才培养方案可以起到事半功倍的作用。教育部在2022年已经颁布了《职业教育“双师型”教师基本标准》,要按照此标准细化公安司法类职业本科专业“双师型”教师认定标准,持续推进“双师型”专业教师团队建设。要加强对专业团队教师的信息化素养、职业素养、创新创业能力的培训,着力提升教师的信息技术应用能力、教育教学能力、技术创新能力和社会服务能力,为高质量开发专业人才培养方案提供支撑。

公安与司法行业职业本科专业高层次技术技能人才的培养,关键是专业教师具备扎实的实践教学能力和高水平的数字化素养。要基于教师的职业发展,以教育部《双师型教师认定标准》《教师数字素养》作为教育行业标准,引导教师从法学和公安学类专业实践教学能力提升向"双师型"转变、从信息技术应用能力提升向信息素养"达标"转变,积极考取公安与政法行业领域职业资格证书,精准把握专业(群)支撑公安与政法行业发展的服务面向,掌握行业发展对专业人才的需求和职业岗位的变化动态,及时将新技术、新工艺和新规范融入教学内容,逐步形成现代化教育思维,不断创新基于网络的信息化教学方法,熟练运用云计算、大数据和人工智能技术教学手段,并在专业人才培养方案中予以充分体现。

公安与司法大类职业本科专业目录,适应了公安与政法行业领域的人才培养新要求,引导专业升级和数字化改造。因此,要优化专业教师团队结构,与行业企业密切协作,培育并提升专业教师团队的跨界融合能力、产教协同能力、技术协作能力。要建立健全从行业和企业技术骨干中选聘兼职教师的制度,搭建专业教师深度参与行业技术协作和企业产品研发、技术革新的平台,从而形成行企校技术骨干和专业教师互兼互聘的双向流动机制,有效提升专业教师的实践教学能力、研究创新能力、社会服务能力和信息技术应用能力,整体提升专业教师团队"双师型"建设水平。

(五)政企校协同建设专业训练与实战一体的实践教学基地

实践教学基地是公安与司法类职业本科专业人才培养方案开发的重要组成部分,因其具有行业的特殊性,应明确国家机关、学校以及法治和公安实务部门等各方主体的责任,[21]在政府协调、统筹支持及互利互赢的基础上,建设政校企"多主体"协作共建平台,形成"校院""校局""校所"等学校与行业实务部门深度合作的实践教学基地协同建设机制。同时,公安与司法类职业本科专业实践教学基地建设,要区别于应用本科或者高职专科的实践教学平台建设模式,依据专业人才培养目标

㉑ 参见夏金莱等:《法学专业实习基地建设的问题及完善》,载《中国大学教学》2021年第10期。

定位进行系统规划,将学术性和职业性的有机统一,突出专业领域的技术技能训练和实战培训,彰显公安与司法行业特色。

公安与司法类职业本科专业实践教学内容的构造,有别于高职专科的基础性和技能性,主要是针对基于公安与司法行业实战环境的专业性综合技能、技术应用与创新的能力训练。要依托政企校协同平台共享资源,设计基于真实环境的实践教学项目,并设置多元化实践教学环节,按照挑战度的不同,设计初阶、进阶和高阶实践课程,探索多位一体实践教学模式㉒及其评价考核办法,切实保证实践教学的质量,在公安司法行业专业技能训练与实战一体的实践教学改革方面取得新突破。要深入推进公安司法行业专业领域的集团化办学,有效破解政企校合作建设实践教学基地所面临的产权、利益分配和人员互聘等难题,从"政企校联合体"向"政企校共同体"转型,切实提升专业服务公安司法行业的能力,促进学生在实习训练中提高技术技能水平,确保学生对第一任职岗位工作或基础岗位工作的快速适应性。

结　语

公安司法类职业本科专业人才培养方案有别于相应的应用本科,体现类型教育特征和行业特色。基于国家对职业本科教育专业设置的政策设计,职业本科学校在开发公安与司法大类专业人才培养方案时,要以深化政企校协同培养为主线,与政府、行业企业深度合作,在充分调研的基础上,深入分析专业所对接的行业需求、专业人才所对应的岗位群,对行业职业岗位高层次技术技能进行细分,精准把握专业所对应的职业岗位及其岗位能力,系统性地设计专业课程及其内容,构建全新的模块化课程体系,并建立岗位职业能力随技术进步的更新机制,形成独有的专业教育格局,为创建公安与司法行业职业本科专业高层次技术技能人才培养特色"趟出"新路。

㉒ 韩冰:《法学专业多位一体实践教学模式的探索与实践》,载《黑龙江教师发展学院学报》2022年第7期。

Development of Professional Cultivation Programs for Undergraduate Majors in Public Security and Justice: Basic Guidelines, Major Dilemmas and Critical Paths

Cui Shuqi　Yao Congli

Abstract: Compared with other major categories, the development of undergraduate professional cultivation programs for public security and justice has both commonness and unique industry characteristics, which needs to be innovated in practice. It should fit the value location of the national vocational education policy that industrial upgrading and vocational technical skills level are moving upward, meet the practice orientation of the technical application demand of vocational positions, and follow the academic logic of high-level vocational technical skills curriculum and teaching standards.

The main difficulties in cognition, system and practice should be solvedby academic research and practical innovation. It need to explore the precise positioning of the cultivation objectives of professional talent, to build a collaborative cultivation model between government, enterprises and schools, to build a curriculum system with professional literacy and post professional ability as its core, to construct "double-qualified" professional teacher team with digital literacy requirements, and to find the key path of constructing a practical teaching base with professional cultivation and actual combat in collaboration between government, enterprises and schools.

Key Words: vocational undergraduate education; major in public security and justice; development of talent cultivation program

《法学教育研究》稿约

《法学教育研究》创办于2009年,是国内较早系统关注法学教育研究的专门性学术出版物,由西北政法大学高等教育研究所主办、法律出版社定期出版。2017年起本书每年出版4卷,现已入选南京大学CSSCI来源集刊。

宗旨:本书恪守科学性、实践性、创新性、开放性原则,集中出版法学教育教学研究成果,探索法学教育教学规律,促进法学教育事业的发展。

主要栏目有理论探讨、教学研究、比较研究、教材体系、管理经纬、学问人生、教育法制、法务反哺、法学资讯、书评等。

《法学教育研究》致力于搭建高水平的学术探讨平台,所有来稿均以学术价值为遴选标准。敬请作者来稿时提供:(1)中英文题目及作者姓名,标题尽量确切、简洁;(2)中英文摘要(不超过200字);(3)中英文关键词(3~5个);(4)作者简介(含姓名、工作单位、职称、学历学位、研究方向、通信地址、邮政编码、联系电话、电子邮箱),如果来稿系作者承担的省级以上科研基金项目,请注明项目名称和编号;(5)正文;(6)注释。

注释:是对文内某一特定内容的进一步解释或补充说明。用①②③……数字标注序号,采用当页脚注整篇连续编号形式。著作类包括“序号,著者:《书名》,出版社出版年,起止页码”。论文类包括“序号,作者:《题目》,载《报刊名》出版日期或期号”。

声明:《法学教育研究》已许可中国学术期刊(光盘版)电子杂志社在中国知网及其系列数据库产品中以数字化方式复制、汇编、发行、信息网络传播全文。《法学教育研究》已许可北大法宝法学期刊数据库以电子形式对本书进行制作、以不脱离于数据库的形式进行传播和销售;《法学教育研究》被北京万方数据股份有限公司、万方数据电子出版社数据库收录,相关著作权使用费和稿费一并支付;《法学教育研究》已被维普网全文收录。如无特别说明,作者提交文章发表的行为即视为同意上述声明。

本书的微信公众号为 fxjyyj-xfd,定期发布相关信息,敬请关注。本书的网络采编系统现已开通,网址为 http://fxjy.cbpt.cnki.net,请通过网络采编系统投稿。

联系方式:

E-mail: fxjyyj@126.com

电话:029－88182796

地址:西安市长安区西长安街 558 号

西北政法大学长安校区 80 号信箱

邮编:710122

图书在版编目（CIP）数据

法学教育研究. 第四十五卷 / 范九利主编. -- 北京 : 法律出版社, 2024. -- ISBN 978 -7 -5197 -9518 -4

Ⅰ. D92 -4

中国国家版本馆 CIP 数据核字第 20242D1J81 号

法学教育研究(第四十五卷)
FAXUE JIAOYU YANJIU (DI-SISHIWU JUAN)

范九利　主编

责任编辑 孙东育　曲　杰
装帧设计 臧晓飞

出版发行 法律出版社
编辑统筹 学术·对外出版分社
责任校对 杨锦华
责任印制 宋万春
经　　销 新华书店

开本 710 毫米×1000 毫米　1/16
印张 26　**字数** 350 千
版本 2024 年 4 月第 1 版
印次 2024 年 4 月第 1 次印刷
印刷 北京建宏印刷有限公司

地址:北京市丰台区莲花池西里 7 号(100073)
网址:www. lawpress. com. cn
投稿邮箱:info@ lawpress. com. cn
举报盗版邮箱:jbwq@ lawpress. com. cn
销售电话:010 -83938349
客服电话:010 -83938350
咨询电话:010 -63939796

书号:ISBN 978 -7 -5197 -9518 -4
定价:98.00 元

凡购买本社图书,如有印装错误,我社负责退换。电话:010 -83938349